Sports
Psychology

스포츠·운동 심리학의 이해

개정판

은희관, 오상덕, 김성민, 추종호 공저

經文社

머리말

스포츠에서 심리학이란 스포츠 수행력을 향상시키기 위한 정신력이나 심리적 대처 전략 등에 관한 학문으로만 이해하기 쉽다. 그러나 현대의 스포츠심리학은 운동이라는 응용과학적 분야를 포함하여 그 연구 영역의 확대뿐만 아니라 독자적 연구 영역으로 인정받고 있으며, 그 영역도 개인의 심리에서부터 사회심리에 이르기까지 다양하며, 최근에는 스포츠와 운동과 관련된 건강심리, 코칭심리를 포함한 연구들이 많은 관심을 받고 있다.

따라서 본 교재는 스포츠와 운동이라는 두 분야를 크게 구별하지 않았다. 즉, 본래의 스포츠심리학이 갖고 있는 특성과 응용과학적 측면인 운동심리학 모두를 포함하여 독자들이 스포츠와 운동심리학에 관한 동시적 관점을 이해하는 데 도움을 주도록 하였다. 움직임을 발생시키는 운동 기전에서부터 운동에 참여하는 동기, 운동 및 스포츠의 수행력 향상, 신체적 감각, 운동 및 스포츠에 참여함으로서 얻을 수 있는 정신적 변화, 운동의 생리심리적 관점에 이르기까지 운동과 스포츠 현상에 대해 부분적이나마 그 기전과 과정, 결과에 이르기까지를 묘사하고 설명하고 예측하기 위해 노력하였다.

본 교재는 2003년도 발간되었던 스포츠·운동심리학(은희관)을 주 내용으로 하면서 운동생리심리학 전공 교수들의 참여와 함께 그 내용과 단원을 강의를 위한 교재의 역할을 위해 상당 부분 수정 보완하였다. 그 구성을 보면 크게 3분야, 즉 스포츠·운동심리학의 개념적 영역, 스포츠 사회심리학적인 영역, 운동생리심리학적인 영역으로 구분되어 총 12단원으로 재편집되었다.

끝으로, 수고해준 모든 분께 감사드리며 본 교재가 스포츠·운동을 전공하는 모든 학생들에게 스포츠심리학적 전문성을 학습하는 데 좋은 안내서가 되었으면 하는 바람이다.

2012년 1월 성산골에서

목 차

단원 01. 스포츠 · 운동심리학의 이해

단원 02. 스포츠 · 운동의 생리심리학적 접근

단원 03. 스포츠 · 운동과 성격

단원 04. 스포츠·운동과 동기유발

단원 05. 스포츠에서의 집단과 리더십

단원 06. 운동능력과 운동기술

단원 07. 연습과 운동행동

단원 08. 운동 학습과 기억

단원 09. 피드백과 운동행동

단원 10. 불안과 운동행동

단원 11. 운동의 과훈련 증후와 탈진

단원 12. 운동과 심신경면역학

단원 1

스포츠 · 운동심리학의 이해

주요 용어

구성주의, 기능주의, 실험 윤리, 심리학, 스포츠심리학, 운동발달, 운동제어, 운동학습

1 심리학과 스포츠·운동심리학의 이해

과학은 현상을 묘사하고 설명하며 예측하는 것이라 하겠다. 이러한 과학의 발달은 시대와 함께한다고 해도 과언이 아닌데 그 발달 정도는 방법이나 연구대상에 대한 지적 호기심, 관점 등에 대한 변화 정도를 분석함으로써 평가될 수 있을 것이다(은희관, 2003).

오늘날 스포츠·운동심리학은 다른 학문의 발달과 더불어 양적, 질적으로 괄목할 만한 성장을 하고 있다. 20세기 초반에 체계적인 연구가 시작된 이래 1960년대 이후 국제스포츠심리학회(ISSP) 등 공식적인 학술단체의 설립에 따른 연구물 출판과 학술교류의 활성화를 기반으로 급격하게 발전하여 왔으며 스포츠 상황에서 인간행동을 과학적으로 탐구하는 스포츠 과학의 중요한 분야로 부각되었다. 특히, 북미의 경우 미국심리학회의 47번째 분과로 운동 및 스포츠심리학(exercise and sport psychology)이 구분됨으로써 일반 심리학에 있어서도 스포츠·운동심리학의 관심이 증가하고 있다.

스포츠·운동심리학의 개념은 연구영역의 폭에 따라 협의와 광의의 개념으로 구분되어 있으며 심리학의 응용분야와 스포츠과학의 하위 영역으로 보는 대립적인 관점에 따라 서로 다르게 정의되고 있다. 스포츠·운동심리학이 스포츠 현장에서 나타나는 인간의 행동을 심리학적 방법으로 연구하는 학문이라 볼 때 스포츠와 심리학에 대한 간단한 설명이 필요하다고 본다.

스포츠는 제도화된 규칙에 의해 지배되는 경쟁적인 신체활동이라 할 수 있다. 제도화란 경쟁과정에 정해진 규칙이나 규정이 있다는 것을 의미하며 경쟁이라 함은 어떤 형태이거나 유희적 경쟁으로서 그 결과가 신체적 기능, 전략 혹은 우연에 의해서 결정되는 경쟁을 말한다. 스포츠는 5가지의 가치를 추구한다. 즉, 도구적 가치, 치료적 가치, 경제적 가치, 교육적 가치, 유희적 가치 등이다. 도구적 가치란 어떤 분명한 다른 목적을 위해서 스포츠를 방법적으로 이용하는 것이다. 예를 들어, 누구와 친해지고 싶다든지, 자신의 건강이나 스포츠 기술을 과시하고 싶다든지 하는 가치를 말하며, 치료적 가치란 말 그대로 건강상의 문제를 회복하거나 유지하기 위해서 스포츠에 참여하는 것을 말한다. 경제적 가치란 스포츠를 통해서 부를 축적하는 것으로 스포츠의 마케팅과 스포츠를 통한 마케팅에 의한 경제적 활동이다. 여기서 스포츠의 마케팅은 관람스포츠와 참여스포츠 시장에서 보다 많은 관중이나 회원을 확보하는 것에서부터 스포츠용품이나 시설, 월드컵이나 올림픽 같은 이벤트, 서비스 프로그램 등을 판매하는 것을 말하며, 스포츠를 활용하는 마케팅은 스포츠의 스폰서십 등을 통해 기업의 홍보, 이미지 제고, 종업원의 사기 고양, 새로운 시장개척 등의 목적을 위한 마케팅 전략이라 할 수 있다. 스포츠의 교육적 가치란 지금까지 학교체육에서 강조해 온 전인적 발달을 위한 교육 프로그램의 일부로서 신체 활동을 통한 교육의 목적을 실현하는 가치를 말한다. 마지막으로 유희적 가치란 단지 즐기기 위해서 스포츠에 참여하는 것으로 등산, 낚시, 심지어 바둑에 이르기까지 스포츠 영역에 포함시키는 것은 유희적 가치를 추구하는 데서 기인된 것이다.

운동이란 힘이 활동하여 움직이는 것으로 운동학(kinematics)적 개념으로는 물체가 공간과 함께 위치를 바꿔는 것으로 이해하며 세포의 원형질 운동에서 근작용에 의한 전신적 이동이나 신체부위의 위치 변화에 이르기까지를 모두 포함한다. 또한 사회학적으로는 집단의 이동이나 동일 목적으로 행동하는 것으로 환경보호운동 등이 이에 속한다. 그러나 스포츠, 체육 분야에서의 운동은 모든 신체활동을 의미하며 신체활동을 야기하는 어떠한 작용(movement)도 포함된다. 이를 기초로 최근에는 스포츠심리학 역시 포괄적인 응용심리학의 개념으로 인체의 모든 동작과 응용력을 연구대상으로 하는 응용 운동심리학으로 연구영역이 큰 관심을 끌고 있다.

심리학(psychology)은 인간의 마음 또는 정신을 연구하는 학문으로 정신을 의미하는 psyche와 논리인 logos에서 유래되었기 때문에 16세기에는 인간의 신체와는 구별된 혼, 정신, 마음 등이 연구되었다(Boring, 1966). 초기 심리학자들 역시 심리학을 정신 활동에 관한 연구로 정의하고 어떤 특정 상황에서 마음의 변화를 객관적, 논리적으로 서술하고 종합하는 내관법을 기본 연구방법으로 하여 마음의 작용원리를 규명하려 하였다. 그러나 사실 심리학은 생리학과 철학

영역에서 파생된 것이다. 1870년대 몇몇 생리학자와 철학자들이 마음에 대한 의문을 실제적으로 탐색하기 시작했다. 어떻게 외부 세계에 대한 신체적 감각이 정신적 인식으로 전환되는 걸까? 세상에 대한 사람들의 지각은 실체에 대한 반응일까? 심신은 어떻게 상호 협조를 하는 것일까? 등에 깊은 관심을 갖게 되었다. 특히 철학에서 물려받은 현상학적, 직관적 내성법의 한계를 인식하고 심리연구는 인간의 행동 관찰을 통해 마음을 추론할 수 있는 조작적 실험을 통한 연구, 즉 실험심리학의 필요성이 대두되었다.

독일 교수인 Wilhelm Wundt(1832~1920)는 이러한 관점을 결국 변화시켰다. Wundt는 심리학이 철학과 생리학에서 파생된 부분적 영역이기보다는 하나의 독자적인 학문으로 변화되기를 바라는 캠페인을 벌이며 마음을 좌우하는 요인을 의식이라 보고 마음의 작용원리를 밝히기 위하여 의식의 구성요소를 분석하고 그 변화 과정을 실험을 통하여 입증하고자 실험심리학을 탄생시켰다.

시기적으로 Wundt의 등장이 옳은 것으로 보였으며 많은 독일의 학자들이 동의하였다. 이러한 조건들은 새로운 학문으로서 심리학에 유용하게 작용되었으며, Wundt가 주장한 과학적 접근에 대해 많은 학자들도 호의적이었다. 결국, 그의 제안들은 아카데미 위원회에 긍정적으로 수용되어 1879년 Wundt는 Leipzig 대학에 처음으로 공식적인 심리학 실험실을 설립하는 데 성공했다. 이러한 업적을 존중하는 의미에서 역사학자들은 심리학의 탄생을 1879년으로 명명하였다. 곧바로, 1881년 심리학 연구들이 게재된 첫 번째 저널이 발간되었으며, 이에 Wundt를 오늘날 심리학의 대부로 폭넓게 인정하고 있는 것이다. Wundt의 심리학적 개념은 수십 년 동안 학계에 영향을 미쳤다. 생리학 분야에서의 연구들로부터 Wundt(1874)는 새로운 심리학은 물리학이나 화학과 같은 분야 다음으로 하나의 과학적 모형이 될 것이라고 주장하였다.

새로운 과학에서의 연구주제들은 무엇인가? Wundt에 의하면, 심리학의 기본적 주제는 의식, 즉 즉시적 경험의 인지이다. 따라서 심리학은 의식적 경험에 대한 과학적 연구로 변화되어 갔다. 이러한 심리학적 방향은 마음과 정신과정에 심리학적 주제들이 집중되게 하였다. 그러나 측정 심리학자들은 화학이나 물리학과 같은 과학으로서 마음을 연구하기를 요구하였다.

(1972)에 의해 제시되었는데 인공지능(artifical intelligence)이론이다. 이들은 인간 행동의 대부분이 계획된 것이라 주장한다. 또한 계획이 수행되는 조작의 순서를 통제하는 목록을 지시 목록이라 보며, 계획의 본질을 컴퓨터의 프로그램과 같은 것임을 주장하였다. 더욱 최근에는 생리심리학을 기초로 하는 인지신경과학(conitive neuroscience)이 등장하여 인지적인 조작이 뇌의 어느 부위에서 발생하는지를 연구한다. 더불어 인간의 행동 근원을 생리심리적 접근을 통해 분석하는 생리심리학은 신경, 내분비계, 면역계 등과 행동과의 연관성을 밝히는데 더욱 관심을 집중하고 있다.

〈표 1-1〉 심리학의 주요 이론적 관점의 이해(Weiton, 2007)

이론적 관점/연대	주요 학자	주제	기본 전제 관점
행위적 관점/ 1913-현재	John B. Watson Ivan Pavlov B.F. Skinner	인간과 동물의 모든 행위에 대한 환경의 영향	관찰 가능한 것만이 과학적 연구가능. (S-R) 관계
정신분석/ 1900-현재	Sigmund Freud Carl Jung Alfred Adler	행동의 무의식적 결정 인자	무의식적 동기와 소아기 경험이 성격, 정신 이상에 영향
인본주의 관점/ 1950-현재	Carl Rogers Abraham Maslow	유일한 인간 경험 관점	성장을 위한 합리적 인간은 자유, 개인 잠재력 소유. 동물과 다른 이유임
인지적 관점/ 1950-현재	Jean Piaget Noam Chomsky	사고, 정신 과정	인간 행동은 어떻게 정보를 습득하고 저장하는지, 즉 정보화과정의 이해를 위한 실험없이 완전히 이해할 수 없다
생물학적 관점/ 1960-현재	James Olds Roger Sperry David Hubel Torsten Wiesel	인간과 동물 행위 생리학적 기본	행동을 유발하는 신체 구조 및 생화학적 과정을 설명하는 생체 조직 기능
진화론적 관점/ 1980-현재)	David Buss Martin Daly Margo Wilson Leda Cosmides John Tooby	인간과 동물 행위의 진화론적 이해	세대적으로 나타나는 정적 자연 선택, 즉 적응문제 해결을 위한 진화론적 행위 유형

영역에서 파생된 것이다. 1870년대 몇몇 생리학자와 철학자들이 마음에 대한 의문을 실제적으로 탐색하기 시작했다. 어떻게 외부 세계에 대한 신체적 감각이 정신적 인식으로 전환되는 걸까? 세상에 대한 사람들의 지각은 실체에 대한 반응일까? 심신은 어떻게 상호 협조를 하는 것일까? 등에 깊은 관심을 갖게 되었다. 특히 철학에서 물려받은 현상학적, 직관적 내성법의 한계를 인식하고 심리연구는 인간의 행동 관찰을 통해 마음을 추론할 수 있는 조작적 실험을 통한 연구, 즉 실험심리학의 필요성이 대두되었다.

독일 교수인 Wilhelm Wundt(1832~1920)는 이러한 관점을 결국 변화시켰다. Wundt는 심리학이 철학과 생리학에서 파생된 부분적 영역이기보다는 하나의 독자적인 학문으로 변화되기를 바라는 캠페인을 벌이며 마음을 좌우하는 요인을 의식이라 보고 마음의 작용원리를 밝히기 위하여 의식의 구성요소를 분석하고 그 변화 과정을 실험을 통하여 입증하고자 실험심리학을 탄생시켰다.

시기적으로 Wundt의 등장이 옳은 것으로 보였으며 많은 독일의 학자들이 동의하였다. 이러한 조건들은 새로운 학문으로서 심리학에 유용하게 작용되었으며, Wundt가 주장한 과학적 접근에 대해 많은 학자들도 호의적이었다. 결국, 그의 제안들은 아카데미 위원회에 긍정적으로 수용되어 1879년 Wundt는 Leipzig 대학에 처음으로 공식적인 심리학 실험실을 설립하는 데 성공했다. 이러한 업적을 존중하는 의미에서 역사학자들은 심리학의 탄생을 1879년으로 명명하였다. 곧바로, 1881년 심리학 연구들이 게재된 첫 번째 저널이 발간되었으며, 이에 Wundt를 오늘날 심리학의 대부로 폭넓게 인정하고 있는 것이다. Wundt의 심리학적 개념은 수십 년 동안 학계에 영향을 미쳤다. 생리학 분야에서의 연구들로부터 Wundt(1874)는 새로운 심리학은 물리학이나 화학과 같은 분야 다음으로 하나의 과학적 모형이 될 것이라고 주장하였다.

새로운 과학에서의 연구주제들은 무엇인가? Wundt에 의하면, 심리학의 기본적 주제는 의식, 즉 즉시적 경험의 인지이다. 따라서 심리학은 의식적 경험에 대한 과학적 연구로 변화되어 갔다. 이러한 심리학적 방향은 마음과 정신과정에 심리학적 주제들이 집중되게 하였다. 그러나 측정 심리학자들은 화학이나 물리학과 같은 과학으로서 마음을 연구하기를 요구하였다.

[그림 1-1] Wilhelm Wundt(1832–1920)

Wundt는 계속해서 많은 책과 논문을 출간하였다(Bringmann과 Balk, 1992). 그의 실험실 연구들은 집중과 기억, 감각과정, 반응시간 등이 주를 이뤘으며, 다양한 정신적 과정을 추정할 수 있는 내성법(introspective method)을 이용한 실험들을 실시하였다(Fuchs & Balk, 2003). 특히 그의 저서 '생리심리학의 원리(*principles of physiological psychology*, 1874)'는 새로운 과학 영역으로서의 심리학을 설계하는 시도로 여겨졌다. 많은 미국인을 비롯하여 뛰어난 젊은 학자들이 Wundt의 문하생으로 공부하기 위해 Leipzig로 모여들었다. Wundt의 학생들은 독일과 미국 여기저기에 흩어져서 새로운 과학인 심리학의 기초를 만들기 위해 연구소들을 설립하였으며, 특히 북미에서는 Wundt의 새로운 심리학이 크게 발전하며 그 체계를 굳건히 갖추게 되었다. 1883년과 1893년 사이에 미국과 캐나다의 학교에 23개의 심리학연구소가 새로 설립되었다(Benjamin, 2000).

심리학을 이해하는 데 또 다른 중요한 학자들이 있다. 그 중 "무의식은 진정 심리적 실체이다"라고 주장한 Sigmund Freud(1856~1939)를 빼놓을 수 없을 것이다. 프로이드(1900, 1933)의 심리학적 접근은 정신적 질병의 치료를 위한 그의 노력에 의해 발전하였다. 그의 의학적 실험은 그가 정신분석(psychoanalysis)이라 명명한 혁신적인 과정과 함께 비정상적 공포(irrational fears), 강박관념(obsessions), 불안과 같은 심리적 문제를 갖고 있는 사람들을 치료하는 것이었다. 환자들의 삶속에서 그의 십수 년의 임상생활은 프로이드 이론을 위한 많은 영감을 얻게 하였으며, 자신이 소유한 불안, 갈등, 욕구를 실험하고 내면을 조명할 수 있는 방법들을 정리하였다.

프로이드에 따르면, 무의식은 의식적 지각 바로 아래 단계의 사고, 기억, 욕구 등을 포함하지만 그럼에도 불구하고 행위에 지대한 영향을 미친다고 하였다. 프로이드는 무의식의 개념을 다양한 관찰에 그 기본을 두었다. 예를 들어, 그는 입술로 애기하는 것(나는 여름방학에 영어공부를 더 열심히 할 거야)은 외현적으로 의미 없는 것처럼 보이지만 가끔 인간의 진정한 느낌을 표현하는 것이라 하였으며 꿈은 사람이 인지하지 못하는 중요한 느낌들을 표현하는 것이라 주목하였다. 프로이드는 결국, 심리적 문제가 무의식 수준에서 존재하는 개인적 갈등에 큰 영향이 있다고 결론지었다. 그의 정신분석이론은 행위의 무의식적 결정에 중심을 둔 특성, 동기, 그리고 정신적 질병 등을 설명하기 위한 시도인 것이다.

[그림 1-2] Sigmund Freud (1856-1939)

프로이드의 무의식적 개념은 전체적으로 보면 새로운 것이 아니다(Rieber, 1998). 그러나 무의식이 인간의 행위에 영향을 미치는 어떤 힘으로 완전히 이해되고 있는 일반적인 믿음을 위한 중요한 시작이라는 것이다. 행동이 무의식적 힘에 의해 지배된다는 논쟁에서, 프로이드는 "사람들이 소유하고 있는 마음이 신비스러운 것만은 아니다"라는 혼란스러운 제안을 하였다. 프로이드의 또 다른 이론 역시 의심을 불러 일으켰다. 예를 들어, 사람들의 행동은 성적 충동을 억제하는 방법에 의해 크게 영향을 받는다고 제안하였다. 그 당시에 사람들은 오늘날보다 성적인 문제를 논한다는 것조차 불편한 상황이었다. 과학자들조차 반대를 하였으며, 성을 강조한 프로이드를 비난하였다. 그러한 논쟁에도 불구하고 그의 접근은 점차적으로 의사들에 의해서 수용되어졌으며, Carl Jung과 Alfred Adler와 같은 뛰어난 제자들을 길러냈다.

심리학에 있어서 사고에 대한 초창기 주요 관심사는 구성주의(structuralism)와 기능주의(functionalism) 관점으로서 심리학으로서는 가장 치열했던 최초의 지적 경쟁이 대학을 중심으로 일어났다. 구성주의는 1892년 미국으로 이민 온

영국인인 Edward Titchener의 주도로 시작되었는데 그는 수십 년 동안 Cornell 대학의 교수로 학생들을 가르쳤다. Titchener는 비록 Wundt Leipzig연구소에서 학위를 받고 Wundt의 업적에 대단한 찬사를 보냈지만 Wundt의 심리학을 미국으로 들여오는 과정에서 재해석하였다(Hillgard, 1987; Thorne & Henley, 1997). 구성주의 심리학이란 의식에 관계되는 기본요인들을 분석하고 탐색하며 그들이 어떻게 서로 작용하는가를 밝히는 것이라는 관점이다. 물리학이란 어떻게 기본적 요인들이 물체를 이루는가를 밝히는 것이라면, 구성주의는 감각, 느낌, 상상과 같은 인간의 의식적 경험에 관련된 기본적인 구성요인들을 실험하고 정의하는 것이다. 구성주의 심리학자들은 많은 주제에 대해 연구를 수행했지만 대부분은 시각, 청각, 촉각과 같은 감각에 관한 것이었다. 의식의 요인들을 실험하기 위해, 구성주의 학자들은 내성법(introspection), 또는 의식적 경험에 대한 개인의 신중하고 체계적인 관찰법 등을 방법으로 활용하였다.

기능주의자들은 심리학적 실험에 다른 관점을 갖고 있었다. 기능주의란 의식의 구조보다는 의식의 기능이나 목적을 탐색하는 것이라는 믿음에 기초한 것이다. 기능주의 등장에 주요 핵심 인물은 William James(1842~1910)로 뛰어난 미국 의학자였다. 그러나 그는 의학분야에서 지적 도전을 찾지 못하고 의학적 실습 등이 너무 임상적으로만 추구한다는 것을 느꼈다(Ross, 1991). 그는 의학적 불만을 심리학으로 대신하였으며 빠르게 심리학적 지식을 습득하여 갔다. James의 대표적 저서인 '심리학의 원리(*Principles of psychology*, 1890)'는 심리학 역사 중 후학들에게 가장 영향을 미친 저서일 것이다(Weiten과 Wight, 1992).

James의 사고는 어떤 다른 분야처럼 심리학이 문화적이고 지적인 영향과 어떻게 깊게 관여되는지에 대해 예를 드는 것이다. James는 Charles Darwin의 자연선택(natural selection)이론(1859, 1871)에 깊은 영향을 받아왔다. 자연선택의 원리에 의하면 생존과 재생성의 이점을 제공하는 유전적 특징은 자연적으로 계속 이어져 세대가 소지할 수 있는 선택적 특성보다 더욱 유사하게 나타나며, 그래서 시간이 지나면 선택이 된다는 것이다. 이러한 다윈의 진화론의 핵심적 이론은 종의 전통적 특성이 어떤 목적에 의해 제공된다는 것을 제시하는 것이다. 이러한 이론을 인간에게 적용하여 보면, James(1890)는 의식은 분명 인종에 있어서 중요한 특징이라고 언급하였다. 따라서 그는 심리학은 의식의 구성보다는 기능을 조사하는 것이라 주장하는 것이다. James는 또한 구성주의자들의 연구접근은 실제의 의식 경험의 특성을 간과하는 경향이 있음을 언급하면서 의식이란 사고의 계속되는 흐름 속에 존재함을 주장하였다. 의식의 기본을 분석하는 데 있어서 구성주의자들은 의식의 한 정적인 관점만을 관찰한다고 하였다. James는 의식 자체의 흐름을 이해하길 원했으며, 이를 의식의 흐름(stream of consciousness)이라 칭했다.

구성주의자들은 자연적으로 실험실로 모여드는 데 비해 기능주의자들은 인간을 둘러싸고 있는 실제 세계의 요구에 그들의 행동이 어떻게 적응되는지에 깊은 관심을 가졌다. 기능주의자들의 이러한 특별한 관점은 새로운 주제들을 심리학적으로 소개하도록 하였다. James McKeen Cattell과 John Dewey와 같은 기능주의자들은 감각이나 지각에 대한 관심보다는 성별에 따른 행동의 차이, 교육 훈련의 효과, 어린이의 발달유형, 정신검사 등에 대해 조사하기 시작하였다.

Watson과 Skinner 등 역시 Wundt의 내성법 연구의 과학적 객관성의 부족과 실험실 연구가 현장에 적용될 가능성이 적다는 것을 지적하고 외현적인 현상, 즉 자극과 반응(S-R)의 관계와 같은 관찰 가능한 현상만이 객관적이며 조작적인 용어로 기술되는 것이 과학적 심리학이 추구해야 할 방향임을 주장하며 행동주의 심리학을 탄생시켰다. 행동(behavior)이란 생명체에 존재하는 모든 동작으로 정의되며 행동심리학이 인간 행동 자체를 연구대상으로 하였기 때문에 스포츠와 직접적인 연결이 가능하게 되었다. 그러나 행동주의심리학도 논리실증주의, 물리주의, 환원주의의 입장이나 방법론적인 엄밀성을 지나치게 강조하였으며, 연구주제를 개념화하는 측면에 있어서 이론적, 개념적 빈약현상이 나타났다.

이러한 문제점에 대한 반발과 형태(gestalt)에 대한 이해능력을 강조하기 위한 인지심리학이 1960년 이후 등장하게 되었다. 인지심리학이란 환경으로부터 야기되는 감각정보의 변형, 축소, 정교화, 저장, 인출, 활용되는 모든 과정을 연구하는 학문으로 정의되며 인간 정보처리론이라고도 불린다(Haber, 1969). 최근 지각과정에 대한 정보처리론적 분석에 뒤이어 새로운 이론이 Newell과 Simon

(1972)에 의해 제시되었는데 인공지능(artifical intelligence)이론이다. 이들은 인간 행동의 대부분이 계획된 것이라 주장한다. 또한 계획이 수행되는 조작의 순서를 통제하는 목록을 지시 목록이라 보며, 계획의 본질을 컴퓨터의 프로그램과 같은 것임을 주장하였다. 더욱 최근에는 생리심리학을 기초로 하는 인지신경과학(conitive neuroscience)이 등장하여 인지적인 조작이 뇌의 어느 부위에서 발생하는지를 연구한다. 더불어 인간의 행동 근원을 생리심리적 접근을 통해 분석하는 생리심리학은 신경, 내분비계, 면역계 등과 행동과의 연관성을 밝히는데 더욱 관심을 집중하고 있다.

〈표 1-1〉 심리학의 주요 이론적 관점의 이해(Weiton, 2007)

이론적 관점/연대	주요 학자	주제	기본 전제 관점
행위적 관점/ 1913-현재	John B. Watson Ivan Pavlov B.F. Skinner	인간과 동물의 모든 행위에 대한 환경의 영향	관찰 가능한 것만이 과학적 연구가능. (S-R) 관계
정신분석/ 1900-현재	Sigmund Freud Carl Jung Alfred Adler	행동의 무의식적 결정 인자	무의식적 동기와 소아기 경험이 성격, 정신 이상에 영향
인본주의 관점/ 1950-현재	Carl Rogers Abraham Maslow	유일한 인간 경험 관점	성장을 위한 합리적 인간은 자유, 개인 잠재력 소유, 동물과 다른 이유임
인지적 관점/ 1950-현재	Jean Piaget Noam Chomsky	사고, 정신 과정	인간 행동은 어떻게 정보를 습득하고 저장하는지, 즉 정보화과정의 이해를 위한 실험없이 완전히 이해할 수 없다
생물학적 관점/ 1960-현재	James Olds Roger Sperry David Hubel Torsten Wiesel	인간과 동물 행위 생리학적 기본	행동을 유발하는 신체 구조 및 생화학적 과정을 설명 하는 생체 조직 기능
진화론적 관점/ 1980-현재)	David Buss Martin Daly Margo Wilson Leda Cosmides John Tooby	인간과 동물 행위의 진화론적 이해	세대적으로 나타나는 정적 자연 선택, 즉 적응문제 해결을 위한 진화론적 행위 유형

스포츠·운동심리학이 초기에는 이러한 심리학적 토대를 바탕으로 발달되었지만 스포츠가 현대 사회에 부각되면서 스포츠과학화가 본격적으로 이뤄지고 스포츠·운동심리학의 독자적인 영역이 구축되었다.

2 스포츠·운동심리학의 정의

스포츠·운동심리학을 정의하여 보면 제도화된 규칙에 의하여 지배되는 경쟁적 신체활동과 인간 운동에 관련된 모든 심리적 기전을 묘사하고 분석·이해하며, 예언하고 통제하는 것을 다루는 과학이라 하겠다. 그러나 이러한 정의에 대해서 최근의 스포츠심리학자들은 일치된 견해를 보이지 않고 있다. 따라서 보다 명확하게 스포츠심리학의 정의를 내리기 위해서는 최근 심리학자들의 견해를 비교하는 것이 필요하다.

스포츠·운동심리학은 과거 일반 학문적 분야에서 별도의 영역에 포함되지 못했지만 Smith(1989)는 일반 심리학과 동등한 영역으로 인정받아야 된다고 하였다. 스포츠·운동심리학이 1986년 미국 심리학회의 47번째 분과로 등록된 것과 유럽에서는 심리학의 전문 영역으로 간주된 것은 이를 인정받은 것이라 하겠다. 또한 스포츠·운동심리학을 스포츠과학의 하위 영역으로 보려는 입장은 주로 스포츠와 운동 분야의 전문가들로부터 제기되었다.

스포츠·운동심리학을 심리학의 하위 영역으로 보는가? 아니면 스포츠과학의 하위 영역으로 보는가? 하는 관점은 연구의 방향을 결정하기 때문에 매우 중요한 문제가 된다. 만일에 스포츠·운동심리학이 심리학의 하위 영역이라면 스포츠나 신체 활동은 심리학적 이론을 이해하고 심리학적 원리를 적용하는 연구영역으로 이해되고 제한되며, 스포츠·운동심리학이 스포츠과학의 하위 영역이라면 스포츠 상황에서 인간 행동을 기술하고 설명하며 예측하는 데에 연구의 초점을 두게 될 것이다. 따라서 이러한 관점은 연구의 주제, 방법, 주요 이론 개발 측면에서 연구범위를 규정하는 데에 근본적으로 차별화되는 문제를 제기하고 있다.

〈표 1-2〉 스포츠심리학의 정의

학 자	정 의
Aderman(1980)	인간 행동에 관한 스포츠의 효과를 연구하는 학문
Anshel(1997)	스포츠 및 운동 상황에서 인간의 행동을 묘사하고, 설명하며, 예측하기 위한 연구
Cox(1985)	심리학의 원리를 스포츠 상황에 적용하는 학문
Cratty(1989)	운동선수와 운동경기를 대상으로 하는 심리학의 하위영역
Gill(1986)	스포츠에서 인간 행동에 관한 문제에 해답을 제공하려는 스포츠과학의 한 분야
Morgan(1972)	신체활동의 심리학적 기초를 연구하는 학문
Singer(1978)	운동 경기 상황에 적용된 심리과학, 응용심리학
Tutko(1979)	스포츠 및 운동 경기와 관련된 인간 행동의 연구
Weinberg(1995)	스포츠 및 운동 상황에서 사람들과 그들의 행동을 과학적으로 연구하는 것
Anshel(1997)	경쟁적인 스포츠 상황에서 인간 행동과 선수, 코치, 환경이 선수의 행동에 미치는 효과를 연구하는 학문
Eun(1998)	신체 움직임에 관한 인간 행동을 심리학적 방법으로 묘사·설명·예측하려는 학문

[그림 1-3] 스포츠·운동심리학을 위한 스포츠 과학과 심리학의 관계
(Weinberg와 Gould, 1995)

Griffith(1928)는 스포츠 현장에서의 지도자들은 모두 다 능력 있는 심리학자가 되어야 성공할 수 있으며 인간발달과 행위적 내적 기전을 이해할 수 있는 심리학적 지식을 알아야 한다고 주장하였으며, Singer(1993)는 스포츠·운동심리학이 스포츠 과학뿐만 아니라 심리학의 원리를 적용하는 하위 영역으로서의 개념을 동시에 가지고 있다고 주장하였다. 즉, 스포츠·운동심리학은 스포츠과학의 하위 영역으로 운동 역학, 운동 생리학, 운동 영양학과 같이 트레이닝, 운동 수행, 경쟁 등에 관한 과학적 기초를 형성하려는 특수한 분야임과 동시에 심리학의 하위 영역으로서 산업심리학, 조직심리학 등과 같이 심리학의 원리를 현장에 적용하는 분야가 된다. 따라서 스포츠과학의 독자적인 하위 영역과 심리학의 응용 분야로서 협의의 스포츠·운동심리학은 제도화된 규칙하에 이루어지는 경쟁적 신체활동을 분석·이해하고 통제하는 것을 다루며 심리학의 원리를 이에 적용하는 과학으로 정의할 수 있다. 그러나 Martens(1974)는 스포츠 행동을 연구할 때 가장 포괄적인 관점인 심리학적 운동학(psychological kinesiology)이란 개념을 사용할 것을 제안하였다. 여기에서 운동학은 모든 형태와 상황을 망라한 신체활동과 같은 인간 움직임의 연구라고 정의할 수 있다. 이 정의를 기초로 하면 스포츠·운동심리학은 인간 움직임에 대한 심리적 영역에 대한 연구이다.

1989년 이후 스포츠심리학을 운동심리학(exercise psychology)으로 그 범위를 확대하여 스포츠뿐만 아니라 단순한 움직임(movement)에 이르기까지 인간의 모든 행동을 연구대상으로 포함시켜야 된다는 주장이 응용스포츠·운동심리학자들 사이에서 대두되었다. 그들은 운동심리학을 스포츠 및 운동 상황에서 인간과 그들의 행동을 과학적으로 연구하는 것으로 정의하였다(Wienberg 등, 1995). 또한 그들은 운동심리학 분야에서 이뤄지는 대부분의 연구들은 ① 운동수행을 위한 심리학적 요인들의 영향에 대한 이해, ② 신체활동이 심리적 발달에 미치는 영향 등에 관한 것임을 밝혔다. 운동수행을 위한 심리적 요인들의 규명에 관한 연구들은 불안이 농구선수들의 자유투 정확성에 어떠한 영향을 미치는가? 자신감은 아동의 수영학습 능력에 영향을 미치는가? 코치의 강화와 처벌은 팀 응집력에 어떠한 영향을 미치는가? 등에 관한 것들이 한 예가 될 것이다. 신체

활동과 심리적 발달에 관한 연구들은 달리기는 불안과 우울증세를 저하시키는가? 신체활동을 통해 공격성이 정화될 수 있는가? 운동경기의 참여가 자부심을 향상시킬 수 있는가? 등이 이에 관련된 연구라 하겠다.

더욱 최근에 Berger 등(2002)은 ① 장·단기 운동이 우울, 불안, 자기개념, 신체상, 무드, 스트레스, 인지, 정서와 같은 정신건강에 미치는 영향, ② 운동 중 신체기능에 대한 주관적 분석, ③ 운동참여와 지속의 결정요인 분석, ④ 운동참여 중재전략, ⑤ 운동참여의 사회적 요인분석 등이 운동심리학의 주된 관심 주제임을 제시하였다. 결론적으로 스포츠·운동심리학은 신체 움직임에 관한 인간 행동을 심리학적 방법으로 묘사·설명·예측하려는 학문으로 정의할 수 있다.

3 스포츠·운동심리학의 약사

스포츠·운동심리학의 연구역사는 학자에 따라 다양한 시대 구분에 의해 기술되지만 일반적으로 ① 1860년부터 1929년에 이르는 일반 학습 및 심리학 연구에 의존하던 시대, ② 1930~1959년에 이르는 인간의 작업능률 향상을 위한 연구에 의존하는 시대, ③ 1960년 이후 현재의 경기력 향상을 위한 시대로 구분할 수 있다(정청희, 1994). 다음은 Smith와 Bar-Eli(2007) 등이 스포츠심리학과 관련된 심리학사에 나타난 중요한 사건과 스포츠심리학의 대표적인 사건들을 *Essential readings in Sport and exercise psychology*에 제시한 것들이다.

1800년대

1862 Wilhelm Wundt, 자연과학으로서 심리학으로 명명된 수업을 가르침.

1874 Wundt, 생리학적 심리학 개론(*Principles of Physiological Psychology*)을 출간

1875 William James, 하버드에서 생리학과 심리학의 관계로 명명한 수업을 지도

1879 Wundt, 독일의 Leipzig 대학에 최초의 심리학연구소를 설립

1881 Leipzig 대학에서 최초로 실험심리학 분야로 박사를 수여함.

1883 존 홉킨스(Johns Hopkins)대학은 G. Stanly Hall에 의해 미국 최초의 심리학 실험실을 설립함.

1884 Rieger에 의해 '근지구력에 대한 최면의 효과'라는 사례연구가 최초의 스포츠/운동 심리학 연구로 이뤄짐.

1886 존 홉킨스대학에서 최초의 미국 심리학 박사학위를 수여함.

1887 철학으로부터 심리학이 독립되기 위해 '*Philosophy*'와 같은 초창기 철학 학술지로부터 독립됨.

1889 토론토대학에 캐나다 최초의 심리학 실험실이 세워짐.

1889 최초의 국제심리학회가 열림.

1890 James, '심리학 개론(*Principles of Psychology*)' 출간

1890 Cattell, '마음에 대한 정신검사와 측정(*Mental Test and Measurement*)' 출간

1892 G. Stanley Hall에 의해 미심리학연맹(American Psychology Association)이 설립됨.

1885–1920

1885 William Anderson, 체육 분야 발달을 위한 연합체 형성 유도

1891 George Fitz에 의해 미국 최초로 하버드대학 기능학 연구실 설립

1893 미국 최초로 하바드대학이 체육 분야의 학위를 수여함.

1895 '*Psychological Review*'에 Fitz의 반응시간에 대한 논문 게재

1898 Francis Kellor이 '*Education*'에 "체육 문화를 위한 심리학적 기초" 기고

1898 Norman Triplett의 최초 스포츠사회심리학 논문 발표

1899 E. W. Scripture가 스포츠 참여에 의한 특성발달에 대한 사례 연구결과 발표

1899 Anderson의 정신 연습과 학습 전이에 대한 실험 논문 발표

1903 G.T. Patrick이 미심리학 저널에 "미식축구의 심리학" 논문 발표

1904 Wellesley 대학의 Mary Whiton Calkins가 미심리학회 최초의 여성 회

장으로 선출(그가 여성이라 하바드대로부터 박사학위를 받지 못함)

1904 Luther Gulick가 체육의 과학적 수행들을 증진시키기 위해 '체육아카데미'를 조직함.

1905 S.I. Franz과 G.V. Hamilton에 의해 '우울증에 대한 운동의 효과'가 연구 발표됨.

1908 G. Stanley Hall이 체육은 정신을 위하고 도덕적 문화를 위한 것이라 주창함.

1910 체육에 있어서 첫 번째 석사학위가 Teacher's college, Columbia대학에서 수여됨.

1911 L.P. Ayres는 미체육학회지(*American Physical Education Review*)에 사회적 촉진 연구발표

1912 G.E. Howard는 '*American Journal of Sociology*'에 '관중의 사회학적 심리학' 발표

1914 Cummins(1914)는 운동반응, 주의, 암시(suggestibility)에 대한 농구연습의 효과 연구

1916 Margaret Washburn의 '운동과 정신 이미지(*Movement and mental imagery*)' 발표

1920–1939

1920 Carl Diem, 베를린 독일 스포츠연구센타(sporthochschule)에 스포츠심리학 실험실 설립

1924 첫 번째 체육학 박사 수여(컬럼비아대학 teacher's college)

1924 Floyd Allport의 사회심리학 출간

1925 A.Z. Puni, 레닌그라드에 스포츠심리실험실 설치(St. Petersburg)

1925 Coleman Griffith, 북미에 최초의 스포츠심리실험실 설치

1925 Griffith, '심리학과 심리학의 운동 경쟁과의 관련성(*Psychology and Its Relation to Athletic Competition*)' 저서 발간

1926 Griffith의 '코칭심리학(*Psychology of Coaching*)' 출간

1926 C.L. Vaux, 운동이 어떻게 우울증 치료에 도움이 되는가를 생리학적으로 설명 제안

1928 Griffith의 '심리학과 운동경기(*Psychology and Athletics*)' 출간

1930 Charence Ragsdale(Wisconsin대학), '운동학습의 심리학(*The Psychology of motor learning*)' 출간

1930 *Research quarterly* 창간호 발간

1930 미체육아카데미의 공식적 인준

1931 Mabel Lee, 미체육학회의 최초 여성 회장 취임

1932 Dorothy Yates, 복서들을 대상으로 묘사한 '심리학적 공갈(*Psychological racketeers*)' 편찬

1935 Paul Schilder, 최초로 신체 이미지를 개념적으로 정리한 저서 출간

1936 Muzafer Sherif, '사회규범적 심리학(*Psychology of social Norms*)' 출간

1937 Gordon Allport, '성격: 심리학적 설명(*Personality: A Psychological Interpretation*)' 출간

1938 Henry Murray, '성격 탐색(*Explorations in Personalty*)' 출간

1938 Griffith, 시카고 커브스의 스포츠심리학 컨설턴트로 고용

1965–1979

1965 첫 번째 스포츠심리학 세계학회 개최

1966 Bruce Ogilvie & Thomas Tutko, '운동선수들의 문제와 처리방법(*Problem athletes and How to Handle Them*)' 출간

1967 제 1회 북미 스포츠심리학과 체육활동 학회의 컨퍼런스 개최

1967 Ulric Neisser, '인지심리학(*Cognitive Psychology*)' 출간

1969 제1회 캐나다 심리운동학습과 스포츠심리학 학회의 컨퍼런스 개최

1969 William Morgan, "신체적성과 정서적 건강 고찰: Physical Fitness and Emotional Health: A Review" 논문 발표

1970 *International Journal of Sport Psychology* 창간호 발간

1970 Frederick Baekeland, 운동 박탈에 따른 운동 의존성 정의

1972 Dorothy Harris, 여성스포츠, National research conference에서 발표

1972 Bernard Weiner, '동기이론: 인지적 기전으로부터' 출간

1973 Walter Mischel, '인지사회학습 관점에서 성격의 재개념화' 발표

1974 Richard Alderman, '스포츠에서 심리학적 행동' 발간

1975 Rainer Martens, '사회심리학과 신체활동' 집필

1977 George Engel, 질병에 대한 생리심리학적 모형 제시

1977 Albert Bandura, *Psychological Review*에 자아효율성에 대한 그의 최초 연구발표

1978 Carole Oglesby, '스포츠에서의 여성: 추측으로부터 현실적인 면까지' 집필

1979 *Journal of sport psychology* 창간호 발간

1979 Martens, *Journal of sport psychology*에 "About Smocks and Jocks" 발표

1980-1992

1979 Raymond Harrison, Deb Feltz, '*Professionalization of sport psychology.*'

1981 C.H. Folkins, Wes Sime(1981), 운동과 정신 건강에 대한 논문 발표

1981 Steve Danish, Bruce Hale, 간섭(intervention)에 대한 인간발달체계 제안

1983 USOC, 스포츠심리적 서비스 제공을 위한 지침과 등록소 설립

1983 Dan Landers, "스포츠심리학 이론 테스트에서 어떤 일들이 발생하는가?" 발표

1983 Brad Hatfield, Landers, "심리생리학-스포츠심리학의 새로운 방향" 발표

1983 Maureen Weiss, Brenda Bredemeier, "*Developmental Sport Psychology*" 발표

1984 William Straub, Jean Williams, '인지스포츠심리학' 발간

1985 USOC는 스포츠심리학 전문가인 Shane Murphy를 첫 번째 풀타임 고용

1985 AAASP(Association for the Advancement of Applied Sport Psychology) 창설

1987 운동 및 스포츠심리학(Exercise & Sport psychology)이 APA의 47 분과로 인준

1987 *The Sport Psychology* 발간 시작

1987 Rainer Martens, '*Science, Knowledge, and Sport Psychology*' 발간

1988 '*Journal of Sport Psychology*'의 '*Journal of Sport & Exercise Psychology*'로 개명

1988 Rod Dishman, "운동집착: 공공 건강에 미치는 영향" 발표

1989 *Journal of Applied Sport Psychology* 발간 시작

1989 Michael Greenspan, Feltz, "운동선수들에 대한 심리적 장애에 대한 고찰" 발표

1991 AAASP Sport & Exercise Psychology분야에서의 컨설트 자격증 제안

1992 Joe Willis, Linda Campbell '*Exercise Psychology*' 발간

1) 북미의 스포츠·운동심리학 발달

먼저, 스포츠심리학의 발달은 미국의 교육심리학자 Coleman R. Griffith가 1920년 후반 코치와 선수 심리학이라는 2권의 저서를 발간한 것으로 시작되었다고 할 수 있겠다. 그 후 1965년 최초의 국제 스포츠 심리학회가 이태리 로마에서 개최되었으며, 1970년에 와서야 세계적으로 스포츠심리학에 대한 강의, 회의 등이 과학적으로 검토되기 시작했다.

초창기의 스포츠심리학 실험은 Triplett(1898)에 의한 것으로 관중과 선수의 경쟁, 페이스조절을 설명하기 위한 "The dynamogenic factor in pacemaking and competition"이라는 논문이다. 그 이전에 Fitz(1895, 1897)는 스포츠심리학 연구는 아니지만 감각 능력평가를 위한 위치반응계(location reaction apparatus)의 설계와 디자인을 소개하였으며, "Play as a factor in development"라는 논문으로 스포츠심리학에 간접적인 공헌을 하기도 하였다. Triplett(1898)는 프로사이클 경기에서 3종류의 공식기록을 실험하였는데 ① 기록보다 높은 페이스로의 훈련, ② 기록과 같은 페이스로의 훈련, ③ 실제경기시의 기록을 비교한 뒤 경기기록과 같은 페이스에서 훈련이 가장 좋은 기록을 산출하였다고 보고하였다.

Davis와 Anderson(1899)은 운동학습에서의 전이(transfer)효과를 증명하였으며, Scripture(1899)는 스포츠참여와 성격의 관계, Cummins(1914) 등은 운동학습(motor learning) 측면에서 반응, 주의력 등과 스포츠 수행과의 관계를 연구하였다. Davis 등은 전이효과를 설명하기 위해 수용성 이론(suction theory), 회피이론(shelter theory), 촉진이론(encouragement theory), 뇌의 불안이론(brain worry theory), 최면제시이론(hypnotic suggestion), 자율성(automatic)이론, 역동적 요인(dynamogenic factors) 등에 관해서 언급하였다. 또한 Krohn(1903)은 체조지도자를 위한 “The value of psychology in the preparation of a teacher of gymnastics”라는 연구에서 주로 감각(senses), 기억(memory), 상상(imagination), 판단력(powers of judgment), 대비(comparison), 호기심(curiosity), 추리력(reasoning) 등에 대한 연구를 실시하였다. Patrick(1903)은 “The psychology of football”이라는 연구를 통해 관중에 의한 미식 축구선수들의 심리적인 문제를 주로 다루었다. 그러나 이러한 초기의 많은 연구에도 불구하고 스포츠심리학은 독자적인 학문 분야로서의 체계를 확립하지는 못했었다. 이후 스포츠심리학에 대한 최초의 체계적 연구자로 알려진 Howard(1912)는 개인의 감정은 사회활동에 있어서 가장 강력한 힘의 원천이며 스포츠 관중의 성격은 자신들의 감정에 의하여 결정된다고 하는 논문을 발표하여 관심을 불러일으켰다.

이후 일리노이즈대학의 Huff의 제안과 Coleman Griffith(1893~1966)에 의해 ‘Athletic Research Laboratory’(1925)가 설립되었는데 Griffith(1925)는 윤리, 정신, 용기, 명예, 스포츠맨십, 파인플레이, 팀응집력 등에 관심을 갖고 “Psychology and its relation to athletic competition”, “Muscular sense or perception”, “The span of attention” 등의 논문을 발표하였다. 그는 1928년에는 ‘*The psychology of coaching*’이라는 저서를 통해 개인차, 성격, 심리학의 법적 의미, 청소년들의 반항 등을 주제로 하여 논하였으며, 또 하나의 저서인 ‘*Psychology and athletics*’는 더욱 이론적이고 다양한 범위를 포함하여 운동학습, 기억, 학습과 기술, 주의력, 지각, 반응시간 등에 대해서 언급하였다.

Griffith는 그러나 Athletic Research Laboratory가 운영자금문제로 해체되자 스포츠·운동심리학에 대한 연구활동을 중단하였다. 1937년의 그의 저서인

'*Introduction to Applied Psychology*'에 심리학과 운동경기의 관계를 언급하였으며, 시카고 농구팀을 위한 최초의 카운셀러 역할을 수행하기도 하였다. 또한 하버드대학의 Berry와 1927년에는 '*The Philosophy of Athletics*'라는 저서를 발간하여 스포츠지도를 위한 코치와 지도자들의 코칭법과 특징, 그리고 심리학과의 관계를 설명하였다.

이러한 노력에도 불구하고 스포츠심리학은 이후 1960년 후반까지 체계적이고 과학적인 연구가 이루어지지 못했다고 할 수 있다. 1940년과 1950년 Cozens 등(1940), Brace(1941), 그리고 McCloy(1947) 등이 순수한 스포츠연구보다는 운동 학습분야를 연구하였으며 심리학과 박사과정 학생들도 운동학습에 관심을 갖기 시작하였다. 1940년대의 스포츠심리학은 사실 가장 저조한 활동을 벌인 시기이며 1950년대에 들어와서야 약간의 발전이 이뤄졌다. 은희관(1989)은 1950년대의 미국의 스포츠심리학 연구주제를 요약한 후 연구의 대부분이 선수들의 사회적 과정화와 사회적 특성에 관한 연구가 많았다고 보고하였다.

1960년대의 연구는 1950년대의 비체계적이었다는 것과는 달리 매우 드라마틱한 변화를 보였으며 두 가지 점에서 그 발달을 가져왔다고 본다. 첫 번째는 공식적인 스포츠심리학회가 시작되었다는 것이다. 1965년 이태리 심리학자인 Ferruccio Antonell이 초대회장이 되면서 많은 전세계 스포츠심리학자들이 참석한 가운데 제1회 ISSP(International society of sport psychology)가 로마에서 개최되어 본격적으로 스포츠심리학 분야의 연구가 국제화되었다. 1967년에는 NASPSPA(North american society for sports and physical activity)가 Arthur S. Hammel이 초대회장이 되면서 설립되어 해마다 운동발달, 운동학습, 스포츠·운동심리학에 대한 학회를 계속해서 개최하였으며, 또한 Willberg에 의해 CSPLSP (Canadian society for psychomotor learning and sport-psychology)가 설립되어 활발한 연구활동들이 진행되었다. 이러한 학회의 탄생은 스포츠심리학 분야가 더욱 과학적이고 체계적인 학문으로 발달하는데 공헌하였을 뿐만 아니라 1970년대에 이뤄진 비약적 발달을 위한 토대가 되었다고 볼 수 있다.

두 번째 단계는 체육과에서 스포츠심리학을 전공하는 첫 세대가 배출되었다는 것이다. 이들 연구의 대부분의 주제는 스포츠와 운동에 대한 행위(Kenyon,

1968; Keogh, 1962; Lakje, 1964) 등으로서 스포츠의 심리적 현상에 대한 연구가 많았다. 주제별로 보면 성격과 스포츠(Felker, 1968; Kroll, 1967; Kroll과 Peterson, 1965), 운동수행에 대한 정신연습의 효과(Corbin, 1967), 사회성 발달에 미치는 신체활동 효과(Cowell, 1960), 스포츠 수행에 대한 관중의 효과(Martens와 Landers, 1969; Singer, 1965), 스트레스하의 운동 수행(Carron, 1968) 등이며 Martens(1969), Ryan과 Lakie(1965)들의 논문은 사회심리학 저널에도 게재 될 만큼 질적으로 우수한 논문들이 쏟아져 나왔다. 그러나 1960년대에 스포츠심리학에 크게 기여한 학자들의 대부분은 심리학자였음을 주목해야 할 것이다. 또한 팀 경쟁(Myers, 1962), 사격팀에 대한 긍정적인 개인관계의 효과(MeGrath, 1962), 그리고 어린이의 훈련과 게임 참여에 대한 성격변화(특히 겸손함: unobtrusive)에 대한 연구(Roberts와 Smith, 1962), 성인에 있어서 게임 참여의 효과(Smith, 1963)에 대한 연구 등이 이루어졌다.

1970년대의 스포츠심리학은 1960년대의 발달에 힘입어 급진적인 변화가 나타났다. Cratty는 스포츠심리학 분야가 진보되었다는 뚜렷한 2가지 증거를 제시하였는데, 첫 번째 스포츠심리학저널인 '*International Journal of Sport Psychology*'(1970), '*Journal of Sport Psychology*'(1979)가 탄생하여 분야에 대한 가능성과 인식력을 고양시켜 주었다는 것이다. 이들 저널은 스포츠심리학 연구를 보다 과학적이고 체계화하기 위한 연구방법을 구체화시켰다. 두 번째는 스포츠심리학에 관한 전문적인 서적이 많이 발간되었다는 것이다. 또한 해마다 NASPSPA, CSPLSP 등의 학술 단체들이 학술대회를 활발히 개최하였다. 결론적으로 1970년대의 스포츠·운동심리학의 특징은 실험을 통한 기초 심리학적 지식이 향상되었으며 연구주제가 매우 다양화되었다는 것이다. 1970년대 초반에는 선수들의 성격에 많은 관심을 가졌으나 후반에는 인지심리학의 영향을 받아 인간 행위의 인지적 내적 기전에 관심을 집중시켰다.

1967~1970년 Nejsser는 실험심리학의 영역에서 인지심리학을 중추적인 분야로 발전시켜 인간을 정보처리자로 간주하여 운동감각정보의 부호화, 기억의 조직화, 저장된 정보에 따른 운동재현에 대한 정신적 과정에 관심을 둔 과정 중심연구(Process oriented approach)로 발전시켰다. Henry는 심리학적 기능, 실험

장치, 정밀한 측정을 위한 방법을 개발하여 운동행동 연구의 대부 칭호를 받기도 하였으며, Adams(1971)는 운동학습에 관한 폐쇄회로이론을 제기하였고, Pew(1974)는 추상적인 운동행동의 인지적 모형인 운동 도식(Movement schema)을 제시하였다. 또한 Schmidt(1975)는 운동기능학습에 관한 재인도식과 회상도식이론을 종합 보완한 운동수행을 위한 도식이론을 발표하였다.

20세기 중반에서는 과정중심연구, 즉 정보전달체계, 운동수행체계, 피드백체계에 대한 연구가 많은 관심을 끌었었다. Schmidt(1982)는 19세기 후반부터 운동 행동연구가 본격화되었으며 행동주의 심리학의 영향에 따른 과제중심 연구에 관심을 갖게 되면서 스포츠심리학도 운동기능의 수행에 영향을 주는 변수들의 효과에 대해 관심이 집중되었다고 하였다.

NASPSPA가 기초 학문적인 특성을 많이 가졌으므로 응용적인 측면에 관심을 가진 학자들은 새로운 독립된 조직의 필요성을 느끼게 되었다. 결국, 1985년 John Silva에 의해 응용스포츠심리학회(Association for the advancement of applied sport psychology: AAASP)가 창설되었고, '*Journal of Applied Sport Psychology*'가 출간되었다. AAASP는 건강심리, 사회심리, 중재, 그리고 수행향상을 포함하는 분과를 두고 결과의 현장 적용에 그 의미를 두어 지금의 스포츠·운동심리학의 방향을 제시하였다. 북미의 스포츠·운동심리학의 발달과정을 요약하면 다음 <표 1-3>과 같다.

〈표 1-3〉 북미 스포츠심리학 발달 요약

구분	연대	주제 및 내용
태동기	1895–1920	• Triplett의 경쟁 의식과 연습시 페이스(사이클) • Cummins 등의 운동 반응, 주의력 • Krohn의 지도자의 심리적 준비(체조) • Patrick의 미식축구의 심리적 변인 • Howard의 관중의 성향
Griffith 시대	1921–1938	• Griffith의 최초의 경기 관련 연구소 설립 • Griffith의 코칭심리학, 운동경기의 심리학 출간 • 이 외에 윤리, 정신, 용기, 명예, 스포츠맨십, 파인플레이, 팀 응집력 등에 관한 다수의 논문 발표 • Griffith의 시카고 커브스 농구팀 카운셀링
미래의 준비기	1939–1965	• Henry의 스포츠심리학에 대한 대학원 프로그램 개설 • Kenyon, Keogh, Lakje 등 스포츠의 심리적 현상 • Corbin의 운동수행에 대한 정신연습의 효과 • Cowel의 사회성 발달 • Carron의 스트레스와 운동 수행
성장기	1966–1977	• International Journal of Sport Psychology 출간 • Cratty 등의 스포츠심리학 저술 활동 증가 • 북미 스포츠·운동심리학회 구성(NASPSPA) • Adams의 폐쇄회로 이론 • Pew의 운동 도식 • Schmidt의 재인 도식과 회상 도식 • 운동의 과정 중심 연구가 주를 이룸
현 대	1978–현재	• Journal of Sport Psychology 출간 • 응용스포츠심리학회(AAASP)가 창설 (건강심리, 사회심리, 중재변인, 수행향상 분과) • Journal of Applied Sport Psychology 출간 • 미국 심리학회 47분과로 인정됨 • Martens 등의 스포츠경쟁불안 • Heyman 등의 임상심리학 적용 • Landers 등의 심리생리적 관점 • Gould와 Weinberg 등의 인지심리학적 연구

2) 유럽의 스포츠·운동심리학

유럽 국가들의 스포츠·운동심리학은 선수가 최고의 운동수행에 도달할 수 있도록 하는 데에 특별한 관심을 갖고 응용 스포츠·운동심리학을 통한 엘리트 선수의 수행력 증가에 최선을 다하고 있다. 따라서 선수선발, 훈련, 경기준비와 같은 사항에 스포츠·운동심리학적 이론이 큰 영향력을 미치고 있다.

유럽의 스포츠·운동심리학은 구소련에 의해 발전하였다고 해도 과언이 아니다(Salmela, 1981). 북미 스포츠·운동심리학자들은 유럽 스포츠 학자들이 무엇을 하는가에 대해 관심을 갖고 연구를 시작하였는데, Vanek와 Cratty(1970)는 구소련은 Puni와 Rudik에 의해 첫 번째 심리학적 연구가 발표되었으며 1921년 모스크바와 레닌그라드에 'The Institutes for Physical Culture'가 설립되면서 본격적인 스포츠·운동심리학 연구가 실시되었음을 보고한 바 있다. Garfield와 Bennett(1984)는 사회주의 국가에서 운동선수들을 위한 연구에 박차를 가하기 시작한 때는 1950년 우주항공계획을 시작하면서 이루어졌음을 제시하면서 구소련과학자들이 우주에서의 비행사들을 위한 심리·생리적 과정을 조절하기 위해 고대 요가기술을 이용하여 성공을 거두었다고 보고한 바 있다. 그 기술은 소위 자아통제 또는 심리적 자아조절훈련이라 하며 HR, 체온, 근긴장 그리고 무중력 상태와 같은 스트레스 상황에서의 정서반응 등의 신체적 기능을 조절할 수 있는 심리·생리적 자아통제기법이다. 최근 이러한 방법이 구소련과 유럽 스포츠 프로그램에 단계적으로 응용되고 있다.

유럽 국가들의 스포츠·운동심리학 연구의 기능은 새로운 훈련개발과 심리적 자아통제 훈련기법 개발 및 응용이었으며 그러한 노력의 결과 올림픽에서 우수한 성적을 거두었다. 하나의 연구과제를 완성하기 위해 서로 협력하고 화합한다거나 우선 목표를 엘리트 선수들을 위한 것에 집중시키며 팀 내에는 의무적으로 스포츠·운동심리학자들을 상주시키기도 하였다. 또한 모든 선수들을 위한 강의는 자아조절에 관한 이론과 연습을 일정 시간 실시하였으며 잘 알려지지 않고 있지만 자율적 훈련, 시각화훈련, 자아최면 등이 포함되었다. 이렇듯 스포츠·운동심리학의 활동은 응용 심리학적 연구에 그 관심이 집중되어 있으며 그 효과도 인정받고 있다는 것에 우리는 주목해야 될 것이다.

특히 독일에서는 Sippel과 Suhulte(1925)에 의해 스포츠·운동심리학 연구소가 설립되었는데 1990년 이후 스포츠·운동심리학회(German association for sport psychology: ASP)가 창설되면서 더욱 활성화되었다. 회원 대부분은 대학에서 스포츠·운동심리학을 전공하고 있는 학자들이다. 그들은 다양한 이론적, 방법론적 접근 방법을 갖고 연구와 현장 적용에 노력하고 있다. 독일 내에는 2개의 스포츠·운동심리학 관련 학술잡지가 출간되고 있는데 '*Psychologie Und Sport*'는 Nitsch와 Hackfort에 의해 출간되고 있으며, '*The Journal Sport Psychologie*'는 독일의 스포츠·운동심리학회의 공식 저널이다.

기초 연구와 응용 연구는 분명히 차이가 나지만 현재 독일에서의 스포츠·운동심리학은 이 둘을 통합하려는 노력을 기울이고 있다. 독일의 스포츠·운동심리학의 특성은 전체적이고 통합적인 관점을 가지고 인간 행동을 규명하려 한다. 이러한 측면에서 생리심리, 사회심리적 요인, 인지, 정서, 운동학을 통합시키는 행동 이론들과 밀접한 관련을 가지고 있다. 이러한 접근은 행동조절이나 목표 지향적 행동의 조직에 인지, 정서, 동기, 그리고 의지의 기능적 의미를 갖는 심리운동이나 감각운동 과정을 통합적으로 분석하는 것이다. 응용연구로는 우수선수의 양성에 관심을 두고 있으며 재활스포츠, 스포츠 치료, 여가 체육, 체육 등에도 많은 관심을 갖고 있다. 동유럽 국가의 스포츠·운동심리학은 선수가 최고의 운동수행에 도달할 수 있도록 하는 데에 특별한 관심을 가지며 응용스포츠심리학을 통한 엘리트선수의 수행력 증가에 최선을 다하고 있다. 따라서 선수선발, 훈련, 경기준비와 같은 사항에 스포츠·운동심리학적 이론이 큰 영향력을 미치고 있다. 동유럽에서의 스포츠·운동심리학자들은 매우 높은 학문적 위치를 점유하고 있으며 일부 국가는 스포츠심리학자들에게 아카데미 안이라는 타이틀을 수여하여 국민적 영웅으로서 환대를 받으며 생활할 수 있도록 한다. 이러한 국가의 지원과 학자의 우수성은 선수의 우수한 경기력 수행에 결정적인 역할을 하는 것이다.

3) 중국의 스포츠·운동심리학

중국에서 스포츠·운동심리학은 체육교육과 스포츠 분야에서 연구요구 및 결과의 현장 적용이 증대되고 있다. 1978년 이후 범국가적인 차원에서 많은 연구가 실시되었는데 주제별로 나눠보면 선수의 심리적 선택(1980~1982), 우수선수의 성격 유형(1983~1984), 아동의 심리능력검사(1985~1986), 우수선수의 심리적 특성 및 선수선별과 심리진단(1987~1990), 우수선수들의 훈련과 상담 등의 연구가 이뤄졌다. 이 모든 계획은 중국 체육교육협회에서 지원하고 있으며, 응용스포츠심리학을 전공한 교사와 연구자, 체육교육과 스포츠과학을 전공한 교사와 연구자, 현장을 담당하는 코치 등의 3계층의 연구자가 있다. 최근의 관심 영역으로는 기초이론, 인지심리, 정서와 감정, 성격, 운동학습, 정신훈련 등이다. 최근 동아시안 스포츠·운동심리학 학술대회를 Wuhan에서 개최하는 등 새로운 도약을 위해 노력하고 있다. 중국의 스포츠·운동심리학의 핵심인 Wuhan 체육대학 내의 스포츠·운동심리학 분과는 중국의 스포츠과학연구, 전문훈련, 학문 교류에 중요한 역할을 담당하고 있다. 최근 개최된 북경올림픽에서의 중국 선수단의 경기력에 대한 성과는 스포츠·운동 심리학의 현장 적용이 큰 몫을 했다고 자평하고 있다.

4) 일본의 스포츠·운동심리학

Fujita(1998)에 의하면 일본의 스포츠·운동심리학은 대학에서 체육교육을 통하여 발전하였다. 현재 일본은 6개의 단과대학과 30개의 일반대학에 스포츠·운동심리학의 석사과정이 개설되어 있으며 2개의 단과대학과 14개의 일반대학에 스포츠·운동심리학의 박사과정이 개설되어 있다. 1950년에 일본체육학회(Japanese society of physical education: JSPE)가 결성되었으며 1960년에 11개 하위 연구분과로 발전하였다. 그 중 한 분과가 체육교육을 위한 심리학 분과이다. 일본체육학회는 현재 6,000명의 회원을 두고 있으며 매년 학회가 개최된다. 일본 체육학회의 13개 분과 중 체육교육의 심리학 분과는 500명의 회원을 가지고 있으며 1년에 4회 발행하는 체육교육의 일본저널을 통해 많은 학문적 정보를 교류하고 있다. 1960년 이후 우수선수 발굴에 많은 노력을 기울였고 1964년 도쿄 올림픽 이후 체육교육과 독립된 학문 영역을 갖게 되었으며 1973년에는 일본스포츠심리학회(Japanese society of sport psychology: JSSP)가 결성되었다. 학회는 현재 350여 명의 회원이 등록되어 있으며 매년 심도 높은 학술활동을 하고 있다. 주제는 생리심리학과 사회심리학, 임상심리학, 특히 카운셀링 등에 깊은 관심을 보이고 있다. 특히, Miki(2000)는 스포츠사회심리학적 접근을 강조하면서 일본의 스포츠사회심리학은 사회, 문화, 사회적 시스템에 대한 연구보다는 각 개인의 환경적 적응과 역할에 대한 연구가 많으며, 독자적인 영역이기보다는 사회학, 생리학, 심리학 등과 학제적 특성을 공유하며. 신체활동과 스포츠, 운동, 체육 등에 그 기초를 두고 있다고 소개하였다. 쓰꾸바대학의 Nakagomi (1998)는 일본 스포츠심리학 중 임상스포츠심리학을 강조하면서 전공자들이 임상적 지식을 획득하기 이해 노력해야 함을 주장하였다. 와세다대학의 Takenaka(1998)와 규슈대학의 Hashimoto(2000)는 최근 운동심리학이란 용어를 사용하며 체력과 정신 건강, 신체의 이미지와 자존감, 스트레스 반응, 피로, 동기 유발, 운동수행과 대사작용, 수면, 인지, 환경적응, 운동의 탐닉과 같은 운동과 사회적, 정신적 변인과의 관계를 규명하는 연구가 주로 이뤄지고 있음을 밝혔다. 요약하면 일본의 스포츠심리학은 순수과학의 틀을 벗어나 응용과학적인 영역으로 전환되고 있음을 알 수 있다.

5) 한국의 스포츠·운동심리학

한국의 스포츠·운동심리학은 1945년과 1954년 사이에 경북대와 서울대에서 체육심리학이란 과목으로 개설되어 교육되기 시작하였으나 이때는 한국의 체육 자체가 정체성을 찾기 힘들 정도로 과도기적 상황이라 체계적인 프로그램이 제시되지 못하였지만 스포츠·운동심리학 분야에서는 교수활동이 학술활동보다 먼저 이루어졌다는 데서 그 의미를 찾을 수 있다. 체육 자체가 학문적인 활동을 시작한 것은 1953년에 발족한 한국체육학회가 학회지를 발간한 1955년 이후라 볼 수 있다. 이후 10여 년간 체육학의 개념이 정립되는 과정에서 스포츠·운동심리학 분야에 대한 연구가 거의 이루어지지 않았으며(류정무, 1982), 1970년대에 접어들면서부터 외국의 스포츠·운동심리학 내용을 소개하는 번역서가 출간됨으로써 전문적인 학술 활동이 시작되었다.

류정무(1982)는 한국의 스포츠·운동심리학 태동기의 학문활동을 분석한 연구에서 1970년대에 들어와 10여 권의 전공서적이 발간되기 시작했다고 보고하였다. 이 당시에 김대식, 김지학, 이훈구(1972)가 공동으로 Oxendine(1968)의 문헌을 번역하여 간행한 '체육심리학'이 한국 스포츠·운동심리학 분야의 저술활동의 처음이라 할 수 있다. 초기의 발간물은 '체육'이라는 포괄적인 용어를 사용하였지만 류정무, 고흥환, 최인범(1979), 류정무와 정행도(1981), 고흥환과 김종선(1981), 그리고 김종선과 정청희(1982) 등의 저서나 역서의 명칭에 운동, 운동행동, 스포츠라는 전문적인 용어가 등장하기 시작하였다. 한편, 류정무(1982)는 1955년부터 1982년까지 스포츠·운동심리학 분야의 연구논문이 116편이라고 보고하면서 이러한 연구결과는 초창기 한국 스포츠·운동심리학 분야의 연구활동을 평가할 수 있는 의미 있는 자료라고 하였다. 당시 연구논문의 편수는 1951년부터 1970년까지 일본의 스포츠·운동심리학 논문 1,007편과 비교했을 때 약 10%에 해당된다. 또한 연구방법의 측면에서도 극히 단편적이고 소극적인 방법을 사용하고 있었으며 논문의 내용도 빈약한 것으로 밝혀졌다.

은희관(1990)은 1980년부터 1987년까지 발표된 석·박사학위 논문을 분석하여 1980년대의 스포츠·운동심리학 관련 학문활동의 단면을 보여주고 있다. 총 354편의 학위논문을 분석한 결과 성격에 관한 논문이 114편, 운동학습에 관한 논문이 94편으로 대다수를 차지하고 있으며, 운동제어에 관한 논문은 소수에 불과한 실정이라고 보고하였다. 당시의 연구현황을 종합해 보면 한국에서의 스포츠·운동심리학에 관한 연구주제는 세계적으로 볼 때 1960년대 수준을 벗어나지 못하고 있음을 알 수 있다. 김병준과 이강헌(1993)은 한국스포츠·운동심리학 관련 연구활동의 경향과 특성을 규명하기 위하여 1961년부터 1992년까지 1581편의 연구물을 분석하였다. 이 연구결과 석사학위논문이 전체의 56.4%로 가장 큰 비중을 차지하고 있으며 박사학위논문은 타학문 분야에 비해 극히 낮은 비중을 차지하고 있어 대학원 박사과정 프로그램의 확대 운영이 필요한 것으로 나타났다.

사실상 1980년대는 스포츠·운동심리학이라는 새롭게 부각되고 있는 학문영역이 한국의 체육학 또는 스포츠과학 분야에서 정체성을 확립해 가는 시기였다고 볼 수 있다. 이 시기에 국내 각 대학원 과정에서는 스포츠심리학을 비롯하여 운동학습, 운동제어, 운동발달 등의 분야를 전공하는 예비 연구자의 수가 증가함에 따라 조직의 형태로 결집되기 시작하였다. 특히 1986년 서울 아시안 게임과 1988년 서울올림픽 스포츠과학 학술대회를 전후한 각종 학술대회로 인하여 한국의 스포츠·운동심리학은 그 저변이 확대됨과 아울러 국제적인 교류의 확대를 통하여 세계적인 동향에 합류하게 되었으며 국내 학자들의 스포츠·운동심리학에 대한 관심과 인식을 고조시켰다는 점에서 한국 스포츠·운동심리학의 발전에 중요한 전환점이 되었다. 더욱이 1989년에 김종선 초대 회장을 중심으로 창립된 한국스포츠심리학회(KSSP)는 1990년부터 공식 학술지인 한국스포츠심리학회지를 발간하고 정기 세미나를 개최하는 등 한국 스포츠·운동심리학의 연구기반을 조성하였으며 최근에는 2002년 동아시안 스포츠심리학회를 유치하는 등 비약적 발전을 이뤘다고 공히 인정하고 있다.

한국의 스포츠심리학은 북미와 유럽에서 스포츠·운동심리학이 스포츠과학의 한 영역으로 정착된 시기를 1960년대라고 볼 수 있으므로(Gill, 1986) 국제적인 발전추세와 비교했을 때 20년 정도 늦게 출발하였지만 질적으로나 양적으로 매우 빠른 발전을 이뤘다고 할 수 있다. 한국 스포츠심리학이 주로 연구하였던 주제들을 보면 ① 성격: 공격성, 우수선수 특성, 성역할, ② 동기: 성취동기, 귀인, 내적 동기, 자기효능감, 성취, 목표 지향성, 자신감, ③ 불안, 각성: 스트레스, 각성이론, 정서, ④ 심리훈련: 목표설정, 심상훈련, 주의집중, 자신감 배양훈련, ⑤ 운동수행의 사회심리적 요인: 집단역학, 응집력, 리더십, 사회적 촉진, ⑥ 운동제어: 동작분석, 신경역학, ⑦ 운동학습, 발달: 연습, 피드백, 전이 등, ⑧ 기타: 건강심리, 상담 등으로 분류할 수 있겠다.

유진(2001)은 한국 스포츠심리학의 1990년 이후의 연구영역은 협의의 스포츠심리학과 운동제어, 운동학습 순이었으며, 주제는 스트레스/불안, 동기에 관한 연구, 운동/건강의 순으로 연구되었음을 보고하였으며, 한국 스포츠심리학에 대한 조명과 조언을 위해 스포츠심리학을 전공하는 대학원생들을 집단 면접한 결과 대부분 스포츠 상황에서 심리학의 학문적 중요성과 실제적 역할을 어느 정도 인식하고 있으나 어떻게 무엇을 연구해야 할지 고민하고 있으며, 전문성, 실제성, 직업성에 많은 회의를 갖고 있어 한국 스포츠심리학의 미래는 기초학문보다 실용학문 쪽으로 많은 관심을 가져야 함을 밝혔다.

4 스포츠·운동심리학의 연구영역

스포츠·운동심리학은 신체 움직임에 관한 인간 행동을 심리학적 방법으로 설명하려는 학문으로 정의될 때 그 연구영역은 매우 광범위하다. Singer(1982)는 스포츠심리학에 관련되는 심리 분야를 [그림 1-4]와 같이 구분하여 그 관련성을 설명하였다.

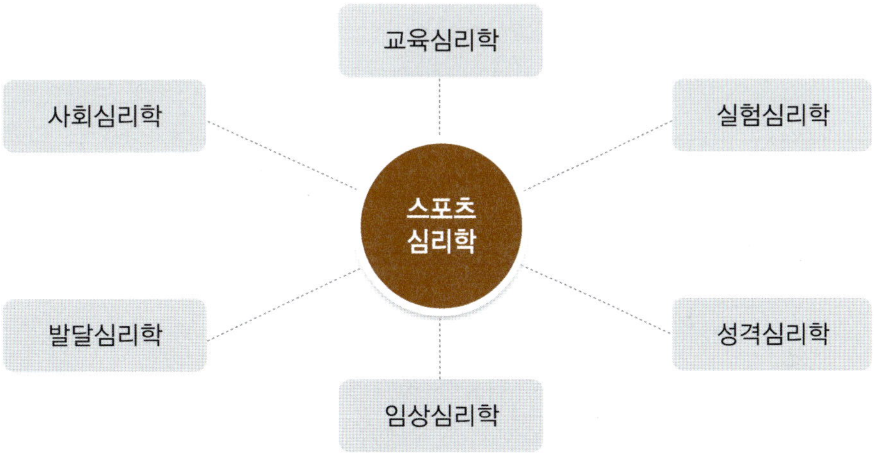

[그림 1-4] 스포츠·운동심리학에 관련된 일반심리학

분야별로 보면 사회(social)심리학은 집단역학, 즉 사람들의 상호작용에 관심을 기울인다. 사회심리학에서 스포츠에 관련된 몇 가지 주제를 살펴보면 경쟁과 협동, 집단역학, 사기, 지도력, 관중과 사회의 영향, 개인의 외형과 행동에 대한 개인 문화적 영향 등으로 볼 수 있다. 발달(development)심리학의 분야에서는 출생에서 사망에 이르기까지 성장과정을 행동에 관련시켜 연구한다. 스포츠와 관련된 주제는 인생에 있어서 초기의 경험과 경험이 운동기술에 주는 영향, 운동수행에 대한 유전적, 환경적 영향, 기능학습을 위한 최적 연령, 획득된 기능의 최고의 발현기, 운동수행에 대한 성차와 연령차 등이다. 임상(clinical)심리학에서는 질병과 적응 문제가 연구의 주요 과제로 등장한다. 운동 분야에서는 끊임없이 부상을 당하는 선수의 심리적 요인, 이기려는 욕구는 강하면서도 중요한 시합에서 기량을 제대로 발휘하지 못하는 선수, 체제에 적응하지 못하는 선수, 잘 포기하는 선수, 스포츠의 선택 이유 등이 주제이다. 성격(personality) 심리학 분야는 운동수행의 독특한 양식을 설명하기 위해 챔피언의 특성, 운동종목 간 차이, 스포츠참여자와 비참여자와의 성격차이 등에 관심을 갖는다. 실험(experimental)심리학은 주로 학습, 동기유발, 파지 그리고 전이 등이 주요 관심사이며 연습 계획, 강화와 보상, 전이, 기능습득과정, 피드백 등이 주로 연구되며, 교육(pedagogical) 심리학은 기능 지도에 있어서 전습법과 분습법, 시청각 교재의 효과, 훈련과 문제 해결법, 계획된 기술 등이 주요 관심사이다.

북미스포츠심리학회(NASPSPA, 1967)와 한국 스포츠심리학회(KSSP)는 운동제어, 운동학습, 운동발달, 협의의 스포츠심리학 분과를 두고 그 학문적 영역을 구분하고 있다. 운동제어 영역은 인간이 운동을 생성하고 조절할 때 사용되는 기전을 밝히고 이 때에 적용되는 원리를 규명하는 데에 관심을 두는 연구분야이다. 즉, 인간이 운동을 생성하고 제어할 때에 사용되는 기전이 무엇이며 또한 이러한 기전이 어떠한 작용을 하는지를 밝힌다. 아울러 인간이 운동을 시작하기 전에 그 운동에 필요한 정보를 감각계통을 통하여 어떻게 받아들이고, 이 정보를 신경계통을 통하여 어떻게 뇌에 보내며, 뇌에 보내진 정보는 운동의 생성을 위하여 어떻게 사용되는가에 관심을 갖고 그 과정을 분석하는 일을 수행할 뿐만 아니라 여러 가지 반사기전이 운동조절에 어떻게 작용하는가를 규명하는 연구를 한다.

운동학습 영역은 운동기능의 습득에 관한 원리를 규명하는 연구분야로 운동기능을 이루는 변인을 분석 규명하여 가상적인 운동행동모형을 구상하여 운동행동 과정을 이해하고 나아가 효율적인 기능습득의 방법을 고안하는 데 관심을 둔다. 또한 습득된 운동이 어떻게 파지 또는 망각되며, 운동기억이 수행하고자 하는 운동에 어떻게 이용되는가를 밝히며 운동기능 습득에 도움을 주는 송환(feedback)정보 및 결과지식(KR)에 관한 연구를 한다.

운동발달 영역은 인간의 운동기능이 성숙에 따라 어떻게 분화되고 다시 종합화하여 발달·변화하는가를 분석함으로써 서로 다른 특징을 갖고 있는 각종 운동기능의 최적 학습기, 최적 수행기, 쇠퇴기 등을 결정하는 자료를 제공하며 기능의 발달에 대한 유전의 영향과 학습의 효과를 분석하는 데에 관심을 두는 연구분야이다. 특히 최근에는 전 생애적인 접근의 발달로 연구대상이 노인과 장애인의 운동수행 특성까지로 확대되고 있다.

협의의 스포츠심리학 연구는 경기력과 우선 관계될 수 있으며 그 하위 분야로서 개인의 외적 변인과 내적 변인으로 구분하여 설명할 수 있다. 개인 외적 변인의 연구영역은 경쟁, 협동, 사회적 촉진, 관중의 존재, 지도력 등과 같은 개인 외적 변인이 스포츠를 수행하거나 혹은 연습하는 과정에서 어떻게 작용하는가를 분석·규명하고 효율적인 적용방법을 모색하는 연구 분야이다. 개인 내적 변인의 연구영역은 스포츠를 수행할 때 성격, 동기, 불안 등과 같은 개인 내적 변인이 어떻게 작용하는가를 분석하여 운동기능을 최대로 발휘할 수 있는 최적의 심리상태를 모색하고 아울러 이러한 상태에 몰입·유지하는 방법을 연구한다.

최근에 스포츠심리학자들은 스포츠심리학이란 용어를 대신하여 스포츠 및 운동심리학이란 용어를 선호하며 이러한 추세는 최근 저널 '*Journal of Sport & Exercise Psychology*'이나 참고도서 '*Foundations of Sport and Exercise Psychology*'(Weinberg 등 1995), '운동행동의 심리학'(김기웅 등, 1994), '스포츠행동의 심리학적 기초'(김성옥, 2000) 등을 보면 알 수 있다. 아울러 최근에 개인의 복리를 위한 운동 및 건강심리학, 개인의 문제 행동과 부적응 행동을 극복하는 데에 도움을 주는 상담 및 임상적 접근, 운동기능의 획득과 유지를 향상시키기 위한 처리 기전과 조건의 탐구, 잠재적 수행에 기여하기 위한 수행력 향상 기법, 생산성을 향상시키기 위한 집단상황, 특수한 목적으로 사용하기 위한 심리측정도구의 개발, 청소년 프로그램과 경험의 확대 등과 같은 주제에 대한 연구들이 급증하고 있다. 따라서 스포츠·운동심리학 연구들은 더욱 다양하고 세분화되고 있으며 기존의 연구분야에 포함할 수 없는 연구주제가 등장하고 있다. 이러한 관점에서 Singer(1993)는 스포츠·운동심리학의 연구영역을 다음과 같이 구분할 것을 제안하였다.

- **기능의 획득**: 연습기법, 피드백, 학습과정, 관찰 학습, 자동화, 정보처리 등
- **청소년**: 최적 학습기, 부모 및 코치의 영향, 성숙의 영향, 동기, 성차, 이상적 경험 등
- **수행력 향상**: 심리적 준비, 심상화, 주의, 자아존중과 자신감, 귀인, 목표설정, 각성 수준, 자기 조절 등
- **상담**: 문제대처, 부상과 고통, 우울증, 약물남용, 식이 불량, 격심한 불안, 부적응 행동, 공격성 등
- **집단과 역학**: 생산성, 응집력, 지도력 유형, 상호작용과정, 사회적 차원, 관중 효과, 도덕성 등
- **심리측정**: 검사도구의 제작, 심리적 귀인, 인지 유형, 상호작용 과정, 사회적 차원, 관중 효과, 도덕성 등
- **복지감**: 운동참여 동기, 집착, 심리적 이득, 생활의 질, 자아지각 등

정청희(1994)는 최근에 스포츠·운동심리학에서 빈번하게 선택되고 있는 연구주제를 분석한 뒤 ① 선수의 효과적이고 효율적인 기능 학습과 탁월한 수행을 이해하기 위한 역동적인 운동수행과 관련된 주의, 시각적 탐색, 예측, 의사결정, 운동의 사전 계획, 일반적인 정보처리 등과 같은 인지 과정에 대한 연구, ② 인지과정, 정보처리체계, 일반화된 운동계획 등을 강조하여 인간 행동을 기술하려는 개념적 접근을 대체하기 위한 활동접근이론(action theory)의 타당성 검증, ③ 심상화, 주의의 초점, 목표설정, 적정 각성 수준의 도달, 경쟁스트레스의 대처, 적절한 자아 지각, 자신감 등 스포츠에서의 성공과 관련 있는 심리적, 정신적 기능에 대한 연구와 선수 훈련에의 적응, ④ 행동적 접근과 사회-인지적 접근(기대, 귀인, 자아 지각)을 통한 성취동기와 지속동기, 외적 동기와 내적 동기에 대한 연구, ⑤ 유사한 학습 및 수행 상황에서 즉시적 성취, 파지, 잠재적 전이를 향상시키는 연습조건에 대한 교수적 관점과 학습적 관점의 연구, ⑥ 경기의 성공을 설명하고 예측할 수 있는 심리적 특성의 규명과 특정 스포츠를 위한 심리적 검사도구의 개발, ⑦ 아동에게 더욱 적당한 운동 프로그램의 제공,

스포츠 참여 동기, 실제적 심리적 이득 및 운동 포기 등 청소년 운동 프로그램에 대한 연구, ⑧ 복지감과 관련하여 운동 프로그램의 참여 동기와 지속 동기 및 잠재적인 심리적 이득, ⑨ 생활국면뿐만 아니라 경쟁적인 스포츠 상황에서 어려운 문제에 대한 적응 및 문제해결 기능과 관련된 연구, ⑩ 지도력뿐만 아니라 선수 간 또는 선수와 코치 간의 의사소통과 같은 개인 간 기능 및 이상

〈표 1-4〉 스포츠·운동심리학 최근 연구주제 분류(1995-2010)

대분류	소분류	학회지 (1995-2000)			학회지 (2005-2010)			계
		체육	스심	소계/%	체육	스심	소계/%	
성 격	특성 도덕성 성별 공격성		2	2/ 2.7	10	7	17/3.3	19/3.2
동 기	동기 귀인 효능 목표		8	8/ 10.8	46	47	93/ 18.0	101/17.12
정 서	각성, 불안 감각, 지각 스트레스	9	6	15/ 20.3	40	47	87/ 16.9	103/14.75
심리훈련	심상훈련 이완훈련 주의집중 자신감훈련	1	7	8/ 10.8	12	34	46/9.0	54/9.2
사회심리	사회촉진 의사결정 리더십 자신감		7	7/ 9.5	57	94	151/ 29.3	158/26.8
운동제어	동작분석 운동변인	8	6	14/ 18.9	51	41	92/ 17.8	106/17.9
기 타	건강심리 카운슬링	9	11	20/ 27	19	11	30/5.9	50/8.5
계		27	47	74	235	281	516	590

집단 기능에 대한 이해와 이를 향상시키기 위한 연구, ⑪ 부상, 우울증, 운동포기를 일으키는 심리적 요인과 대처 전략 등으로 분류 보고하였다.

스포츠 및 운동심리학의 연구영역에 대한 분석에서 은희관(1999, 2011)은 한국체육학회지와 스포츠·운동심리학회지의 최근호, 최근 국내도서 및 외국도서, 최근 한국의 박사학위 논문, 외국 저널 등을 조사한 후 <표 1-4>와 같이 제시하였다. 표에 의하면 정서와 운동제어 관련 연구를 제외하고 사회심리학적 연구주제라 할 수 있는 성격, 동기, 사회촉진, 의사결정, 리더십, 자신감에 관한 주제가 스포츠·운동심리학 연구자들의 주요 관심사임을 알 수 있다.

또한 일반 심리학에서 인지과학(cognitive science) 연구가 크게 활성화되고 있는 상황으로 스포츠 및 운동 분야에서도 인지적 접근이 관심을 받고 있으며 연구의 대부분도 인지심리학적 이론의 적용이 빈번하기 때문에 스포츠와 관련된 인지심리학적 접근에 대해 설명이 필요하다고 하였다.

스포츠·운동심리학의 인지심리학적 접근의 주요 과제는 ① 운동선수들의 운동에 대한 정보 습득, 과정, 저장, 기억 등은 어떻게 이뤄지는가? ② 운동선수들의 사고, 느낌 등은 어떻게 행동에 영향을 미치나? ③ 다양한 인지간섭과정이 선수들의 행동에 어떠한 영향을 미치는가? 등이다. Straub(1984)는 인지 스포츠심리학을 한 마디로 정의하기는 어렵지만 운동선수들의 개인적이고 조직적인 행위를 더욱 이해하고 향상시키기 위한 정신과정과 기억구조를 과학적으로 연구하는 학문으로 정의하였다. 이는 최근에 연구되고 있는 거의 모든 스포츠·운동심리학의 연구가 이러한 내용에 해당된다고 볼 수 있을 정도로 스포츠 및 운동 분야에서 활성화되고 있다. 이러한 관점에서 선수는 활동적 조직체로서 정보를 창출하고 재조직하며, 선택적 활동을 하고, 여러 가지 정보를 여과시키고 탐색하는 하나의 개체로 볼 수 있다.

인지관련 스포츠·운동심리학이 직접적으로 분류되고 언급되기는 최근 30년 전이라 볼 수 있다. Kenyon(1968)은 신체활동에 대한 인지적 특성의 개념적 모형을 제시하였으며 Suinn(1976)는 미올림픽 스키 팀을 위해 운동 발현을 위한 심리적 기술 연습 및 이완 프로그램을 제공하여 경쟁에 의한 긴장을 해소할 수 있도록 하였으며, Mahoney와 Avener(1977) 역시 미올림픽 체조팀(남)의 사고과정을 조사하여 인지적 요인과 수행의 관계(자신감과 높은 상관) 및 수행에 대한 인지적 구성요소를 규명할 것을 제안하였다.

Neisser(1967)는 인지심리학이 심리학의 주체라 하였으며 운동행위 분야에서 관련되는 인지심리학적 용어 및 연구를 시작하였다. 그가 자주 사용한 용어는 정보화, 입력, 과정화, 부호화, 군집화 등이다. 인지적 스포츠심리학의 전망에 대해 Kuhn(1970)은 심리적 분석, 행위, 특성적 심리적 접근보다는 문제를 해결하는 데 더욱 효과적(객관적)이라 하였으며, Fisher(1976)는 운동선수의 행동을 더욱 완전하고 분명하게 설명할 수 있는 방법으로 공격성, 기억, 성격, 사회촉진, 정서, 활성화, 집착에 관한 주제들이 활용된다고 하였다. 그는 인간의 인지적 모형을 통해 수행자와 환경과의 연합에 의한 수행력 증가가 가능하다는 것을 증명할 수 있다고 하였으며, 이러한 이유는 인간이 환경적 자극에 로봇처럼 반응하지 않는 사고의 조직체이며 행위의 인지적 중재자, 즉 정보화와 의사 결정에 인지적 요인이 작용하기 때문으로 설명하였다.

5 스포츠(운동)심리학 연구의 문제점

스포츠·운동심리학 연구에 대한 문제점을 Roberts(1989)는 스포츠·운동심리학이 연구와 서비스를 창출할 수 있는 일반화된 개념 패러다임이 없기 때문에 발전이 느리다고 주장하며 인지적 모형과 인식론적 관점에 대해서도 정통해야 됨을 제시하였으며, Landers(1983)는 단순히 이론에 대한 검증이 주로 이루어졌다는 문제를 제시하였다. 또한 Dishman(1983)은 스포츠·운동심리학이 스포츠 고유 문제를 해결하기 위한 응용이론을 개발하기보다는 일반심리학이론을 적용하여 스포츠에서 일반심리학모형을 합리화하는 데 치중했음을 지적하였으며, Alderman(1980)은 일반 심리학이 스포츠·운동심리학의 지식 구축에는 공헌하였지만 스포츠세계 밖에있는 지식은 스포츠에서의 행동을 이해하는 데 한계가 있음을 언급하면서 스포츠·운동심리학 내에서 개념과 이론이 개발되어야 한다고 하였다. 은희관(1999)은 일반화(응용 부재) 문제, 실증적 자료 수집의 문제, 문화적 환경 배제, 통계적 치우침, 독창성에 대한 우려, 학제 간 연구 미흡, 마지막으로 누구나 할 수 있다고 생각할 수 있었던 연구자들의 전문성 부족 등으로 현재의 스포츠·운동심리학에 대한 문제를 지적하였다.

Martens(1987)는 과학, 지식, 그리고 스포츠심리학이라는 주제하에 오늘날 스포츠·운동심리학이 갖고 있는 문제를 지적하는데 있어서 표의적이며 내생적인 현장 연구(ideographic, introspective, field study)를 강조하면서 저널 편집자나 심사자들이 갖고 있는 전통적 사고나 연역적인 사고 등으로 인해 이러한 방법들이 실현되는데 문제가 있음을 지적하였다.

최근 스포츠·운동심리학은 앞에서 언급한 대로 그 기능과 추구하는 목표 방향에 의해서 학문적 스포츠심리학(academic sport psychology)과 실용적(practical) 스포츠심리학의 두 관점으로 나눠져 나름대로의 갈등을 겪고 있다. 이는 지식의 기본적 근본인 전통적 과학과 이론에 대해 너무 맹신하는 경향이 있기 때문이다. Polanyi(1958)는 지식의 발견적(heuristic) 철학을 강조하면서 인간 행위를 연구하는 대안적 접근으로 인간을 지식 과정화의 중심에 위치하게 하는 것, 즉 주제의 학설만을 추구하는 실험실에서의 실험을 적당하지 못한 것으로 표현하였다. 이러한 발견적 패러다임 내에서의 관점은 지식의 신뢰성을 검증하기 위해 대안적 수단으로서 제안된 지식도(degrees of knowledge) 이론과 더불어 경험적 지식에 큰 의미를 부여하는 표의적 접근(idiographic approach), 내생법(introspective methods), 현장연구(field study) 등을 인간행동 과학에서 권장하였다. 이러한 응용 연구를 위해 더욱 진보적 접근이 개발되고 적용되어야 하며 지식의 의미를 응용연구와 일치시키기 위해 노력하는 것이다. 이러한 관점에서 스포츠·운동심리학은 전통적(orthodox) 과학과 객관적 학설 등이 발견적 패러다임과 경험적 지식으로 대체될 때 더욱 집중될 것이다. 또한 Silva(1989)는 스포츠심리학이 당면한 4가지 문제를 공인성, 정보 보급의 역할, 통합적 조직에 의한 공동 연구의 부족, 표제 사용의 문제를 지적하였다. 이렇듯 연구와 응용에 관한 스포츠·운동심리학의 역할 부족과 기대된 응용적 경험과 실제의 현장적 경험의 차이에 의한 갈등은 스포츠·운동심리학을 전공하는 학생들의 직업 선택에도 심각한 문제가 될 수 있어 극복해야 될 문제다.

이러한 문제 극복을 위한 일면으로서 응용스포츠심리학으로서의 훈련이 필요할 것이다. Wiggins(1984)는 Griffith의 스포츠·운동심리학은 스포츠참가자들을 위한 지식의 적용이 중요하다는 제안을 상기하면서 과학-실용 모형 이론처럼 스포츠·운동심리학의 방법과 기술 등의 효과가 증명되어야 할 필요성이 있다고 주장하였다. 또한 스포츠·운동심리학의 공식적이고 인정될 수 있는 프로그램의 정체성 확립과 스포츠·운동심리학 분야에서 특별히 훈련된 교수진들의 비판적 의견이 반영된 대학원 프로그램 확립, 관리적 현장 경험의 발전과 확립이 필요한 것이다.

최근 실험 윤리 문제가 연구윤리와 함께 큰 이슈로 부상되고 있는데 미국 심리학회에서는 이미 1958년 심리학 연구를 위한 연구강령을 공식화하였다. 인간을 대상으로 이뤄지는 모든 연구에서 준수되어야하는 다수의 규칙들이 제시되었는데 그 중 실험자의 동의가 이뤄진 후 실험에 참여하는 동의 표시(informed consent), 강요 배제(freedom from coercion), 유해 상황 금지(protection from harm), 위험-수익 분석(risk-benefit analysis), 연구의 본질이나 진짜 목적을 언어적으로 설명해주는 사후설명(debriefing) 등이 포함된다. 동물들에 관한 실험도 마찬가지다. 1991년부터 동물보호법이 제정되고 한국도 1998년 한국실험동물학회에서 동물실험에 관한 지침, 2000년 대한의학회의 동물실험에 대한 권장 사항 등이 발표되면서 동물실험에 대한 윤리가 강조되고 있다. 이미 미국에서는 동물복지법과 공중보건성의 지침에 근거한 미국립연구위원회(NIH)의 NRC(실험실 관리 및 이용지침)을 통해 동물실험에 대한 인준(AAALAC)이 의무화되고 있다. 이를 요약하여 보면, 실험 대상을 가능하면 동물로 하지 말 것을 권장하는 대체(replacement), 실험 동물의 수를 최소화하는 감소(reduction), 실험방법을 개선해서 동물의 희생이나 고통을 최소화할 수 있는 개선(refinement), 꼭 동물 실험이 필요하며 얻어진 결과가 동물의 희생을 감수할만한가에 관계되는 타당성(relevance)의 원칙 등이다.

6 스포츠·운동심리학의 미래

스포츠와 운동 상황에서 이론을 구축한다는 것은 일반심리학이론을 포기하라는 것이 아니다. 오히려 Landers(1989)가 지적한 것처럼 이론은 진공 상태에서 개발될 수 없으므로, 일반 심리학의 적용 가능성을 검토하고 수정하는 출발점의 의미에서 일반 심리학의 이론과 방법 및 접근법을 잘 활용하여야 할 것이다. 그러나 이러한 활용만으로는 스포츠 고유의 심리적 현상을 이해하는 데에 불충분하므로 스포츠 과학의 다른 하위 분야의 지식과 통합되어야 할 것이다. Dishman(1983)은 스포츠 및 운동에 관련된 문제를 해결하기 위하여 스포츠과학 내의 여러 하위 분야 사이에서 우리의 강점들을 통합할 것을 주장하였다. 또한 Singer(1993)는 학제 간의 통합적 접근의 수행, 양적 연구방법과 질적 연구방법을 병행하는 연구, 정보처리 이론, 생태학적 접근과 같은 운동 행동을 설명하기 위하여 제안된 다양한 이론의 통합, 단일 전략에 대한 연구보다는 복합적인 수행력 향상 전략의 연구, 개념적 접근과 현장 연구의 통합 가능성을 역설하였다.

학제적인 접근법으로 스포츠 고유의 문제를 탐구한 예로는 각성이 운동수행에 미치는 효과를 규명하기 위한 동작 분석을 이용한 연구 등을 들 수 있다. 의학, 사회학, 생리학 등과의 학제 간 연구가 많은 관심을 갖고 있다. 이와 같은 연구특성을 적용한다는 것은 단순한 수행 결과보다는 결과에 영향을 미치는 과정을 더욱 상세하게 설명할 수 있는 장점이 있다는 것이다. 따라서 스포츠와 운동에 관련된 문제를 해결하기 위한 이론적 모형은 일반 심리학 이론뿐만 아니라 학제적인 스포츠과학의 지식 체계로부터 도출되어야 한다는 사실이 명백해진 것이다. 이러한 관점에서 Morgan(1989)은 미래의 스포츠·운동심리학이 ① 스포츠·운동심리학 연구의 전통적인 접근법에서 커다란 변화가 이뤄져 윤리적 원칙과 동물 보호와 같은 미심리학회의 원칙을 준수하게 될 것이며, ② 평균 이상의 건강, 체력을 지닌 사람들의 스포츠 및 운동참여 효과를 규명하는 연구가 활성화 될 것이며, ③ 심리적 건강에 관련된 스포츠 의학적인 연구, ④ 학제 간의 연구를 통해 인간 행동에 대한 다양한 설명이 이뤄질 것이며, ⑤ 스포츠·운동심리학 연구를 발전시키기 위해서 새로운 훈련모형이 개발되고 심리학에

서의 진보적인 전문성이 요구될 것이라고 제언하였다.

Alderman(1984; Anshel 재인용, 1997)은 과학, 교육, 스포츠 영역에서 신뢰성과 새로운 인식의 시도를 위해 노력할 것이며, 더욱 일반적 서비스를 위한 노력(유소년 클럽 심리상담), 카운슬링의 증가(개인, 팀), 스포츠·운동심리학 자격증에 대한 논란 증가, 선수들을 위한 상근직 종사자 증가, 스포츠 프로그램 개발에 적극적 참여가 이뤄질 것이라고 예언하였다. 이를 종합하여 은희관(1999년)은 운동응용심리학으로 전환 가능성, 일반인에 대한 기여 증대, 인지심리학적 연구 증대, 광범위한 인간 동작에 대한 설명을 위한 학제 간 연구증가, 임상적 연구의 활성화 및 적용, 선수와 일반인의 심리관련 카운셀링이 증대되고 활용, 스포츠·운동심리학자에 대한 자격기준 등이 더욱 엄격히 시행될 것이라고 제언하였다.

요 약

스포츠는 제도화된 규칙에 의해 지배되는 경쟁적인 신체 활동이라 할 수 있다. 제도화란 경쟁 과정에 정해진 규칙이나 규정을 말하며 경쟁이란 상대가 존재하며 그 결과가 신체적 기능, 전략 혹은 우연에 의해서 결정된다는 의미이다. 스포츠의 가치는 도구적, 치료적, 경제적, 교육적, 유희적 가치를 포함하며 특성으로는 신체 활동, 규율, 경쟁이 포함되어야 한다.

심리학은 인간의 마음 또는 정신을 연구하는 학문으로 인간의 행동을 분석한다. 따라서 스포츠심리학은 제도화된 규칙에 의하여 지배되는 경쟁적인 신체 활동과 인간 운동에 관련된 모든 심리적 기전을 묘사하고 분석, 이해하며 통제하는 과학으로 정의할 수 있다. 최근은 운동, 즉 힘이 활동하여 움직이는 모든 동작을 대상으로 하여 응용적 관점에 더욱 관심을 가져야 한다는 운동심리학이라는 용어를 활용하고 스포츠·운동심리학과 특별히 구분하지 않았다.

스포츠심리학은 미국의 스포츠심리학의 발전과 더불어 이뤄졌다고 해도 과언이 아닐 것이다. 북미 스포츠심리학의 역사를 구분하여 보면 태동기, Griffith 시대, 미래의 준비기, 성장기, 현대로 구분한다. 스포츠·운동심리학의 최근 연구주제는 성격, 동기, 불안 및 정서, 심리훈련, 리더십이나 응집력과 같은 사회심리적 요인, 운동제어, 운동학습, 건강심리 등이 관심의 대상이 되고 있으며, 한국 스포츠심리학은 운동학습, 운동제어, 운동발달, 협의의 스포츠심리학 영역으로 분리하여 연구주제를 구분하고 있다.

스포츠·운동심리학은 일반화의 문제, 실증적 자료 수집의 문제, 문화적 환경 배제, 통계적 편중성, 독창성에 대한 우려, 학제 간 연구 미흡, 전문성 부족, 용어사용의 문제, 실험 윤리적인 문제 등이 지적되고 있어 이러한 문제의 해결을 위해 스포츠심리학자들이 노력해야 할 것이다.

많은 학자들은 미래의 스포츠·운동심리학은 응용성 증가, 일반인에 대한 기여 증대, 인지심리학적 연구 증대, 광범위한 인간 동작에 대한 설명 증가, 학제 간 연구 증가, 카운슬링을 포함한 임상적 접근 증가, 스포츠산업적 관심이 증대될 것으로 예측하고 있다.

토론 과제

1. 스포츠·운동심리학의 정의를 제시하라.
2. 스포츠·운동심리학의 역사를 요약하라.
3. 한국의 스포츠·운동심리학사를 요약하라.
4. 스포츠·운동심리학의 연구영역을 주제별로 설명하라.

참고문헌

은희관(1990). 스포츠심리학의 연구동향과 미래에 대한 소고. 한국스포츠심리학회 저널.

은희관(2003). 스포츠운동심리학. 서울, 도서출판 금광.

한국스포츠심리학회 편(1998). 스포츠심리학, 서울, 태근문화사.

한국스포츠심리학회 편(2005), 스포츠심리학 핸드북, 서울, 도서출판 무지개사.

Adams, J. A.(1971). A Closed-Loop Theory of Motor Learning. Journal of Motor Behavior(3). pp.111-150

Brace, D. K.(1941). Studies in the Rate of Learning Gross Bodily Motor Skills. Research Quarterly(12). pp,181-185.

Diane L.Gill(1986). Psychological Dynamics of Sport, Illinois, Human Kinetics Publisher, Inc.

Griffith ,C.R.(1926). Psychology of coaching. New York: Scribner's.

Mark H. Anshel(1997). Sport Psychology from theory to practice. Arizona, Gorsuch Scarisbrick

Neisser, U.(1967). Cognitive Psychology. New York: Appleton-century-Crofts.

O'Connor, P.J., Morgan, W.P., Raglin,J.S., Barksdale,C.N., & Kalin, N.H.(1989). Mood state and salivary cortisol levels following overtraining in female swimmers. Psychoneuroendocrinology(14), pp.303- 310.

Pew, R.W. (1974). Human Perceptual-Motor Performance. In B. H. Kantowitz, ed. Human Information Processing: Tutorials in Performance and Cognition Hillsdale, N.J. :Erlbaum.

Robert S. Weinberg, Daniel Gould(1995). Foundations of Sport and Exercise Psychology, Champaign, IL, Human Kinetics.

Schmidt, R. A. ;Christenso, R, ;and Rogers, P.(1975). Some Evidence for the Independence of Recall and Recognition in Motor Behavior. In D. M. Landers ; D. V. Harris;and R. W. Christina, eds. Psychology of Motor Behavior and Sport. Penn State Series. State College, Pennsylvania.

Shapiro, D. C., and Schmidt, R. A.(1982). The Scheme Theory:Recent Evidence and Developmental Implications. In J. A. S. Kelso and J. E. Clark, eds. The Development of Movement Control and Coordination. New York: John Wiley.

Suinn, R. M.(1976). Psychology for Olympic Champs. Psychology Today(10). pp. 38-43.

Wayne Weiten(2007). Psychology, Belmont, CA. Thomson & Wadsworth.

Weinberg, R. S. & Gould, D.(1995). Foundations of sport and exercise psychology. IL: Human Kinetics.

단원 2

스포츠 · 운동의 생리심리학적 접근

주요 용어

감각, 교감신경계, 구심성, 대뇌피질, 부교감신경계, 신경충격, 안정막 전위, 운동 모형, 원심성, 활동 전위

1 신경구조의 이해

신경계는 기본적으로 단위신경인 신경원의 조합이다. 신경원(neuron)은 세포체(cell body), 수상돌기(dendrites), 축색(axon)으로 구성된다.

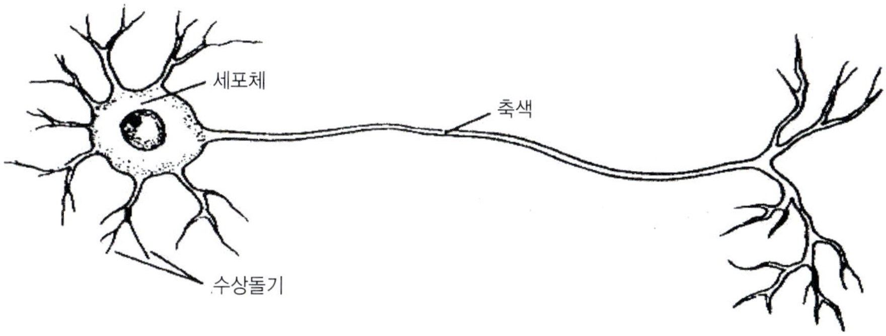

[그림 2-1] 신경원의 구조

신경계의 가장 기본적 단위를 신경원, 신경단위, 신경세포라 부르지만 본 서에서는 신경원으로 통일시켰다. 신경계는 다른 조직과 마찬가지로 각각의 신경원으로 구성된다. 신경원은 신경충격을 전달하는 유일한 기능을 수행하며 각각의 기능에 따라 적절하게 조직되어 있다. 신경원은 소시지의 둘레와 같은 젤라틴성 원형질막으로 둘러 싸여 있다. 세포체는 대사의 중심으로 세포 전체의 다양한 활동을 책임지는 세포핵을 포함하고 있으며 유전적 지시와 대사작용에 대한 계획을 갖고 있다. 신경세포체의 대부분은 뇌와 척수에 존재하여 중추신경계를 이룬다. 수상돌기는 신경원을 연결하는 신경섬유 형태로서 개개의 신경원은 필요한 기능에 따라 하나에서 수천에 이르는 수상돌기를 갖고 있다. 따라서 수상돌기의 모양이나 형태는 특정 세포의 정보처리에 관한 특정한 기능을 암시하는 것이다. 수상돌기는 신경의 주요 정보수용막에 해당되는 것으로 다른 신경원으로부터 유입되는 정보를 신경원 모든 곳에 전달한다. 축색은 세포체와 연결되어 있으며 신경원들은 하나의 축색만을 갖는 것이 일반적이나 부축색(collateral)

이라는 많은 분지로 나뉘어 있어 하나의 신경원이 다른 많은 신경원에 동시에 영향을 미칠 수 있다. 축색의 종말은 시냅스전 종말(presynapse terminals)이라 하며 다른 신경이나 신체 모든 부분에서 근육과 선에서 끝이 난다.

1) 신경원의 분류

신경원을 분리하기 위해서는 두 가지 원리가 있다. 하나는 신경원의 위치와 기능에 기초한 것이며 다른 하나는 구조적 특성에 의한 것이다. 신경원의 주요 기능 중의 하나는 신체의 한 부분에서 다른 부분으로 신경충격을 전달하는 과정이다. 이러한 전달 방법은 전기선에 전기가 흐르는 것과 마찬가지로 전기화학적 과정에 의해서 이뤄진다. 첫 번째 분류는 구심성(afferent)과 원심성(efferent)으로 나뉘는데 구심성 신경원은 각각의 감각수용기로부터 받은 신경 충격을 척수나 뇌로 전달하는 기능을 하여 감각신경원이라 부르기도 한다. 원심성이란 CNS로부터 각 효과기, 즉 근과 선 등으로 신경자극을 전달하는 기능을 하며 운동신경원(motor neuron)이라 부르기도 한다.

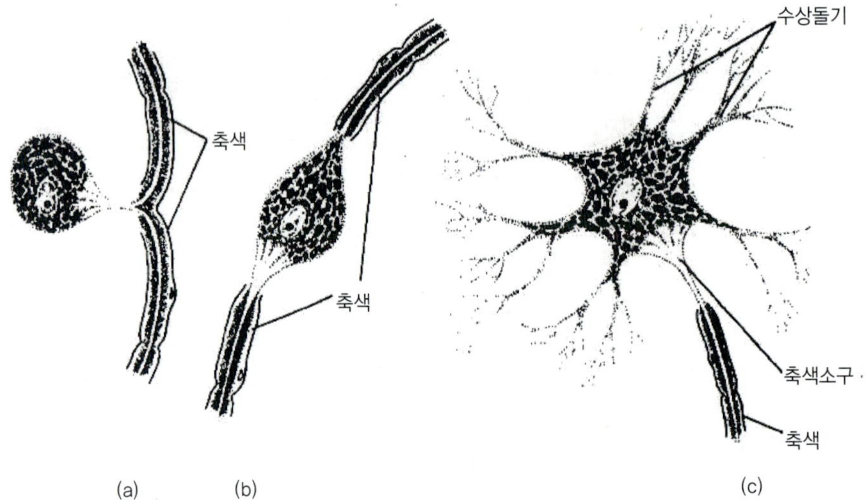

(a)는 단극성, (b)는 양극성, (c)는 다극성, (d)는 인체 특정 부분과 신경원

[그림 2-2] 신경원의 형태

또 다른 구분은 신경세포체로부터 확산된 섬유의 수에 따라 구분된다. 신경원이 하나의 섬유만을 포함하고 있으면 단극성 신경원이라 하며 척수와 두개신경(cranial nerves)에 위치한다. 양극성(bipolar)은 두 개의 섬유를 보유하며 매우 드물어 전체 신경계에서 2~3개에 불과하다. 마지막으로 신경계의 대부분을 차지하고 있는 다극성(multipolar) 신경원은 많은 축색과 수상돌기가 세포체로부터 확산되어 있다. 특히 척추동물의 뇌는 대부분 다극성 신경원으로 구성되어 있어 정보의 수용 및 전달이 동시 다발적으로 신속하게 이뤄질 수 있다.

2) 신경계의 분류

신경원이 모여 신경계를 이루는데 신경계는 크게 중추신경계(CNS: central nervous system)와 말초(peripheral)신경계로 나뉜다(그림 2-3).

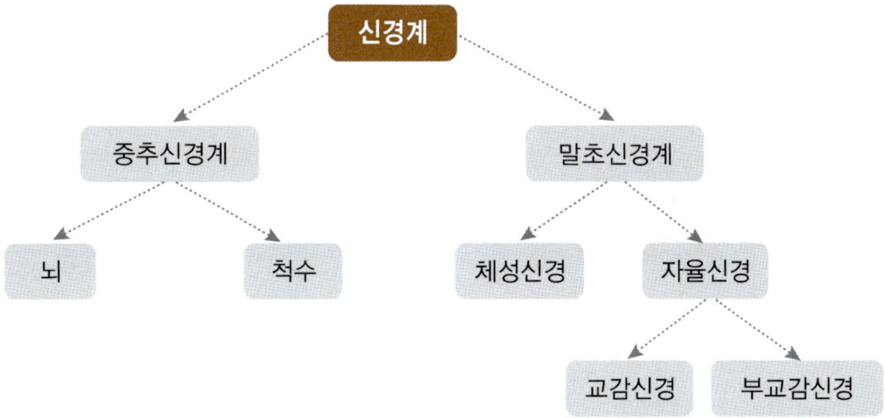

[그림 2-3] 신경계 분류

3) 중추신경계

중추신경계는 뇌와 척수로 이뤄지며 기본적 기능은 크게 두 가지로 나눠진다. 첫째는 환경과 신체로부터의 정보를 기억하고, 연합하거나 조절하는 기능, 둘째는 뇌로부터의 정보를 근육이나 각 내분비선에 전달하는 것으로 환경이 요구하는 동작이나 신체적인 반응을 산출하는 것이다. 척수(spinal cord)는 신체로부터 야기된 모든 감각정보를 뇌에 전달하며 뇌로부터의 운동 명령을 근육과 선과 같은 효과기에 전달한다. 또한 반사기능을 수행하며 사지의 연속적인 굴곡과 신전을 가능케 하며, 우리가 서 있거나 걷고 달릴 때에도 모든 사지 동작을 협응한다.

Eccles(1977)은 인간의 뇌는 이 세계에서 가장 고도로 조직화되어 있으며 가장 복잡하여 도저히 정량화시킬 수 없다고 한 것처럼 매우 정교하고 그 잠재력은 말로 형용하기 어려울 정도이다. 뇌는 인간의 모든 행동을 조절한다. 뇌는 심장과 호흡률, 체온 그리고 우리가 인지하지 못하는 수많은 작용을 조절하고 있다. 뇌 없이 우리는 본다거나, 듣는다거나, 생각, 움직임 등 아무 활동도 할 수 없는 것이다. 뇌의 무게는 약 1.2~1.8kg으로 전체 체중의 약 2.5%에 불과하지만 전체 혈액 공급의 15% 이상, 전체 산소소모량의 25% 이상을 사용한다. 뇌의 혈류가 약 4분 정도만 중단되어도 뇌세포가 치명적인 손상을 주어 사망할 수도 있다. 뇌는 크게 뇌간(brainstem), 대뇌(cerebrum), 소뇌(cerebellum) 등으로 분리된다(그림 2-3).

뇌간은 두개의 아래 부분 안 쪽 중앙의 척수와 연결되는 부분으로 매우 복잡한 신경로이다. 뇌간은 많은 대사적 기능을 통제하며 일부는 고도의 복잡한 반사작용에도 관여한다. 또한 머리 회전, 눈의 움직임, 각성, 자세 조절, 심박수와 호흡 변화 등과 같은 자율적 효과 등과 같은 종합적 반응을 조절하기도 한다. 뇌간의 주요 구조는 연수(medulla), 뇌교(pons), 중뇌(midbrain), 간뇌(diencephlon)로 구성되어 있으며 세포체, 섬유, 핵 등이 복잡하게 얽혀 있어 뇌간 망상체라 불리기도 한다. 연수는 척수의 가장 상부인 뇌와 척수가 연결되는 부분이며 뇌로 보내지는 정보와 뇌에서 각 운동 기관으로 하달되는 정보 전달을 위한 수많은 감각로를 포함하고 있다. 또한 심장박동, 혈압, 호흡과 같은 생명유지에 중요한 내적 작용을 한다.

뇌교는 매우 복잡한 구조를 하고 있으며 근육이나 관절로부터 전달되는 감각정보들을 통합하는 통합 중추 역할을 수행한다. 교라는 의미는 다리를 의미하는 용어로 두꺼운 섬유다발에서 연유되었으며 교의 전반부는 소뇌와 대뇌반구간의 교량 역할을 한다. 따라서 기능적으로도 대뇌의 운동영역과 소뇌 간의 자극 전달기능을 수행한다. 교의 후반부는 머리, 목, 눈 등의 반사조절에 중요한 역할을 한다. 교의 통합적 기능은 자율성 운동과 자세를 협응하고 자율적으로 영향을 미치는 몇 개의 신경로와 신경핵의 다발이 존재한다. 중뇌는 뇌교 바로 위에 위치하며 대뇌피질과 뇌교, 척수를 연결하는 섬유로 구성된다. 중뇌의 중심부는 시상(thalamus)과 연결되는 모든 신경로가 존재한다. 중뇌의 상층부는 상구와 하구로 나눠지며 상구는 시각적 자극에 의한 반사 동작을, 하구는 청각적 자극에 의한 반사동작을 조절한다.

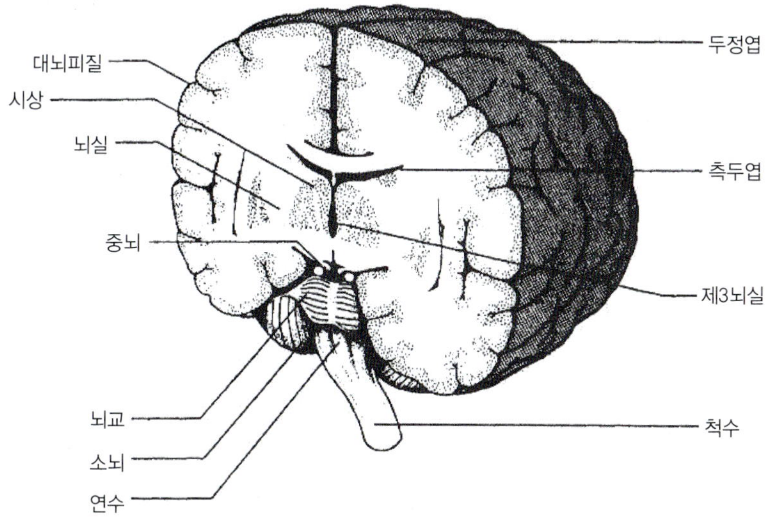

[그림 2-4] 뇌의 단면도

간뇌는 중뇌 앞에 자리하며 대뇌까지 연결되어 있다. 뇌의 가장 중심부에 위치하는 것으로 중뇌 및 대뇌반구와 접합되어 있다. 이 중 시상과 시상하부, 뇌하수체에 대해서 설명하고자 한다. 시상의 한 쪽은 시각, 청각, 촉각, 그리고 관절과 근육수용체, 또는 통증과 같이 감각수용체로부터 대뇌피질에 보내지는 정보에 관련된 작용을 하며 다른 한 쪽은 특별한 감각정보에 관련된다기보다는 인간 활동을 위한 각성에 중요한 역할을 수행하는 것으로 보인다. 시상하부(hypothalamus)는 뇌의 기저와 연접하여 있으며, 작은 세포핵으로 구성되어 있고 내분비선의 조절기라 할 수 있는 뇌하수체(pituitary)와도 연결되어 있다. 시상하부는 아주 작은 크기에도 불구하고 자율신경계를 조절하는 고도의 통제 중추로서 체온, 내분비 활동, 일반적인 감정적 행위 등을 조절하는 역할을 한다. 또한 동기적 행동의 발현 및 조절의 가장 중요한 중심체이다. 망상체(reticular formation)는 간뇌 전체에 길게 뻗어 있으며 세포핵과 신경조직으로 유입되는 정보를 수용한다. 모든 감각계와 망상체 신경원에 있는 시냅스 등과 깊은 기능적 관계를 가지며 특정 내분비물의 생성과 외부로부터 유입된 약에 의한 자극에 특히 민감하다. 또한 골격근을 조절하는 신경원의 각성 정도에 영향을 미치며 수면과 잠에서 깨임, 인지적 활동을 위한 인간의 주의력과 활성화에 중요한 역할을 수행하는 것으로 나타났다. 뇌하수체는 시상하부의 명령을 받아 각종 호르몬을 분비한다.

(1) 대뇌

대뇌는 중앙을 가로질러 우측반구와 좌측반구로 나눠지며 다시 각 반구의 중앙을 수직으로 분리하여 전두엽, 후두엽, 두정엽, 측두엽 등으로 구분한다. 전두엽은 고등동물일수록 커지는데 인간은 뇌측구 부분의 거의 반을 차지한다. 대뇌피질(cerebral cortex)은 대뇌의 막을 말하며 고등동물일수록 피질 영역이 커지며 증가된다. 인간의 피질은 다른 뇌의 구조를 둘러싸고 있어 중요한 보호역할도 한다. 피질은 두개에 고정되기 위해 수많은 주름과 굴곡이 있다. 모든 감각계는 자극을 피질의 특수한 영역에 투사시킨다. 특히 근육과 선의 조절을 위한 운동 영역이 큰 부분을 차지한다. 기본적으로 피질은 인간의 운동을 위해 3가지 중요한 기능을 수행하는데 감각 정보의 수용과 통합, 복잡한 운동의 조직, 학습된 경험의 저장과 활용 등이다. 기저신경절(basal ganglia)은 대뇌 내부 깊숙이 위치하며 시상의 우측을 둘러싸고 있다. 그 구조는 선조체와 미상핵 그리고 전장으로 구분된다. 기저신경절은 척수의 많은 신경섬유와 연결되어 있으며 동작 발현과 관련된 피질 영역과도 연결되어 피질로부터 하달되는 정보를 수용하는 기능을 한다. 결국, 기저신경절은 복잡한 운동을 구성하는 조직이라 볼 수 있는데 이러한 영역이 손상되면 사지가 심하게 떨리고 심한 강직이 일어나는 등 비정상적인 운동이 야기된다.

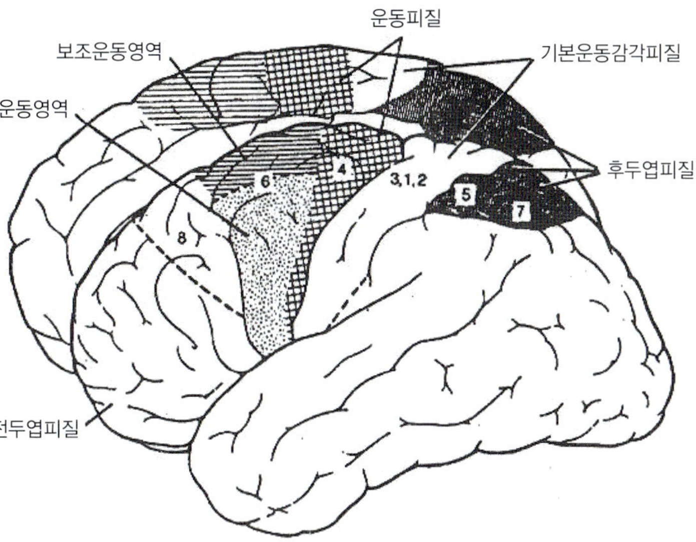

[그림 2-5] 대뇌피질의 특정 운동영역

(2) 소뇌

대뇌가 뇌의 대부분을 차지하지만 대뇌의 후면에는 작은 소뇌가 있다. 소뇌의 역할은 완전하지는 않지만 기술적인 운동을 조절하고 통제하는 중요한 역할을 수행하는 것으로 보이며 특히 평형력에 중요한 기능을 하는 것으로 보인다. 이러한 기능은 다른 뇌의 조직이나 척수와 연합하여 수행된다. 인간에 있어서 소뇌의 손상은 급격한 경련, 비정확성, 동작의 부조화현상이 나타난다.

2 운동모형의 기본적 구성

운동이 어떠한 내적 기전을 통해서 발현되는가를 이해하기 위해 학자들은 다양한 운동모형을 제시하였다. 이러한 운동 모형들을 정확하게 이해하기 위해서는 구조적인 특징에서부터 기능에 관한 일반적 특징까지를 이해하는 것이 필요하다. 운동에 대한 일반적인 모형은 피드백 기전을 중심으로 한 정보화 과정이론이다. 정보화의 과정은 두 가지 중요한 특징이 있다. 첫째, 과정이 연속적으로 발생되는 상황에서도 정보는 소실될 수 있다는 것이며, 둘째, 각 단계의 과정이 제한적이라는 것이다. 이러한 관점에서 보면 빛, 소리, 기계적 자극 등에 의해서 유발되는 물리적 에너지와 화학적 에너지는 감각기에서 자극으로 전환되며 각각 서로 영향을 미칠 수 있다는 것이다. 따라서 과정화란 감각기관에서 전기적 에너지로 부호화되는 자극형태의 정보라 할 수 있다. 이러한 자극은 감각신경세포를 통해 중추신경계로 보내진다. 척수와 뇌에 정보가 전달되면 기억된 정보와 재통합되고 적절한 반응 산출을 위해 다시 근육이나 내분비선으로 자극을 보내는 현상이 나타난다. 반응은 동작이 나타나는 즉시 그 동작을 조절하고 지시하기 위해 피드백 되거나 더욱 향상된 반응을 위해 적응성 행동을 형성할 것이다. 환경으로부터 야기된 정보는 신경계에 의해서 선별되어 신경섬유로 전달되고 신경세포에 의해서 통합되고 해석되며 근육과 선은 신경세포에 의해서 활성화되기 때문에 운동모형은 신경계의 이해를 필요로 한다.

1) 기능적 구성원

운동의 과정화를 이해하기 위해서는 운동의 기본적 모형이라 할 수 있는 기능적, 신경학적 두 가지 간단한 모형을 고찰할 필요가 있다. 먼저 인간 행동의 인지적 관점에 대한 접근인 기능적 모형은 [그림 2-6]과 같다.

[그림 2-6] 운동의 기능적 기본모형

입력이란 어떤 주어진 상황에 인간에게 부과되는 모든 자극이라 할 수 있다. 운동의 발현은 현재 순간에 중요한 자극인 관련성 자극과 현 상황에서 즉시 사용되거나 혹은 필요치 않은 비관련성 자극에 의해서도 나타난다. 의사 결정은 입력을 해석하고 통합하는 과정으로 반응에 관련된 자극을 산출할 수 있는 적당한 반응을 결정하는 것이다. 출력은 근활동이나 내분비선 활동의 형성으로 동작이 진행되거나 동작 후 송환되는 정보라 할 수 있다. 피드백은 운동 자체가 피드백 정보를 산출할 때 본능적으로 나타날 수 있으며 동작의 지속에 관한 외적 정보에 의해서도 나타난다.

2) 운동 발현 신경학적 구성

운동 모형의 신경학적 기전은 주로 생리심리학자들의 관점이며 그들에 의해서 설명되어 왔다. 이러한 모형을 제대로 이해하기 위해서는 인지심리학적 관점이랄 수 있는 기능적 모형을 참조하는 것이 필요할 것이다.

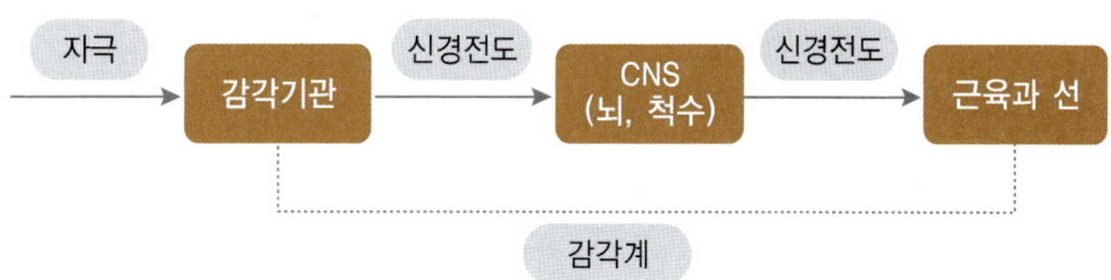

[그림 2-7] 운동의 신경학적 모형

위의 모형을 통해 입력이 감각기관에 의해 이뤄짐을 알 수 있다. 뇌와 척수는 의사결정 기능을 수행하고 결과(출력)는 근과 선에 의해 중재된다. 피드백 역시 다양한 감각기관에 의해 중재되며 이러한 정보는 신경계 전도에 의하여 하나의 운동모형에서 다른 모형으로 전환될 수 있다.

3) 생리심리학적 모형

연구자들은 운동에 관련된 생리심리학적 모형을 정확하면서 간단히 하기 위해 노력한 결과 [그림 2-8]과 같이 운동에 대한 기능적·신경학적 기전을 제시하였다.

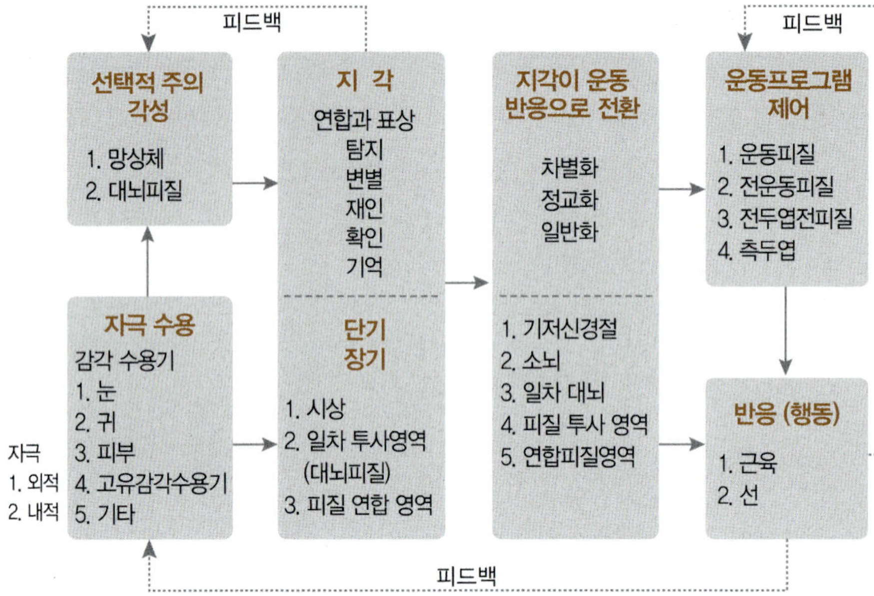

[그림 2-8] 운동 생성의 생리심리적 기전모형

운동은 현재의 환경, 도달해야 될 목표, 동작에 대한 사전 경험, 자체의 동작, 수행 결과 등 몇 가지 정보를 통합하는 과정이며 이러한 정보는 개인에게 자극으로 제공된다. 성공적인 운동은 환경 내에서 자극을 선택할 수 있는 능력과 반응의 발현을 위해 이러한 정보를 신체의 모든 부위에 전달하는 능력에 달려 있다. 따라서 이러한 다양한 자극은 스포츠에서 선수들에게 적용되는데 팀 동료, 코치, 상대 등에 대한 시각적 자극, 볼의 타격음, 동료나 코치의 고함, 출발 신호 등과 같은 청각적 자극, 복싱, 레슬링에서 상대방에 대한 부담, 수영에서 물의 압력과 같은 역학적 자극 등이 그 예이다. 개인에게는 두 가지 기본적 자극이 부과되는데 외적, 내적 자극이다. 외적 자극이란 빛의 에너지, 소리 에너지, 물리적 에너지, 열 에너지 등과 같은 개체의 외부로부터 발생하는 자극이며, 내적 자극이란 개체 내에 존재하는 화학적 자극이라 할 수 있다. 예를 들어, 동작에 의해 내적 기관에 대한 압력이 신체의 관절이나 근육 내에서 수용기를 자극한다. 또한 신경세포 내에 있는 특정 표적 세포에 대한 화학적 자극으로서 호르몬이 방출된다. 또 다른 내적 자극 형태는 인지, 사고, 뇌의 활동 등에 따라 나타난다. 인간에 있어서 신경계의 독특한 특성 중의 하나는 그 자체가 우리의 사고나 상상이라 말하는 정보를 산출한다는 것이다. 자극은 신경계를 통하여 전기 화학적 과정을 거쳐 전기적 신호로 모든 신경섬유에 전달된다.

외부 또는 내부 자극 수용에 대한 신경기전은 신체 모든 곳에 퍼져 있는 감각수용기에 의해서 발생한다. 이러한 감각수용기는 환경과 직면하고 있으며 인체 조직에 부과되는 모든 자극을 감지한다. 외적 자극을 인지할 수 있는 감각수용기는 자극에너지를 전기적 에너지 형태로 변환시키는 역할을 한다. 이러한 과정은 다양한 감각계에 따라 각기 다른 방식으로 완성되며 다음엔 자극에 의하여 형성된 현재의 전기적 에너지를 CNS로 전달한다. 자극의 전달은 탈분극 현상에 의해서 이뤄진다.

3 신경충격의 전도

신경원의 독특한 특징 중의 하나는 신경원이 전기적 흐름, 즉 전위(electric current)를 전도하도록 구성되어 있다는 것이다. 신경원이 어떻게 이러한 기능을 수행하는지를 이해하기 위하여 우선 전위와 신경세포들의 몇 가지 특징들을 이해해야만 할 것이다. 신경원의 기능은 세포의 막을 통과하여 일어나는 전기적 상황 변화에 의존하는데 다시 말해 이온(iones)이라고 불리우는 전하입자들의 출현에 따라 좌우된다. 전하입자는 2가지 유형, 즉 양전하(+)와 음전하(−)로 구분된다. 각 전하는 같은 전하끼리 상극이지만 서로 다른 전하 간에는 끌어 당기는 특성이 있다. 자석을 생각하면 더욱 쉽게 이해할 수 있을 것이다. 상대적인 전하입자들이 분리되어 있다가 서로 합쳐지면서 전위가 발생한다. 이러한 전하의 활동을 전위라 하며 전위의 이동 합을 전압이라 한다.

신경세포는 안정시 많은 나트륨이온(Na+)이 외부막에 축적되어 있으며 내부에 비해 양전하이다. 내부에는 칼륨이온(K+)과 유기이온(A+) 등이 밀집되어 있는 음전하이다. 이때의 외부와 내부의 전압차는 약 70mV이며 이를 안정막 전위라 한다.

신경세포가 안정막 전위를 유지하다 자극에 의하여 세포막 투과성(외막의 Na+이 내막으로 침투) 나타나고 전압의 차이가 55~60mV로 낮아지면 특정 자극은 도화선이 타들어가는 것처럼 다른 신경으로 이동되는데 이를 활동 전위라 부른다. 활동전위는 탈분극과 재분극 과정을 통해 발생되는데 탈분극은 막 내부와 외부 간 막전위의 차가 감소하는 현상이며 재분극은 그 차가 다시 증가하는 현상이다. 축색을 따라 활동 전위가 전도되는 현상을 실질적으로 신경충격이라 한다. 축색 전도의 속도는 축색의 횡단면 직경이 크면 클수록 빠르다.

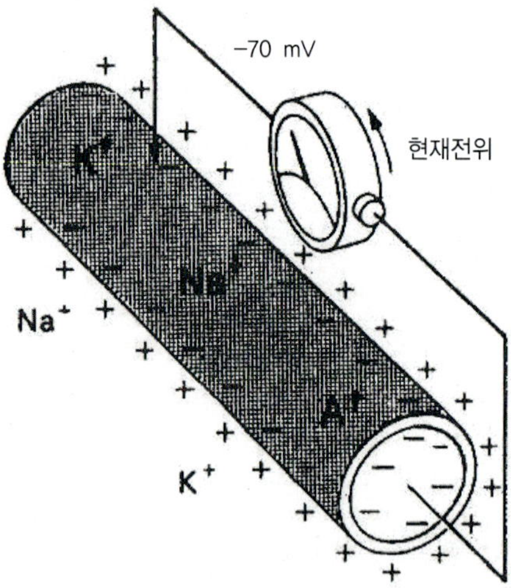

[그림 2-9] 안정막 전위

축색에서 전위가 발생하여 신경충격이 발생되면서 다른 신경으로 전도되기 위해서는 신경전달물질이 시냅스전 종말에서 분비되어야 한다. 시냅스전 종말에 신경충격이 전달되면 소낭에서 신경전달물질을 시냅스열 속으로 방출한다. 이 때 작용하는 신경 전달 물질은 흥분성과 억제성으로 구분되는데 흥분성은 전달물질을 분비하며 흥분성 전위를 생성하는 아세틸콜린(Ach), 글루타메이트(glutamate), P-물질(substance P) 등이 있으며, 억제성은 전달물질을 회수하는 기능을 하는데 노에피네피린(norepinephrine), α2 도파민(dopamine), 세레토닌(serotonin: 5HT), 가바(GABA) 등이 있다.

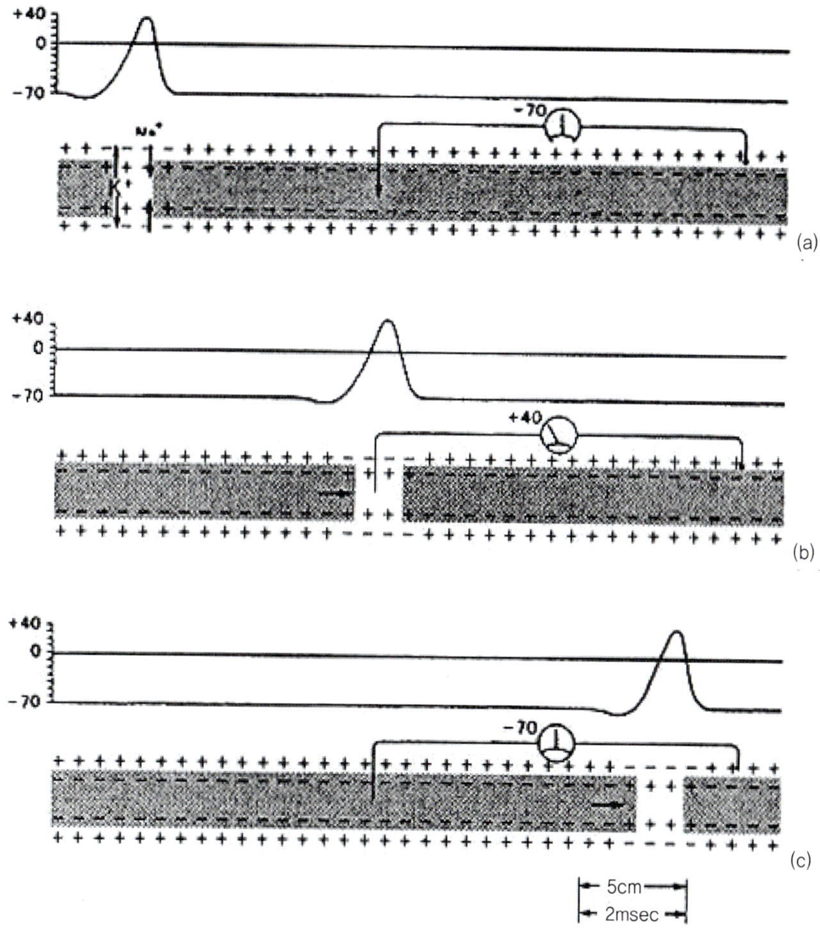

[그림 2-10] 신경 축색의 활동 전위 전도

다음 단계는 인간이 환경에 의한 모든 자극을 의식적으로 과정화하지 못하기 때문에 운동과 직접적으로 관련된 자극의 선택과 주의의 능력, 비관련자극을 무시하는 능력이다. 선택에 의하여 나타나는 특정 자극에 인간이 집중할 수 있지만 일반적으로 수많은 감각으로부터 야기되는 다발적 자극은 대부분 무시된다. 단지 극히 제한된 일부 자극만이 많은 감각자극으로부터 선택되어 주의를 기할 수 있다. 이러한 관련성 및 비관련성에 대한 자극 변별은 매우 빠르게 나타난다. 따라서 어떤 특정 자극의 과정화가 더욱 항진된다거나 제한된다. 감각계와 CNS에 대한 조작적 실험을 통해 이들의 기능이 제한되어 있으며 때로는 많은 감각계에 대한 정보 중 적당한 행위와 관련이 없는 정보도 처리하는 것으로 증명되었다.

각성(arousal) 단계는 개인이 긴장되거나 깨어있는 상태를 말한다. 어느 정도 각성은 최적 운동수행이나 운동학습을 위해 필요하다. 각성은 대뇌피질을 활성화시키며 뇌의 전도력을 향상시켜 유입된 감각정보를 더욱 효과적으로 과정화하며 신체가 행동을 취할 수 있도록 다양한 기전을 통하여 준비시킨다. 다음 단계는 지각이다. 운동의 형성과 유입되는 정보의 의미를 산출하기 위해서 감각 정보를 조직하고 통합하며, 해석하는 과정을 지각(perception)이라 한다. 지각은 기본적으로 감각이 조직화된 과정이며 과거 경험이 가장 중요한 역할을 수행한다. 지각화는 해석을 위해 유입되는 감각정보에 대하여 탐지(detection), 변별(discrimination), 재인(recognition), 정보의 특성화(identification) 과정 등이 필요하다. 이러한 과정을 거친 후 입력된 정보가 의미화 되기 때문이다. 모든 복잡한 운동학습과 수행이 지각적 기능을 요구하기 때문에 지각은 운동 발현에 있어서 매우 중요한 요인이 된다. 입력되는 정보는 사전 경험 정도에 의해 어느 정도 신경계에 기억되어 있다. 즉, 사전에 직면했던 경험과 연합되어야 한다. 지각의 신경기전은 낮은 감각계로부터 최고의 복잡한 뇌의 조직에 이르기까지 과정화되는데 뇌의 피질하 구조에 의해서도 그 효율성에 차이가 난다. 이러한 조직들이 정보를 분석하고 부호화하며 저장하는 역할을 수행하기 때문이다.

4 운동을 위한 정보 전달의 신경 기전

전통적으로 연구자들은 운동의 형성에 대한 관심을 대뇌피질에만 두어 왔으나 최근에는 간뇌 등과 같은 뇌의 일부 내부 조직이 관여한다는 확실한 연구 결과들을 제시하고 있다. 인체의 다양한 신경기전은 의심할 여지없이 운동제어 기능을 수행한다. 이 중 뇌의 세 영역, 즉 피질의 운동 영역, 소뇌, 기저신경절(basal ganglia)이 운동제어를 위해 함께 작용하며 척수나 근육조차도 운동제어 기능에 중요한 역할을 수행한다는 증거가 계속 제시되고 있다. 근육은 동작이 실현되고 선(gland)의 경우 호르몬이나 기타 생화학적 물질을 방출한다. 신경계는 근육과 선에 일차적으로 접촉되어 있으며 운동제어의 기본적 기전이다. 신경충격의 발현은 근을 자극하여 수축과 이완에 의한 활동을 발현시키며 선세포의 자극은 동작이 유지되는 역할을 수행하기 위해 호르몬이나 기타 물질을 방출한다.

모든 운동, 즉 척수반사와 같은 간단한 운동에서부터 농구 점프 슛, 축구의 드리블 같은 복잡한 운동은 피드백(feedback) 작용이 큰 영향을 미친다. 피드백은 의도적으로 수행되는 동작의 발현뿐만 아니라 동작이 제대로 발현되지 못했을 때 오류를 수정하는 데도 중요하다. 피드백은 학습자가 원하는 운동 형태를 발달시키기 위해서 실시하는 각 연습단계에서 나타나는 오류를 체계적으로 수정할 수 있게 한다. 이러한 피드백의 신경 기전은 중추신경계라 볼 수 있다. 인간에 있어 운동을 위한 피드백은 모든 감각계에 의해서 조절되는데, 동작 발현을 위한 근, 건, 관절, 내이 그리고 신경충격에 있어서 운동 발현을 위한 감각계의 자극은 피드백에 의해서 크게 영향을 받기 때문이다. 보고, 듣는 것과 같은 동작 역시 피드백이 중요한 기전이다.

요 약

신경계의 전체적 기능은 모든 신체 활동을 통합하고 조정하는 것이다. 신경계는 신호의 전달뿐만 아니라 자극을 수용하고 반응하는 신경원의 활동을 통하여 이루어진다. 신경세포는 세포핵, 수상돌기, 축색으로 구성되며 축색의 구조에 따라 단극성, 양극성, 다극성으로 분리된다. 신경계는 크게 중추신경계와 말초신경계로 나눌 수 있으며 다시 중추신경계는 뇌, 척수로 말초신경계는 체성신경과 자율신경계로 구분한다. 이 중 자율신경계는 다시 교감신경계와 부교감신경계로 분리한다. 신경세포의 신경 전달을 위한 첫 번째 작용은 안정막 전위가 활동 전위로 변화되는 것이다. 활동 전위는 이온의 투과성이 높아지고 세포 외막과 내막의 전위차가 줄어들 만큼 자극이 신경원에 영향을 미칠 때 생성된다.

운동행동모형 중 운동행동을 정보화 관점에서 논의한 것은 입력, 의사결정, 출력, 피드백의 과정을 설명한 것이며 심리생리적 모형은 신경계와 내분비선의 활동으로 운동 발현을 설명한 이론이다. 이러한 모든 이론은 신경계 중 특히 뇌의 활동을 강조하며 기능적으로는 피드백을 강조하고 있다.

토론 과제

1. 신경계의 기본적 구조와 기능을 논하라.
2. 운동 모형을 기능적, 신경학적 모형으로 설명하라.
3. 운동 모형의 생리심리적 모형을 설명하라.
4. 신경 전도 과정을 설명하라.
5. 대뇌의 운동 관련 조직을 설명하라.

참고문헌

강두희(1992). 생리학. 서울. 신광출판사.

신문균(1991). 신경해부학. 서울. 현문사.

이강평,은희관(1993). 운동생리심리학과 운동학습. 서울, 도서출판 금광.

이관용 외 역(1991). 생리심리학. 서울, 법문사.

장현갑 역(1988). 생리심리학. 서울, 교육과학사.

정청희 역(1998). 운동제어와 학습. 서울, 고문사.

최재원(1993). 유산소 운동부하에 의한 정서 변화와 인지수행의 심리생리적 분석, 한양대박사학위 논문.

한국스포츠심리학회 편(1998). 스포츠심리학, 서울, 태근문화사.

한국스포츠심리학회 편(2005), 스포츠심리학 핸드북, 서울, 도서출판 무지개사.

山田茂 等(1990). 運動生理生化學. 東京. 培圖館.

Barlow, H. et al. (1967). The Neural Mechanism of Binocular Depth Discrimination. Journal of Physiology(193). pp. 327-342.

Beverley, K. I. , and Regan, D. (1973). Evidence for the Existence of Neural Mechanisms Selectively Sensitive to the Direction of Movement in Space. Journal of Physiology(235). pp. 17-29.

Boddy, J. (1978). Brain Systems and Psychological Concepts. New York: John Wiley.

Bryan Kolb & Ian Q. Whishaw(2001). An Introduction to Brain and Behavior. New york, Worth Publishers.

Chase, R. A.et al.(1961b). Sensory Feedback Influences on Motor Performance. J. Audit. Res.,(1). pp. 212-223.

Cratty,B.J.(1973). Movement Behavior and Motor Learning. Philadephia:Lea & Febiger.

Davis, R.C.(1942). The Pattern of Muscular Action in Simple Voluntary Movement. Journal of Experimental Psychology(31). pp. 347-366.

DeCoursey, R.M.(1968). The Human organism. 3. New York:McGraw-Hill.

DeLong. M.R.and Strick, P.L(1974). Relation of Basal Ganglia, Cerebellum, and Motor Cortex Units to Ramp and Ballistic Limb Movements. Brain Research(71). pp.327-335.

Dunham, P.(1976). Learning and Performance. Research Quarterly(42). pp.334-337.

Eccles, J.C.(1965). The Synapse Scientific American(212). pp.56-66.

Foster, C.(1998). Monitoring training in athletes with reference to overtraining syndrome. Medicine & Science in Sports & Exercise(30/7), pp.1164- 1168.

Fox, E.L., Bowers, R.W., & Foss, M.L.(1989). The Physiological basis of physical education and athletics(4th ed.). Dubuque, LA: Brown.

Keele, S.W.(1982). Learning and Control of Coordinated Motor Patterns: The Programming Perspective. In J.A.S. Kelso, ed. Human Motor Behavior: An Introduction. Hillsdale, N.J., Erlbaum.

Keller, F.S., Holt, K.G.;and Flatt, A.E.(1980). Proprioception the Perception and Control of Human Movement: Toward a Theoretical Reassessment. Perception and Psychophysics(28), pp. 45-52.

Laszlo,J.I., and Bairstow, P.J.(1971). Accuracy of Movement, Peripheral Feedback and Efference Copy. Journal of Motor Behavior(3). pp.241-253.

Luria, A.R.(1966). Functional Organization of the Brain. Scientific American(222).pp.66-78.

Marteniuk, R.G.(1974). Individual Differences in Motor Performance and Learning. In Jack H. Wilmore, ed. Exercise and Sport Sciences Reviews. vol.2. New York: Academic Press.

Marteniuk, R.G.(1976). Information Processing in Motor Skills. New York: Holt, Rinehart and Winston.

McGeer, P.L., and McGeer, E.G.(November (1980). The Control of Movement by the Brain, Trends in Neural Sciences. pp.111-114.

Milner, B.(1974). Hemispheric Specialization: Scope and Limits. In F.O. Smith and C. Worden, eds. The Neurosciences: Third Study Program. Cambridge: MIT Press.

Moritani, T., and de Vires, H.A.(1979). Neural Factors vs. Hypertrophy in the Time Course of Muscle Strength Gain. American Journal of Physical Medicine. pp.115-130.

Mott, F.W., and Sherrington, C.S.(1985). Experiments on the Influence of Sensory Nerves upon Movement and Nutrition of Limbs: Preliminary Communication. Proceedings of the Royal Society of London(57). pp.481-488.

Neisser, U.(1967). Cognitive Psychology. New York: Appleton-century-Crofts.

Nelson, D.O.(1957). Effects of Swimming on the Learning of Selected Gross Motor Skills. Research Quarterly(28). pp.274-278.

Newell, K.M.(1976). More on Absolute Error, Etc. Journal of Motor Behavior(8). pp.139-142.

Newell, K.M.(1981). Skill Learning. In D.H. Holding. ed. Human Skill. New York: John Wiley.

Olsen, E.A.(1956). Relationship between Psychological Capacities and Success in College Athletice. Research Quarterly(27). pp.79-89.

Oscarsson, O., and Rosen, I.(1963). Profection to Cerbral Cortex of Large Muscle-Spindle Afferents in Forelimb Nerves of the Cat. Journal of Physiology (169). pp.924-945.

Papcsy, F.E.(1968). The Effect of Understanding a Specific Mechanical Principle upon Learning a Physical Education Skill. Doctoral Dissertation, New York University.

Peronnet, F., & Tribault, G.(1989). Mathematical analysis of running performance and world running records. Journal of applied Physiology(67), pp.453- 465.

Pew, R.W. (1974). Human Perceptual-Motor Performance. In B. H. Kantowitz, ed. Human Information Processing: Tutorials in Performance and Cognition Hillsdale, N.J. :Erlbaum.

Richard A. Schmidt(1982). Sport Psychology. Kansas. Wm. C. Brown Publishers.

Robert S. Weinberg, Daniel Gould(1995). Foundations of Sport and Exercise Psychology, Champaign, IL, Human Kinetics.

Rushall, B. S., and Siedentop, D.(1972). The Development and Control of Behavior in Sport and Physical Education Philadelphia: Lea & Febiger.

Sandersoon, F. H., and Whiting, H. T. A.(1974). Dynamic Visual Acuity and Performance in a Catching Task. Journal of Motor Behavior(6). pp.87-94.

Sanderson, F. H., and Whiting, H. T. A.(1978). Dynamic Visual Acuity: A Possible Factor in Catching Performance. Journal of Motor Behavior(10). pp.7-14.

Smity, K. U., and Smith, W. M.(1962). Perception and Motion. Philadelphia: W. B. Sanunders.

Stein, P. S. G.(1978). Motor Systems, with Specific reference to the Control of Locomotion. Annual Review of Neuroscience(1). pp.61-81.

Stevens, C. F.(1966). Neurophysiology: A Primer. New York: John Wiley.

Suinn, R. M.(1980). Psychology in Sports: Methods and Applications, Minneapolis: Burgess Publishing.

Tracey, D. J.(November 1980). Joint Receptors and the Control of Movement Trends in Neurosciences. pp.235-255.

Vance, M. A.(1948). Corrective Movements in a Pursuit Task. Quarterly Journal of Experimental Psychology(1). pp.85-103.

단원 3

스포츠 · 운동과 성격

| 주요 용어 |

공격성, 빅 5 성격 이론,
미네소타(MMPI)성격검사,
성격측정, 성역할 정체성

1 개인과 행동 변수

인간을 이해한다는 것은 참으로 어려운 것이다. 왜냐 하면 인간은 미지의 것이라 할 수 있을 만큼 이해하기 위해서는 많은 변수들을 종합적으로 객관화시켜야 하기 때문이다. 특히 인간의 성격을 이해한다는 것은 더욱더 많은 노력과 지식이 필요할 것이다. 그러나 인간의 특성에 관한 연구를 수행한 많은 연구들은 일반적인 성격의 특성을 구분하였다. 그러한 기본을 제공한 연구들은 대부분 인간의 행동을 관찰한다거나 지필 검사 등을 이용하여 인간의 성격을 구분하여 왔다. 따라서 인간이 어떤 행동을 행하는 데 있어서 그 변수를 이해한다면 인간의 특성을 이해하는데 많은 도움이 될 것이다.

인간은 처음 이상주의로 시작해서 현실주의를 경험하고 결국 허무주의로 생을 마감한다고 한다. 인간이 현대 사회에서 보여주는 행동적 특성은 몇 가지로 구분하여 설명 될 수 있다. 즉, 인간은 삶의 목적이지 수단이 아니며 개인에게 최고의 가치를 부여한다. 간혹 기업이 인간을 기업의 이윤목적을 위한 실현의 수단으로 여기던 시대가 있었지만 오늘날의 세태는 개인이 가족이라는 사회 기본 집단의 틀을 넘어 가장 중요한 개체로 존중받아야 된다는 데는 이견이 없다. 또한 인간은 비공식적이든 공식적이든 다양한 사회활동에 참여한다. 교회에서의 봉사 활동, 환경보호단체나 낙선운동본부와 같은 비공식정부조직(NGO)에서의 활동 등이 이에 속한다. 다음으로 현대인은 독립된 행동주체로서 자발적 행동을 원한다. 간섭이나 타인의 구속력 있는 억압에 의한 피동적인 행동보다는 스스로 행하는 것을 원한다는 것이다. 따라서 인간은 다양한 행동을 할 수 있는 가능성이 있다. 우리 사회에 튄다는 이야기를 많이 한다. 이를 부정적 견해로 보아온 전통적인 사고는 이러한 튀는 행동들이 개성임을 인정하는 시대로 사고가 변화되었다. 머리를 물들인다거나 옷을 이상하게 입거나 가수가 이제까지 없었던 음률과 가사로 팬들을 사로잡는 행위가 일부 전통적 사고를 가진 사람을 제외하고 개성 있는 행동으로 받아들여지는 것이다.

다음으로 인간은 물리적 조건과 정신적인 힘과 의지에 의해서 일의 결과(신체적인 힘)가 나타난다는 특성을 갖고 있다. 예를 들어 직장에서 아무리 좋은 근무 여건을 제공한다해도 구성원들이 회사에 대한 자부심을 갖고 있지 못하거나 사기가 저하되어 있다면 그들의 생산성은 떨어질 수밖에 없을 것이다. 또한 현대인은 기업은 인간을 사지 못하고 다만 인간의 노동력을 살 뿐이라는 분명한 가치관을 갖고 있다. 이는 조직 내에서 개인의 존엄성을 인정받고자 하는 것으로 개인의 동기와 욕구, 그리고 이에 상응하는 가치를 인정받고자 하는 것이다. 또한 현대인은 기업내 공동체를 위한 개인적 및 사회적 존재로 참여하길 원한다. 즉, 구성원으로서 집단이나 조직에 기여함으로써 인정받고자 하는 욕구가 있다는 것이다. 결국 종합하면 인간은 욕구를 지닌 생명체로서 욕구를 추구하고 가치를 인정받고자 하는 존재라 할 수 있겠다.

2 인간행동 이해의 기초

인간은 조직 내에서 인정받기를 원한다. 따라서 어떠한 형태의 행동을 조직 내에서 추구할 것이다. 이러한 조직 내 개인의 행동, 업적 및 효과를 결정하는 요인은 무엇인가? [그림 3-1]은 조직에서의 인간 행동의 결정요인을 도식화한 것이다.

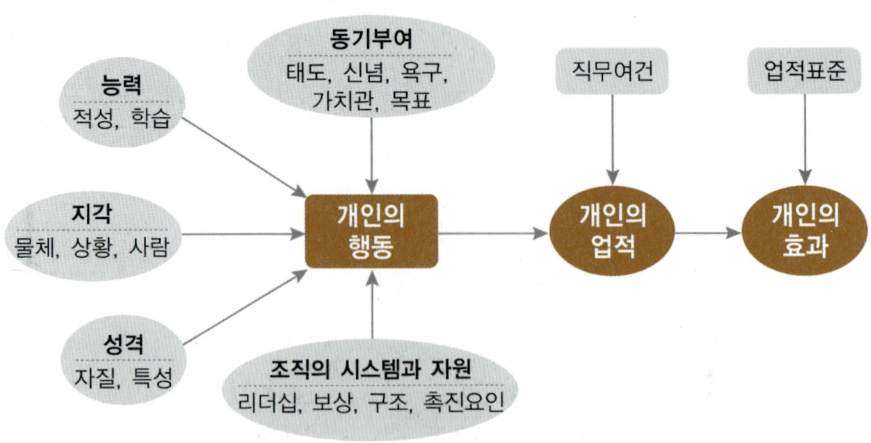

[그림 3-1] 조직내 개인의 행동, 업적 및 효과의 결정요인

인간은 차별성과 유이성(해부 및 생리학적)이 동시에 존재한다. 차별성이란 똑같은 사람이 없다는 것이다. 일란성 쌍둥이의 행동과 생각이 같은 환경에서 같이 자라도 틀릴 수 있다는 것이다. 그러나 이러한 차이에도 불구하고 인간의 모습은 같다. 눈이 두 개이며 그 기능도 비슷하다. 먹고 마시며 자는 것도 인간의 일정한 틀에서 벗어날 수 없다.

인간의 행동도 일반적으로 비슷할 수 있겠지만 사실 독특한 행동 유형을 갖고 있다. 그러나 행동 유형은 일반적 원칙을 갖고 있으며 크게 다르지 않을 것이다. 즉, 행동은 분명 이유가 있을 것이며, 목적 지향적이며 행동에 대한 동기를 갖고 있다는 것이다. 또한 그 원인도 일반화될 수 있다. Szilagyi(1990)는 인간의 행동이 유전적 요인과 환경적 요인, 사회집단의 특성에 따라 구체화된다고 하였으며, Gibson(1991)은 인간 행동은 측정 가능하며 관찰할 수 없는 행동도 목적 달성에 중요한 요인으로 작용한다고 하였다. Luthans(1992)는 하나의 같은 행동에도 여러 개의 원인이 있고 하나의 같은 상황이라도 여러 개의 행동을 야기한다고 일반화시켰다. 인간의 행동 유형에 대한 기본적인 모형은 그림과 같이 자극이 원인이 되어 행동에 이르게 된다.

인간은 환경적 자극이 행동을 위한 하나의 시작이 되며 목적이 달성되었을 때 또 다른 욕구가 존재하고 특정 여건에 의하여 목적이 방해받거나 성취되지 못했을 때는 좌절(frustration), 갈등(conflict)이 나타난다. 이에 대한 방어 기전으로 공격적 반응(aggressive reaction), 대체 반응(substitution reaction), 회피 반응(escape or avoidance of reaction) 등이 나타난다. 이러한 반응은 인간이 갖고 있는 각각의 특성, 즉 성격에 따라 다르게 나타나는 것이다. 그러나 인간은 차이성에도 불구하고 행동의 기본적인 일치성(consistency)이 존재하여 일반화와 예측이 가능하며, 인간 행동의 효율성을 증가시키기 위해서는 개인차의 이해를 바탕으로 개인차 인정, 행동변수 탐색 등 필요할 것이다. 특히 개인차의 변수로는 성격, 지각, 학습, 태도와 가치관 등이 대표적 변인으로 이들의 상호관련, 연속성이 존재함을 고려해야 될 것이다.

3 성격과 개인 행동

1) 성격의 개념

성격은 마디로 정의하기 어렵지만 일반적으로 개인이 갖고 있는 차별된 행동 특성이라 할 수 있다. 인간의 성격 특성을 구분하는데 자주 활용되고 있는 예로 일본의 오다 노부나가(織田信長), 도요도미 히데요시(豊臣秀吉), 그리고 도쿠가와 이에야스(德川家康)의 울지 않는 새에 대한 유명한 일화가 있다. 오다는 새가 울지 않으면 목을 처 죽이라고 하였으며, 도요도미는 흔들어 울리라고 하였고 도쿠가와는 울 때까지 기다리라고 하였다. 여기에서 우리는 그들의 행동적 특성, 즉 성격을 이해할 수 있을 것이다.

성격의 개념은 심리학 분야에서 매우 중요한 영역으로 간주되어 왔으며 그 정의도 매우 불분명하다. Allport(1937)는 문헌에 제시되어 있는 성격에 대한 정의를 50개 정도로 정리한 뒤 하나의 정의로 제한하는 것은 매우 어렵다고 하였다. 학자들이 주장한 몇 가지 정의를 살펴보면 Healy 등(1930)은 '성격이란 신체적, 정신적 활동과 태도 특히 이러한 것이 사회적 융화에서 나타나는 개인의 습관적 행위 형태'라 정의하였다. 성격에 대한 고전적 정의를 내린 바 있는 Allport(1937)는 '인간이 환경에 대응하여 유일한 판단을 결정하는 생리-심리적인 개인 내부의 역동적 조직'으로 정의하였다. Cattell(1965)은 '성격이란 인간이 주어진 상황에서 행하는 것을 말하는 것'이다라고 했다. Eysenck(1957)는 '성격이란 거의 변함이 없고 지속적인 행위형태'로 정의하였으며 Lox 등(2003)은 '개인의 체험을 형성하고 환경에 대한 반응을 조직하는 기초로서 비교적 변화가 없는 심리적 구조와 과정'이라 하였다.

성격이론가들이 성격에 대하여 일반적으로 동의하고 있는 것은 성격이 유전과 경험의 산물이라는 것이다. 유전적 요인은 각 개인의 행위와 이것을 결정하는 신체 신경계의 종류의 차이라는 사실에는 의심할 여지가 없다. 각 개인에 있어서 신경계의 구조와 기능의 차는 놀랄 이유가 없다. 또한 신체의 모든 다른 기관도 크기, 모양 그리고 기능도 차이가 있다. 각 개인이 꼭 닮은 상태가 없다는 사실을 눈여겨 볼 필요가 있다. 아마도 그런 기능의 차에 대한 가장 기본적인 요인은 신경계에 있다고 할 수 있다. 따라서 이러한 신경계는 행위의 방향과 각성의 정도에 직접적으로 작용한다. 개인의 경험에 의해서 성격이 발달되고 수정된다는 것은 분명하다. 임상심리학 분야에서도 더욱 강조하고 있는 것은 성격에 대한 환경적 영향이다. 성격에 있어서 환경적 영향은 매우 비중 있는 것으로 간주되고 있으며 성격이론의 대부인 Freud 역시 성격발달에 있어서 경험의 중요성을 강조하였다.

이러한 성격은 어떻게 결정되는 것일까? 성격 결정요인은 크게 유전을 강조하는 先天說과 환경을 강조하는 後天說로 나눠 설명하는데 아직도 분명하지 않지만 이들 요인의 상호작용에 의해서 결정된다는 데에는 이견이 없다.

2) 성격의 구분

성격을 구분하는 데 있어서는 주로 4가지 방법이 활용되었는데 동인(욕구)접근, 자질 접근(신경과민, 내향성, 외향성), 신념접근(통제위: 내적, 외적론자), 가치관 접근(이론적, 경제적, 심미적, 사회적, 정치적, 종교적) 등이 있다. 히포크라테스는 낙천적, 까다로움, 나태함, 우울한 것 등으로 성격을 구분하였으며, 프로이드는 인간의 행동은 숨겨진 동기와 무의식적 욕구에 의해 지배된다고 하면서 본능(id), 자아(ego), 초자아(super-ego)로 구분하였다. 본능은 무의식의 핵심(성적, 공격적 특성)으로 쾌락을 극대화하고 고통을 감소하려는 것으로, 자아는 의식적이며 현실주의적 원리를 추구하는 것으로, 초자아는 양심이라 하며 윤리적, 도덕적 차원으로 구분하여 설명하였다. 그의 이론을 행동적 관점으로 요약하면 어린 시절 경험이 중요하며, 외적 영향력과 내적 충동에 의해 성격이 형성되고, 의식과 무의식이 행동에 영향을 미치며, 과거와 관련되고, 본능 속에 존재하는 삶의 본능(ellos)과 죽음의 본능(tanathos)이 무의식적으로 충돌하면서 행동에 영향을 미친다고 할 수 있다.

프로이드의 제자인 Jung은 신프로이드 학파로서 성적 본능에 반론을 갖고 무의식은 오히려 인간의 행동을 발달시킬 수 있는 인간의 잠재력으로 보면서 성격은 과거의 경험과 미래에 대한 희망에 의해 영향을 받으며, 성장과 변할 수 있는 잠재력을 소지하고 있으며, 성격 형성을 위한 하위 영역으로 의식적 정신, 의식하, 인식적 지식 등의 상호작용의 중요성을 강조하였다. 그는 성격을 감정지향성을 기준으로 하는 외·내향성, 문제해결의 유형을 기준으로 감각형과 직관형, 의사결정 유형을 기준으로 한 사고형과 감정형, 일반적 태도를 기준으로 하는 판단형과 지각형으로 구분하였다.

〈표 3-1〉 성격 결정요인에 대한 논의

연구자	접근방법	강조점	주된 내용
Freud (1856-1939)	정신분석적	무의식의 영향	본능(id), 자아(ego), 초자아(Super-ego)가 있다
Jung (1875-1961)	정신분석적	유전 및 환경	성격은 세대를 연결하는 유전학적인 생리적, 인종적인 역사와 미래에 대한 목적과 갈망이라는 두 개의 함수
Rogers (1902-)	자아(Self)	환경(자기개념)	개인의 자기개념에 대한 지각적, 개념적 및 태도적인 모든 측면을 연구하고서야 행동을 이해하고 예측 가능
Guilford (1897-)	자질(특성)	유전 및 환경	성격은 인간 행동에서 관찰된 일관성, 보다 포괄적으로 지능, 기질, 관심, 성향, 태도, 신체적 특성 등
Sheldon (1899-)	기질적 특성	유전(특히 신체적)	신체적 구조와 행동 간에 밀접한 관계가 있다.
Sullivan (1892-1949)	사회심리적	환경 (특히 대인 관계)	인간은 대인관계를 떠나서 존재할 수 없다. 성격은 인간이 이미 갖고 있거나 가지려하는 여러 가지 대인관계 함수
Lewin (1890-1949)	사회심리적 (모형 강조)	환경 (특히 심리학적 공간이나 생활공간)	성격과 행동은 인간에게 주어지는 상황과 밀접한 관계
Allport (1897-1967)	자기 및 특성	환경	성격은 항상 성장하고 변화 가능. 성격은 일련의 개인적 및 공통적 특성과의 관련에서 이해될 수 있다.

Cattell 등은 16분류법, 즉 내성적: 사교적, 소심함: 투기적, 보수적: 실험적(시도적), 덜지성적: 보다 지성적, 현실적: 감각적, 집단 의존적: 자기충족적, 감정적: 감정적으로 안정, 신뢰적: 의심 많음, 비통제화적: 통제화적, 순종적: 지배적, 실천적: 공상적, 느슨한: 긴장된, 심각함: 행복함, 솔직한: 장난기 있는, 편의적: 양심적, 자신 있는: 염려가 있는 것 등으로 분리하여 상대적으로 어느 영역에 더욱 비중 있게 치우쳐 있는가를 통해 각 개인의 성격 프로파일을 구분하였다.

최근 성격의 5요인 모형, 즉 빅 5이론이 Costa와 McCrae(1992)에 의해서 제시되었으며 신경성(neuroticism), 외향성(extraversion), 개방성(openness to experience), 동조성(agreeableness), 성실성(conscientiousness)의 특성을 말한다.

[그림 3-1] 성격의 빅 5이론(McCrae와 Costa(1997)

신경증은 정서적 불안정성이라고도 하며 불안, 적대감, 우울, 자의식, 충동성, 심약성 등이 하위 성향으로 포함되어 있으며 스트레스 자극에 대한 반응이 빠르고 민감하다. 외향성은 도전, 모험 등 또 다른 자극을 추구하는 성향을 말한다. 온정적이고 사교성, 활동성, 자극 추구성, 긍정적 정서 등이 포함된다. 개방성은 새로운 아이디어에 잘 적응하는, 즉 새로운 환경에 맞도록 행동을 변화시키려는 경향으로 상상, 심미성, 감정, 행동, 사고, 가치에 대한 요인 등이 포함된다. 호감성은 다른 사람과 잘 어울리는 성향으로 신뢰성, 솔직성, 이타성, 순응성, 겸손, 동정성 등의 요인이 하위요인으로 포함된다. 성실성이란 개인이 집중하고 있는 목표를 달성하기 위해서 얼마나 스스로를 절제하는가를 말하는 것으로 단호하며 의지가 강하고 임무를 반드시 완수하는 경향으로 유능감, 충실성, 성취 욕구, 자기규제, 신중성 등이 포함된다.

이외에도 Friedman과 Rosenman(1974)은 인간의 성격을 A, B type으로 구분하였는데 A형은 주로 경쟁적, 높은 목표, 적대감, 시간 중요, 완전주의적인 특성을 갖고 있으며 B형은 이와 비교해서 이와 같은 성향이 낮은 편이다. 또한, 권위주의성(authoritarianism), 위험선호성향(risk propensity), 성취지향성(achievement orientation) 등으로도 성격이 분리되는데, 권위주의성은 개인의 권력과 지위의 차이가 사회 조직 내에 있어야 된다고 믿으며 상관의 명령에 잘 따르고, 덜 반항적이며, 위험성이 존재하는 것은 무시하며, 규칙을 준수하고 지침이 없으면 불안해한다. 또한 타인 감정에 예민한 직종에 부적합한 반면에 고도의 조직화에 적합하다. 위험선호성향은 도전성 있게 일을 처리하고자 하는 특성의 소유자들이다. 또 다른 성격으로 성취지향성의 특성으로는 많은 일, 최선을 다하고, 성공이 자신의 행동에 달렸다고 생각(도전과 성공의 가능성 타진)하며, 도전적이며, 빠른 결과 제시, 책임감이 요구되는 직분을 선호하는 경향이 있다.

〈표3-2〉 A·B형의 성격 비교

A형의 성격	B형의 성격
언제나 움직임, 빨리 걸음	시간에는 관심이 없음
빨리 먹음, 빨리 말함	인내력이 있음
인내심이 없음, 동시에 일을 함	자만하지 않음
여가를 선용하지 못함	죄의식 없이 여가를 즐김
수치를 크게 느낌	이기기보다 즐기며 경쟁함
量을 성공의 기준으로 삼음	온순한 매너, 압박을 잘 견딤
공격적임	결코 성급하지 않음
경쟁적임	
언제나 시간의 압박을 느낌	

4 성격의 연구

성격 연구는 심리학에서 가장 복잡하고 광범위한 영역이다. 인간의 성격 연구의 시작은 일찍이 성격에 관심을 갖은 철학자, 물리학자 그리고 소설가들의 저서를 통해 알아볼 수 있다. 현대의 성격 연구와 이론들은 의학적 전문가들에 의해 이뤄지며 최초의 현대 이론가들은 심리치료사가 시도하는 것과 같이 의사들이 많다. 성격 이론가들은 성격 연구의 한계를 임상적 측면으로 한정했기 때문에 심리학자들이 심리학 분야에서 성격을 중요한 분야로 포함시킨 것은 최근 일이다. 성격 이론가들은 인간의 기능적인 측면을 포함해서 성격연구의 주제를 설정했다. 그들은 인간 행위의 올바른 이해는 모든 인간을 연구함으로써 발달될 것이라는 입장을 고수하고 있다. 따라서 그들의 연구는 더욱 추리적인 것이며 실험적 상황을 조절하는 것에는 깊은 영향을 받지 않는다. 운동과학자들은 운동과 성격의 관계에 매우 깊은 관심을 갖고 있으며 많은 연구를 실시하였다. 그러나 불행히도 스포츠 지도자들은 성격에 대한 이론적 영역을 독자적으로 구축하지 못했다. 그들의 연구결과들은 미래에 약간 도움을 줄 수 있는 정도일 것이다.

1) 성격 측정

성격을 측정하기 위해 성격의 정의가 다양한 만큼 많은 방법과 도구가 있다. 동기를 측정하기 위한 몇 가지 방법이 성격을 측정하기 위하여 이용되기도 하였다. 성격을 측정하기 위해 근본적으로 이용된 도구는 관찰비율법(ratings), 설문조사(inventories)와 투사기법(projective technique), 그리고 최근에 등장한 생리심리학적 방법 등이다.

(1) 관찰비율법

관찰에 의하여 개인의 성격을 판단하는 것은 매우 오래 전에 이뤄졌으나 단지 지난 50여 년 동안 이러한 방법이 실험 연구를 위해 형식화되고 체계화되었던 것이다. 관찰평가 방법에 있어서 관찰자들은 성격, 능력, 태도와 그 외 대상의 행동을 기초로 하여 비율을 산정한다. 관찰은 몇 가지 조건으로 만들어진다. 첫째, 관찰자가 있으며 대상은 실험 중이라는 사실을 인지한다. 둘째, 관찰자가 있으며 활동에는 직접 참가하지 않는다. 대상은 그가 관찰되고 있다는 사실을 모른다. 셋째, 관찰자는 현장 활동에 참여하지 않으며 대상은 그가 관찰되고 있다는 사실을 안다 등이다.

관찰기록 항목은 비형식적인 상황에서부터 형식적인 범위까지 매우 다양하다. 가장 유명한 것은 음성적 행위를 테이프에 기록하는 것이다. Wittenborn Psychiatric Rating Scale(1955)은 병원에서 환자들의 행위를 기록하기 위한 매우 세밀한 조사도구이다. 52개의 문항으로 각각 다른 증상을 나타내는 9점 척도로 구성되어 있다. 교사, 부모 그리고 동료의 척도 역시 같은 것으로 구성된다.

비록 직접적인 관찰이 과학적 연구에 접근하는 것이지만 각 개인의 행위에 관한 다른 다양한 정보도 관찰평가에 의해 얻어질 수 있는 것이다. 그러나 질적인 관찰이 이뤄졌는가 하는 의심이 뒤따른다. 몇 가지 연구는 임상적 심리학자와 심리치료사들이 초보자들 보다 더욱 객관적인 판단을 내릴 수 있다는 것을 보여줬지만 관찰평가가 행위의 원인을 무시하고 외적 상황만을 중요하게 생각하여 평가한다는 문제를 안고 있다. 즉, 대상의 감각, 태도, 믿음, 과거행위, 또는 미래에 대한 열망 등에 관한 자료가 없다는 것이다. 이에 Eysenk(1957)는 관찰평가 방법이 대다수의 사람들에게 비현실적이며 성격변인을 정확하게 측정할 수 없다고 요약하였다. 그러나 이러한 정보는 나름대로 성격 연구에 매우 중요한 정보를 제공해 주는 것이다.

(2) 질문지법

성격질문지는 성격을 평가할 수 있는 방법 중 가장 광범위하게 이용되는 방법일 것이다. 이러한 방법은 대상이 주어진 문제에 대해 직접 대답하는 자기기재식 방법이며 실험자에 의해 분석된다. 검사 항목은 예를 들면 다음과 같은 내용으로 구성된다. ▸당신은 흥미스러운 감정을 느낍니까? ▸당신은 쉽게 부드러운 마음을 가질 수 있습니까? 이러한 형식의 질문은 "예, 아니오" 또는 "모

르겠음"이라는 식으로 대답한다. 또 다른 일부 검사는 다음과 같은 형식으로 구성된다. ‣나는 기계공학과 같은 잡지를 좋아한다. ‣나는 자신감이 부족하다. ‣나는 비난받을 사람이다. 이러한 성격의 질문지 역시 예, 아니오로 대답한다.

수많은 검사지가 있지만 가장 유명한 검사지는 Cattell(1963)의 16개(16PF) 성격요인검사와 미네소타성격검사(MMPI: Hathaway와 Mckinley, 1954)이다. 16PF 검사지는 180개 문항으로 A와 B형이 있다. 이 검사지는 청소년부터 성인에 이르기까지 인간의 성격을 측정하기 위해 인지분석적으로 만들어진 것이다. MMPI는 총 550문항으로 성격 영역, 즉 일반적인 건강, 부모와 사회에 대한 태도, 감성적 동요, 착각 등을 나타내는 것이다.

성격검사지는 관찰법보다는 몇 가지 이점을 갖고 있지만 역시 많은 문제를 안고 있다. 먼저, 넓은 범위에서 보면 대상이 질문에 반응한 상태로 성격을 추정한다는 것이다. 이러한 가정은 사실에 근거한 객관성이 적다. 각 개인이 질문에 응답할 때 거짓으로 응답할 수도 있기 때문이다. 또한 사람은 어떤 것이 옳은 것인지를 구별하여 주어진 문제에 진실된 답을 할 수가 없다. 따라서 각자 소유한 결점을 제대로 파악할 수 없는 것이다. 이러한 것들이 질문지에 의한 성격 평가의 문제점이다.

(3) 투사기법

성격을 측정하는 3번째 방법은 투사기법이다. 이러한 방법은 대상에게 그의 생각과 느낌 그리고 감정을 표현하도록 하는 방법이다. 이러한 방법에 뒤따르는 가설은 대상이 그들의 느낌과 생각을 진실 되게 표현하지 않거나 못한다는 것을 고려하는 것이다. 그것은 대상자가 표현하기 곤란해서가 아니라 간접적으로 표현한다든지 속이려 드는 마음이 있기 때문이다. 어떤 경우든, 대상은 실험자에 의해서 그들에게 보이는 물체에 대한 설명으로 진실된 성격을 투사하는 것을 기대한다. 대상의 반응으로부터 훈련된 심리학자와 심리치료사들은 자료를 설명하고 대상의 성격을 추론한다.

투사기법에 가장 일반적으로 쓰여지는 2가지는 1924년에 제작된 Rorschach

방법과 TAT(thematic apperception test; Murray, 1943)이다. 로오르샤하 검사는 10개의 잉크무늬 그림을 잠깐 동안 피험자에게 보여주고 어떤 모양인가를 묻고 그에 대해 질문을 한다. 그리고 실험자는 각 그림에 대한 대상의 반응에 대해 더욱 자세하게 물어본다. 로오르샤하 기법의 척도와 해석은 매우 복잡하기 때문에 여기에서는 생략하기로 한다. TAT는 가장 명료하게 정체성이 있는 그림으로 구성되어 있다. 즉, 사람, 동물, 빌딩, 가구, 기타 사물들이 숨어 있다. 각 대상은 안쪽과 바깥쪽에 있는 20개의 사진을 보게 된다. 그림을 개인적으로 보게 되며 대상은 그림의 특별한 상황에 대하여 이야기를 하도록 요청 받는다. 역시 이 테스트에도 다양한 방법의 척도와 해석이 요구된다. 투사기법은 많은 비평과 비난을 받고 있다. 이 중 가장 문제되고 있는 비평은 객관성과 현실성 부족에서 오는 것이다. 그러나 Berger(1957)는 같은 사람에게 2번의 로오르샤하 검사를 실시한 뒤 전문적인 심리학자들에 의해서 분석한 결과 점수의 변화가 크지 않음을 보고하였다.

(4) 생리심리학적 방법

생리심리학적 방법의 접근은 성격과 신경기전의 관계에서 비롯되었다. 성격은 환경 안에 존재한다고 할 수 없으며 개인의 신경적인 문제이다. 불행히도 인간에 있어서 신경구조와 성격과의 관계에 대한 우리의 이해 정도는 매우 적다. 비록 수세기 동안 특정 대뇌 피질이 손상을 입었을 경우 성격에 영향을 미친다고 알려져 왔지만 현대 의학의 발달에도 불구하고 이러한 현상에 대한 체계적 연구는 적다. 물론, 의학분야에서의 진보는 놀랍다. 지난 세기 동안 기구의 눈부신 발달 현상은 성격에 중요한 변수로서 신경계 구조를 실험할 수 있도록 하였다. 최근 특히 인간 게놈 프로젝트에 의해 인간의 유전인자 등이 거의 규명되어 복제 동물은 이미 성공하였고 인간 복제가 가능한 시대이다. 이 중 성격은 호르몬을 이용한 특정 검사가 다양하게 이뤄지고 있다. 예를 들어 Lee 등(1992)은 성격 중 공격성을 비교하는데 있어서 남성호르몬의 변화를 근거하여 평가하였으며, 은희관 등(1994)은 스포츠인과 일반인의 공격적 특성을 남성호르몬인 테스토스테론 변화를 비교한 뒤 운동선수가 높은 공격성을 포함하고 있음을 제시하였다. 심지어 최근 미국에서는 이혼의 확률도 생리심리적 성격 검사에 의해서 예언한다.

5 스포츠·운동과 성격

1) 일반적인 운동참여와 성격

운동참여와 성격의 관계에 대한 몇 편의 연구가 있다. 연구의 대부분은 바람직한 성격 특성의 발달을 위해 직접적인 운동참여가 적당한 것으로 보고하였다. 이러한 연구의 결과는 일반화하기엔 많은 어려움이 존재하는데 아마도 운동참여와 성격발달에 관한 연구가 매우 어렵고 성격이 경험만큼 유전적 요인도 크게 작용되며 운동참여는 단지 개인이 갖고 있는 경험의 일부에 지나지 않기 때문일 것이다.

Schendel(1965)은 3단계의 교육적 수준, 즉 초(9학급), 중고(12학급), 대학에서 운동 선수와 비운동선수 사이의 성격 차이를 연구했다. 그는 성격 측정도구로서 캘리포니아 심리검사지를 이용하였다. 9학급에서 운동선수들은 바람직한 성격 특성이 비운동선수보다 우세하였다. 12학급에서 운동선수들이 좀 더 사교적이며 풍부한 개인감정, 사회적 환경에 대한 자신감에서 비선수보다 우세하였다. 대학생들은 운동에 참여하지 않는 집단이 바람직한 성격의 저하현상을 가져온다는 사실로 해석할 수 있겠다.

Werner(1960)는 사관생도를 대상으로 한 2편의 연구를 Cattell의 성격요인검사를 이용하여 실시하였다. 첫 번째 연구는 신입생 중에서 고등학교 시절 스포츠에 참여했던 생도와 참가하지 않았던 생도 간의 결과를 비교하였는데 스포츠 활동에 참가한 생도가 사회적으로 강하고, 열광적이며, 모험심이 강하고 거칠며, 소속감을 느끼고 보수적 경향이 스포츠에 참가하지 않은 생도보다 강한 것으로 나타났다. 그의 2번째 연구는 사관학교에서의 4년 동안 생도들의 성격변화를 운동선수들과 비운동선수들 간을 구별하여 실시하였다. 16가지의 항목을 입학 직후와 졸업직전에 실시하여 4년 동안의 규칙적인 운동참여에도 불구하고 통제된 비선수 집단은 16개 항목에서 그 변화가 없이 ① 운동선수보다 성격 범위가 컸다. ② 운동선수보다 성격 형태가 다양하였으며 ③ 운동을 좋아하지 않았다는 결론이 보고되었다.

Lakie(1962)는 성격에 관한 연구 중 가장 이해할 수 있는 연구를 수행한 자로, 그는 4개의 대학(주립대학 1, 주 단과대학 2, 사립대학 1)의 운동선수를 대상으로 복합적 성격(omnibus personality) 검사지를 이용하여 성격 비교를 실시하였다. 기본적으로 그는 특정 종목에 있어서 운동선수의 성격은 모든 대상에서 비슷한 차이가 있음을 발견하였다. 이것은 학교에서 운동선수에 대한 성격 연구는 그 결과가 일반적인 사항이 아니라는 사실을 경고한 것이다. 운동선수와 성격에 관한 연구들의 결과를 일반화시키는 것은 이와 같이 문제점을 내포하고 있다. 운동선수들이 운동종목별 차이를 보이기 때문에 결론을 내릴 수 없는 것이다. 그러나 어떤 특정 성격을 소유하고 있는 사람이 운동참여에 매력을 느낄 것이다.

Courneya와 Hellsten(1998)은 외향성이 내향성보다 운동에 더 지속적으로 참여한다고 하였으며, Morgan(1973)은 외향성이 강도가 높은 운동을 선호한다고 하였다. 또한 Shiomi(1980)는 외향성이 운동을 더 오래 지속하는 것으로 보고하였으며, 내향성에 비해 운동의 실천과 긍정적 관계가 있으며 정서적 불안정성과는 부적 관계(Arai와 Hisamichi, 1998)가 있다고 하였다. Lox 등(2003)은 성격의 5요인과 운동 행동의 관련성을 보고하는 가운데 외향성과 성실성이 긍정적 역할을 하며, 정서적 불안정성은 운동의 지속 등에서 부정적 측면이 강하다고 하였다.

Friedman과 Rosenman(1974)이 분류한 A와 B타입에 대한 운동과의 관계성을 설명하는데 있어서 A성격 유형이 B성격 유형보다 운동 지속 실천률이 낮으며 (Oldridge, 1982), 부상당할 확률도 높은 것(Fields 등, 1990)으로 보고하였다. 또한 Hardy 등(1989)은 A유형이 운동 중 노력을 더 많이 하고 운동 강도도 더 높게 인식하기 때문에 B유형에 비해 스트레스 반응이 높아지고 부정적 정서도 더 체험하는 것으로 보고하였다. Blumenthal 등(1988)은 A유형의 사람이 12주간의 운동 프로그램의 참여 후 A형 행동 자체가 감소했고 스트레스에 대한 반응성도 낮아진 것으로 밝혀져 운동에 의해 A형 유형의 성격 자체를 변화시키며 건강상의 이익도 얻을 수 있다고 밝혔다.

Dienstbier(1997)는 운동에 의해 성격 변화가 일어 날 수 있다는 근거를 운동에 의한 자율신경계의 적응과 심폐계 체력이 좋아진다는 생리적 변화, 체중의 변화 같은 신체 이미지 개선에 따른 신체 인식의 변화, 그리고 일상생활의 변화에 의한 새로운 관계의 개선 등의 대인관계와 생활양식의 변화에 의한 것임을 보고하였다.

2) 전문적 운동참여와 성격

전문성을 지닌 스포츠 종목에 참가하는 자들의 성격에 관한 연구들은 매우 많다. 기본적으로 연구자들은 특정 스포츠 종목에 참여하는 자들이 종목별로 어떤 타입의 성격을 갖고 있는가? 를 규명하기 위해 애써 왔다. 이러한 성격 형태에 관한 첫 번째 연구는 Thune(1949)에 의해 이뤄졌는데 역도선수를 대상으로 한 것이다. 그는 역도선수들이 힘이 센 선수보다 강하고 경쟁하기를 원했다고 보고하였다. Harlow(1951) 역시 역도선수를 대상으로 연구하였던바 그는 좀 더 여성다운 느낌, 양성적인 경향, 환경을 극복하는 능력 부족, 자기도취적 경향과 강한 의존심 등을 보고하였다. 그는 역도선수들이 이러한 여성적 경향과 열등의식을 보상받기 위해 운동에 참여한다고 하였다. Meyers(1954)는 자신감에 있어서는 복서들이 역도선수와 반대로 높은 정도를 나타냈으며 또한 인내력에서도 높은 점수를 보였다고 보고한 바 있다. 대학 레슬링 선수의 특성연구에 대해 Kroll(1967)은 레슬링 선수들이 강한 마음, 자아신뢰, 남성다움을 나타내는 항목에서만 평균점수보다 확실한 우세를 보였다고 보고하였다.

운동종목별 성격 특성을 비교한 몇 편의 연구가 있는데 그 중 Husman(1955)은 3가지 종목(대학 복싱, 레슬링, 크로스컨트리)의 선수들의 성격을 비교하였다. 그는 복서들의 공격성이 다른 종목과는 유의한 차이를 보이며 오히려 낮은 점수를 보였다. 크로스컨트리 선수들은 외적 죄의식이 강했으며 내적 죄의식과 체벌성이 레슬링 집단보다 약했다.

Flanagam(1951)은 성격이 스포츠에 의해서 구별될 수 있는가를 결정하기 위하여 6종목의 대학 스포츠활동(펜싱, 배드민턴, 농구, 배구, 복싱, 수영)에 참여하는 자를 대상으로 성격을 비교하여 농구, 배구, 복서들보다 펜싱선수들이 모든 항목에서 더욱 우세한 것으로 보고하였다. 또한 펜싱선수들이 농구선수보다 더욱 여성다워지며 배드민턴선수들이 배구선수보다 더욱 외향적이었고 배구선수보다 더욱 감정적으로 불안정했다. Slusher(1964)는 고등학교, 농구, 야구, 풋볼, 레슬링과 수영선수를 대상으로 하여 스포츠 종목 간 성격을 비교하였으며 비운동선수들과도 성격을 비교하였다. 연구결과 농구집단이 모든 집단 중에서 가장 특출하였는데 이 집단은 우울증에 대한 우려를 나타냈으며 비교적 감정의 억제가 부족하였다. 풋볼과 레슬링 집단도 비슷한 특성을 보이면서 특히 그들은 강한 신경질적 성향을 보였으며 수영집단이 가장 최소의 신경질적 성향을 보였다. 비운동선수와 운동선수와의 비교에서는 여성스러움과 지성이 운동집단에서 의미 있게 낮았지만 우울증 현상이 수영을 제외하고는 운동집단에서 매우 높게 나타났다. 운동선수의 특성에 대한 일반화 현상은 이러한 연구결과에서 연유된 것 같다.

3) 우수선수의 성격 특성

국가적 또는 국내적으로 명성을 얻은 선수들을 우수선수라 할 수 있다. 그들이 스포츠 현장에서 그와 같은 높은 수준의 운동기술을 습득하는 데는 많은 요인이 있지만 그 중 성격요인이 매우 중요한 요인이라 가정할 수 있겠다. 국가챔피언과 전 아메리카 챔피언의 성격이 Johnson 등(1954)에 의해 측정되었다. 그들의 대상은 풋볼, 레슬링, 복싱, 육상과 사격선수 등이었다. 그들은 극도의 공격성, 감정조절 미약, 높은 불안, 지식에 대한 높은 열망 등의 특성 항목에서 매우 독특한 현상을 보였으며 자신감은 낮았다.

우수선수의 성격에 관한 연구 중 가장 뛰어난 연구는 Ogilvie와 Tutko(1968)에 의한 것인데 그들은 연구결과를 우수한 선수들에게 제한하거나 선택하여 적용한다면 일반화될 수 있다고 하며 우수선수들이 자동차 경기자, 남성 테니스선수, 장거리 달리기 선수를 제외하고는 더욱 외향적이었으며 성취에 대한 욕구, 지배성, 공격성에 대한 욕구가 높았으며 추상적 합리적 사고가 큰 경향을 보였다고 하였다. 또한 모험심이 강하며 대담하고, 끈질기며 자기효율성이 강하게 나타났으며 낮은 불안과 스트레스하에서 반응하는 정도가 낮았고 또한 높은 리더십과 독립심을 갖고 있는 것으로 보고하였다.

Kane(1968)는 우수선수들의 성격을 특징화할 수 있는 몇몇의 결과가 있지만 많은 예외성이 있음을 강조하였다. 그는 특정 스포츠에 대한 성격 유형을 특징화하는 데만 집착하는 상황을 경고하였는데 이러한 경고는 Rushall(1968)의 연구에 효과를 미쳤다. Rushall은 운동선수를 대상으로 하여 성격 정위를 포함시킨 외향적, 내향적 특성을 연구하였다. 결론에서 그는 성격은 스포츠 수행력에 있어서 중요한 요인이 아니다라고 하였다.

광의적으로 보면, 우수선수들을 특징화하는 성격은 대부분 높은 성취성을 갖는 각 개인의 성격 유형과 비슷하다. 일류 직장인 상사, 전투기 조종사, 뛰어난 사업가들에게서도 비슷한 성격 유형을 보였다.

4) 운동 능력과 성격

지금까지 언급된 대부분의 연구는 운동선수를 대상으로 한 것이다. 즉, 공식적인 학교, 대학, 프로선수들이었다. 그러나 몇 편의 연구는 운동참여 자체보다 운동능력에 기초를 둔 일반인을 대상으로 한 것이었다. 이러한 연구들은 연구의 사전에 실시된 항목으로부터 연류된 것보다 명확한 일반화 현상을 지적할 수 있다. 기본적으로 초등학교에서 고등학교를 통해 좋은 운동능력을 갖고 있는 사람들은 바람직한 태도를 보이는 경향이 있으며 동료나 어른들에게 평판이 좋으며 양호한 개인적, 사회적 순응력을 보였다.

Rarick과 Mckee(1949)는 운동능력을 기본으로 하여 높은 수준의 운동성취력과 낮은 수준의 집단으로 대상을 분리한 뒤 3학년 어린이의 개인, 사회적 적응력을 평가하였다. 연구자들은 결론짓기를 운동능력이 우세한 집단의 어린이는 활동적, 좋은 평판, 조용함, 활기참, 주의성, 그리고 협동심을 보였으며 열세한 어린이들은 부정적 특성을 보여주며 더욱 부끄러워하고 사교성이 없었으며 긴장하였다고 하였다. Ward(1962)는 중·고등학생(남)을 대상으로 AAHPER의 청소년 체력 테스트를 이용하여 상하 두 집단으로 소년들을 분리하였다. 개인적·

사회적 성향에 대한 자료를 수집하여 신체능력에 높은 수준을 보인 학생들은 역시 개인적·사회적 변화에도 아주 높은 적응력을 보였다고 보고하였다.

Merriman(1960)은 성격과 운동능력의 관계를 고등학교 학생들을 대상으로 하여 연구한 바 연구대상들의 수준을 상위와 하위 각각 25% 이내에 드는 자로 한정하였다. 그리고 그들의 성격을 검사하여 높은 운동능력을 소지한 학생들은 더욱 양호한 적응성을 보였으며 낮은 대상보다 양호한 성격을 보였음을 보고하였다. 대학생을 대상으로 한 이러한 종류의 연구는 상치된 경향을 보였는데 Keogh(1959)는 운동능력과 운동참여는 캘리포니아 심리검사지에 대한 18개의 문항과는 아무런 의미가 없었음을 보고하였다. 한편, Wells(1958)는 남자 대학생을 중심으로 한 연구에서 체력요인과 성격요인의 유의한 상관관계를 보고하였다.

5) 여성선수와 성격

많지는 않지만 여자선수의 성격에 관한 연구가 이뤄져 남자보다는 여자선수가 성격변인이 적으며 그 관계도 적음을 보고하였다. Neal(1963)은 1959년 전미대회에 참가한 미국 대표 여자선수를 대상으로 하여 성격을 조사한 결과 성취도, 자율성, 협력심, 간호성적 요인 등이 비운동집단보다 높은 것으로 나타났다. Peterson(1967) 등은 팀 스포츠와 개인 종목에 참여하는 여자선수들을 대상으로 성격을 연구한 결과 개인종목에 참여하는 선수들이 지배성, 모험심, 인간성, 대항적, 급진주의적 성향을 보였으며 반면에 정교성에서는 낮은 점수를 보였다. 그러나 다른 항목에서는 차이의 유의성이 없었다.

Malumphy(1968)는 대학 스포츠 게임에 참가하는 여자 선수의 특성을 집단과 개인, 팀, 주관적 판정 종목(싱크로나이드 수영, 체조 등), 팀과 개인 혼합 종목, 비참여 대상으로 나눠 조사한 뒤 선수들 사이에 매우 다른 성격을 보고하였다. 그러나 그는 결과와 더불어 경고하길 반복적 연구가 계속될 때까지 결과를 지지할 수 없다고 하며 실제 적용치 않았다. Ogilvie(1967)는 여자선수들은 다소 내향적이며, 더욱 안정적이고, 끈질긴 마음, 스트레스 상황에 적응하는 능력, 낮은 신경성, 낮은 창조력을 보였으며 독립성에는 높은 결과를 보였다고 보고하였다. 그들은 또한 매우 추진력이 있었지만 공격성, 굴욕감, 그리고 낮은 지배성을 보이는 경향이 있었다. 여자 수영선수들은 수행능력이 발전됨으로써 자제력이 보였다. 남자선수에 대해서 언급하지 않은 사항을 여자선수에게서 보고한 경향은 거의 없다. 제언할 수 있는 것은 여성에 대한 연구가 더욱 필요하며 그에 따라 이러한 종류의 연구를 더욱 향상시킬 수 있는 연구설계가 필요하다는 사실이다.

6) 공격성과 운동행동

우리는 공격성과 운동행동간의 관계를 알기 위해서는 공격성에 대한 용어를 명확히 하는 것이 필요하다. 분명 우리의 일부 행동들은 공격성을 포함하고 있으며 이에 동의할 것이다. 예를 들어, 국내농구 경기에서 K팀의 H선수가 자기를 적극 수비하는 상대선수에게 일격을 가하는 장면을 TV를 통해 봤을 것이다. 바로 이것이 공격성이다. 그러나 공격적이라는 표현을 사용할 만한 사건은 우리 주위에 얼마든지 있다. 또한 언어적 공격과 법률적 사기행각은 공격성이라 할 수 없는가? 기구를 던져버리거나 발로 차는 행위 역시 공격성이라 할 수 있는가?

Baron(1977)은 인간에 있어서 공격성은 공격적 행위를 피하려 하는 다른 생명체를 위해 하거나 상해를 주기 위한 일종의 직접적인 행위 형태로 정의하였다. Baron의 정의는 몇 가지 단서를 제공한다. 먼저 공격성은 행위이다. 공격성은 태도, 감정 그리고 동기가 아니다. 어떤 사람을 해치기 위한 생각이나 미워하는 생각들은 공격성이 아니며 화 역시 공격성이 아니다. 화, 분노와 같은 사고나 동기는 공격적 행위의 발현에 하나의 역할을 할 수 있지만 공격성의 특징으로 정의된다거나 꼭 필요한 것은 아니다. 둘째로 공격성은 직접적이거나 의도적인 행동이다. 사고에 의한 위해는 공격성이 아니지만 다른 사람을 해치기 위한 의도적 사고는 성공을 했던 안 했던 공격성이다. 공격성의 세 번째 영역은 위해와 상해를 포함한다는 것이다.

경쟁적인 스포츠에서 효과적으로 운동을 수행하기 위해 필요한 독단적, 공격적인 행동의 형태와는 아주 다르다. 아마 폭력이란 말은 스포츠에서 공격보다 더욱 위험성을 내포할 것이다(Freshback, 1971). 스포츠와 공격성의 관계에 대하여 Goldstein과 Arms(1971)는 스포츠활동이 공격성을 증가시킨다고 하였으며, 레슬링과 아이스하키를 관람한 관중은 공격성이 증가되었지만 수영경기를 관람한 관중들은 공격성이 저하되었음을 보고하였다. Zillman 등(1972)은 각성이 요구되는 운동에 참여하는 대상은 공격성이 증대됨을 발견하였으며, Silva (1979)는 농구선수를 대상으로 경기 중에 나타나는 공격적인 행동에 대한 죄의식 정도를 조사한 결과 비선수들보다 덜 느낀다고 보고하였다.

Barron(1978)은 공격성이 운동수행에 있어서 집중력을 혼란케 하여 경기력을 저하시킨다고 하였으며, Silva(1979)는 공격성으로 인하여 각성수준이 증가되기 때문에 집중력과 경기력에 부정적 영향을 미친다고 했다. 그러나 공격성은 이러한 부정적 의미만을 부여하는 것은 아니다. Buss(1978)에 의하면 목적에 대한 가치지향이 강하면 강할수록 공격성향이 강하게 나타난다고 보고하였으며, Storr(1969)는 스포츠에서 공격성은 상대방을 이기고 최고가 되려 하는 자존심과 관련이 되며 공격성은 증오와 구별된다고 하였다. McCarthy와 Kelly(1979)는 운동선수가 반칙을 범할 때 공격성이 높았고, 공격성이 낮은 선수보다 높은 선수일수록 득점에 집착력이 컸으며 득점도 많이 하는 것으로 보고하였다.

Russell과 Drewry(1976)는 우승팀일수록 다른 팀보다 더욱 적극적인 공격성을 보였으며, McCarthy와 Kelly(1979)는 홈경기장에서 선수들의 공격성이 높다고 하였지만 이와는 대조적으로 Volkman(1972)은 어웨이 경기에서 공격성이 더욱 증가된다고 하였다. Lee(1992) 등은 경쟁스포츠에 참여하는 정도에 따라 공격성을 평가할 수 있는 호르몬인 테스토스테론(testosteron)과 안드로겐(androgen)의 변화 정도를 평가한 결과 비운동선수에 비하여 양 호르몬 수준이 높았으며 상황에 따라 변화 정도가 크게 나타나 경쟁이 공격성을 증가시킬 수 있음을 제시하였다.

6 성역할 정체감

성격이란 시간적으로 연속성이 있고 현시적인 상황이 주는 사회적, 생물학적 관점만으로는 쉽게 이해될 수도 안 될 수도 있는, 즉 인간의 심리학적 행동(사고, 감정, 행위)에서의 공통성과 상이점을 결정해주는 일관성 있는 특징과 경향이다(Maddi, 1968).

인간 행동의 일관성, 공통성, 그리고 독특성을 설명하기 위한 이론으로서 역사적으로 가장 먼저 제창된 것 중의 하나가 Freud의 심리역동이론이다(Erickson, 1955). 그는 인간이 어떤 특정 상황에서 특정한 행동을 일관성 있게, 그러나 타인과는 구분되는 독특성을 가지게 되는 것은 인간내부의 심리적 요인 간의 역동적 관계에 달려 있다는 것이다. 여기에서 심리적 요인이란 본능적 욕구의 충족을 추구하는 본능적 자아(id), 그리고 의식적, 논리적, 현실적 차원의 심리적 요소인 현실적 자아(ego) 및 도덕적, 윤리적, 이성적 차원의 요소인 초자아(superego)를 말한다. 이 세 가지 심리적 요소는 항상 갈등관계에 있으며 그 상태에 따라 개인의 행동은 결정되며 결과적으로 개인 간 행동의 차이도 이러한 갈등에서 비롯된다. 성격학자들 중 사회학습이론을 주장하는 학자(Hull, 1943; Mischel, 1973)들은 성격형성에 있어서 개인의 변인과 더불어 환경적, 상황적 변인을 크게 강조하는 것이다.

최근 트렌스젠더(trans gender)가 사회적으로 수용되고 있는 현실이지만 인간의 성이란 타고나는 것이다. 성역할이란 이러한 특성 중 개인이 출생하면서 부여받은 성에 적합한 역할이다. Hurlock(1983)은 이러한 역할 중 한 사회집단에서 수용하고 인정하는 남녀 각 구성원에게 동일시되는 행동 형태라 성역할을 정의하였다. 최근 Whitley(1983)는 개인이 속해 있는 문화에서 자신의 성에 적합하다고 규정된 일련의 가치관과 특성을 습득해 가는 성정형화 과정을 거치게 되는데 이렇게 성별에 따라 획득되는 성격 특성, 태도, 선호경향, 행동 등을 모두 합하여 성역할이라 정의하였다. 성역할 정체감은 성정형화 과정 결과, 각 개인에 의해 성역할 행동이 어느 정도씩 습득되면서 행동에 나타나게 되는 남성적 특성과 여성적 특성의 정도와 형태를 의미한다(정진경, 1987).

한국 사회는 아직도 남성중심체제의 가치관에 기초한 상황이 교육현장에서조차 전개되고 있으며, 이에 따른 성차별적 교육과정으로 인해 남녀 모두 자유로운 성장을 하는 데 장애를 받고 있다(김영희, 1989). Hurlock(1983)은 사회에 있어서 남녀의 차이는 생물학적 측면보다는 사회 문화적 측면과 더 관련이 있으며, 개인은 출생하면서 자신의 역할(role)을 부여받게 되는데, 이러한 역할 중 한 집단에서 수용하고 인정하는 남녀 각 구성원에게 동일시되는 행동 형태라 성역할을 정의하고 있다.

성역할 정체감의 유형은 남성성(masculinity type), 여성성(feminity), 양성성(androgyny), 미분화(undifferentiated type)로 분류할 수 있다. 남성성 정체감은 그 개인이 속한 사회에서 남성다운 특징들로 인정되고 있는 특성, 즉 적극성, 활동성, 성취지향성, 독립성, 공격성, 경쟁성, 자기신뢰, 주도력, 통솔력, 지배성, 권위지향성, 야망성 등의 요인들로 구성되어 있는 남성성변인의 점수는 높고, 여성성 변인의 점수는 낮은 경우이다. 여성성 정체감은 그 개인이 속한 사회에서 여성다운 특징들로 인정되고 있는 특성인 양육성, 순종성, 의존성, 민감성, 동정성, 변덕스러움, 애교심, 질투심, 말이 많음, 쉽게 울음 등으로 구성되어 있는 여성성 변인의 점수는 높고, 남성성변인의 점수는 낮을 경우이다. 그리고 양성성 정체감은 한 개인 안에서 남성적 특성, 여성적 특성이 통합되어 남성적이면서 동시에 여성적일 수 있고, 도구적인 동시에 표현적일 수 있어 남성성변인과 여성변인의 점수가 모두 높은 경우이다. 미분화정체감은 남성적 특성, 여성적 특성 중 어느 한쪽도 제대로 표현되지 않아 남성성변인과 여성성 변인의 점수가 모두 낮은 경우이다(Frings과 Rafrtery, 1980; 김영희, 1988).

한 개인이 성(sex)에 대한 지각을 거쳐 성역할 사회화과정이 계속되면서 그 사회문화가 요구하는 고정관념화된 성역할을 습득한 결과, 남성은 남성성 정체감을 여성은 여성성 정체감을 발달시킨다. 그러나 이러한 이론들이 내세우고 있는 성역할 사회화 과정은 남성은 남성적 특성을, 여성은 여성적 특성만을 획득하는 것이 이상적이고 성공적인 발달임을 주장하고 있다는 점에서 많은 비판을 받고 있다(Bem, 1974; Wyre, 1987). 이러한 견해에 Manning(1990) 등은 많은 문제를 제기하였으며 이러한 학문적 도전이 성역할 정체감 중 양성성 정체감을 개념화하는 데 크게 기여하였다(김영희, 1988).

〈표 3-3〉 KSRI의 남성성, 여성성, 중성변인

구분	분류
남성성	목표 지향적, 포부와 야망 존재, 사회의 중추적 역할 수행 기대, 성취욕구, 주도력을 발휘, 통솔력, 자신감, 경제적 자립, 독립적, 칠전팔기 정신, 체력이 강함, 운동을 좋아함, 활동적, 지배적, 권위적
여성성	의존적, 자기감정 호소, 낭만적 이야기를 좋아함, 쉽게 운다, 쉽게 영향 받음, 타인의 감정에 민감, 예쁜 물건을 좋아함, 변덕스럽다, 애교, 질투심, 말이 많음, 잔소리가 심함, 순종적, 동정심, 말을 아름답게 표현
중성성	근면하다, 명랑하다, 체면을 중시, 대화를 많이 함, 예절이 바름, 감사, 남에게 도움, 상대방을 용서, 웃어른을 섬김, 인간애 존재

미국에 있어서 성역할을 구분하는 항목으로 남성다움(masculinity)을 적극적이고, 오만하며 자기주장적이고, 권력적이며 우쭐해하고, 자신이 있고 냉소적이며 신중하다. 지배적이며 새로운 계획 등과 야심적으로 도전하는 강한 면이 있고, 선견지명이 있으며 솔직하고 핸섬하며 완고한 면이 있다. 여성다움이란 감사의 마음이 넘치고 정다우며 없는 것을 갖고 싶어 하지 않으며 그대로를 만족하는 경향이 있으며, 협력적이고 의존심이 강하며 흥분하기 쉽다. 자신이 없어 무언가를 두려워하고 변덕스러우며 남을 용서하는 마음이 있으며, 친절하고, 성실하지 않고, 봉사적이며, 소극적인 마음 상태를 갖고 있는 경향으로 구분하였다(Heilbrun, 1981). 일본의 경우에는 남성다움을 모험심이 풍부한, 늠름한, 대담한, 지도력이 있는, 신념을 가진, 믿음직스러운, 행동력이 있는 자기주장을 할 수 있는, 의지가 강한, 결단력이 있는 경향으로, 여성은 귀여운, 우아한, 성적매력이 있는, 헌신적인, 애교스러운, 말씨가 정중한, 섬세한, 순종적인, 조용한, 멋을 내는 경향으로 伊藤裕子(1978)는 분류하였다.

김영희(1994)는 한국형 성역할 검사지(KRSI: korean sex role inventory)를 개

발하여 한국인의 성역할을 구분한 뒤 한국 사회는 과거에 비해 엄격한 유교적 가부장제의 사회구조가 완화되기는 하였지만 아직도 성역할 전통주의를 고수하려는 의식 구조가 내재해 있어 여성이 남성성 요인, 남성이 여성성 요인을 개발하여 남성성, 여성성 모두를 소유해야 될 필요성이 있다고 주장하였다.

남성상으로는 전통적인 성역할 이론에서는 개인의 성역할 정체감은 생의 초기에 획득되며, 일단 형성된 성역할 정체감은 성인기까지 지속된다고 본다. 이러한 과정은 자동적으로 이루어지는 것이 아니라 타인에 대한 동일시, 강화와 모방, 그리고 개인의 인지능력의 발달을 통하여 형성된다. 이 견해를 지지하는 대표적인 이론으로는 정신분석학적 이론, 사회학습이론, 그리고 인지발달이론이다.

性本能이 발달의 주체를 이룬다고 보는 정신분석학이론에서는, 성역할 사회화 과정을 엘렉트라와 오이디푸스 콤플렉스(electra와 oedipus complex)에 대한 동일시 과정으로 설명하고 있다. 여기서 동일시 과정이란 아동이 동성부모의 성격(personality), 가치(values), 야망(ambition), 타성(mannerosms) 등을 모방하는 과정을 의미한다. 따라서 남아의 경우 오이디푸스 콤플렉스와 거세불안(castration anxiety)이 유발되면서 아버지에 대한 선망과 동일시가 형성된다. 여아는 여성의 해부학적 특징과 남근선망(penisenvy)으로 인해 여성 특유의 심리적 특성을 형성하게 되며, 이와 동시에 순조롭게 해결되지 못한 열등감으로 인해 수동성, 의존성과 같은 여성적 특성이 확립된다.

사회학습 이론가들은 관찰 증명할 수 있는 행동법칙(behavioral laws)을 강조하는 측면에서 성역할 정체감을 설명하고 있다. 이들은 모델링(modeling)과 모방(imitation)의 원리를 적용하여 여성성 또는 남성성의 성역할 정체감 획득을 설명하고 있다. 이때에 어떤 모델을 선택하는가는 어떤 강화를 받을 수 있느냐에 달려 있다. 즉, 강화는 아동으로 하여금 성(sex)에 적절한 행위와 반응에 대해 사회적, 물리적 보상을 받게 함으로써 강화된 행동을 증가시킨다. 예를 들어, 부모나 주위 사람들은 여아의 능동적 공격행위에 대해서는 벌을 주지만 복종과 의존성에는 보상을 준다. 남아에게는 활동적 주장적 행위에 보상을 주지만 인형놀이, 소꿉놀이에는 벌을 주거나 무시해 버림으로써 성의 부적절한 행동을 소멸시키게 된다. 그러나 아동의 성역할 학습과정이 강화로 모두 설명될 수 없으므로 학습이론가들은 직접적인 강화 없이 관찰결과로 일어날 수 있는 모방의 역할을 강조하였다. 이와 같이 아동은 모델링, 모방, 강화를 통하여 성역할에 적합한 행동을 학습하면서 성역할 정체감을 발달시키는데, 이때 부모가 모델이 되어 이루어지는 학습이 중요한 역할을 한다(윤진, 1981 ; 김영희, 1986)고 보는 것이 사회학습이론이다.

성역할 정체감의 획득을 설명하는 또 다른 견해는 인지발달이론가들에 의해서 주장되고 있다. Katz(1979) 등의 인지이론가들은 성별화, 성역할 사회화의 가장 기본적인 요인은 자신이 소속되어 있는 남성 혹은 여성이라는 개념적 범주에 대한 지식이라고 보는 이론이다. 따라서 국가와 민족의 특성, 사회·환경적 특성에 따른 전통적인 규범에 의해서 성역할의 정체성이 정해진다는 이론이다. 또한 그러한 전통적 규범을 인식하는 대상이 어떻게 인식하고 수용하느냐에 따라 구체적인 규범적 기준이 달라진다는 것이 인지이론가들이 주장하는 성역할 정체감에 이론에 대한 특성이다.

요 약

인간의 행동은 많은 내·외적 변인에 의해서 나타나고 그 중 성격은 특별한 의미를 부여한다. 게임이나 스포츠에 참여하는 것이 특정 성격을 발달시키는가는 아직도 논쟁의 주제로 남아 있다. 종단적 연구가 이러한 문제에 답하기 위해 필요하며 이러한 연구가 현재에는 드물다. 특정 성격에 대한 스포츠 종목이 영향을 미치는가에 대한 질문에는 더욱 완전한 연구가 요구된다. 스포츠에서 여성의 영역은 소녀와 부인을 위한 스포츠 프로그램의 가속화 현상과 함께 매우 광범위 한 것이며 언급한 문제가 해결된다면 연구의 수준은 향상될 것이다.

성격 연구 중에서 갑작스럽게 등장하게 된 분야는 사실 성격과 운동능력에 관한 연구라 하겠다. 초등학교에서 고등학교까지 좋은 운동능력은 양호한 성격에 관련되는 것이라고 할 수 있지만 정말 중요한 문제는 아직 미해결로 있다. 이러한 문제는 바로 다음과 같은 것이다. ① 성격에 영향을 미치는 운동능력의 범위는 어느 정도인가? ② 성격은 운동능력의 증가에 의해 변화될 것인가? ③ 운동능력의 감소는 성격을 변화시킬 것인가? ④ 조직적 운동경기의 참가는 성격을 변화시킬 것인가? 분명, 이러한 과제들은 앞으로 연구되어 해결될 것이라 믿는다.

스포츠와 통제위의 관계는 내재론자가 외재론자에 비해 수행력, 운동 발달, 운동 기술 수준이 높으며, 수행을 성공한 후에는 내재론자는 자존심, 만족감, 자신감을 표현하지만 외재론자는 감사와 고마움을 느낀다. 수행을 실패했을 때는 내재론자는 그 이유를 노력의 부족 등 자신의 탓으로 돌리지만 외재론자는 조건이나 남의 탓으로 돌리는 경향이 있다. 한편 공격성이 운동수행력에 미치는 효과는 분명히 밝혀지지 않았으나 스포츠참가가 오히려 공격성을 향상시킬 수도 있음에 주의해야 할 것이다. 성역할 정체감이란 개인이 타고나면서 부여받은 성에 적합한 역할로 남성성, 여성성, 양성성으로 설명된다. 성역할 정체성은 사회집단에서 수용하고 인정하는 가치관에 따라 다를 수 있다.

토론 과제

1. 개인 행동의 결정요인을 설명하라.
2. 성격의 정의에 대해서 논하라.
3. 성격 형성요인과 성격 결정요인을 설명하라.
4. 성격의 측정방법에 관하여 논하라.
5. 운동선수들의 성격 특성과 운동에 의한 성격의 변화에 대해 논하라.
6. 운동참여와 공격성을 설명하라.
7. 성역할 정체성에 대해 논하라.

참고문헌

김영희(1990). 성역할 정체감과 학습된 무기력.서울, 정민사.

민경한 외 역(2011). 심리학개론. 서울, (주)시그마프레스.

류정무 역(1998). 운동수행과 스포츠심리학. 서울. 보경문화사.

은희관(2003). 스포츠운동심리학, 서울, 도서출판 금광.

이강평, 은희관(1993). 운동생리심리학과 운동학습. 서울, 도서출판 금광.

한국스포츠심리학회 편(1998). 스포츠심리학, 서울, 태근문화사.

호남스포츠심리연구회 편(2000). 스포츠의 심리학적 탐색. 서울, 도서출판 홍경.

Bandura, A.(1973). Aggression: A social learning analysis. Englewood Cliffs, NJ: Prentice Hall.

Bandura, A.(1977). Self-Efficacy: Toward a Unifying Theory of Behavioral Change. Psychological Review(84). pp.191-215.

Cattell,R. B.(1965). The Scientific Analysis of Personality. Baltimore : Penguin Books.

Eysenck, H. J.,(1981). A Model for Personality. Berlin, Springer-Verlag.

Hathaway S. R. & McKinley,J. C.(1943). MMPI manual. New York, Psychological Coporation.

Kelley, G.(1955). The Psychology of Personal Constructs. New York, Norton.

Martens, R.(1977). Sport-Competitive Anxiety Test. Champaigh,Ⅲ.:Human Kinetics Publishers.

McNair, D, M., Lorr, M., & Droppleman, L. F.(1992). Profile of Mood States manual. San Diego: Educational and industrial Testing Service. Medical Bulletin(33). pp.137-142.

Meyers, J.L.(1954). Retention of Balance Coordination Learning as Influenced by Extebded Layoffs. Research Quarterly(38). pp.72.-78.

Miler, G.A.;Galanter, R.;and Pribram, D.H.(1960). Plans and the Structure of Behavior. New York: Holt, Rinehart and Winston.

Neisser, U.(1967). Cognitive Psychology. New York: Appleton-century-Crofts.

Neisser, U.(1976). Cognition and Reality: Principles and Implications of Cognitive Psychology. San Francisco: Freeman.

Parke, R.D.(1969).Some Effects of Punishment of Children's Behavior. Young Children(24). pp.225-240.

Persky, V.W., Kempthorne-Rawson, J., Shekelle, R.B. (1987): Personality and risk of cancer 20-year follow-up of the Western Electric Study. Psychosom Med.(49). pp.435-449.

Skinner, B. F.(1968). The Technology of Teaching. New York: Appleton-Century-Crofts.

Skinner, B. F.(1969). Contingencies of Reinforcement. New York: Appleton Century-Company.

Witkin, H. A. et al(1954). Personality through Perception. New York: Harper and Low.

Zonderman, A.B., Costa, P.T.Jr., McCrae, R.R. (1989). Depression as a risk fo cancer morbidity and mortality in a nationally representative sample. JAMA.(262), pp. 1191-1195.

단원 4

스포츠 · 운동과 동기유발

주요 용어

귀인, 내적통제, 동기유발, 목표, 성취동기, 외적통제, 유용성, 유인, 통제위, 포부, Bernard Weiner 모형

1 동기유발의 본질

동기유발(motivation)을 평가하는 가장 좋은 방법은 행동을 관찰함으로써 알 수 있는데 동기가 행동의 잠재적 요인이 되기 때문이다. 그 결과 대부분의 동기유발 연구에서 동인이 나타나는지를 보기 위해 행동을 관찰한 뒤 연구결과를 제시하게 된다. 동기유발이란 어떤 순간에 여러 방법 중에서 특별한 활동을 선택하고 그 활동에 참여하도록 하는 힘, 즉 행동을 위한 내적 충동이라 할 수 있다. 동기유발은 학습 잠재력을 향상시켜주며, 심지어 수행의 질과 노력에도 영향을 미친다.

동기유발은 목표 지향적 행위로서 어떤 목표를 향하게 하는 충동이며, 실제로 사람의 심리적 상태를 묘사하기 위하여 고안된 개념이다. 목표 지향적 행위에 영향을 미치는 요인들을 Birch와 Veroff(1966)는 유용성(availability), 기대(expectancy), 유인(incentive) 그리고 동기(motive) 등 최소한 4가지로 분류하였다. 유용성은 주어진 조건하에서 가능한 특별한 범위 정도로 정의된다. 상황의 구조적 측면은 일부 유용한 행위 형태를 포함하고 있다. 예를 들어 축구경기에서 허용되는 행동은 도서관에서는 유용하지 않을 것이며, 수영장에서 유용한 활동은 테니스장에서 행해지는 행동과는 다르다. 이와 비슷하게 인간의 과거 경험과 능력 역시 동작의 유용성을 결정한다. 인간의 운동에 대한 참가는 걷거나, 달리기나, 수영 또는 기타의 운동기술에 대한 능력 정도에 따라 제한될 것이다. 또한 과거의 경험과 미래 효과의 기대 역시 인간 행동의 방향을 일부 결정할 수 있는 것이다.

기대는 행위의 결과에 관련되는 것으로 특별한 목표를 유도할 수 있는 행동에 집착할 수 있는 느낌으로 정의된다. 수영장을 찾는 사람들은 수영장에서 일어날 수 있는 어떤 특별한 사건, 즉 사회적 친분, 더위의 해소 등을 생각하게 된다. 기대는 과거의 비슷한 행위의 일반적 결과를 지각하는 것에 기초한 추론에서 비롯될 수도 있기 때문이다.

유인은 특별한 행동 발현에 의해 야기된 결과에 대한 매력이랄 수 있다. 매력적이거나 보상적인 결과는 정적 유인(positive incentive)을 제공하는데 만족한 결과나 성취는 인간이 계속적으로 그러한 행동을 할 수 있도록 유인하는 것이다. 부적 유인(negative incentive)은 인간이 바라지 않는 결과를 회피하거나 도주하려는 시도이다. 인간은 어떤 활동에서 정적 및 부적 유인이 동등한 수준이라면 갈등할 것이다. 많은 운동경기 역시 이 두 유인, 즉 성공(만족)과 실패(고통)가 동시에 존재한다. 이 두 유인의 상대적인 힘은 스포츠 참가의 중요한 결정원이 될 수 있다.

동기는 유인을 수정할 수 있다. 동기는 인간이 주어진 상황에서 반응할 수 있는 방향을 설정해주는 특별한 유인과 상호작용하는 일반적인 행동결정 인자라 할 수 있다. 개인의 과거 경험은 동기를 구체화하는 것이다. 예를 들어, 높은 성취동기를 갖고 있는 사람은 탁월한 수행력을 갖고 있는 사람으로 평가되기를 원한다. 혼자서 비밀스럽게 수영을 하는 사람은 그것이 포함하고 있는 불편함과 소비되는 시간 때문에 유인 정도가 낮을 것이다. 그러나 높은 성취동기를 갖고 있는 사람은 그러한 수영이라도 매력 정도는 크게 나타날 것이다.

2 목 표

동기유발에 의한 행동의 목표는 동기에 의해 좌우된다. 만일 갈증으로 인해 동기유발이 되었다면 갈증을 느낀 사람의 목표는 마실 것이 된다. 목표는 적극적 목표 혹은 소극적 목표로 나타낼 수 있다. 대학의 운동선수가 되고자 노력하는 것은 적극적 목표라고 볼 수 있고 소극적 목표는 훈련 중 일어나는 고통스러운 상황이나 불쾌한 상황에서 도피하려고 하는 것으로 볼 수 있다.

Rethlingshafer(1963)는 목표를 효율성을 성취하기 위해 학습하는 것이라 주장하며, 인간은 과거의 경험을 통하여 이전에 발생했던 만족조건을 재인할 수 있고 미래에 그 같은 만족을 다시 얻기 위해 욕구가 발생할 수 있다고 언급하였다. 상징적이고 추상적인 목표는 심리적 발달과정에서 학습된다. 어린이들은 추상적으로 즉시 목표를 세우지만 어른이 되었을 때 목표는 좀 더 구체화되고 만족도는 미래에까지 이어질 수 있으며 목표를 획득하는 방법을 배우기 전에 행동하는 데 있어서 중요하고 상징적인 것이 될 수도 있다. 목표는 경험을 통해서 학습될 수도 있고 또한 독서, 영화, 텔레비전을 통하여 학습될 수도 있다.

3 성취동기

내적 동기가 발달되고 유지된다고 믿는 사람들에게는 성취동기 계획들이 특별한 매력을 지닌다. 유용성, 성취욕구 등은 성공에 대한 잠재력의 근원이 된다. 성취동기 욕구에 대한 개념과 연구는 심리학자 McClelland와 Atkinson이 선구자적인 역할로 수 년 동안 이 분야를 발전시켰다. 성취도가 높은 사람과 낮은 사람의 근본적인 특성 차이를 지적하며, 여러 가지 성취동기 프로그램(Kolb, 1965)이 그들의 연구에 의해서 발전되었다. 성취도가 낮은 사람들도 성취 가능성을 소유하고 있지만 개인적, 상황적인 요인들 때문에 가능성이 실현되지 못한다. 비록 내적 요인이 성취동기 프로그램에서 강조된다 할지라도 외적 요인(보상)과 내적 요인(만족)이 모두 행동 변화에 영향을 미치기 때문이다.

성취동기가 높은 사람의 개인적 특성은 ① 어떤 활동에서 탁월한 높은 지속력을 발휘한다. ② 수행에서 이례적인 우수성을 보인다. ③ 빠른 속도로 활동을 마무리 짓는다. ④ 대인지향이 아니라 오히려 과제지향형이다. ⑤ 적당한 모험을 즐기며 스트레스를 잘 해소한다. ⑥ 행동에 대해 책임감이 강하다. ⑦ 수반된 활동의 결과 지식을 알려고 한다. 왜냐하면 보다 더 발전할 수 있는 능력을 판단하기 위하여 노력하기 때문이다 등으로 나타난다.

운동수행과 연습에 임하는 태도를 긍정적으로 변화시키려고 할 때 지도자들은 우선 인지적, 정의적 행동에 영향을 미칠 수 있는 방법을 탐색해야 한다. 선수들은 그것들이 왜 그들의 행동을 변화시켰는가 하는 이유를 알려고 할 것이다. 경험을 지식화하고 태도를 수정하려는 노력은 단순히 훈련절차를 명령받는 것보다 훨씬 훌륭한 접근법이다. 만약 학습자들이 프로그램에 참여하길 바란다면 그들은 당연히 어떤 프로그램이 그들에게 알맞은가를 알고자 할 것이다. 다시 말하면, 왜 그들이 그것에 관여해야 하는지를 알려고 할 것이다. 합리성이 발전하고, 사고가 변하며, 이해의 폭이 넓어지고 태도가 변화하는 것은 바로 상호작용과정을 통해서 일어나기 때문이다.

수행성취에 대한 책임은 지도자들보다 오히려 학습자인 선수들이 더 깊이 느껴야만 한다. 개인적인 의사결정과 상황에 대한 지각된 개인적 통제가 성공에 대한 확신을 줄 것이다. 일단 특별한 프로그램의 가치를 이해한다면 그 다음 절차는 수많은 목표에 동의하고 그것을 어떻게 달성할 수 있는지를 생각하여야 한다. 성취동기를 향상시키는 몇 가지 중요한 원리들의 예를 들면 다음과 같다.

① 특별한 프로그램의 목적에 대해 지도자와 학생, 코치와 선수 사이에 진지한 토론이 이루어져야 한다. 의사전달 통로가 개방되어야 하고 사고의 교환이 이루어져야 한다. 목표는 이해를 증진하고 태도를 수정할 수 있다.

② 지도자와 피교육자가 함께 지도자의 지도에 따라 구체적이고, 높지만 달성가능 한 목표를 설정하여야만 한다. 단기적 목표는 반드시 장기적 목표 하에 설정해야 하며 장기적 활동을 활성화시킬 수 있는 것이어야 한다. 피교육자는 개인적 목표를 설정하고 의사결정 과정에서 자신의 역할을 인지해야만 한다.

③ 목표를 성취하기 위하여 사용한 수단을 확인하였을 때 교사는 프로그램이 실질적으로 목표를 성취하는 데 그 학생에게 도움이 되고 있는지 여부를 판단할 수 있다. 프로그램과 목표가 불일치한 경우에는 목표를 낮춘다든가 프로그램의 강도를 높게 조절하는 조치가 필요하다.

④ 일단 프로그램이 결정되면 개인적인 진보 정도를 기록해 두어야 한다. 이것은 동기적인 목적에 상당히 도움을 주며 그 기록은 우선 타인과의 비교보다는 자신과의 비교를 위하여 사용되어야 한다.

⑤ 어디서든지 가능한 한 자신감과 자아상이 고양되어야 한다. 상당수가 교

사와 학생과의 관계에만 의존하는데, 강화와 의사전달 과정들은 참여자가 필요한 자신감을 획득하는 데 상당한 도움을 줄 수 있다.

⑥ 학습자의 향상 속도와 성취 속도를 항상 재평가하여야 한다. 목표는 상·하로 조정을 할 수 있을 것이고 상황에 따라서는 프로그램도 수정할 수 있다. 향상 정도를 계속 평가하는 일은 반드시 필요하다.

이러한 원칙이 하나의 완전한 프로그램의 기본이며 만약 이 원리나 프로그램을 잘 지킨다면 많은 학생들의 태도와 성취도가 놀라울 정도로 향상될 것이다. 성취는 주로 상호과정을 통하여 반영될 것이고 지도자와 선수들은 목표달성을 성취함에 있어서 공동 협력하는 관계를 위해 이와 같은 방법을 사용할 필요가 있다. 명령, 또는 지시과정은 그 것 자체가 원래 결함을 갖고 있지만 선수들이 지나치게 의사결정에 참여하는 과정 또한 어떤 면에서는 잘못된 활동이다. 따라서 지도자나 선수 간의 원만한 관계는 주의 깊은 계획과 사고에서 비롯될 수 있다.

4 외적 동기와 내적 동기

동기는 내·외적 근원으로부터 생겨난다. 욕구의 기본이 개인 자체에서 유래된 것이라면 내적으로 동기화되었다고 본다. 또 기능을 수행하거나 스포츠에 참가하는 개인적인 이유 때문에 일어날 수 있는데, 즐거움, 만족 또는 기능 개발을 위해서 기능을 숙달하고 특정 스포츠에 참여할 수 있다. 지식획득을 위해서가 아니라 높은 등급을 얻기 위하여 열심히 공부하는 것이 이런 유형의 동기이다. 이런 사람들의 스포츠에 참여는 우정, 자기만족, 성취를 위해서가 아니라 인정을 받고 영광을 얻기 위하여 시도된다. 외적 동기는 때때로 욕구결핍동기로서도 해석된다.

교육적인 관점이나 이상적인 견지에서 보면 내적 동기가 외적 동기보다 훨씬 더 바람직하다. 인간은 종종 문화적인 특성 때문에 어린 시절부터 올바른 태도나 인정받을 만한 행동을 실현하면 물질적으로 보상을 받는데 이것에 조건화 될 수 있다. 내적 충동은 상당히 지속적이고 효과적인 형태의 동기이다. 그러나 여러 상황에서 외적·내적 동기가 모두 작용해야 한다는 사실을 인식해야 하며 다양한 수준으로 영향을 미친다는 사실도 잊어서는 안 된다. 하지만 개인 내부에서 동기유발이 되었다면, 즉 선수의 노력이 주요 근원이라면 훌륭한 과시나 영웅심, 열광적인 분위기가 끝난 후에도 계속 운동에 스스로 참여하게 될 것이다.

내적 동기가 존재하지 않으면 강력한 외적 동기에 의해 압도되는 수가 많다. 사람은 과제를 숙달하기 위하여 내적으로 동기가 유발되지 않을 수도 있지만 특정과제에서 높은 등급을 얻기 위한 것과 같이 외부적인 동기유발이 이루어짐으로써 이를 극복할 수 있다. 산업근로자를 대상으로 한 연구들은 성취동기가 미래의 외적 보상(금전, 타인의 승인 등)을 획득할 기회가 있을 때 증가한다고 지적하였다.

그럼에도 불구하고 개인적인 운명을 통제할 수 있다고 강하게 믿는 사람은 기능과 성취에 상당한 가치를 두며 보다 훌륭한 성취를 할 수 있는 가능성이 크다는 개념을 이론적으로 지지하는 연구들이 있다. 이 관점에서 보면 내적 동기는 행동에 강력한 영향력을 행사한다. Rotter(1966)에 따르면 만약 어떤 사람이 특정 상황에서 자신의 통제를 자각하고, 강화가 그 자신의 행동에 달려있다고 믿는다면 내적 통제(internal control)가 나타난다고 하였으며, 외적 통제(external control)는 사람의 행동이 운이나 기회에 의존한다고 믿는 상황을 묘사하는 것이다. 행동의 결과인 강화의 기대와 Rotter의 통제 소재 구성 개념은 행동을 설명하려 할 때는 언제든지 고려되어야 한다. 상황에 대한 태도의 개인차는 외·내적 요인에 의한 상황의 통제에 따라 달라지며 또한 기대도 그에 부합하게 전개된다.

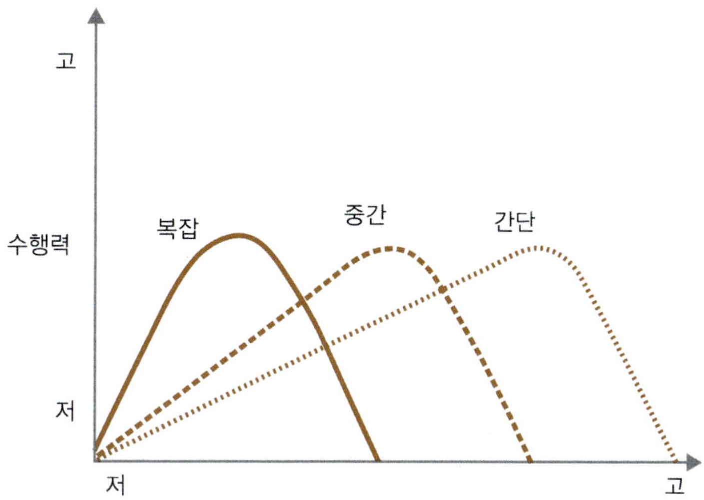

[그림 4-1] 과제 복잡성 및 내·외적 동기와 수행력의 관계

과제 난이도와 내적·외적 동기와의 관계에 대해 Clifford(1972)는 과제의 복잡성이 증가함에 따라 내적 동기가 더 중요한 역할을 한다는 것을 [그림 4-1]에서 관찰할 수 있다. Clifford는 과제의 복잡성과 내적·외적 동기의 효율성과의 관계에서 단순한 과제와 관련이 있을 때 외적 동기를 통해서 주목할만한 수행 증가가 일어날 수 있지만 매우 복잡한 과제에 대한 수행은 내적 동기에 의존하는 것이 효과적인 것이다. 이러한 내적 동기의 효과는 피험자가 지각하는 주제의 적절성, 학생들의 욕구성취, 모호성에 대한 융통성, 각자에 알맞은 적정 학습속도 등과 같은 요인들에 따라 다를 수 있다. 따라서 내적 동기가 발달되고 통제되고, 조작될 수 있는 정도는 논란의 여지가 있다.

최근 연구는 또 다른 문제를 지적하였다. 어떤 활동에 참여함으로써 기대되는 외적 동기원(예: 보상, 트로피)은 궁극적으로 내적 동기를 저해할 수 있다는 것이다. 이 보상들은 개인적으로 설정한 목표와 관련된 개인적 수행에 수반되는 것이 아니라 상대방이나 기준에 대하여 성공적인 수행을 하였을 때 결과에 관계없이 단순히 참여함으로써 주어진다. 만약 보상이 빈번하다면 학생들은 그 활동보다는 보상에 더 관심을 갖게 된다. 결국 보상이 없어졌을 때 활동에 참여하려는 동기 또한 사라질 것이다(Deci, 1975).

일반 학습이나 운동경기에서 경쟁의 목적이 유능감을 개발하는 데 도움을 주고 보상을 효과적으로 사용할 수 있다면 보상은 참여자의 개인적인 성취에 수반되어야만 한다. 수행의 질에 관계없이 부여된 보상은 거의 가치가 없는데, 그 이유는 효과적인 통제와 관련된 내적 흥미를 각성시키지 못하기 때문이다(Ross, 1976). 수행을 통제할 수 있다고 느끼는 사람은 수행에 대하여 내적 귀인을 취하며, 그 활동에 흥미가 있기 때문에 계속 참여하게 된다. 그러므로 어떤 활동에서 내적 흥미의 발달은 개인들로 하여금 그 활동에 계속 참여하게 하는 것이다. 참가하는 데 단순히 부여되는 외적 보상은 행동의 가치저하를 초래하며(Nisbett와 Valins, 1972), 그 활동에 미래참여를 위축시키는 결과를 가져온다(Lepper와 Greene, 1975). 이 경우에 경쟁적인 행동의 주관적인 지각은 행동 자체의 가치를 떨어뜨리고 손상시키며, 목적의 수단이 된다. 그러므로 내적 동기와 흥미가 감소될 것이다.

Harris(1977)는 스포츠에서 사람들의 잠재력을 계속 향상시키기 위해서 내·외적 동기원을 어느 정도로 제시하는 것이 이상적인지는 아직도 명확하지 못하다고 하였다. 두 동기가 모두 중요하며 특정한 목적을 갖는다. 이상적으로 말하면, 스포츠에 참여하는 모든 사람들은 항상 내적으로 동기화되어야 할 것이다. 또한 모든 보상이 행동에 해로운 효과를 주며 반드시 철회되어야 한다는 생각도 잘못된 것이다(Siedentop와 Ramey, 1977). 그러나 보상의 특성이 사람을 통제할 수 있다면 이 때는 보상이 문제시될 것이다. 보상이 정보적이고 성취에 부수적인 것이라면 더욱 효과적일 것이다. Siedentop와 Ramey가 서술했듯이 인과성 지각을 자기 자신에 귀인하느냐, 아니면 외적 보상의 효과를 통제하는 데 귀인시키느냐가 문제일 것이다. 그러므로 보상을 통제할 수 있는 것으로 지각하느냐 아니면 이미 알려진 보충적인 강화로 지각하느냐를 반드시 고려해야만 한다.

5 동기유발과 운동수행

학습과 운동수행은 같은 방법과 같은 정도에서는 동기유발에 의해 영향을 받지 않는다. Stellar(1960)는 학습은 강한 동기와 높은 자극보다는 약한 동기와 낮은 자극이 더 효과적이라고 말했다. 이러한 생각은 1966년 Zajonc에 의해서도 발표되었다. 사람들은 과거에 비슷한 조건하에서 만들어진 반응이나 우세한 반응으로 과제를 수행하기를 선호한다. 결과적으로 강한 동기유발은 새로운 반응에 대한 학습에 효과적이지 못하다. 그러한 강한 동기는 새로운 행위의 습득에 방해가 된다. 새로운 반응이 학습된 후 새로운 반응은 우세한 반응이 되며 그 뒤의 수행은 동기에 의해서 향상되는 것이다. 동기유발은 적은 것이 수행력에 효과적일 수 있으며 어떤 때는 동기가 높은 것이 효과적일 수 있다. 그러나 동기유발은 인간의 운동수행에 대한 영향과 직선 관계에 있는 것은 아니다. 동기유발과 운동수행과의 관계는 적정수준이 요구되는 관계이다. 너무 낮거나 너무 높은 동기유발은 운동수행능력을 저하시키고 반면에 훌륭한 운동수행은 동기유발의 최적수준에서 이루어진다. 우수한 팀이 우승을 하지 못하거나 너무 높은 동기 때문에 그들의 목표를 달성시키지 못하고 경기를 망쳐버리는 수가 있다. 따라서 코치가 지도할 수 있는 중요한 방법의 하나는 선수들이 동기의 수준을 최적으로 유지할 수 있게 하는 것이다.

Clarke(1966)는 다양한(10개 상황) 동기 수준에 따른 근력과 지구력을 비교한 후 동기적 상황이 독자적인 효과를 갖지 않으며 특정 개인에 있어서 최적의 동기수준은 다른 사람에게는 적절치 않다는 결론이다. 이러한 결론은 Nelson(1978)에 의해 다시 확인되었는데 그는 지구력 수행은 동기에 의해 크게 영향받는다고 하였다. 또한 Barnett와 Stanicer(1979)는 목표설정에 의한 동기부여는 대학의 양궁선수들의 수행력을 크게 향상시켰다고 보고하였다.

6 동기유발의 분류

많은 요인이 행위에 영향을 미친다. McTeer(1972)는 그러한 요인들을 지형적 특성, 사회적 영향, 생리적 욕구, 정신적 영향, 심리적 발달상태 등이라 주장하였다. 온도, 강우량, 고도, 인구밀도 등과 같은 지리적 특성은 행위의 유용성을 방해한다. 사회적 요인은 행위에 직·간접적으로 영향을 미친다. 직접적인 사회적 영향은 대인관계라 할 수 있기 때문에 2~3인 이상이 모였을 때 작용된다. 간접적 사회 영향은 우리의 습관, 기대 그리고 태도 속에 통합되어지는 타인이나 부모라 할 수 있다. 생리적 욕구는 항상성을 유지하기 위한 신체적 시도에서 조작되어지는 것이며 정신적 요인은 기억, 통찰, 기술 등을 위해 저장된 주관적 경험을 포함한다.

심리학자들은 동기를 선천적인 것과 후천적인 것으로 분류했다. 인간의 성장과정에서 배우지 않고도 알게 되는 충동을 선천적인 동기라 생각했다. 또한 후천적 동기는 학습에 의해서 알게 된다. 사회적 욕구는 인간의 행동에 매우 중요하며 후천적으로 얻어진 동기의 한 예가 된다.

1) 선천적 동기

최초의 동기는 내면적으로나 외면적으로 생성된 조직과 혈액 속에서 일정하게 포함된 호르몬 항상성을 위해 자연적으로 나타나는 생리학적인 것이다. 신체 내부 조직은 소금을 한 모금 마시면 자극적인 반응으로 물에 대한 욕구가 발생되며 외부적으로는 신경을 거슬리는 소음이나 뜨거운 열에 대해 민감하게 반응을 나타낸다. 그 외의 다른 생리학적인 충동은 굶주림, 배설, 활동에 대한 산소의 요구이다. 신체활동에 대한 산소 요구와 같은 것은 신체적인 조절제어에 기인한다. 굶주림과 같은 것들은 걱정상태에서 행동과 조직화된다. 생리적으로 동기에 의한 행동은 항상성 혹은 개인의 내적 환경의 원인이 되므로 중요성을 지니게 된다(Stellar, 1960). 심리적 요인에 의해 동기화된 생리적 반응이라도 내부 상태 유지를 위하여 나타날 수 있다(Stellar, 1960).

Cannon(1963)에 의해서 성립된 항상성 개념은 내부의 온도를 유지하기 위한 난방장치처럼 조절되는 생리적 상태이다. 내부를 정상적으로 가동시키려는 신체기관은 저항을 받는다. 신체의 체온이 너무 높으면 혈관을 팽창시키고 땀을 흘리게 된다. 이러한 것을 스스로 통제하는 자기조절은 신경학적 요인, 감각자극 피드백, 행동 유형의 조직 등이 동기화되어 나타나는 행동조절에 기전이 되는 여러 요인 중의 하나다(Stellar, 1960). Morgan과 King(1966)은 능력의 개념을 포함한 일반적인 동기들을 지적했다. 일반적 동기는 인간의 환경에 서로 효과적으로 영향을 미치는 과정을 통하여 배울 수 있는 것들이다. 애정과 사랑은 인간에게 커다란 동기가 된다. 애정과 사랑은 가족과 친구와 이성 사이에서 나타나며 학습을 통해 알기도 하고 학습되지 않았다 하더라도 알게 된다. 애정욕구는 정상적 발달의 과정이 되며 가족이나 타인과의 즐거운 경험은 정상적 발달을 촉진시켜 주게 된다.

신체활동을 위한 욕구는 거의 모든 생명체에게 주어진 것 같다. 인간은 뚜렷한 이유 없이도 움직이는 데 많은 시간을 소비한다. 즉, 신기한 물체를 교묘히 다루고 자극에 의하여 나타나는 신비한 현상들에 대하여 의혹을 가지게 되는 버릇이 있다. 또한 두려움은 태어날 때부터 생기게 된다. 그것은 주위환경에 대한 부정적인(소극적인) 반응을 묘사하는 것이다.

2) 후천적 동기

후천적인 동기는 어린이와 성인이 배워서 알게 되는 것이다. 성인은 돈과 같은 추상적인 개념의 상징적인 것에 의해 어린이 보다 많은 영향을 받는다. 그리고 후천적으로 강화된 반응과 동기화된 목표는 배워서 알게 된다. Morgan과 King은 1966년에 고전적인 검사를 통해 습성화된 동기에 대하여 지적했다. 사실 주어진 시간 동안에 우리들의 행동(반응)으로 인간의 성취도를 예상하는 것은 어렵다. 성인의 후천적인 심리적 욕구에 의한 여러 가지 동기를 다음과 같이 나눌 수 있다.

① **수용**: 다른 사람에게 당신이 호의를 보이는 것처럼 다른 사람이 당신을

좋아하는 것과 같은 상호 승인의 감정이다.

② **성취**: 이것은 성취, 성공 그리고 다른 형태의 노력에 의해서 입증되는 것이다.

③ **애정(감정)**: 사랑을 하거나 소중한 마음을 무조건 절대적으로 바라는 느낌(감정)

④ **승인**: 비난, 형벌, 비평들을 배제하고 만족하게 하는 것들에 대한 감정

⑤ **소속**: 집단이나 조직의 일원이라 느끼고 집단 및 조직의 이념에 동일화하려는 욕구

⑥ **일치감**: 의복, 행동, 태도, 그리고 사고방식에서 타인처럼 되고 싶은 욕구

⑦ **의존**: 정서적 유지, 보호, 격려, 도움, 용서 등을 위하여 타인에게 의존하려는 욕구

⑧ **독립**: 가족 및 친구들에 의한 외부적 규제에서 벗어나 스스로 결정하고 싶은 욕구

⑨ **지배욕**: 인간을 지도, 관리 및 통제하고 여러 가지 문제점과 장애물을 극복하며 타인에게 영향을 미치려는 욕구

⑩ **인정**: 한 독특한 개인으로서 인정과 주목을 받고 알려지려는 욕구, 또 자신의 위치를 알고자 함.

⑪ **자아실현**: 능력의 최고도에서 역할을 하고 배우며, 이해하고 수행하려는 욕구 또한 자신의 능력 범위 내에서 목표를 달성하려고 하는 욕구

⑫ **이해**: 친구, 부모 및 다른 사람들과 감정적인 일체감을 가지려 하고 개인적인 생각과 문제들을 감정이나 개인적 신분의 손실 없이 표현하고자 하는 욕구

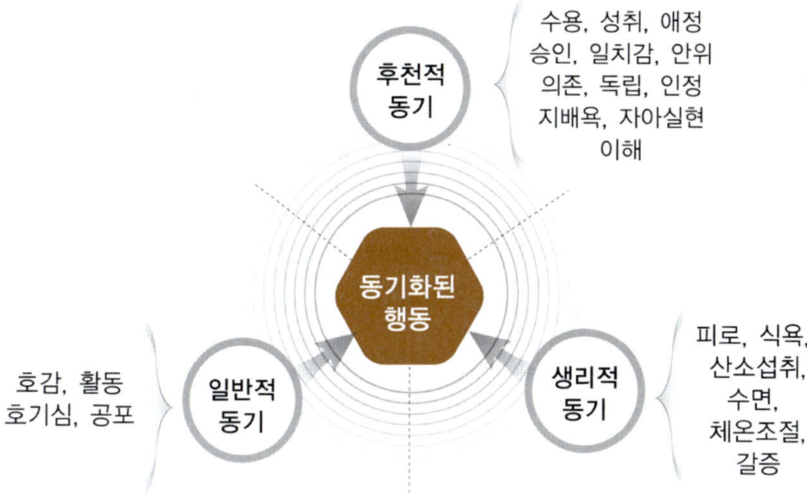

[그림 4-2] 동기화 행위를 유발하는 동기의 상호작용

목표 지향적인 태도는 1차와 2차 동기를 기초로 한 복잡한 체계이다. 과거 경험의 상당한 영향으로 인해 인간의 동기화된 형태는 매우 개인적이다. 몇몇 경우에서 인간은 의존과 독립 혹은 일치와 인정과의 관계처럼 정반대에 있는 동기로 만족하려고 한다. 사회적 환경의 커다란 영향과 사회적 동물로서의 인간의 특성은 역시 Horrocles에 의해 제시된 항목을 보면 더욱 명백하다. 이것은 결코 모든 것을 포함하고 있지는 않지만 여러 이론가들은 지배력(타인을 지배하려는 욕구), 안전(미래에 잘 살려는 욕구), 과시(다른 사람보다 우월하다고 느끼는 욕구), 그리고 불안(두려움)과 같은 복수적인 후천적 동기들을 항목에 제시하고 있다. 항목의 상이성에 관계없이 체득한 동기들은 행동에 대해 강력한 영향을 발휘한다.

포부 수준은 성격의 내적인 면으로 간주된다. 이 개념은 과거의 행위를 평가하거나 혹은 행동기준을 마련할 때에 자신의 목표를 수정하기 위해 사용된다. 포부는 개인이 자신에게 주어진 활동에 앞서서 수행했던 성과나 특정 척도에 따라서 미래의 성과를 예측하게 한다. 그리고 나서 과제를 수행하고 새로운 목표설정에 포함되는 새로운 실행을 위한 심리적 반응을 발견할 수 있다. 보통 개인의 목표는 이전에 행한 것이나 수행기준과는 차이가 있다. 이 차이를 목표와의 불일치(goal discrepancy, GD)라고 부르며 정해진 목표와 계속해서 일어나는 행위와의 차이를 성취 불일치(attainment discrepancy, AD)라 부른다.

성취 불일치 점수는 강화를 평가 측정하기 위해서 사용된다. 몇몇 연구가들이 성과 혹은 능력과 포부 수준 사이의 관계성을 보여주었다. 예를 들면 Locke (1966)는 높은 목표를 설정하는 사람은 낮은 목표를 설정하는 사람들이나 단지 성적만을 받아들이는 사람들보다 수행력이 우수함을 관찰했다. Clarke(1961)는 높은 포부 수준을 나타낸 9살 소년들이 신체적으로 컸으며 힘에서도 우수함을 발견했다. 낮은 포부 수준의 소년들은 좀 더 작고 힘에 있어서도 약함을 보여줬다.

Andersen(1973)이 관찰한 바 고도로 숙련된 수영선수는 익숙한 과업에서는 적극적 목표불일치를 설정하고 익숙하지 못한 과업에서는 소극적 목표불일치(GD)를 설정하였다고 하였다. Frank(1935)에 의하면 포부 수준은 과제가 필요로 하는 능력의 형태에 달려 있는 것이지 영구적으로 개인차에 달려 있지 않다고 보고 한 바 있다. 어떤 일에 대한 성과의 수준은 다른 일들에 대한 포부 수준에 영향을 미친다는 것이 관찰되었다(Frank, 1935). 성공과 실패는 개인의 포부 수준 조절을 야기시킨다는 Garder의 연구에 의해서 이러한 이론들은 지지되고 있다.

개인적인 평가와 더불어 사회집단에 대한 자신의 관계성은 포부 수준의 한 요소다. Hilgard와 Margaret(1940)는 집단의 압력이라도 만약 사회와 일치를 위한 바람이 내면화되는 것이라면, 개인적인 목표설정에 영향을 미치게 된다는 것을 보고했다. Hilgard 등은 두 가지 쉬운 일과 어려운 일에 대해서는 사회집단의 중간으로 다소 퇴화하는 경향에 주목했다. 포부 수준은 사회변화에 관련된 몇 가지 요인들을 연구하는 데 도움이 되는 척도이다. 현재의 상황에 대한 만족은 낮은 점수를 나타내는 반면에, 불만족은 큰 목표를 나타낸다. 실패가 없도록 하기 위해서 의도적으로 포부 수준이 낮게 설정되기도 할 것이다. 이런 경우 목표설정은 미래에 실패를 하지 않으려는 사람들에게 한 방법으로 제공된다.

상황의 현실 주시 역시 중요하다. Leshner(1961)에 의하면 인간은 상상하는 상황보다는 현실적인 상황에서 높은 근육의 발달을 경험하게 되는 것을 발표했다. 명령의 중요성이 Festinger(1942)에 의해 강조되었다. 목표설정을 요구받는 사람은 자신이 하고 싶은 목표설정을 하도록 한 사람보다 더 현실적으로 반응할 것이다. 성공과 실패의 느낌은 포부 수준의 변화를 일으키는 중요한 요소 중의 하나이기 때문이다.

포부 수준은 현실주의에 의해, 즉 과거의 경험, 사회집단의 표준, 활동의 목표 구조, 소망, 두려움 및 기대와 같은 것에 의해 결정된다. 학생들에 의해 나타난 목표를 관찰함으로써 교사는 학생들의 동기와 자아상을 알 수 있다. 자신의 능력 범위 내에서 목표를 설정하는 학생들은 현실적이고, 강한 자아상을 지니는 반면에 실패로부터 그들 자신을 방어하기 위하여 지나치게 높거나 낮은 목표를 계속해서 설정하는 학생들은 특별한 주의를 요한다. 대부분 성공을 하지만 가끔 실패를 하는 상황에서 학생들의 포부 수준 정도가 변화될 수 있다. 두 가지 극단, 즉 계속 성공하거나 계속 실패하는 경우 학생들의 포부 수준을 방해할 수 있다. 포부 수준은 교사가 학생의 욕구를 결정하는 데 사용되는 한 요인이다.

7 귀인이론

경기경험이 몇 번 있는 선수들이 경험이 한 번도 없는 선수들과 경기를 했다. 결과는 예측한 대로 경험이 있는 팀이 이겼다. 경기 후에 패배한 선수들은 그들이 패배한 것은 그들 중 어깨 부상자가 있었고 운이 나빴기 때문에 졌다고 주장했다. 사실은 훨씬 더 실력 있는 팀과 경기를 했기 때문에 진 것이다. 그러나 이 사실을 패배자들은 인정하지 않았고 패배원인을 나쁜 운과 부상당한 어깨에 돌리면서 잠재적으로 자아를 방어했다. 그들은 이러한 변명 때문에 더 나은 선수로 성장하지 못할 것이며 단지 자존심은 유지하게 될 뿐이다.

귀인이론(attribution theory)은 동기에 대한 인지적 접근이다. 사람들은 그들의 인지적 지각에 바탕을 두고 사건을 설명하고 이해하고 예언하려 한다. McClelland 등은 성취동기이론과 욕구이론과 같은 다른 동기이론은 개인의 행동을 복잡한 양식과 구조로 설명한다고 했다. 그러나 귀인이론은 모든 개인의 행동을 그들의 지각된 원인으로 설명한다. 귀인이론의 창시자인 Heider(1944, 1958)는 그의 이론을 상식심리학 또는 초보심리학으로 설명했다. 그러나 Weiner (1985)와 Roberats(1982)의 견해에 의하면 귀인이론은 지각된 동기이론 그 이상이다. 개인의 행동, 감정, 자신감, 성취동기 등에 크게 영향을 미치는 것으로 보이는 복잡한 이론이다. 운동선수들이 자신에 대해 어떻게 느끼는가는 원인과 결과에 대한 선수의 지각과 직접적인 관련이 있다.

귀인이론을 이용한 대부분의 연구는 어떤 종류의 귀인을 언제, 왜 선택했는가에 대한 것이다. 선수들이 선택한 귀인은 그들의 동기 구조를 나타낸다. 또한 성취동기에 의미 있는 영향을 줄 수 있도록 그들의 지각을 변화시키도록 돕는다. 이러한 변화가 결과를 더 좋게 할 것이라 예측하기에는 한계가 있지만 젊은 선수들이 실패의 원인이 나쁜 운과 노력 부족이었다고 생각한다면 더 나은 수행으로 변화시킬 수도 있을 것이다. 운은 좋아질 수도 있고 또 계속 열심히 노력할 수 있기 때문이다.

1) 귀인모형

(1) Heider의 모형

Heider는 귀인 이론의 창시자라 할 수 있다(Arkes와 Garske, 1982). Heider 모형의 기초는 삶에 대한 안전성과 예측력을 주기 위해 일상의 일을 예측하고 이해하고 싶어 한다는 것이다. Heider(1958)의 기본모형은 [그림 4-3]에 나타나 있다. Heider에 의하면 결과는 개인과 환경 혹은 둘 다에 귀인된다. 효과적인 개인적 힘(PF)은 능력과 노력의 요인으로 구성된다. 노력은 다시 의도와 분발(exertion)의 요인으로 구분된다. 의도는 질적 요인으로 무엇인가를 하려고 하는 것을 나타내는 반면, 분발은 양적 요인으로 노력을 얼마나 많이 하였는가를 나타낸다.

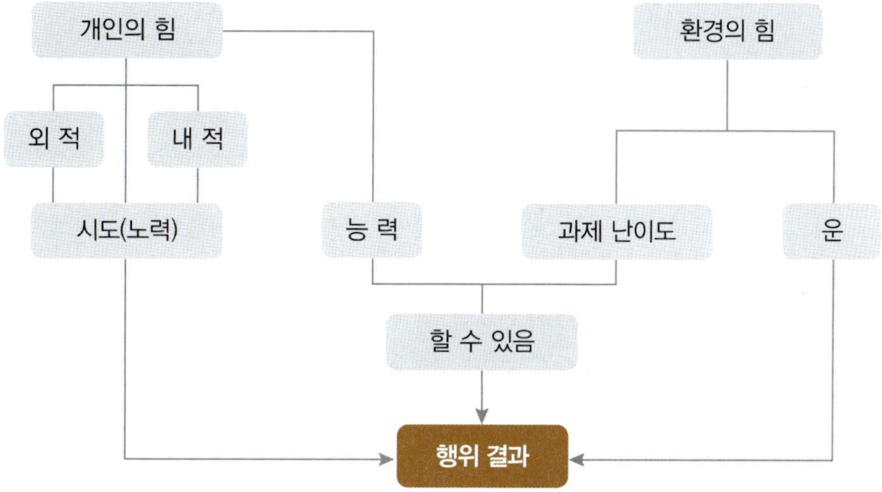

[그림 4-3] Heider의 귀인이론모형

환경적 힘(EF)은 과제 난이도와 운으로 구성되어 있다. Heider는 이 둘 중 난이도를 더 중요하다고 생각했다. 그림에서 나타난 것처럼 개인적 힘의 영역인 능력과 환경적 힘의 요인인 과제 난이도는 수행 가능한 것인가? 또는 가능하지 않는가? 의 분리된 영역을 구분하기 위해 상호작용한다. 이것이 감각을 만든다. 만약 어떤 과제가 어려웠는데 성공했다면 그것은 뛰어난 능력 때문임에 틀림없다. 반대로 어떤 사람이 충분한 능력이 있음에도 불구하고 실패했다면 과제가 아주 어려웠음이 틀림없다. 과제 난이도와 피험자의 능력에 의존해서 여러 다른 귀인들도 가능 또는 불가능의 영역으로 나타낼 수 있다.

운과 같은 아주 불안정한 요인도 많은 귀인 상황에 포함된다. 운은 비체계적 방법으로 결과를 좋게도 나쁘게도 변화시킬 수 있는 가변적 환경요인이다. 그러나 어떤 사람은 운이라고 부르고 다른 사람은 능력이라 부를 수 있다는 것을 명심해야 한다. 예를 들면 상대방 코트의 백핸드 깊숙한 곳 일정한 장소에 첫 서브를 넣어 득점에 성공했다면 그 선수는 서비스 기술이 틀림없이 있는 것이다. 그러나 상대방은 계속해서 운 때문이라 할지 모른다. 결론적으로 매우 간단하게 보이는 것이 매우 복잡해 질 수 있다. 이런 모든 요인(능력, 노력, 과제난이도, 운)들이 결합되어 행동의 결과가 되고 그것을 개인은 원인으로 귀인시킨다. Heider는 개인요인과 환경요인의 관계는 서로 부가적이라고 했다. 따라서 행동결과=개인적 힘+환경적 힘(비개인적 힘)과 같은 공식으로 표현하였다.

(2) Bernard Weiner 모형

Heider의 기본 공식을 이용하여 Weiner(1972)는 귀인모형에 여러 가지 의미 있는 공헌을 하였는데 귀인모형을 성취 상황에서 이해하고, 적용하기 쉽게 만들었다. Weiner는 Heider의 네 가지 주요 요인을 재구성하여 두 개의 주요 원인 영역으로 나타냈다. 이 두 개 영역을 안정성(stability)과 통제위(locus of control)라고 이름 붙였다. [그림 4-4]에서 볼 수 있듯이 안정성은 안정과 불안정 귀인으로 구성되는 반면 통제위는 내적, 외적 통제위로 되어 있다. 통제위란 어떤 일이 일어났을 때 직접 통제를 할 수 있는가, 없는가에 대한 개인의 신념과 관련된 심리학적 구조이다. 내적 통제(internal control)를 보여주는 선수들은 그들 행동이 결과에 영향을 준다는 것을 믿는 경향이 있다. 외적 통제(external control)를 보여주는 선수들은 결과를 운명, 기회, 다른 사람들과 같은 외부 힘으로 원인을 돌리려는 경향이 있다.

Weiner는 Heider의 네 가지 주요인(노력, 능력, 과제난이도, 운)을 귀인에 대한 구조에 포함시켰다. 능력은 안정적 내적 요인으로 분류된 반면에 노력, 수고는 불안정적 내적 요인으로 분류되었다. 능력과 노력은 본래 내적이거나 개인적인 것이다. 그러나 능력은 비교적 변하지 않거나 안정적인 반면 노력은 항상 변하고 불안정적이다. 어떤 축구선수의 능력은 경기를 계속하더라도 많이 변하지 않을지 모르지만 소비된 노력은 상당히 변화될 것이다. 반면 과제 난이도와 운은 통제위에서 외적이다. 과제 난이도는 비교적 안정적이고 변화가 없는 반면 운은 불안정적이고 변하기 쉽다.

이 네 가지 구조 내에서 Weiner는 일반적으로 선수들이 실패나 성공을 위한 네 가지 요인 중 하나에서 기인되었다고 여길 것으로 생각했다. 만약 여자 단거리 선수가 빠른 상대 선수와의 경기에서 지고 난 후 운이 나빴기 때문이었다고 생각한다면 그녀가 말한 원인이 외적이고 불안정한 것이기 때문에 다른 기회가 주어지면 이길 것이라는 이야기이다. 그러나 만약 그녀가 실패의 원인을 능력의 부족에 둔다면 그녀는 원인이 내적이기 때문에 다음에도 승패가 크게 바뀌지 않을 것이라는 이야기를 하고 있는 것이다. 그녀는 다시 달려도 여전히 실패할 것이다.

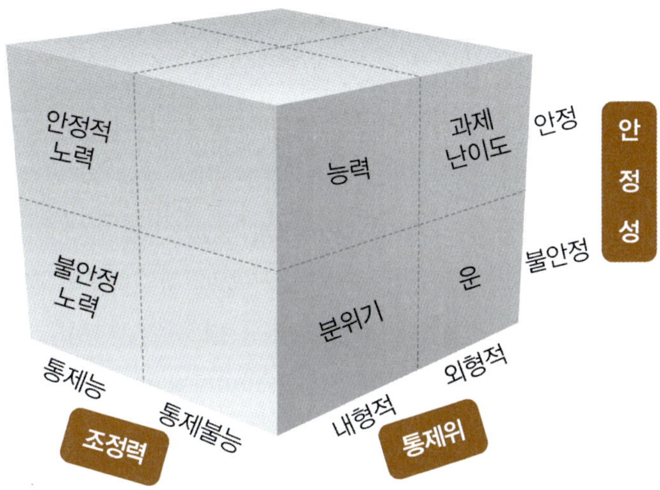

[그림 4-4] 원인 귀인에 대한 Weiner 분류

Frieze(1976)는 Weiner의 네 개의 분류체계를 지지해 줄 근거를 제시했다. 개방-폐쇄 귀인의 85%가 안정성과 통제위에 의해 쉽게 분류될 수 있음을 밝혔다. 그러나 Robert와 Pascuzzi(1979)는 단지 개방-폐쇄 귀인의 45%만이 운동을 시작하는 어린이들을 노력, 능력, 과제 난이도, 운에 의해 쉽게 분류할 수 있다고 밝혔다. 그러나 Weiner(1972)는 귀인들을 이 네 가지 분류보다 많을 수 있다고 제안하면서 통제능(controllability)을 추가하였다(Weiner, 1979). 통제능은 다시 통제가능(controllable)과 통제불능(uncontrollable)으로 분류하였다. 통제가능 귀인은 운동선수의 지각이 개인의 통제하에 있으며 통제불능 귀인은 그렇지 못하다는 것이다. 그러나 통제능 영역의 단점은 외적이고 통제가능한 귀인을 이해하기 어렵다는 것이다.

통제위(locus of control)와 통제능(controllability) 용어가 비슷하기 때문에 약간의 혼란이 있다. 이러한 이유로 Weiner(1985)는 통제위 차원을 원인 소재(locus of causality)로 바꿀 것을 제안했다. Weiner(1985)가 설명했듯이 원인 소재와 통제능의 차이점은 거의 없다. 선수의 실패가 능력, 즉 내적인 것 때문이라고 느끼면 능력은 거의 통제할 수 없다고 느낀다. 예를 들면 더 빠른 상대선수와의 100M 경기에서 졌을 때 그 실패원인을 내적, 즉 낮은 능력(속력)으로 귀인시키면 자기가 빨리 달릴 수 있는가를 인식하지 못한다고 느끼는 것이다.

(3) Dan Russell 모형

전통적으로 귀인을 측정하는 데는 세 가지 방법이 이용되어 왔다. 첫째는 구조적 평가척도(structural rating scale) 방법인데 이것은 선수들이 어떻게 경기에 적용하는가와 관련된 여러 귀인을 평가하도록 운동선수에게 요구하는 것이다. 귀인의 항목은 언제나 능력, 노력, 과제, 난이도, 운을 포함한다. 두 번째 방법은 구조적 비율 평가 척도(structural percentage rating scale)방법이다. 귀인이 다시 제공되더라도 피험자는 기여의 비율로 그것들을 평가해야 한다. 세 번째 방법은 개방-폐쇄체계로 설명된다. 선수들은 자신의 귀인을 만들거나 내재된 귀인의 항목에서 자신의 귀인을 고른다. 그러나 연구자와 운동선수는 귀인의 의미에 동의하지 않을 수 있기 때문에 개방-폐쇄 귀인은 매우 애매하다(Ross, 1977).

이러한 문제를 개선하기 위해 Russel(1982)은 원인 영역 척도(causal dimension scale: CDS)를 개발하였다. CDS를 사용함에 있어 선수들은 어떤 결과에 대해 지각한 원인을 지적하도록 질문을 받고 그때 9가지 질문으로 원인관계를 평가한다. 이것은 소재, 안정성, 통제능 등 각각의 차원에 대한 세 가지 질문으로 구성된다. 각 영역의 점수범위는 3~27로 점수가 높을수록 귀인을 더욱 내적이고 안정적이고 통제 가능한 것이라고 지각한다. 그리하여 만약 어떤 선수가 그의 결과를 운이 좋은 날로 귀인시키고 그때 소재 점수는 25점, 안전성 점수는 21점, 통제 가능성 점수는 10점을 받았다면 그의 귀인을 내적이고 안정적이고 통제할 수 없는 것으로 여길 것이다. Russel은 통제능 영역을 다소 수정하여 외적이고 통제 가능한 상호작용에 대해 차원이 없는 구조의 문제를 해결하려 했다. 그는 통제 가능한 원인을 선수 자신이나 또는 어떤 다른 사람에 의해 통제받고 변화되고 영향받을 수 있는 것으로 정의했다. 결과에 영향을 미치는 통제능의 3가지 영역에 기초를 두고 8가지 가능한 귀인범주로 구분했다.

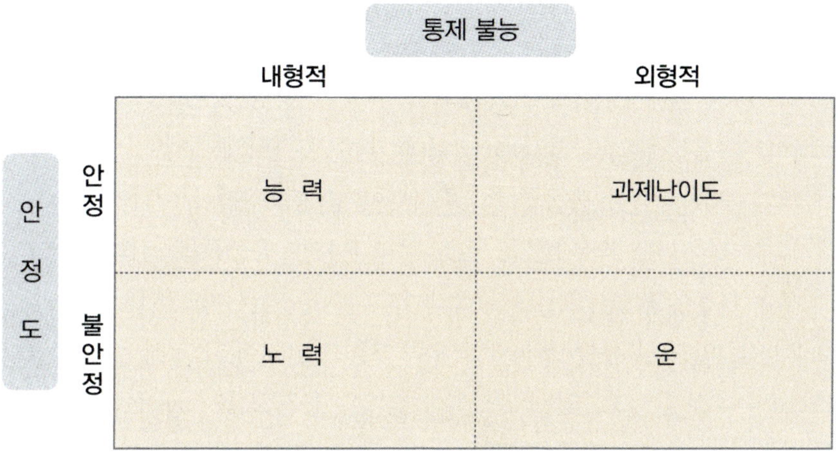

[그림 4-5] 귀인의 3영역 모형의 두 가지 해석적 관점

Russel의 분류체계에 의하면 능력, 과제 난이도, 운과 같은 귀인은 통제 불가능이다. 기분(mood)은 Weiner에 의해 명명된 원래의 네 가지 귀인 중 하나인 노력을 대신한다. 이전에 내적이고 불안정한 귀인으로 여겨진 노력은 Russel이 통제 가능하다고 여긴 유일한 귀인이다. 그러나 통제 가능한 범주는 안정성과 통제위로 더 나누어 질 수 있다. 이러한 개념은 실행 가능한 귀인으로 노력에 상당한 강조점을 두고 있다. 이것은 심판, 코치, 감독관과 같은 타인의 노력을 포함하고 있기 때문에 합리적이다. 선수들은 종종 그들의 성공과 실패의 원인을 심판과 같은 다른 사람에게 돌리기 때문이다(Roberts와 Pascuzzi, 1979).

2) 통제위

행동의 결과에 어느 정도 책임이 있다고 믿는 통제위(locus of control)는 성취 지향 행동(achievement-oriented behavior)에서 매우 중요한 요인으로 자주 언급되었다(Chalip, 1980). 우리가 앞에서 논의했듯이 내적 통제위를 가진 사람은 그들의 행동이 결과에 영향을 미친다고 믿는 경향이 있는 반면 외적 통제위를 가진 사람은 운명, 기회, 타인과 같은 외적인 힘에 결과를 귀인시키는 경향이 있다. 이러한 이분법(dichotomy)은 Carpenter(1968)의 원인종속관계(origin- pawn relationship) 이론과 밀접한 관련이 있다. 원인을 가진 사람은 통제 내에서 그들 자신의 행동 결과가 발현되는 것을 선호한다. 종속적인 사람은 무기력감을 느끼고 외적인 힘에 의해 활동하였다.

Rotter(1966, 1971)는 귀인이론에서 통제위 영역을 위한 개념구조를 발전시키는데 지대한 기여를 하였다. Rotter(1966)는 사람들이 그들의 생활에서 약간의 통제를 할 수 있다고 믿는 정도를 측정하기 위해서 29개 항목의 내·외적 통제위 척도(internal-external locus of control scale)를 개발하였다. 많은 연구자들은 통제위를 분류하기 위하여 이 Rotter 척도를 사용하였다. Rotter(1971)는 통제위에 대해 결론적으로 다음과 같은 일반적 개념을 주장하였다. ① 사회 경제적 환경이 낮은 수준의 어린이들은 외적인 경향이 있다. ② 어린이들은 나이가 듦에 따라 더 내적으로 되는 경향이 있다. ③ 외적 경향이 매우 높은 사람은 그들의 환경에 좌우됨을 느끼고 계속해서 외적 힘에 의해 조작되고 있음을 느낀다.

스포츠 환경에서 피험자의 통제위에 대한 몇 가지 재미있는 연구가 이루어졌다. Martens(1971)는 통제위가 다른 어린이라도 사회적 강화에 대해 다르게 반응하지 않음을 발견했다. Hutchinson(1972)과 Diguiseppe(1973)의 연구는 단체경기 선수와 개인경기 선수는 통제위가 다르지 않다는 점에서 일치한다. Finn과 Straub(1977)은 아주 숙련된 독일과 미국의 여자 소프트볼 선수의 통제위를 비교하여 미국선수가 더 내적인 경향이 있음을 발견했다. Duke 등(1977)은 8주 동안의 스포츠캠프에 참가한 6세에서 14세까지 109명의 어린이들에 대한 통제위를 조사하여 경험이 통제위를 내적으로 변화시킬 수 있음을 관찰하였다. Aguglia와 Sapienza(1984)는 통제위와 관련하여 남녀 아마추어 성인 배구선수들과 그 팀의 주장을 비교했다. 주장선수들은 팀선수들보다 더 내적인 경향이 있음을 발견했다.

여러 연구들은 내적 통제위가 외적 통제위보다 수행력에서도 더 높은 수준을 보일 것이라는 점을 시사하였다. 그러나 극소수의 연구만이 수행에 대한 통제위의 영향을 조사했다. Chalip(1980)는 긴장하에서 내적인 것이 외적인 것보다 수행력이 높았으며 과제 중심 처리행동을 더 잘 이용할 수 있었음을 보여준다고 하였다. Anshel(1979)은 피드백이 긍정적일 때 회전판추적과제 수행에서 내적인 것이 외적인 것보다 수행력이 높았지만 피드백이 부정적일 때는 차이가 없었음을 보고하였다.

발육발달적인 측면에서의 연구는 내적인 것이 더 성숙함을 보여줬다(Rotter, 1971). 게다가 이 연구는 스포츠가 사람의 통제위를 외적인 것에서 내적인 것으로 변화시킬 수 있음을 나타낸다. 그러나 이것은 모든 외적 귀인들이 불리하다는 것을 의미하지는 않는다. 때때로 외적 귀인이 적절한 상황이 있다. 예를 들어 자기 팀이 다른 팀보다 많은 반칙을 했다면 선수들이 책임수행을 다 하지 못했기 때문에 경기에 패했다고 불평하는 것은 아주 정상적일 것이다.

3) 귀인과 정서

결과에 반응하여 형성되는 여러 종류의 귀인은 정서와 밀접한 관계가 있다(Weiner, 1985). 일반적으로 내적 귀인은 외적 귀인보다 더 큰 강점을 나타낸다(Riemer, 1975; Weiner 등, 1972). 예를 들어 새로운 18홀의 골프 코스에서 누군가 68타를 쳤다고 상상해 보라. 전에 그런 좋은 점수를 기록한 경험이 결코 없었기 때문에 그는 의기양양해 할 것이다. 진짜 능력이 결국은 나타난 것이라 생각할 것이다. 그러나 다른 사람의 점수를 알아 봤을 때 모든 사람이 60타 대를 기록하였으며 심지어는 80타 이하를 기록한 적이 없었던 친구마저도 60타 대를 기록하였다. 그는 이 놀라운 점수가 과제 난이도의 결여, 즉 외적 요인 때문임을 분명히 알고 성공을 내적인 것으로 더 이상 귀인시키지 않을 것이다.

Weiner(1981)와 McAuley 등(1983)은 귀인, 수행결과, 정서 사이에 어떤 특별한 인과관계가 있음을 제시하였다. 통제위에 기초를 두고 성공이나 실패가 주는 정서 반응의 기대된 형태가 [그림 4-6]에 나타나 있다. 사람들이 성공을 내적 요인으로 귀인시킬 때 그들은 전형적으로 자존심, 자신감과 만족으로 반응한다. 역으로 성공한 후에 그들이 성공을 외적 요인으로 귀인시킨다면 감사와 고마움을 표현할 것이다.

통제위 \ 결과	성공	실패
내적	자존심 자신감 능력 만족	죄의식 부끄러움 무능력 우울
외적	감사 고마움 운	화 놀람 당황

[그림 4-6] 정서에 대한 통제위와 결과의 영향

귀인에 상관없이 성공에 대한 감정은 긍정적이고 열광적인 경향이 있는 반면, 실패에 대한 감정은 전형적으로 부정적이고 때때로 위압적이다. 예를 들면 과제에서 실패하고 실패를 외적 요인으로 귀인시키는 운동선수는 특히 다른 동료(팀메이트)들이 관련된다면 죄책감을 느낄 것이다. 한편 외적으로 설명되는 실패는 화의 폭발이나 놀람을 유발할지도 모른다. 라인 판정 때문에 실점한 테니스 선수를 가정하자. 선심이 실수를 했다고 느낀다면 그 반응으로 화를 낼 것이다.

Weiner 등(1979)은 귀인-정서 관계를 한 차원 더 발전시켰고 귀인은 정서의 관찰로부터 추측될지 모른다고 주장했다. 다시 말해, 단순한 정서반응의 관찰로 어린이가 성공이나 실패를 무슨 원인으로 귀인시켰는지를 알 수 있어야 한다. 예를 들어 소년이 야구경기에서 삼진을 당하고 놀란 얼굴을 한다면 사람들은 그 소년이 실패를 외적 원인(심판)으로 귀인시켰음을 예상할 수 있다.

어린 선수가 성공과 실패에 반응하여 형성하는 여러 귀인들은 성취동기와 밀접한 관계가 있다. 그들의 운동 수행에서 자신감과 긍지를 나타내는 어린이는 전형적으로 성취욕구가 높다. 따라서 내면화된 성공을 위해서 자기효율성(self-efficacy)을 개발하는 것이 매우 효과적일 것이다(Bandura, 1977). 그러나 [그림 4-6]에서 볼 수 있듯이 내면화된 실패는 무능력과 부끄러움, 죄의식, 무능력의 감정을 계속해서 경험하게 하고 이러한 선수들은 시합에서 상당히 위축되는 것 같다(Roberts, 1980).

성취욕구와 귀인에 대한 가장 기본적으로 일치하는 것은 성취동기가 높은 사람은 성취욕구가 낮은 사람보다 성공을 내적 원인으로 귀인시키는 경향이 있다는 것이다. 성취욕구가 높은 선수는 성공을 그의 능력으로 귀인시켰기 때문에 매우 기분이 좋을 것이다. 같은 상황에서 성취욕구가 낮은 사람은 전형적으로 성공을 운과 같은 외적 요인으로 귀인시킨다(Roberts 등, 1981).

4) 귀인과 기대

승리 경험이 있는 어떤 운동선수가 예기치 않은 패배를 했다고 가정하자. 이 선수는 무엇에 패배의 원인을 귀인시킬까? 사람들은 예기치 않은 결과를 운, 과제수행, 노력 같은 불안정한 요인의 형태로 귀인시킬 것이라고 기대할지 모른다. 즉, 이전의 경험에 비추어 기대했던 것보다 다른 결과가 초래될 때마다 불안정한 귀인에 원인이 있다고 기대할 것이다. 결과(성공 또는 실패)에 대한 반응에서 안정적 귀인이 선택되도록 기대해야 한다. 예를 들어 만약 성공의 경험이 있는 운동선수가 실패의 경험을 가진 다른 선수에게 패배한다면 그 결과를 능력 또는 과제의 난이도와 같은 안정적 귀인의 형태로 귀인시키기를 기대해야 한다.

Frieze와 Weiner(1971)는 이 논리적 기대를 지지하는 연구증거를 제시했다. 그들은 동일한 과제를 부여하고 피험자들의 수행기능으로서 가상적 결과, 즉 성공과 실패를 능력, 노력, 과제 난이도, 운에 귀인시킬려고 했다. 그 결과는 [그림 4-7]에 설명되어 있다.

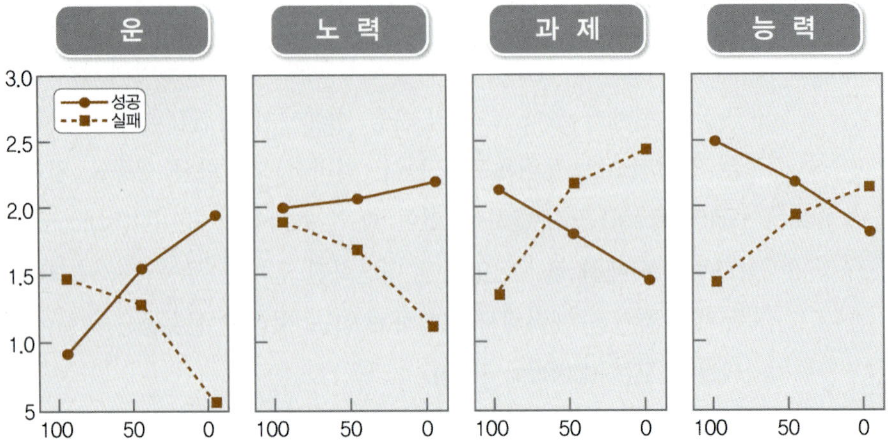

[그림 4-7] 과거 수행의 기능으로서 귀인

현재의 수행이 과거의 수행과 일치할 때 안정적 귀인 점수가 높으며 현재 수행이 과거 수행과 일치하지 않을 때 불안정적 귀인 점수가 높다. 운이라는 귀인을 살펴보자. 성공했을 때 개인의 과거 성공률이 비록 0%일지라도 운에 대한 원인 귀인이 가장 높았다. 또한 과거의 경험이 일관되게 실패했을 때 운에 대한 원인 귀인은 가장 낮았다. 이와 같이 과거 경험은 성공과 실패에 대한 귀인원에 유의한 영향을 준다. 만약 결과가 과거의 경험과 일치한다면 귀인은 안정적인 경향이 있으며, 만약 결과가 과거의 경험과 일치하지 않는다면 귀인은 불안정한 경향이 있다.

이러한 일반적인 개념은 현재 수행에 주어지는 귀인 종류에 따라 운동선수의 미래 수행을 예측할 수 있게 한다. 만약 어떤 선수가 실패를 나쁜 운에 귀인시킨다면 다음 시합에서는 달라질 수 있을 것이라고 말할 것이다. 그러나 만약 실패를 능력 부족으로 귀인시켰다면 그 선수는 다음에도 같은 결과를 얻을 것이다. 이러한 사실은 실패를 불안정한 원인에 귀인시키는 경향을 나타낸다. 실패를 노력의 부족에 귀인시켜 어린 운동선수를 격려하는 것이 현명할 것이다. 더 많은 노력을 통해 실패를 거울삼아 성공으로 결과를 변화시킬 수 있기 때문이다.

요 약

동기유발은 행동의 연구로서 몇몇 학자에 의해 정의되어져 왔다. 동기는 가장 확실하게 행동을 지도하고 목표설정을 결정한다. 여기서 동기유발은 행동의 원동력으로 정의되었고, 동기를 주는 상태나 필요, 동기를 부여받는 행동과 만족하는 상태를 포함하는 순환적 관계로 묘사되었다.

모든 경우에서 개인의 과거 경험은 중요하다. 동기유발은 인간으로 하여금 지배적인 반응을 수행하도록 한다. 그래서 학생들이 지배적인 반응이 아닌 새로운 사물을 배우게 될 때 학습을 방해할 것이다. 반면에 일단 지배적 반응으로서 올바른 반응이 확립되면 성과는 향상된다. 과업을 수행하는 데는 가장 알맞은 동기 유발 수준이 필요하다. 너무 적거나 지나친 동기는 과업의 수행에 방해가 된다.

동기는 1차 동기와 2차 동기로서 세분화되어 있다. 1차 동기는 학습에 의존하지 않는 동기이며 심리적이거나 일반적인 특성으로 기술된다. 생리적인 동기는 갈증, 수면, 학습, 체온조절, 피로, 산소의 필요 등이다. 일반적 욕구는 신진대사, 호기심과 공포를 포함한다. 욕구들은 일반적으로 성취, 시인, 수락, 자제, 안정 및 걱정 등이 포함된다. 학습이 더욱 복잡하고 추상적일 때 동기에 부응하는 변화가 생길 것이다.

포부의 수준은 목표설정을 위해 사용되는 방법이다. 포부의 수준에서 한 사람의 성과의 기준과 장래의 성과 사이에는 차이점이 나타난다. 지나치게 큰 차이점은 장래의 실패로부터 자신을 방어하기 위해 이용된다. 포부의 수준은 개인적인 과업 형태에 일치하며, 즉 과업의 현실성에 의해 영향을 받는다. 즉, 과거의 경험, 욕구의 수준은 동기를 부여받은 행동의 추측을 어렵게 한다. 확실히 집단적 지시는 불가능하다. 그리고 똑같은 방법 속에서 모든 사람에게 작용하는 동기평가는 불가능하다. 만약 어떤 교사가 행동을 교정하려고 한다면 그 첫 번째 단계는 동기를 주는 상태와 만족하는 상태를 확인하는 것이다. 단지 이러한 요인들이 밝혀진 후에만 동기유발시킨 행동을 변화시킬 수 있다.

사람들은 인지적 지각에 바탕을 두고 사건을 설명하고 이해하고 예언하려 하는 것 같다. 귀인이론은 모든 개인의 행동을 그들의 지각된 원인으로 설명한다. 따라서 귀인은 개인의 행동, 감정, 자신감, 성취동기 등에 크게 영향을 미친다. 귀인모형으로는 Heider와 Weiner 등의 모형이 대표적인 것이다. 통제위는 행동의 결과에 어느 정도 책임이 있다고 믿는 것으로 외적 및 내적 통제위로 분류하여 설명된다.

토론 과제

1. 동기유발의 개념을 설명하라.
2. 동기유발과 운동행동 간의 관계를 설명하라.
3. 귀인을 설명하라.
4. 통제위를 설명하라.
5. 귀인과 정서의 관계를 설명하라.

참고문헌

한국스포츠심리학회 편(2005), 스포츠심리학 핸드북, 서울, 도서출판 무지개사.

Bandura. (1977). Self-Efficacy: Toward a Unifying Theory of Behavioral Change. Psychological Review(84). pp.191-215.

Cofer, C.N., and Appley, M.H.(1964). Motivation: Theory and Research. New York: John Wiley.

Keller, F.S. and Wallace, S. (1978). Conscious Mechanisms in Movement. In G.E. Stelmach, ed. Information Processing in Motor Control and Learning. New York :Academic Press.

Korman, H.H.(1974). The Psychology of Motivation. Englewood Cliiffs: Prentice-hall.

Olsen, E.A.(1956). Relationship between Psychological Capacities and Success in College Athletice. Research Quarterly(27). pp.79-89.

Osterweis, M., Sobmon, F., Gnen, M. (1984). Bereavement: Reactions, Consequences, and Care. Washington, DC, National Academy Press.

Pew, R.W. (1974). Human Perceptual-Motor Performance. In B. H. Kantowitz, ed. Human Information Processing: Tutorials in Performance and Cognition Hillsdale, N.J. :Erlbaum.

Raglin,J.S., Koceja, D.M., Stager, J.M., & Harms, C.A.(1996). Mood, neuromuscular function , and performance during training in female swimmers. Medicine and Science in Sports and Exercise(28), pp.372- 377.

Rarick, G. L.(1980). Cognitive-Moter Relationship in the Growing Years. Research Quarterly for Exercise and Sport (51). pp.174-192.

Richard A. Schmidt(1982). Sport Psychology. Kansas. Wm. C. Brown Publishers.

Scanlan, T. K.(1978). Social Evaluation; A Key Developmental Element in the Competition Process. In R. A. Magill;J. J. Ash;and F. L. Smoll, des. Children in Sport: A Contemporary Anthology. Champaign,Ⅲ, :Human Kinetics Publishers.

Weiner, B.(1974). Achievement motivation and attribution theory. Morristown,NY, General Learning Press.

Weiner, B.(1974). Achievement motivation and attribution theory. Morristown,NY, General Learning Press., B., and Walker, E. L.(1966). Motivational Factors in Short-Term Retention. Journal of Experimental Psychology(71). pp.190-193.

Weiner, B.(1985). An attributional theory of achievement motivation and emotion. Psychological Review(92).pp. 548- 573

단원 5

스포츠에서의 집단과 리더십

주요 용어

과제 역할, 과제응집력, 권력, 규범 모형, 다면 연합 모형, 리더십, 사회 감성적 역할, 상황부합 모형, 응집력, 집단, 지도자 역할, 참여 이론, 특성 이론, 팀

이를 다시 Carron(1984)은 개인적 차원과 집단적 차원으로 구분하고 하위 분류로 각각 사회적 차원과 과제 차원으로 개념화하였다. 따라서 집단의 응집력이란 성원들이 적절하고 의미 있는 정보를 통합하여 집단에 대한 다양한 지각과 믿음을 갖도록 하며 이러한 지각과 믿음은 집단과 성원이 집단의 목적을 달성하기 위해 결속되어 있는 방법과 양상을 의미한다고 할 수 있다.

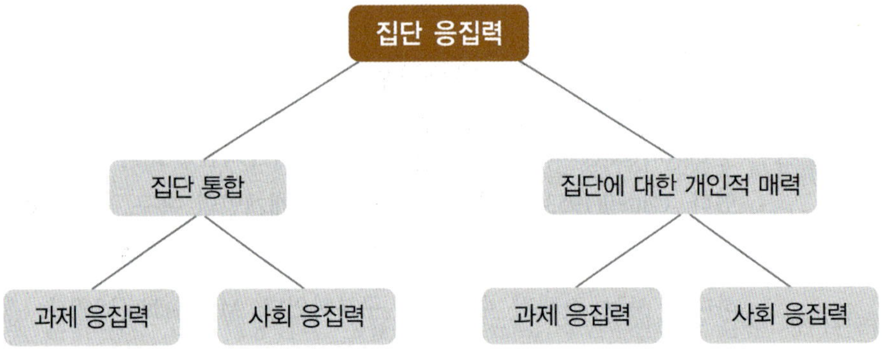

[그림 5-3] Carron(1984)의 집단응집력모형

집단통합(group integration)은 성원들이 집단의 기능을 어떻게 인식하고 있는가?를 제시하는 것으로 집단 전체가 얼마나 친밀한가? 팀은 단결되어 있는가? 집단은 통합되어 있는가? 등 성원들의 친밀성, 다른 성원과의 유사성, 전체로서 집단에 대한 유대감이 포함된다. 집단에 대한 개인적 매력은 개인의 집단에 대한 참여(동일시 정도) 정도를 의미하는 것으로 나는 집단에 얼마나 적합한가? 집단은 나에게 개인적으로 얼마나 적합한가를 평가할 수 있는 요인이다. 이는 집단이 지향하는 목표에 따라 과제 응집력과 사회적 응집력으로 다시 나눠지며 과제응집력은 성원들이 집단의 수행, 생산성, 성취에 대하여 가지는 관심으로, 사회적 응집력은 상호 우정, 공감대, 친밀성, 친화에 대한 관심 등을 의미한다.

Carron(1988)은 인성과 응집력의 관계를 중시하며 인성은 개인의 행동을 이해하는 것이며 응집력은 집단행동을 이해하는 데 필요함을 강조하였다. 인성과 응집력의 관계는 전체적이며 긍정적 특성(그 팀은 응집력이 좋아 등)을 나타낸다거나, 다양한 척도 개발, 다차원적 개념, 상황에 따라 중요성이 달라지는 것 등이 공통적임을 제시하였다.

3 스포츠 팀 응집력 결정요인

팀 응집력은 집단 속에 필연적으로 존재하며 집단 성원의 행동을 규정하고 조정하기 위한 비공식적 규칙이며(Feldman, 1989), 집단 성원의 행동을 강하게, 또는 일괄적으로 통제할 수 있게 하는(Hackman, 1976) 집단 규범과 깊은 관계가 있다. 왜냐하면 집단규범은 응집력에 영향을 미치는 요인, 즉 팀 이탈, 성원의 심리적 특성, 결석, 지도 유형 등에 영향을 미치는 것으로 보고되고 있기 때문이다. 또한 집단의 크기와 응집력의 관계 역시 중요한 의미를 제공한다. Widmeyer 등(1990)은 농구선수를 대상으로 6명이 3명이나 9명의 집단보다 응집력이 높았으며, 3대 3의 경기가 6대 6, 12대 12 경기보다 응집력이 높았음을 보고하여 집단의 크기에 따라 응집력의 차이가 존재함을 증명하였다. Carron 등(1990) 역시 수강반의 크기와 출석률 연구를 통해 소형반(5~17명), 중형반(18~26명), 중대형반(27~31명), 대형반(32~46명) 중 소형반과 대형반에서 응집력이 높게 나타났으나 강사 만족도는 반의 크기가 클수록 줄어들었음을 보고하였다. Widmeyer, Brawley과 Carron(1990)은 집단의 크기가 크면 즐거움과 응집력이 감소되기 때문에 3~6인 집단이 이상적이라 하였으며, 12인 집단은 몇 몇 개인 중심화 현상으로 사회적, 과제적 응집력이 크게 감소됨을 보고하였다.

유쾌와 만족 정도도 응집력에 영향을 미치는 것으로 나타났다. 유쾌와 만족 모두 응집력이 낮은 집단보다 높은 집단에서 더 높게 나타났으며 높은 자존심, 낮은 불안 역시 응집력이 높은 집단에서 나타났다. 또한 보상이 본인들에게 돌아온다는 확신이 집단의 응집력을 향상시켜 집단의 능력 상승원인이 되었음을 보고하였다. 집단 응집력에 영향을 미치는 요소를 Carron(1988)은 환경요인, 개인요인, 리더십 요인, 팀 요인으로 분리하며 설명하였다.

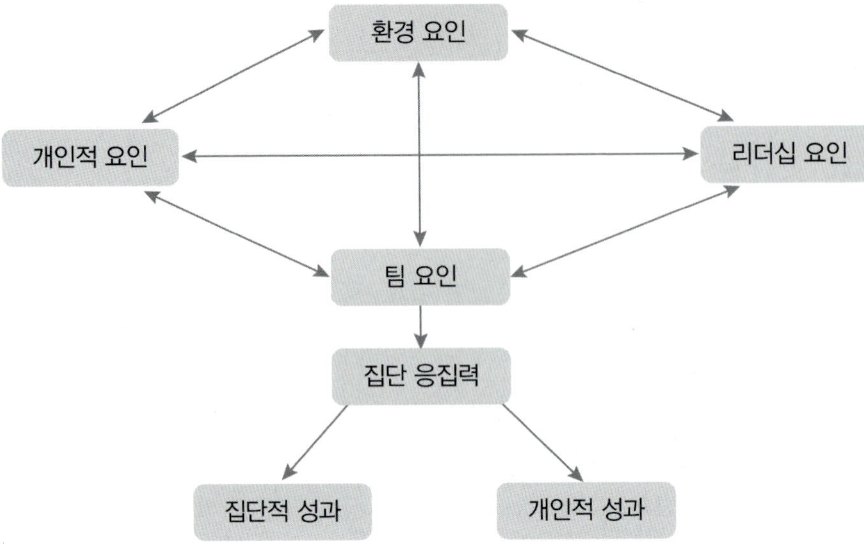

[그림 5-4] Carron(1982)의 스포츠 팀 응집력 요인

환경적 요인은 계약상의 의무, 즉 선수로서의 자격요건, 트레이드 조건, 지리적 제한, 계약상의 책임 등을 포함하며, 규범적 압력은 도중 탈락하는 선수를 낮게 평가하는 사회적 관념에 의한 스트레스 그리고 조직의 지향성은 조직이 추구하는 목적 등이 포함된다. 또한 지리적 제한은 포지션, 라커룸이 가까운 사람끼리 친해지는 물리적 인접성이 포함되며, 집단의 크기 역시 영향을 미치는데 성원의 수가 큰 집단은 과제수행에 필요한 전문성과 기술, 동기가 높은 사람들이 많이 포함될 수 있으나 성원 간 의사소통, 팀 활동 조절, 동등한 기회부여 등에는 어려움이 존재한다.

개인적 요인은 집단 성원의 특성이 포함된다. 비슷한 인성 일수록 응집력이 높은데 집단활동을 통하여 인성이 유사하게 되고 종교, 인종, 사회측정학적 지위 등의 환경이 비슷할수록 응집력이 높다. 집단의 개인차는 구성원의 태도, 믿음, 동기, 성별, 만족도 등에서 나타난다. 리더십 요인은 리더의 행동집단 목표와 성원의 역할을 명확하게 하며 목표를 성취하기 위한 전략을 개발하는 데 노력(Anderson, 1975)하는 것이며, 의사소통을 통해 선수의 과제 수행을 지원, 의사결정 시 참여를 유도하는 정도 등이 포함된다. 응집력이 높은 리더십 유형은 민주적 유형이다(Carron과 Challedurai, 1981).

팀 요인은 스포츠 팀의 생산성으로 승패, 즉 결과가 응집력 강화(Madden과 Anderson, 1986)요인이 될 수 있다는 것이다. Carron(1982)은 응집력이 팀의 수행력에 긍정적이냐 부정적이냐는 팀의 수행 수준과 관계가 있음을 보고하였으며, 팀이 어려울 때 응집력이 강화되고 실패했을 때에도 응집력이 강화됨을 보고하였다(Carron, 1993). Turner, Hogg와 Smith 등(1984) 역시 외적인 압력이 강하면 응집력이 강화된다고 하였다. 이정래와 임수원(2000)은 집단응집력의 와해 요소인 스포츠일탈에 관한 연구에서 지도자의 강요, 좌절-공격에 따른 요인, 다른 구성원의 일탈 학습 등 구성원의 상호작용의 문제가 원인이 된다고 보고하였다.

최근 강효민과 최강진(2000)은 스포츠 참가에 대한 응집력에 영향을 미치는 집단 매력의 차이를 의사결정과정, 개인적 효율성, 집단성원 간 등으로 분류한 뒤 관계 조사한 후 경쟁지향 수준, 목표지향 수준, 승리지향 수준이 높은 집단이 낮은 집단보다 집단매력이 높았다고 보고하였다.

이한검(1998)은 집단응집력을 증가시킬 때와 감소시킬 때를 구분하여 그 요인을 <표 5-3>과 같이 제시하였다.

〈표 5-3〉 집단 응집력 결정요인

증대시키는 요인	감소시키는 요인
집단 간의 직접적인 경쟁상태	집단 내의 경쟁상태
구성원의 개인적 매력	몇몇 사람에 의한 지배
집단에 대한 외부의 호평	이질적인 집단
빈번한 상호작용	최근 형성 집단
목적에 대한 구성원의 일치감	대규모 집단
구성원들의 높은 동질성	목적에 대한 의견 불일치
성숙도가 높은 집단	공간적으로 떨어져 있음
상대적으로 작은 집단	불쾌한 실패의 경험
성공의 경험	성공의 경험

수행과제의 특성에 따라서도 요구되는 응집력의 정도가 다르다. 개개인이 독립적(육상, 수영 등)으로 수행하는 경우에는 경쟁이 효과적이며, 상호의존적인 경우(축구, 농구 등)는 응집력이 중요한 요소가 된다.

4 스포츠 팀의 응집력 평가

초기의 연구자들은 응집력을 평가하기 위해서 연구자가 갖는 관점에 따라서 그 측정 방법을 달리하였다. 대부분 대인간의 매력(성원 간 우정), 집단이 개인에게 주는 매력(성원의 소속감, 성원이 되는 것에 대한 부여 가치 등), 집단 성원간의 유사성(성원의 믿음과 태도, 관심의 유사성), 집단 참여(개인이 집단에 남아있고 싶어 하는 욕구, 다른 집단에서 끌어들이려는 힘에 대한 저항감 등)에 대한 것들이었으나 결국 응집력은 다차원적 개념으로 평가방법도 다차원적으로 이루어져야 함을 지적하였다(Widmeyer, Carron, Brawley, 1993).

스포츠응집력 질문지(sport cohesiveness questionnaire: SCQ)를 이용한 Landers와 Loy(1972) 등은 집단에서 성원간의 매력, 개인에 대한 집단의 매력 등 총 7문항으로 응집력 정도를 평가하였으나 성원이나 팀에 대한 매력만을 측정한 단일 차원적 분석이었음이 문제로 지적되었다(Carron, 1988). Yukelson과 Weinberger 그리고 Jackson(1984) 등은 다차원적 스포츠 팀 응집력 측정지(Multidimensional sport cohesion instrument: MSCI)를 개발하여 남녀 농구팀을 대상으로 조사한 뒤 4개의 범주, 즉 ① 팀워크의 질: 성원들이 집단의 성취를 위하여 협력하는 정도, ② 집단의 매력: 집단에 대한 성원의 매력 정도와 만족감, ③ 목표의 공유성: 집단의 규범, 법규, 목표에 대한 헌신 정도, ④ 역할 가치: 성원이라는 소속감의 정도 등을 분석하였으나 이 역시 농구팀만을 대상으로 개발되었다는 문제를 안고 있다.

Carron과 Widmeyer, 그리고 Brawley(1985) 등은 기존의 문제를 보완하기 위해 팀 응집력에 대한 두 가지 특성인 집단생활과 집단에의 참여방식으로 분류하여 개인적 측면과 집단적 측면으로 설명하였다. 집단생활은 개인이 집단에서 추구하는 목적으로 집단의 성원으로서 개인적 욕구를 만족시키는 것이며 집단에의 참여 방식은 집단의 목적을 달성하기 위해 개인의 참여 정도를 의미한다. 이를 근거로 Carron 등은 4가지 차원의 18개 항목으로 구성된 집단환경질문지(Group environment questionnaire: GEQ)를 개발하였다(Brawley 등, 1987; Carron 등, 1985, 1988).

5 스포츠 팀 응집력과 수행력

1) 응집력과 집단의 수행력

집단의 목표가 모든 성원에게 공통적으로 인식된다면 성원간 사회적 관계가 발전되어 과제 성취와 생산성, 즉 수행력의 향상이 나타난다(Fiedler, 1967). 그러나 팀 응집력은 긍정적인 결과와 함께 부정적 결과를 초래할 수 있다. 수행 결과는 몇 가지 원인, 즉 영향요인에 의해 좌우되기 때문이다.

응집력과 업적의 관계에 대해 Seashore(이한검 재인용, 1998)는 228개의 집단을 대상으로 연구한 뒤 응집력이 높으면 생산성 증가(생산성 수준 수용), 응집력이 높으나 생산수준을 부정하면 낮은 생산성이 나타난다고 하였으나 응집력이 낮을 때 생산수준이 중간수준 정도로 나타나 반드시 응집력이 높다고 결과가 긍정적인 것만은 아님을 보고하여 생산성을 위한 매개변수로 응집력을 해석하였다.

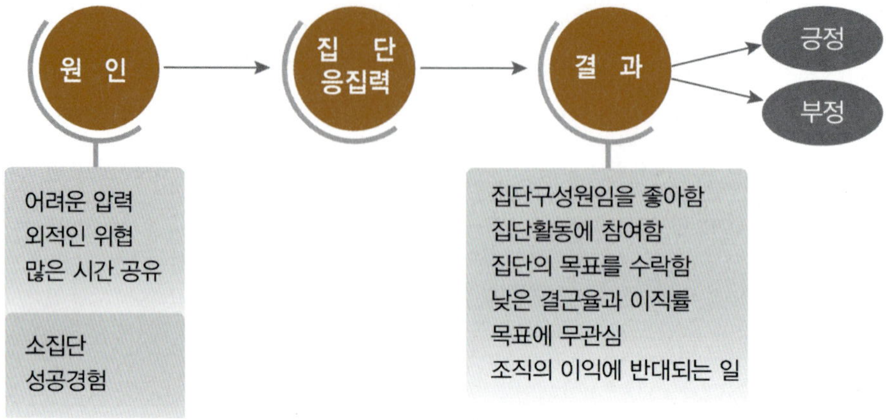

[그림 5-5] 집단응집력의 원인과 결과(Greenberg 등, 1993)

응집력과 생산성에 관련해서 매개 변수로 집단의 규범을 제시한 Chung(1987)은 집단 규범과 업적과의 관계를 [그림 5-6]과 같이 제시하였다.

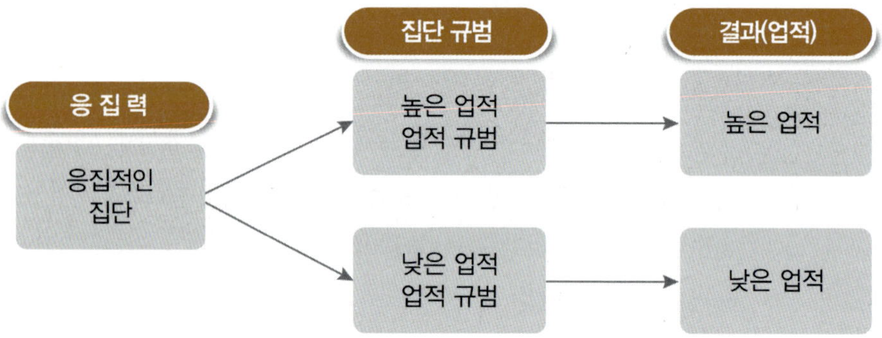

[그림 5-6] 응집력, 규범 및 업적의 관계(Chung, 1987)

김명수(1994)는 집단 규범이 응집력에 의미 있는 영향을 미치고 이러한 관계가 스포츠 팀의 수행력에도 영향을 미친다는 연구결과를 제시하였다. Cox(1994)는 집단의 생산성 향상에 응집력이 긍정적으로 작용하지만 스포츠에서는 상호의존적인 종목에 국한된 것이며 개인종목에서는 의미 있는 영향을 발견하지 못했다고 보고하였다. Williams와 Widmeyer(1991) 등은 팀의 응집력이 골프와 같은 공행 종목에서는 시합직전 선수간의 상호작용을 높이고 동기의 훼손을 막아 수행에 긍정적인 영향을 미치며 팀의 정체감을 발전시키기 때문에 집단의 구조를 명확하게 하며, 실현 가능한 구체적 목표를 세우고, 원활한 의사소통이 이루어지도록 한다거나 팀 동기를 높여 응집력을 향상시킬 필요가 있음을 제시하였다. 최근 이문규(2007) 등은 선수가 자신의 행동을 변화시키기 위해 행동 수정을 요하는 과정인 자기관리의 하부요인인 대인관계, 훈련관리, 고유행동관리, 생활관리, 몸관리, 정신력 관리요인 등이 응집력의 하위요인인 과제 응집력과 사회응집력에 긍정적 영향을 미친다고 하였으며, Halviri와 Kjormo(2002) 역시 운동선수들은 자기관리를 통하여 목표를 인식하고 몸관리를 통해 컨디션을 조절하며 훈련 관리를 통해 선수의 정체성과 역할을 인식함으로써 집단 응집력에 긍정적 영향을 미친다고 하였다(박인천과 김영숙, 2010).

Carron 등(1988)은 지속적 건강운동 클래스의 참여자를 대상으로 응집력과 결석의 관계를 분석한 후 과제 응집력이나 사회적 응집력 모두에서 점수가 높은 것으로 나타나 일탈행동을 예방할 수 있는 팀의 안정성이 존재하며, 분열 조성과 같은 부정적 사건에 대해 저항하는 힘 역시 응집력이 강할수록 증가하였음을 보고하였다. 또한 응집력이 강하면 성원 간 의사소통이 잘 이뤄져 일을 빠르게 효율적으로 처리하며, 집단의 특권을 유지하기 위해서도 응집력이 요구됨을 제시하였다. Anold와 Petley(1972)는 농구, 레슬링 우승팀이 패배 팀보다 응집력이 높다고 하였으며, Peterson과 Martens(1972)는 승리의 필수조건임을 주장하였으며 Landers와 Crum(1971) 등은 농구팀을 대상으로 하여 응집력이 경기력에 긍정적 영향을 미치고 있음을 보고하며 팀스포츠에서 응집력의 중요성을 강조하였다. 또한 Seagrave(1972)도 높은 수준의 응집력이 스포츠클럽의 축구, 럭비의 경기력을 향상시켰다고 보고하였다. 박인천 등(2010)은 집단의 응집력이 매개가 되었을 때 자기관리를 통한 집단 효능감이 더욱 증가됨을 보고하였다.

2) 응집력과 개인적 수행력

Grand와 Carron(1982) 등은 팀 응집력이 높으면 개인에 대한 압력에 의해 역할 수행력이 증가된다고 하였으며, McNight 등(1991)은 팀 응집력이 약하면 성원들의 동기가 저하되어 수행력이 큰 폭으로 감소함을 보고하였다. Carron(1988)은 팀 응집력이 높으면 심리적 안정, 즉 자기존중감, 신뢰감 등을 향상시켜 불안이 감소되며, Williams와 Hacker(1982) 등은 팀 응집력이 높으면 개인적 만족이 상승하여 더욱 만족하게 되고 성공적인 집단이라면 개인적으로 더욱 책임감을 갖게 된다고 보고하였다. 또한 Brawley(1987)는 응집력이 낮으면 실패의 책임을 다른 구성원에게 돌리는 경향이 있음을 제시하였다. Widmeyer 등(1993)은 응집력이 개인적 성과에 83% 정도의 영향을 미치는 긍정적 관계가 존재하며, 16~40%까지의 설명력을 갖는다고 하여 박빙의 차이로 승부가 결정되는 스포츠의 특성에서 응집력이 매우 중요한 요인임을 주장하였다. Carron 등(1977) 외 많은 연구자들 역시 수행과 응집력의 높은 상관을 보고하며 응집력만으로도 집단의 성공을 예측할 수 있음을 보고하였다.

응집력이 높은 팀의 선수들은 낮은 수준의 응집력을 가진 팀의 선수들 보다 소속감이 높다. 높은 팀의 선수들은 팀의 복지에 공헌하고 팀의 목표를 수행하기 위해 보다 강한 동기를 가지고 있으며 또한 그러한 목표를 달성하기 위해 보다 적극적으로 참여한다. 승리는 팀을 보다 결속시키는 반면 패배는 팀의 응집력을 파괴하며(Arnold, 1972; Petley, 1973), 팀의 응집력은 만족, 성공과 순환적 관계가 존재한다(Martens 등, 1971; Landers 등, 1982). 즉, 응집력이 높으면 만족감이 높아지고 만족감이 높으면 성공률이 높아지며 다시 성공이 높아지면 응집력이 향상된다는 것이다. 따라서 응집력이 보다 강한 팀은 보다 성공적이며 보다 큰 만족감을 얻게 된다는 것이다. Long(1972) 역시 응집력이 높을 때 경기력이 향상됨을 보고하며 야구선수의 경기력 예상은 기술보다 응집력에 있다고 하였다. 그러나 높은 응집력은 높은 만족감을 야기할 수 있지만 승리를 결정하는 직접적인 원인이 아니라는 보고도 있다. Lenk(1968)는 오히려 팀의 응집력이 낮고 갈등이 높을 때 경기력이 상승된다고 하였다.

3) 스포츠 종목과 응집력

Cox(1990)는 스포츠 팀과 응집력과의 관계에 대해서 종목 특성에 따라 그림과 같이 설명하였다.

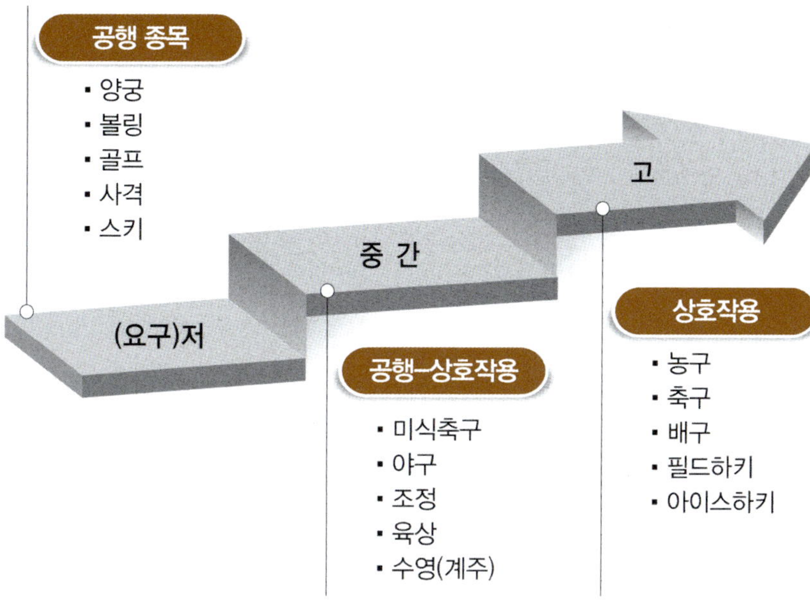

[그림 5-7] **스포츠 특성별 응집력 요구 정도**(Cox, 1990)

6 응집력 향상 방안

스포츠에서 팀의 응집력은 대부분 수행에 개인적으로든 집단이든 긍정적인 영향을 미친다는 사실을 여러 연구를 통해 알 수 있다. 따라서 스포츠 현장에서의 응집력 훈련이 필요할 것이며 이러한 응집력을 키우기 위한 방법으로 Weinberg와 Gould(1995), Carron(1993) 등은 지도자와 구성원의 각각의 역할을 강조하였다.

지도자의 역할로는 ① 팀 내의 갈등을 해소하도록 정기적인 회의를 통해 대화를 갖는다. ② 개인의 노력이 팀 성공에 어떤 역할을 하는지 설명해준다. ③ 약간 어려우면서 실현 가능한 팀 목표와 개별 목표를 설정하도록 선수들을 지도한다. ④ 팀의 하위 단위(수비수, 공격수 등)별로 긍지와 자부심을 길러준다. ⑤ 학연, 지연 등으로 파벌을 만들지 않는다. ⑥ 다른 팀과 특별한 느낌을 갖도록 정체성을 찾아준다. ⑦ 선수들 사이의 친밀한 분위기를 해치지 않도록 갑작스러운 선수 이동을 피한다. ⑧ 팀 분위기를 주도하는 공식적, 비공식적인 리더를 파악하고 긴밀한 관계를 유지한다. ⑨ 팀 구성원의 개인적인 상황(생일, 좋아하는 것)을 알고 배려해 준다. ⑩ 실수에 대해 질책하기 전에 개인이나 팀의 긍정적인 면을 먼저 부각시킨다 등이다. 또한 Tutko와 Richards(1971)는 코치 문제 중 응집력을 증가시키는 것이 가장 어려운 과제이며 코치와 선수간의 상호존중, 효과적인 의사소통, 중요한 느낌, 공동의 목표, 공정한 처우 등이 요구된다고 하였다.

구성원의 역할로는 ① 연습과 시합 때 최선의 노력을 보여 헌신과 전념의 모범이 되도록 한다. ② 팀 동료, 특히 새로운 동료를 이해하기 위해 힘쓴다. ③ 실수에 대해 남을 탓하지 말고 긍정적인 변화의 계기로 삼는다. ④ 동료 간에 칭찬과 격려를 많이 해준다. ⑤ 갈등이나 불만이 있으면 자신의 주도로 짧은 시간 내에 해결하도록 한다. ⑥ 대소사를 구별 말고 동료들의 일을 함께 도와서 처리해 준다 등이다.

7 스포츠와 리더십

스포츠뿐만 아니라 리더가 없는 집단이란 상상할 수 없다. 리더가 없는 무리를 烏合之卒이라 하며 지휘자 없는 오케스트라라 하는 것은 리더가 그 만큼 집단의 효율성에 중요한 영향을 미칠 수 있기 때문이다. 리더란 무엇이며, 누가 집단에서 리더로 활동하는가? 그 이유는 무엇인가? 집단, 상황, 환경, 직무가 리더 선출에 영향을 미치는가? 리더의 효율성은 형식적인 것에 있는가, 본질적인 것에 있는가? 이러한 질문에 대한 이해가 이뤄져야 할 것이다. Lewis(1974)는 인류 역사상 리더십이 없었던 시대는 존재하지 않았다고 하면서 모든 우리들의 삶의 영역, 즉 가족, 학교, 종교, 직장, 사회 집단과 정부까지 비공식적이든 공식적이든 리더십에 의존한다고 하였다. 리더십이란 간단히 말해 리더가 보여주는 능력이다. 과거 수십 년간의 과학은 기계를 위한 것이었고 21세기의 과학은 인간성 회복을 위한 것이어야 한다면 권위주의의 몰락, 전통사회의 붕괴, 가치관의 변화 등에 대처할 수 있는 새로운 리더십의 이해가 그 어느 때보다 필요하리라 본다.

1) 리더십이란?

리더십은 조직의 성패를 좌우하는 유일하고 결정적인 요인임에는 틀림없지만 리더십이 무엇이다라고 단적으로 말하기는 어렵다. 왜냐하면 개인적 특성, 가치, 행위, 집단 욕구, 집단의 현재 여건 등에 따라서 다를 수 있기 때문이다(Bass, 1981; Gibb, 1969). Fleishman(1973)은 어떤 목표의 달성을 위하여 의사소통과정을 통한 개인 간의 영향력을 행사하는 시도로 리더십을 정의하였으며, Lassey와 Sashkin(1983)은 목표달성을 위하여 영향력을 발휘하고 상호작용하며, 선도하는 역할을 포함하여 집단 내부의 구조적 변화를 야기하는 역할, Hersey와 Blanchard(1988)는 리더십을 주어진 상황에서 목표를 달성하기 위해 개인 또는 집단의 활동에 미치는 영향력으로 리더십을 정의하였다. Stogdill (1974)은 리더의 스타일, 상황, 상호작용 형태 등을 근거로 리더십을 구분하여 집단화의 기능, 성격, 추종을 위한 유인, 영향력의 발휘, 설득 유형, 일련의 행동, 지도력의 관계, 목표 성취 수단, 상호작용 효과, 차별화된 역할, 구조화 주도성 등으로 정의하였다. 스포츠 집단에서도 리더의 행동 유형은 선수에게 개인이나 팀이 설정한 목표에 대해 심리적, 행동적, 기능적 차원으로 영향을 미치기 때문에 리더와 선수 간의 관계의 특수성, 선수들의 동기 향상방법, 선수의 심리적 특성, 결과 지식의 형태와 빈도, 의사결정 유형 등을 고려해야 할 것이다(이준우와 박주영, 2008).

2) 리더십이론

많은 리더십이론이 있지만 본장에서는 특성이론(trait theory), 상황부합모형(contingency model), 참여이론(participation theory), 지배력(power), 다면연합모형(multidimensional model), 변혁적(transformational) 리더십, 서번트(servant) 리더십, 셀프(self) 리더십을 중심으로 설명하고자 한다.

(1) 특성이론

리더에게 필요한 성격 특성을 지닌 사람은 위인처럼 따로 있고 원래 가지고 태어나며, 이러한 성격 특성 때문에 리더의 역할을 어떤 상황에서도 훌륭히 수행할 수 있다고 믿는 이론이다. 즉, 리더십이 리더의 안정적인 성격 특성에 의해 결정된다는 이론이다. 특성이론에 대한 과거 40여 년 동안 연구결과들은 상이한 결론들을 보고하여 합의된 결과를 제시하지 못하였다. 초창기의 연구들은 마치 차별화된 리더가 있는 것처럼 과대 해석하였으나 작은 정도로 특성의 영향을 받는 것으로 보고되었다(Bird, 1940). Stogdill(1974)은 1948년부터 보고된 리더십 관련 연구들을 심도 있게 분석한 결과 리더에게 있어서 몇 가지 특성이 존재함을 보고하였는데 성취지향성, 수용성, 대체성, 지배성, 에너지, 책임성, 자신감, 사회성 등이 리더가 아닌 자보다 우세하였다. 비록 리더십과 특성 간 명확한 관계가 규명되지는 않았지만 다른 어떠한 가설도 역시 제시되지 못했기 때문에 Stogdill(1974)의 특성과 상황적 요인의 상호작용이 리더십에 영향을 줄 수 있다는 연구결과가 주목을 받았다.

특성적 연구가 이뤄지면서 Stogdill(1948, 1974) 등은 부분적이지만 개인적 특성과의 리더십의 관련성을 제시하였지만 이러한 결과들에 의해 리더들은 그들의 구성원보다 키가 더 크고, 나이가 많으며, 더 현명하고, 높은 직무능력을 가진 것으로 구분되는 정도였다. 그러나 리더의 열정이나 에너지, 자신감 또는 책임감 등이 부족하면 리더의 효율성은 축소될 것이며, 이러한 영향들은 리더의 기술과 능력에 긍정적, 부정적 모두에 영향을 미칠 수 있지만 반대로 영향이 미약할 수도 있다고 하였다.

특성적 이론에 따른 스포츠 리더십 연구에서 Hendry(1974) 등은 훌륭한 코치들은 강인한 성격, 권위적, 융통성이 없고, 상황을 장악하며, 외부의 압력을 버틸 의지가 있으며, 독단적인 사고를 하며, 감정억제적이고, 현실적인 태도를 보인다고 주장하였으며, Sage(1975)는 스포츠 지도자들이 매우 권위적이고, 교육적이며, 조작적이라는 사실을 보고하기도 하였다. 국내 연구로 박정근(2001)은 우수 코치로서 우선순위 5가지 특성을 성실성과 노력, 선수에 대한 사랑, 선수 육성 능력, 공부하는 자세, 선수 관리 순으로 코치들이 응답했음을 보고하기도 하였다. 그러나 대부분의 연구는 스포츠 리더의 몇 가지 특성을 발견하는 데 그쳤으며, 일관성 있는 연구결과는 제시하지 못했다(정청희와 김병준. 2000).

(2) 상황부합모형

특성이론과 다른 초창기의 이론들은 리더의 성격 특성이 일관되며 리더의 특성 중 일부는 모든 상황에서 바람직한 리더십을 발현할 수 있다는 가정에 의해서 지지되었다. 그러나 리더십 유형에 관한 연구에서 Fiedler(1978, 1981)는 리더의 유형은 상황에 따라 변화되며 같은 리더십의 유형은 같은 상황에서도 그 효과가 다르다고 주장하였다. 이러한 연구결과는 상황부합모형이 제시되는 기초를 제공하였는데 리더의 효율성은 상황에 따른 리더의 통제력과 리더의 특성에 의해 구분된다는 이론이다. 상황부합모형은 리더의 특성과 동기유형에 따라 관계지향성(relationship-oriented)과 과제지향성(task-oriented)으로 구분된다. 관계지향성 리더들은 협동을 위해서 서로 협조하고 긍정적으로 상호관계를 갖기 위해 노력한다. 이러한 관계의 유지는 과제를 완성하는 것보다 더욱 중요한 것으로 인식한다. 반면에 과제 지향적 리더들은 집단의 작업을 일차적으로 목표 달성을 위한 것으로 인식한다. 과제의 성취 정도가 구성원 간 관계를 유지하는 것보다 더욱 중요하게 생각하는 것이다.

Fiedler는 동기적 유형에 따른 리더의 특성을 분리하기 위해서 리더의 최소 선호 협조 척도(LPC: the least preferred coworker scale)를 개발하였다. Fiedler의 조사 도구는 집단에서 리더를 어떻게 생각하는가에 대한 구성원의 입장보다 리더 자신들이 직접 질문에 응함으로써 리더의 유형을 간접적으로 평가하는 유일한 방법이었다. LPC에서 높은 점수를 받은 리더들은 긍정적인 측면에서 집단 구성원의 관계를 더욱 중요하게 생각하는 것으로 구분된다. 이러한 리더는 곧 관계 지향적 리더이다. 또한 이러한 리더들은 과제를 수행하는데 어려움이 있다하더라도 긍정적인 태도를 보인다. 반대로 낮은 점수를 기록한 리더들은 과제 지향적 리더들이다. 그들은 협조를 통해 과제를 수행하는 것이 어렵고 과제 달성 자체에만 가치를 두기 때문에 부정적인 특성이 존재하는 태도를 보인다.

상황적 요인들은 리더가 상황에 직면했을 때 통제하거나 영향을 미치는 정도에 따라 리더의 효율성을 결정한다. 상황에 대한 리더의 통제 정도를 평가할 수 있는 요인은 ① 리더와 구성원 간의 관계 또는 집단의 응집력, 리더에 대한 집단 구성원의 인정 정도, ② 과제의 특성, 과제의 명확성과 목표의식, ③ 지배력, 구성원에 대한 보상과 처벌에 대한 기대감을 갖게 하는 리더의 능력으로 구분된다.

Fiedler는 동기유발 유형과 상황적 요인의 상호작용이 리더의 효율성을 결정한다고 제시하며 리더의 효율성을 평가하는 예상모형에 대한 몇 개의 중요한 개념들을 확인하게 하였다. 그는 LPC가 높은 리더(관계지향)들은 지배력, 과제의 구조, 적당하게 선호하는 리더와 구성원의 관계에서 더욱 효과적이며, LPC 점수가 낮은 리더(과제지향)들은 높은 선호성이나 아주 비선호적 조건에서 가장 효율적인 리더십을 갖고 있는 것으로 보고하였다. 이러한 결과들은 선호적인 상황에서는 이미 긍정적 관계가 형성되어 있으며, 조건들이 과제 달성을 위해 준비되어 있기 때문으로 이해할 수 있겠다. 반대로 상황이 극도로 비선호적일 때는 유동성, 비조직적 구성, 집단의 불확실성에 의해서 과제의 방향이 다시 정립되어 효율성이 나타나는 것으로 보인다. 그는 또한 관계 지향성이 과제를 수행하는 데 있어서 중요한 요인이지만 응집력, 동기화, 윤리성 등이 소실될 수 있음에 주의를 기울려야 된다고 하였다.

상황부합모형은 스포츠 지도자들이 관계성의 가치를 강화하면서도 과제 목표를 강조하기 때문에 스포츠 현장에서 특히 중요하다고 하였다. 과제 지향 리더들은 언어적 강화의 중요성과 집단의식에 대한 필요성을 인식하지 못한다면 구성원들이 이탈될 수 있는 위험이 있다. 반면에 관계 지향적 리더들은 매우 효과적으로 구성원들을 특성화시키며 강화시키지만 구성원들이 체력을 향상시키기 위해서 훈련에 참여한다는 중요한 사실을 잃어버릴 수 있다. 상황부합모형은 구성원들이 과제 또는 관계지향성인가를 알 수 있게 한다. 과제 지향적 리더들은 구성원들이 과제 지향적 특성을 갖고 있는 조건이라면 더욱 효과적일 것이다. 왜냐하면 구성원들 역시 사회적 관계나 외적 강화에 대한 욕구가 덜 필요하다고 생각하기 때문이다. 반면에 관계 지향적 스포츠지도자들은 그들이 과제를 성취해야 된다는 생각보다는 과제 성취를 기본적이고 재인식하는 정도로 생각하는 구성원들에게 더욱 효과적일 것이다. 효율성이 높은 스포츠 리더들은 구성원들에게 과제 지향적 특성과 집단의 상황적 조건 모두를 강조해야 한다. 구성원의 일부는 과제 성취 지향적일 것이며 또 다른 일부는 지원이나 강화적 욕구를 지향할 것이기 때문이다. 따라서 스포츠 리더들은 상황에 맞게 과제 지향적일 수도 관계 지향적일 수도 있어야 된다.

(3) 참여이론

스포츠지도자들은 적합한 지도를 위한 계획과 실행이 필요하다. 지도가 시작되면서 지도자들은 연습의 시간 계획, 운동처방, 진도, 연습의 연계성 등 전반적인 사항들을 결정해야 한다. 특히 지도자들은 사전의 계획에 대한 수행 정도(사전 경험)나 지금의 상황에 맞는가에 대한 판단, 집단의 수준 등을 충분히 고려하여 계획을 세워야 할 것이다. 또한 이러한 계획들이 어떻게 준비되어야 하며 무엇을 근거로 계획되는가 등에 대해서도 심사숙고해야 될 것이다. Lewin, Lippitt, 그리고 White(1939) 등은 집단이 의사를 결정을 할 때 구성원이 참여하는 정도를 조사하여 리더십의 유형을 권위주의적(authoritarian), 자유방임적(laissez-fair), 민주적(democratic) 리더십으로 구분할 수 있도록 하였다. 그들의 연구는 청소년 학생들이 방과 후 취미활동에 참여하는가? 취미활동을 위하여 어떠한 성인 리더가 배치되었는가를 물었다. 리더들은 세 가지 유형 중 한 유형으로 지도에 참여하였다. 권위적 리더는 권위를 중시하며 모든 결정을 혼자 하였으며, 운동을 위한 환경을 결정하고 지시에 따르도록 하였다. 민주적 리더는 모든 의사결정을 구성원과 함께 구성원이 참여하며 결정하였으며 피드백을

여 집단의 기능을 설명하며 집단의 목표, 업무와 관리, 사회적 감성 등은 적당한 리더의 역할을 결정하는 데 도움을 준다고 하였다.

(1) 과제 역할(task roles)

과제 역할은 운동 지도자들의 리더십 역할과 매우 유사하다. 다음은 과제 역할 분류에서 운동 전문지도자에게 적합한 기능의 예이다.

① 제안자는 개인에게 적합한 훈련을 제안한다.
② 정보탐색자는 훈련방식을 지시하기 전에 선수들에 대한 정보를 수집한다.
③ 의견탐색자는 훈련 프로그램 일정에 대한 학생들의 감정과 반응, 체력 향상 비율에 대해 조사한다.
④ 정보전달자는 체력관리 원칙과 용어에 익숙하지 않은 선수들을 교육한다.
⑤ 의견전달자는 훈련 속도와 일정에 관해 자문을 원하는 선수들을 도와준다.
⑥ 조정자는 선수들의 운동 처방 프로그램 성공에 중요한 생각과 복잡한 용어 등을 설명한다.
⑦ 방향제시자는 선수들에게 적당한 훈련을 각자 지도해주며 이를 연습할 수 있도록 도와준다.
⑧ 평가자는 집단과 구성원 각자가 지향하는 훈련 목표의 진행 정도를 평가한다.
⑨ 진행전문가는 훈련장비의 상황 및 조건을 검사하고 장비작동법 등을 설명한다.
⑩ 기록자는 선수들이 훈련을 진행하는 과정을 계속 기록하고 피드백을 제공하며 향상 정도를 평가한다.

물론 이러한 모든 역할이 동시에 수행될 수는 없을 것이다. 위의 예는 스포츠 장면에서 리더십과 관련된 과제 역할을 설명한 것이며 스포츠 및 운동 지도자들도 이러한 다양한 리더십의 역할을 인지하는 것이 필요할 것이다.

〈표 5-4〉 집단의 과제 역할과 사회 감성적 역할

역 할		기 능
과제 역할	제안자	직접적으로 문제에 대한 새로운 생각, 새로운 접근 방식, 아직 고려되지 않은 새로운 해결책 추천
	정보탐색자	타인으로부터 관련 정보를 요청함으로써 활용 가능한 정보 수집을 강조
	의견탐색자	태도와 가치, 감정과 같은 좀 더 질적인 자료를 수집
	정보전달자	전문가로부터 전달되는 정보를 포함해 의사를 결정하는 데 필요한 정보를 제공
	전문상담자	타인들이 지적한 문제에 대한 추가적인 정보 제공(수정, 보완, 예측)
	조정자	각 아이디어의 관련성과 전체적인 목표에 대한 관련성 제공
	방향제시자	필요한 경우 언제든지 주제에 대한 논의 등을 재고
	평가자	논리와 실제 적용성 또는 방식과 관련해 집단의 노력 정도를 평가
	격려자	토론이 진행되지 않을 때 계속 업무를 진행할 수 있도록 집단을 격려
	진행기술자	재료와 기계 등과 같은 운영세부 사항을 관리
	기록자	비서 업무를 수행
사회감성적 역할	격려자	동의, 배려, 기쁨 등을 통하여 타인을 보상
	조정자	구성원 간 갈등을 해결
	중재자	구성원의 갈등을 줄이기 위해 각 자의 주장을 양보하도록 함
	촉진자	구성원의 동등한 참여와 의사결정 과정을 위해 적절한 의사소통
	기준설정자	집단화의 수준을 평가하기 위해 규범 등에 대한 토론 및 요청
	관찰자	집단 내 구성원 간 상호작용의 문제를 지적하고 가능한 것은 수정
	추종자	타인에게 아이디어를 제공하고 집단으로부터 의견을 청취

(2) 사회 감성적(socioemotional) 역할

다음은 스포츠 및 운동 현장에서 적용될 수 있는 사회 감성적 역할이다.

① 격려자는 훈련 목표를 달성한 집단 구성원과 훈련 목표를 위해 계속 노력하는 구성원들을 칭찬한다.

요 약

집단 역학은 스포츠 현장에서 매우 중요하고 복잡한 개념이다. 본 장은 스포츠 현장에서 적용될 수 있는 몇 가지 중요한 사항들에 대해서만 언급하였다. 공동체에 대한 저항을 통해 자신의 권리와 자유를 추구하였던 개인들이 공동체와 하나라는 의미를 강조하며 개인을 공동체의 이념에 종속시키려는 시도가 관심을 갖고 있다. 오늘날 개인은 절대적인 것으로 개인의 자유와 권리에 대해서 문제를 제기하는 사람은 아무도 없을 것이다. 이제까지 사회질서의 기본으로 여겨졌던 가족을 제치고 사회의 가장 기본 단위로 부각된 개인은 그 자체가 자유이며 권리와 동일시된다. 그러나 개인만을 위한 공동체, 공동체만을 위한 개인은 개인이든 집단이든 그 효율성에 한계가 있어 함께하는 공동체의식이 강조되고 있다.

스포츠는 개인들의 자율적 행동과 능력이 최대한 보장되면서 집단 내의 응집력이 매우 중요한 특성을 갖고 있다. 궁극적으로는 개인을 위해 열심히 노력하고 좋은 성적을 기록하기 위해서 준비하지만 이러한 과정 속에서 작게는 지도자와 넓게는 조직 내 다른 선수와 심지어 상대팀이나 관중에 이르기까지 집단의식이 필요한 것이다. 집단의식, 즉 팀의 응집력을 통해 시너지 효과를 얻을 수 있기 때문이다. 따라서 스포츠 팀들의 목적과 목표를 추구하기 위해서 집단에 단결하여 남아 있게 하는 경향인 응집력 내에 존재하는 역동적 과정에 대한 이해가 필요할 것이다.

집단은 목표를 달성하기 위해 상호작용과 상호의존 하는 개인들의 집합이라 할 수 있으며, 그 요소로는 소속감, 공통의 목표, 구조화된 상호작용, 개인과 과제 상호의존성, 대인 매력 등이 있다. 스포츠 팀의 응집력이란 스포츠의 조건을 갖춘 집단에서의 응집력을 말한다. 응집력에 영향을 미치는 요소로는 크게 환경적 요인, 개인적 요인, 리더십 요인, 팀 요인 등으로 분리되며 집단의 규범, 집단 크기의 특성, 유쾌와 성원의 만족 정도, 확실한 보상 등이 매개변수로 작용한다. 이 중 집단 매력은 의사결정과정, 개인적 효율성, 집단성원간의 상호작용 등에 의해서 결정된다. 또한 구성원들의 경쟁지향 수준, 목표지향 수준, 승리지향 수준이 높은 집단이 낮은 집단보다 집단매력이 높았다. 집단응집력이 스포츠 수행 결과에 미치는 영향은 대부분 긍정적인 측면에서 작용하나 종목의 특성에 따라 다르다. 즉, 개인 종목

보다는 상호작용이 요구되는 종목에서 응집력의 필요성이 증가된다. 이러한 응집력의 역할을 위해서는 지도자는 협력적인 분위기 조성과 성원들의 참여의식이 필요하다.

리더십은 파악하기 어려운 개념이며 리더십 형식은 환경에 따라 다양하다. 리더십 이론의 초기에는 신체적 특성이나 개성과 같은 외형적 특성에 초점이 맞춰졌다. 하지만 연구자들은 리더십이 다만 한 가지 측면만을 갖고 있는 것이 아님을 밝혔다. 우연성과 참여, 다면성을 포함하는 모형들은 지도자의 특성인 대인 및 상호적 측면을 통합하였다. 상황적인 조건은 리더십 형식에 상당한 영향을 준다. 다면적 모형은 리더십의 효율성이 지도자의 특성과 상황요인에 의존한다는 가정을 기반으로 한다. 더욱 최근에는 변혁적, 서번트, 셀프 리더십에 대한 관심이 집중되고 있으며, 업무와 관리 역할 차이는 이러한 리더십 모형으로부터 발생하며 리더십 역할을 설명하는 가장 효과적이고 적용 가능한 방법으로 인식된다. 리더의 역할은 과제 수행을 위한 역할과 사회감성적 역할의 융합이 중요하다.

토론 과제

1. 집단과 팀을 설명하라.
2. 팀 응집력에 영향을 미치는 요인을 설명하라.
3. 스포츠 수행과 응집력의 관계를 설명하라.
4. 우리 학과의 응집력을 기르기 위해서 우리가 해야 할 역할은 무엇인지 의논해보자.
5. 리더십 이론을 설명해라.
6. 리더십 역할을 설명하라.

부 록

다음 문항은 여러분을 지도하는 코치의 행동을 알아보기 위한 것입니다. 각 문항을 주의 깊게 읽고 주어진 문항에 동의하는 정도를 해당하는 번호에 표시해 주십시오.

	전혀 아님	거의 아님	보통	가끔 그럼	항상 그럼
	1	2	3	4	5
1. 나의 코치는 모든 선수들이 자신의 능력을 잘 발휘하도록 지도한다.	1	2	3	4	5
2. 나의 코치는 선수 각자에게 경기 기술과 전술을 설명해 준다.	1	2	3	4	5
3. 나의 코치는 선수들의 실수를 고쳐주는데 특별한 관심을 보인다.	1	2	3	4	5
4. 나의 코치는 지도할 때 선수들이 확실히 이해하도록 말한다	1	2	3	4	5
5. 나의 코치는 운동 기술을 선수들에게 개별적으로 지도한다.	1	2	3	4	5
6. 나의 코치는 해야 할 것을 미리 계획한다.	1	2	3	4	5
7. 나의 코치는 선수들에게 해야 할 것과 하지 말아야 할 것을 설명한다.	1	2	3	4	5
8. 나의 코치는 선수들에게 자신의 임무를 철저히 수행할 것을 요구한다.	1	2	3	4	5
9. 나의 코치는 각 선수의 장점과 약점을 지적해 준다.	1	2	3	4	5
10. 나의 코치는 매 상황마다 해야 할 것이 대해 상세하게 알려준다.	1	2	3	4	5
11. 나의 코치는 선수들이 협력해서 연습하도록 지도한다.	1	2	3	4	5
12. 나의 코치는 각 선수가 팀에 어떤 공헌을 하는지를 설명한다.	1	2	3	4	5
13. 나의 코치는 각 선수에게 무엇을 기대하는지를 상세하게 설명한다.	1	2	3	4	5

	전혀 아님	거의 아님	보통	가끔 그럼	항상 그럼
	1	2	3	4	5
14. 나의 코치는 특정 시합의 작전에 대해서 선수들에게 의견을 묻는다.	1	2	3	4	5
15. 나의 코치는 중요한 문제들을 결정할 때 선수들의 동의를 구한다.	1	2	3	4	5
16. 나의 코치는 의사 결정에 선수들을 참여시킨다.	1	2	3	4	5
17. 나의 코치는 연습 방법에 대해 선수들의 의견을 받는다.	1	2	3	4	5
18. 나의 코치는 팀 목표를 선수들이 스스로 정하도록 한다.	1	2	3	4	5
19. 나의 코치는 선수가 실수를 하더라도 그 방식대로 해 보도록 놔둔다.	1	2	3	4	5
20. 나의 코치는 중요한 코칭 관련 문제에 대해 선수들의 동의를 구한다.	1	2	3	4	5
21. 나의 코치는 선수들이 자신의 진도에 맞추어 훈련하게 한다.	1	2	3	4	5
22. 나의 코치는 시합에서 쓸 기술과 플레이를 선수 스스로 결정하도록 한다.	1	2	3	4	5
23. 나의 코치는 선수와 상의하지 않고 독자적으로 일하는 편이다.	1	2	3	4	5
24. 나의 코치는 자신의 행동에 대해 설명해 주지 않는다.	1	2	3	4	5
25. 나의 코치는 어떤 문제에 대해 타협하지 않는다.	1	2	3	4	5
26. 나의 코치는 선수들과 거리를 둔다.	1	2	3	4	5
27. 나의 코치는 질문을 하지 못하도록 말을 한다.	1	2	3	4	5
28. 나의 코치는 개인적으로 문제가 있는 선수들을 도와준다.	1	2	3	4	5
29. 나의 코치는 팀 구성원들 사이의 갈등을 해결하도록 도와준다.	1	2	3	4	5
30. 나의 코치는 선수들의 개인적인 복지에 신경을 쓴다.	1	2	3	4	5
31. 나의 코치는 선수들에게 개인적인 호의를 베푼다.	1	2	3	4	5
32. 나의 코치는 선수들에게 친근감을 표시한다.	1	2	3	4	5
33. 나의 코치는 선수들에게 무엇이든 털어놓고 이야기 하도록 한다.	1	2	3	4	5

34. 나의 코치는 선수들과 개인적인 친분 관계를 가지려고 한다.	1	2	3	4	5
35. 나의 코치는 선수들을 자신의 집으로 초대한다.	1	2	3	4	5
36. 나의 코치는 사람들 앞에서 잘한 선수를 칭찬한다.	1	2	3	4	5
37. 나의 코치는 선수가 특별히 잘했을 때 잘했다고 직접 말해 준다.	1	2	3	4	5
38. 나의 코치는 선수가 경기를 잘했을 때 상을 준다.	1	2	3	4	5
39. 나의 코치는 선수가 잘했을 때 잘 했다고 인정한다.	1	2	3	4	5
40. 나의 코치는 칭찬할만한 일은 반드시 칭찬한다.	1	2	3	4	5

집단 응집력 평가질문지

다음 문항들은 여러분이 팀에 대하여 어떻게 느끼고 있는지를 묻고 있습니다. 각 문장을 주의 깊게 읽고 여러분이 동의하는 정도를 1에서 9까지의 숫자에 O 표하여 나타내시오

문항	전혀 아니다			약간 아니다			매우 그렇다		
1. 나는 우리 팀 선수들이 어울려 놀 때 끼고 싶지 않다.	1	2	3	4	5	6	7	8	9
2. 나는 우리 팀의 연습량에 대하여 불만이 있다.	1	2	3	4	5	6	7	8	9
3. 나는 시즌이 끝났을 때 우리 팀 선수들이 보고 싶지 않다.	1	2	3	4	5	6	7	8	9
4. 나는 우리 팀 선수들의 승부욕에 불만이 있다.	1	2	3	4	5	6	7	8	9
5. 우리 팀에는 나의 친한 친구가 있다.	1	2	3	4	5	6	7	8	9
6. 나는 우리 팀에서 기술을 발휘할 기회가 없다.	1	2	3	4	5	6	7	8	9
7. 나는 우리 팀 동료들보다 다른 친구들이 좋다.	1	2	3	4	5	6	7	8	9
8. 나는 우리 팀의 플레이 스타일을 좋아한다.	1	2	3	4	5	6	7	8	9
9. 우리 팀은 내가 소속한 집단 중에서 가장 중요하다.	1	2	3	4	5	6	7	8	9
10. 우리 팀은 목표를 달성하기 위해 일치단결한다.	1	2	3	4	5	6	7	8	9
11. 우리 팀 선수들은 각 자 노는 것을 좋아한다.	1	2	3	4	5	6	7	8	9
12. 우리 팀은 시합에서 지거나 잘못하면 전체가 책임진다.	1	2	3	4	5	6	7	8	9
13. 우리 팀 선수들은 함께 어울리는 경우가 거의 없다.	1	2	3	4	5	6	7	8	9
14. 우리 팀 선수들은 팀의 목표에 대하여 의견을 달리 한다.	1	2	3	4	5	6	7	8	9
15. 우리 팀 선수들은 시합과 연습이 없을 때 함께 어울린다.	1	2	3	4	5	6	7	8	9
16. 연습 중 한 사람이 실수를 하면 전원이 도와준다.	1	2	3	4	5	6	7	8	9
17. 우리 팀 선수들은 연습·게임이 끝나면 어울리지 않는다.	1	2	3	4	5	6	7	8	9
18. 우리 팀 선수들은 다른 사람의 책임에 대하여 말하는 것에 자유롭지 못하다.	1	2	3	4	5	6	7	8	9

응집력 요인별 문항

- 집단에 대한 개인 매력(과제 차원): 2, 4, 6, 8
  (사회 차원): 1, 3, 5, 7, 9
- 집단 통합(과제 차원): 10, 12, 14, 16, 18
  (사회 차원): 11, 13, 15, 17

점수 계산법

- 1, 2, 3, 4, 6, 7, 11, 13, 14, 17, 18번은 점수를 역으로 환산한다.
- 응집력의 각 차원에서 해당하는 문항의 점수를 합하면 응집력 점수가 나온다.
- 각 차원에서 높은 점수는 응집력이 높은 것을 의미한다.

참고문헌

김명수(1998). 스포츠심리학(집단 규범과 스포츠 집단). 서울, 태근문화사.

김성옥(2000). 스포츠행동의 심리학적 기초. 서울, 태근문화사.

대한체육회 스포츠과학연구소(1984). 코우칭심리학. 서울, 세광문화인쇄.

류정무, 이강헌(1990). 스포츠심리학, 서울, 민음사.

박장평(1994). 스포츠심리학(응집력). 서울, 태근문화사.

박정근(2001). 우수 코치들의 리더십에 관한 질적 연구. 한국스포츠심리학회지, 12(1), 79-107.

이한규, 김병현(1994). 집단 종목팀의 집단 응집력 검사 개발(II). 체육과학연구과제종합보고서. pp. 1-17.

호남스포츠심리연구회 편(2000). 스포츠의 심리학적 탐색. 서울, 도서출판 홍경.

은희관(2003). 스포츠운동심리학, 서울, 도서출판 보경.

이한검(1998). 인간행동론. 서울, 형설출판사.

한국스포츠심리학회 편(2005), 스포츠심리학 핸드북, 서울, 도서출판 무지개사.

Carron, A. V.(1982). Cohesiveness in Sport Groups: Interpretations and Considerations. Journal of Sport Psychology, 4, pp.123-138.

Cartwright, D.(1968). The Nature of Group Cohesiveness. In Group Dynamics, Research and Theory. D.C. Cartwright & A., Zander(Ed). Harper & Low.

Cattell, R.B.(1953). New Concept for Measuring Leadership in Terms of Group Syntality. In Group dynamics: Research and theory. D.C. Cartwright & A., Zander(Ed). Low & Peterson.

Forsyth, D.R.(1983). Group Dynamic.C.A., Brooks/ Cole Pub. Cd.,pp.10-11.

Landers, D. M., Wilkinson, M.O., Hatfield, B.D., & Barber, H.(1982). Causality and the Cohesion - Performance Relationship. Journal of Sport Psychology, 4, pp.170-183.

Thayer, R. E.(1967). Measurement of Activation through Self-report. Monograph Suppl 1-V20. Psychology Reports(20). pp.633-678.

Weinberg, R. S. & Gould, D.(1995). Foundations of sport and exercise psychology. IL: Human Kinetics.

Zajonc, R. B.(1965). Social Facilitation., Science(149). pp.269-274.

단원 6

운동능력과 운동기술

주요 용어

신체적 효율성, 심동적 능력,
운동기술, 운동능력, 운동발달

1 운동능력의 정의

운동능력은 아동기 이후보다 지속되고 유지되는 다양한 운동기술 수행에 관련된 개인의 일반적 특성과 역량으로 정의된다. 운동능력은 운동기술 습득을 위한 가장 기본적 요인이며, 동작을 완성시키기 위한 특별한 반응이다. 운동기술은 연습에 의해 학습되며 운동능력의 정도에 따라 좌우된다. 평형성, 반사력, 유연성 등이 운동능력의 대표적인 예이며 골프 및 야구 스윙, 테니스 서브, 축구나 농구 슛 등과 같은 다양한 운동기술 발현에 중요한 요인이다.

1) 생리적 능력과 운동능력

생리적 능력이란 개인의 운동능력을 위한 가장 기본적 반응이라 할 수 있다. 비록 신체적인 구조와 기능이 비슷하다고는 하지만 자세히 분석하면 똑같을 수 없으며 기능을 과정화하는 특성도 상당한 차이를 보인다. 즉, 자극을 감지하고 묘사하는 능력을 구별하게 하는 감각계의 민감도 차이가 그 예이다. 이러한 차이는 인지적 기능의 차이를 야기하는 인간 뇌에서의 화학적, 해부학적 그리고 기능적 차이를 말하는 것이며 이러한 차이가 개인의 기본적 운동능력 수준을 차별하여 수행한다는 것에 운동심리학자들은 특별한 관심을 갖는 것이다.

물론 생리학적 조건의 특성 역시 기본적 운동능력 발달에 중요한 변수이다. 인간을 포함한 다양한 종에 관한 연구에서 초기의 환경이 삶에 대한 기본 능력, 특히 운동능력 발달에 중요한 변수임을 제시하였다. Solomon 등(1961)과 Gregory 등(1963), 그리고 Held 등(1967)은 인간과 같은 고등동물이나 하등동물 모두 운동능력이 그들의 삶의 형태에 따라서 어린 시절부터 독특한 특성을 구체화시킨다고 하였으며, 개인의 감각요인과 운동경험의 발달이 어린 시절 크게 향상된다는 이론이 일반화되었다. 또한 제한적이지만 유전적 요인도 운동능력을 형성하는 데 기여한다고 볼 수 있다.

2) 일반적 운동능력

스포츠 지도 현장에서 가장 관심 있는 분야라 할 수 있는 것은 아마도 일반운동능력(general motor ability: GMA)에 관한 것일 것이다. 왜냐하면 이러한 운동 능력이 조화되어야만 특정 운동기술을 위한 효율성을 보다 빨리 그리고 더욱 고도의 기술 수준으로 끌어 올릴 수 있기 때문이다. 소위 이러한 운동능력은 '운동 소질' 또는 '전천후 선수다'라고 특징지을 수 있는 기본이 된다. 한때 산업심리학자들은 일반운동능력 검사가 생산성을 향상시킬 수 있다고 믿고 직원을 채용할 시 운동적성검사를 실시하기도 했다.

지난 동안 일반운동능력 관점에서 통계적 활용과 운동적성검사를 통한 평가는 찬반의 주장이 공존하면서도 많은 정보를 제시하였다. 운동능력 평가의 발전은 인지심리학자들에 의해 시작했다고 해도 과언이 아니다. 인지적 검사를 발전시킨 심리학자들은 지적 행위에 포함된 합리성, 상상력, 통찰력 그리고 적응력 등이 포함된 추상적 개념을 효과적으로 활용하기 위해 일반적 운동능력을 검사하는 정도였다. 그러나 이러한 검사들은 일반적인 지적능력을 측정하는 것에 불과한 것들이었는데 검사들의 기본적인 목적이 학습적 태도를 평가하기 위한 것이며 학습적 성취 수준의 가능성을 예상하는 데 이용되었을 뿐이다(Cronbach, 1960).

1920년에서부터 지적능력검사는 아무런 문제 제기 없이 학교에서의 지능검사, 카운슬링 심지어는 대학입학 면접에서까지 이용되었다. 이후 스포츠 지도자, 코치, 산업심리학자들은 이러한 지능테스트에 힘입어 운동능력에 대한 유사한 측정도구 개발에 관심을 갖게 되었다. 스포츠 과학자들은 1920~1940년 사이에 일반운동능력 검사를 위한 측정도구를 개발하였다. 1927년 Brace는 고유운동기술(inherent motor skill) 측정을 위한 측정방법을 개발하였으며, Mccloy(1937)는 이를 기초로 하여 개인이 새로운 기술을 학습하는 데 필요한 효율성을 주제로 한 운동교육 능력검사(motor educability)를 평가할 수 있는 검사방법을 개발하였다. 또한 Johnson(1932)은 특성 신경근 기술능력(native neuromuscular skill capacity) 검사를, Cozens(1929)는 일반운동능력(general athletic ability) 검사법을 각각 개발하였다. 일반운동능력에 존재하는 기본적 개념을 새로운 운동기술을 잘 수행하고 학습하는 것을 가능케 하는 능력이라 본다면 일반 지능과 운동이 상통하는 것이라 할 수 있을 것이다.

다양한 일반운동능력 검사는 지난 세기 동안 스포츠 분야에서 급진적 발달을 가져왔다. 기본적 수준을 종합하여 가능성 있는 선수의 선발을 시도하였다. 그러나 정말 그러한 검사방법이 운동능력을 평가할 수 있는가라는 일반운동능력 검사에 대한 비판이 나타나기 시작했다. Brace(1941)는 이러한 비평을 근거로 몇 가지 일반 운동능력검사와 이에 대한 효율성을 평가할 수 있는 연구를 진행시켰다. 그러나 모든 검사에서 학습을 위한 능력을 실제로 측정할 수 없었으며, 측정에서 얻어진 결론은 운동기술을 학습하기 위한 능력과 낮은 상관성을 보였다고 결론지으며 결국 그러한 검사로는 운동기술을 습득할 수 있는 능력 예상은 정확성이 떨어진다고 하였다. 더욱 Gire 등(1942)은 농구, 배구, 야구 기술 등이 학습을 위한 학생들의 능력과 Brace와 Johnson이 개발한 검사의 점수를 관련시켜 관계를 조사한 결과 이러한 검사는 신뢰할 수 없는 것으로 결론지었다. 그는 운동기술에 필요한 동작을 학습하거나 기존의 동작을 재학습하는데 필요한 능력을 정확하게 측정할 수 있는 방법은 없다고 결론지었다. 더욱 최근 Henry에 의해서 일반운동능력이론이 강력하게 부정되었다. 그들은 GMA는 존재하지 않음을 보고하면서 이를 몇 종류의 실험을 통해 증명하였다.

먼저 운동선수집단 간 차이가 없음을 발견하였다. 두 번째는 같은 대상에게 2개 이상의 어려운 운동과제를 처치하고 상관분석을 통해 과제 간 수행 정도를 비교하였다. 만약 GMA가 존재한다면 수행능력이 우수한 자는 GMA에서 높은 점수를 얻을 수 있을 것이며 수행과 점수간에는 보다 높은 정적 상관을 보일 것이다. 그러나 이러한 결과는 실망스럽게도 양변인 간 매우 낮은 상관관계를 보였다. 예를 들어 Bachman(1961)은 300명 이상의 피험자에게 안정성 검사와 사다리 오르기 검사를 처치하였다. 그 후 학습동작과 양 검사의 수행력 간의 상관관계를 분석한 결과 매우 낮은 상관계수를 보여 서로 상관이 존재하지 않는 것으로 보고하였다. 그는 결론적으로 운동수행과 일반운동능력 간에는 상관이 없으며 운동학습은 매우 특수한 것임을 주장했다. 이와 비슷하게 Marteniuk (1974)에 의해서 연구가 이뤄졌는데 그는 가장 비슷한 동작 간에도 서로 상관관계가 존재하지 않으며 운동기술은 특별한 것이지 일반적 능력이 아님을 제시하였다. GMA에 대한 증거가 명확하다 할지라도 운동수행과의 낮은 상관관계에 의해서 분명히 구체화되지 못하고 있다. Eckert(1964)는 사지운동속도 간에 보통 이상의 상관이 존재함을 보고했다. 그럼에도 불구하고 이러한 보고는 GMA의 상황을 지지하기에는 역부족이다.

3) 운동능력의 분류

Fleishman 등은 운동수행에서 강조되는 능력에 관한 두 가지 관점, 즉 일반 운동능력과 특수 운동능력을 명확히 분류하기 위해 노력해 왔다. 운동수행의 수많은 관련 변인으로부터 공통적인 요인들을 유추하기 위하여 요인분석을 적용하였으며 각 운동능력은 요인을 구성하는 동작형태에 따라 이름이 붙여졌다(Fleishman, 1972, 1978). Fleishman은 천 명을 대상으로 하여 200여 개 이상의 동작을 처치한 후 비교적 함축된 요인으로 광범위한 동작수행을 설명할 수 있었다. 그는 이러한 운동능력을 2개의 커다란 항목으로 분리하였는데 첫째는 심동적 능력(psychomotor abilities), 나머지를 신체적 효율성(physical proficiency)이라 명하였다. 심동적 능력은 조작적 또는 사지의 협응성과 같은 동작에 한정되어 있으며 신체적 효율성은 대근활동과 관련되는 것이다.

심동적 능력의 특성은 다음과 같다.

- **제어의 정확성**(control precision): 이러한 능력은 근본적으로는 대근군이 포함된 상황에서 고도의 제어된 근조정력이다. 이 능력은 다리 및 팔 운동이 포함된다(골프스윙).
- **다중사지협응력**(multilimb coordination): 동시에 많은 사지 동작을 협응하는 능력(피아노 연주)
- **반응정위**(response orientation): 이 능력은 선택적인 운동 유형들 사이에서 신속한 방향 판별이 이루어져야 하는 과제에 기초가 되고, 그것은 명백히 선택 반응시간(RT) 상황하에서 하나의 올바른 운동을 선택하는 능력과 관계가 있다(축구 골키퍼).

- **반응시간**(reaction time): 자극 출현 시 반응하는 속도(100m출발)
- **팔운동속도**(speed of arm movement): 정확성이 크게 요구되지 않는 팔의 대근 활동 속도(권투 잽)
- **제어율**(rate control): 지속적으로 움직이는 목표나 사물에 대한 속도 및 방향 변화에 따른 예상운동 조정능력(회전판 추적)
- **손의 정교성**(manual dexterity): 속도조건하에서 적당한 크기의 사물을 조작하는 팔의 동작 숙련 정도(목수일)
- **수지 정교성**(finger dexterity): 작은 물체를 주로 손가락으로 조작하는 능력 (손목시계 수리)
- **자세변별**(postural discrimination): 피험자들이 시각을 이용하지 않고 정확한 신체 조절을 하는 데 있어서 자세 단서의 변화에 반응해야 하는 능력(리듬 속에서 걷기)
- **반응통합**(response integration): 감각단서를 활용하고 적용하여 자극으로부터 하나의 통합된 반응에 이르도록 하는 능력(골프 및 농구)
- **손과 팔의 안정성**(arm-hand steadiness): 정적인 상태에서 안정을 유지해야 하는 능력(사격, 양궁)
- **손과 손가락 속도**(wrist-finger speed): 요구되는 운동이 가능한 빨리 수행되어야 하며 손가락과 손목의 위아래 운동에 대해 요구되는 근육의 민첩한 조정을 필요로 하는 능력(피아노 빠른 연주)
- **조준**(aiming): 목표에 조준하여 매우 빠른 동작으로 목표물을 맞추어야 하는 능력(창던지기, Dart)

신체적 효율성은 정적 유연성, 동적 유연성, 정적 근력, 동적 근력, 동체 근력, 순발력성 근력, 정신협응, 정신조절, 전신지구력(심혈관계와 지구력) 등으로 이뤄지며 이러한 능력들은 체력 혹은 신체적 숙달의 영역에 기초한 것으로 생각될 수 있다. 제시된 운동능력의 항목은 각자가 일반능력이라 할 수 없지만 비교적 독자적으로 폭넓게 능력을 묘사한 것이다. 인간은 개인에 따라서 이러한 능력의 차이가 있지만 이러한 능력이 모두 높거나 낮거나 하는 경우는 극히

관점은 간단한 자극과 반응단위로서 복잡한 행동을 설명한다는 것이다. 이러한 요약은 어떻게 인간이 행위를 조직하고, 제어하며, 규칙화하는지에 대한 더욱 중요한 질문에 해답을 제시할 수 없게 하는 것이다.

3) 사회학습이론

사회학습이론은 전통적인 행동주의이론에서 파생된 이론이라 할 수 있다(Schiamberg, 1988). 이러한 접근은 관찰과 모방(모델)에 의해서 완성되는 학습의 수준을 평가하는 것이다. 사회학습 이론가들은 인간이 학습하는 정도는 반응의 조건이나 직접적인 틀을 만들기보다는 다른 사람의 행동을 관찰하는 것에 의해서 유지된다고 주장한다(Bandura, 1973, 1977; Bandura와 Walters, 1963). 이러한 이론은 첫째, 부모, 동료, 교사 및 친구와 같은 의미 있는 다른 사람의 행동을 관찰하고 모방하는 것에 의해 공격성, 관대함, 친밀감과 같은 행동을 학습하는 방법을 다루는 것이다. 둘째로 언어를 사용하는 것에 의한 개인의 능력에 관계되는 상징적 활동과 미래 행위를 조직하기 위한 길잡이로 제공될 수 있는 개념이다. 예를 들어, 싸움을 구경하는 어린이의 경험은 기억으로 저장되어 미래의 행동에서 요구된다면 즉시 인출될 수 있는 것이다. 셋째는 예측(과거경험에 근거하여 예측을 가능케 하는 환경 자원정보)에 관련된 행위를 조절할 수 있는 능력과 행동의 결과에 관련된 자기통제력이다. 특별한 행동을 좋아하게 할 수 있는 것은 예상된 보상을 증가시키고 예상된 처벌을 감소시키는 것이다(Bandura, 1977). 사회학습과 텔레비전에 대한 연구의 대부분은 TV의 공격적이고 폭력적인 행동의 시청은 어린이의 행위에 매우 큰 영향을 미친다는 사실을 증명하였다(Bandura, 1973, 1977).

사회심리학자인 Parke와 Slaby(1983)에 의하면 공격적 행위의 모형은 몇 가지 원인으로 구분할 수 있는데 ① 어린이가 공격적 행위를 구별하는가? 어린이가 어떤 사람의 흉내를 내는가? ② 공격적 행위의 결과는 무엇인가? 공격의 결과로서 다른 사람들에 의해서 긍정적으로 다뤄지거나 칭찬을 받는가 아니면 처벌을 받는가? ③ 어린이의 나이는? 어린이가 현실과 환상을 구별할 충분한 나이가 되었는가? ④ 어린이의 공격적 행동에 대해서 부모나 다른 의미 있는 관계에 있는 사람들의 의견은 무엇인가? 등에 좌우된다고 하였다.

사회학습이론은 어린이의 발달을 이해하는 데 지대한 공헌을 하였다. 자극이 간단히 외적 실체라는 고전적 이론은 수정되었다. 사회학습이론에 의하면, 자극은 인간이 삶을 통해서 결정하고 행동하는 데 필요한 조절을 돕는 심벌과 같은 것으로서 내적 과정에 작용한다는 것이다. 사회학습이론은 가족의 구성원, 동료, 대화가 가능한 성인들을 포함한 다른 사람이 학습과 발달에 중요한 역할을 한다는 것이다. 인간이 다른 사람으로부터 학습할 수 있다는 사실은 인간발달에 있어서 중요한 국면이다. 이러한 사실은 학습과 발달의 과정에서 같은 또래의 어린이들과의 상호작용이 중요한 영향을 미친다는 것이다. 이러한 중요한 의미를 갖고 있음에도 불구하고 사회학습이론은 행위를 모방하거나 모형화하는 데 포함되는 기억이나 지각과 같은 내적 인지적 과정의 설명적 묘사의 부족으로 비난을 받아왔다. 특히 사회학습이론가들은 모방을 통하여 학습된 새로운 행동은 이와 동등한 새로운 수준의 심리적 기능은 포함하지 않고 있음을 확신하고 있다.

4) Piaget의 인지적 이론

학습과 인간발달에 대한 인지적 또는 조직학적 접근은 전통적인 행동심리학자들이 강조하는 환경적 또는 외적 요인을 중요시하는 것이 아니라 정신과 내적인 요인을 강조하는 것이다. 비록 많은 특수한 학습이론들이 인지적 과정과 관련이 있지만 인지적 이론의 주요 관점은 Piaget(1952)에 의해서 확립되었다. Piaget은 마음을 인간이 어떻게 발달되는가를 이해하기 위한 중심기전으로 생각하였다. Piaget에 의하면, 마음은 정보의 간단하지만 수동적인 수용체일 뿐만 아니라 경험을 발현시키는 과정이다. 따라서, 마음은 적극적으로 변화되고 세상에 적응되는 것이다. Piaget은 각 개인은 환경에 따라서 활동할 수 있으며, 환경은 개인에 따라서 변화시킬 수 있으며 이 두 변인은 서로 상호작용에 의해서 그 역할을 담당한다는 이론을 체계화시켰다. 사고는 환경으로의 적응이 포함되며 정신을 조직하는 결과를 야기한다. 행위와 조직의 체계적 양상을 도식(scheme)이라 부른다. 그는 유아적 도식은 활동-지향으로 생각한 반면, 성인의 도식은 함축적이라 하였으며 성인의 인지적 도식은 어린이의 운동도식으로부터 연유되었음을 체계화하였다(Kagan, 1984; Piaget, 1963). 두 가지의 보충적 과정인 동화(assimilation)와 적응(adaptation)은 도식의 적응에 중요한 변수이다. 동화는 하나 이상의 비슷한 도식을 이용한다. 예를 들어, 유아의 젖꼭지 빠는 행동은 엄지손가락, 손, 심지어 담요까지도 빠는 것이다. 적응은 도식을 새로운 상황에 적합하도록 변화시키는 과정이다. 유아의 젖 빠는 행동이 컵의 물을 마시기 위하여 변화되는 것이라 할 수 있다. 이러한 두 가지 과정은 일생 동안 서로 작용하며 인지적 성장을 위해 요구되는 것이다. 동화와 적응의 균형을 Piaget은 균형성(equilibrium)이라 칭하였다. 이러한 균형이 없다면 새로운 균형을 찾기 위해 동기가 일어난다. 균형을 유지하는 과정에 있어서 동화와 적응의 상호작용은 인지적 발달을 야기한다. Piaget(1963)에 의하면 인지적 발달은 몇 단계를 통해서 과정화되는데, 각 단계는 이전의 단계와는 완전히 질적으로 별개의 단계가 되는 것이다. Piaget은 4가지의 인지적 발달단계를 제시하였다.

〈표 6-1〉 Piaget의 인지적 발달단계

나이	단계	특징
0-2세	감각운동단계	기본적 움직임
2-7세	전조작적 사고단계	언어, 상상적 역할과 같은 상징적 기능 발달, 자기중심적 기능(2-4세) 증가 후 감소, 생각의 실천 능력 증가
7-11세	구체적 조작단계	목적이나 경험을 구체화 ➡ 조작적, 논리적 사고 가능
11-15세	형식적 조작단계	사고력 급격히 증가, 추상적이며 가설적 모든 문제를 논리적으로 접근

Piaget은 어린이의 발달에 대한 이해와 더욱 전문적인 지식 정보발달에 큰 공헌을 하였다. 이러한 이론은 모든 인간발달 분야에 충격적인 것이었다. 그 이유는 인간발달이 어린이에서 성인에 이르기까지 태도와 사회적 정보전달, 어린이의 경험, 신체적인 성장을 강조하는 발달적 과정과 인간 자신 내부나 환경에 대한 균등성을 찾기 위한 선천적 특성 간의 상호관계에서 비롯되기 때문이다

(Salkind, 1981). Piaget은 어린이는 환경을 설명하는 것에 적극적으로 포함되어야 함을 인식하였다. 어린이는 행동심리학자들이 주장한 백지설처럼 세상에 간단하게 반응하는 것이 아니다. 성숙학자들이 주장하는 것처럼 고유의 특성에 어린이들이 집착하는 것도 아니다. 오히려 Piaget은 어린이가 환경을 적극적으로 탐험하고 설명하는 것이다라고 제안하였다.

발달연구에 대한 Piaget의 또 다른 기여는 발달단계에 관련된 것으로 여기서 단계란 어린이가 특별히 강조하는 구조를 반영하는 어린이의 사고와 행위가 일어나는 시기를 말한다. 단계란 용어는 이전에도 사용되었지만 Piaget은 단계를 질적이고 구조적 변화가 자동적으로 변화된다는 것에 기초를 두고 생각하였다. 그의 단계는 새로운 의미로 사용되어졌으며 적용되었다. ① 고정된 위계적 순서는 건너 뛸 수 없다. 그러나 오늘날 발달심리학자들은 Piaget에 의하여 제시된 단계란 용어의 사용과 정의에 대해 동의하지 않는다(Haywood, 1986). Piaget의 인지적 발달이론에 대한 비난은 그의 방법과 개념에 대한 신뢰성에 대한 염려(Diamond, 1982)와 발달에 대한 지적인 면과 정신적인 면을 너무 강조한다는 것이다. 그는 어린이들의 사고에 있어서 사회적, 문화적 역할에 대해 최소의 관심을 가졌다(Schiamberg, 1988). 또한 어린이가 한 단계에서 다음 단계로 이동하는 방법과 이유에 대해서 설명이 명확하지 않으며 영아들의 인지적 능력에 대한 정확하지 못한 평가와 성인들의 인지적 능력에 대한 과장된 평가 등이 지적되고 있다. Piaget은 영아들이 자기중심적이며 대안적 관점을 이해하는 데 어려움을 갖고 있다고 하였다. 그러나 Borke(1978)와 Gelman(1978)은 영아들이 생각보다 덜 자기중심적이며 Piaget이 관찰한 것보다 더욱 기술적인 동작을 수행할 수 있다는 연구결과를 발표하였다. 또한 Piaget의 이론은 여아보다는 남아에 편중된 도덕적 발달에 대한 남아선호라는 측면에서 비난을 받고 있다(Lever, 1976).

5) Kohlbera의 도덕성 발달이론

Kohlbera(1958)는 Piaget(1932)의 전통적 연구인 어린이의 도덕적 판단에 깊은 영향을 받았다. Kohlbera의 연구는 Piaget 연구의 연장이라 볼 수 있으며 도

Erickson(1950)의 심리사회학적 이론은 프로이드의 이론을 상당히 응용하였으나 3가지 중요한 부분에서 다르다. Erickson은 사회환경적 조건과 관련된 자아의 개념을 강조하였다. 반면에 Freud는 느낌의 중요성을 강조하였다. Erickson은 사회와 더욱더 완전한 틀을 소개하였다. 이러한 틀은 부모, 형제, 친구, 그리고 폭넓은 사회 문화적 환경에 관련된 가족환경을 제시하였다. Erickson은 발달위기의 성공적인 해결책에 관심이 많았으며, 반면에 Freud는 병리학적 발달에 깊은 관심을 가졌었다. Erickson에 의하면 새로운 욕구로서 발달된 자아는 사회적 환경에 의하여 지속적으로 새로운 욕구 내에 존재한다는 것이다. Erickson은 성숙적 개념에 기초한 심리적 발달의 단계이론과 성장은 기본적 바탕을 갖고 있다는 유전적 개념을 제안하였다. 여기서의 기본적 바탕이란 다른 시기와 단계가 기능적으로 전체가 될 때까지 각 부분이 각각의 역할을 수행한다는 것이다(Erickson, 1950). Erickson의 주요 개념은 인간이 자아가 변화되는 시기에 있어서 사회적 환경에 적응하기 위해 요구되는 발달단계이다. Erickson(1950)은 인간이 일생동안 경험하는 8가지 발달단계를 제안하였다.

① 신뢰감 대 불신감(trust vs. mistrust: 0–18**개월**)

인생의 첫 해 동안에 유아는 부모를 신뢰하는 것과 신뢰하지 않은 것으로 나눠진다. 요구가 일반적으로 만족되면, 유아는 환경과 자신을 신뢰하게 된다. 결과는 환경에 대한 예측 가능성의 믿음과 미래에 대한 낙관주의이다. 좌절된 유아는 의심이 많고, 두려워하고, 안정성에 지나치게 관심을 두게 된다.

② 자율감, 수치감과 의심(autonomy vs. shame and doubt: 18**개월**–3**년**)

처음 3년 동안 성장하는 아동들의 신체 발달은 아동들에게 자율감을 증가시켜 주고 환경과 더 많이 접촉하게 해준다. 그들은 걷는 것, 물건을 붙잡는 것, 배설기능의 통제 등을 배운다. 만일 아동이 이런 기술을 숙달하기 위한 시도에서 반복적으로 실패하면 자기의심이 생성될 수 있다. 자기의심에 대한 한 가지 반응은 고정된 형태로 강박적으로 지속되는 것이다. 다른 극단의 반응은 모든 내적 및 외적인 통제에 대한 절대적 거부이다. 만일 부모와 다른 성인들이 아동의 노력을 얕잡아 보면, 그는 또한 수치심을 느끼기 시작하고, 지속적인 열등감을 가지게 된다.

③ 솔선성 대 죄의식(initiative vs. guilt: **3-6년**)

3세에서 6세 사이의 아동은 자신의 운동기술을 계속 발달시킨다. 자율감에 대한 노력은 더 효율적이 되고 목표 지향적이다. 만일 그 아동이 솔선성을 획득할 수 없으면 강한 죄의식, 무가치감, 원한 등이 계속된다.

④ 근면성 대 열등감(industry vs. inferiority: **6세-사춘기**)

아동은 가정과 학교에서 새로운 기대와 부딪친다. 아동은 개인적 관심, 생산적인 일 및 독립적인 사회생활 등을 포함하며 완전히 기능하는 성인이 되기 위해 필요한 기술들을 반드시 배워야 한다. 아동이 성인 세계의 일부로 적응하지 못하면 자신이 부적절하고 평범하거나 열등하다고 결론짓고 근면하게 되려는 자신의 힘에 대한 믿음을 잃게 된다.

⑤ 정체감 대 역할 혼미(identity vs. role confusion: **사춘기**)

사춘기에는 아동기가 끝나고 성인기의 책임감이 대두된다. 이 단계의 중요한 문제는 자신의 정체감을 찾는 일이다. Erickson의 견해로 정체감은 다수의 역할(학생, 누이나 오빠, 친구 등)을 내적인 연속감 혹은 정체감을 제공하는 일관된 양식으로 통합함으로써 성취된다. 정체감을 형성하지 못하면, 역할 혼미와 절망감이 생긴다.

⑥ 친밀감 대 고립감(intimacy vs. isolation: **초기 성인기**)

초기성인기 동안에 남성과 여성은 새로운 중요한 쟁점들(이성과 친밀하게 되는 것)을 해결해야 한다. 결혼은 보통 이러한 시도가 궁극적으로 취하게 되는 형태이다. 누군가를 사랑하기 위해서는 우리는 반드시 우리의 이전 위기를 성공적으로 해결하고, 우리의 정체감을 확신해야 한다고 Erickson은 주장하고 있다. 친숙한 관계를 형성하기 위해서 연인들은 신뢰감을 갖고, 자율적이고, 솔선적이 될 수 있어야 하며, 다른 성숙의 표시들을 나타내야 한다. 친밀성의 실패에는 고통스런 고독감, 불완전감이 수반된다.

⑦ **생산성 대 침체성**(generativity vs. stagnation: **중년기**)

인생의 중반기에는 모든 부분에서 생산적이고 창조적인 생활을 해야 한다. 앞의 6단계를 성공적으로 통과한 사람들은 인생의 모든 활동(직업, 가족, 지역사회활동 참여)에서 의미와 기쁨을 발견할 것이다. 그렇지 않은 사람들에게는 인생은 단조로운 판에 박힌 일이 되고, 그래서 그들은 침체된 느낌과 분개를 느낀다.

⑧ **통합성 대 절망감**(integrity vs. despair: **노년기**)

모든 사람은 다가오는 죽음과 타협하지 않으면 안 된다. 어떤 사람들은 이전 역할의 상실로 절망하는 시기이다. 그러나 Erickson에 의하면 이 단계는 또한 완전한 인격을 얻을 기회를 다시 선사하고 있다. Erickson에게 이것은 한 사람의 인생을 수용하는 것, 즉 자기의 인생이 완전하고 만족스럽다는 느낌을 의미한다. 이전 단계를 성공적으로 해결하여 완전한 성숙을 이룬 사람은 최소한의 두려움으로 죽음에 직면하며 통합감을 갖게 된다.

전통적인 정신분석이론은 감정, 동기, 인간행위의 또 다른 이론 등을 포함하여 인간발달을 조명하며, 발달적 관점에서 인간행위의 문제를 이해하기 위해 노력한다. 정신분석이론의 결점은 측정의 방법과 과정, 결과들이 과학적으로 타당성이 부족하다는 데 있다. 또한 소위 이러한 이론에 접근된 결과들은 사례연구를 통해 얻어진 것들이라 인간발달의 특수한 단계만을 협소화한 연구결과들이란 문제를 안고 있는 것이다. 더욱이 정신분석이론은 남성에 대한 연구와 이론이 대다수여서 성적 편견이 크다는 비판을 받고 있다. Gilligan에 의하면, 이러한 모형의 의미는 별로 없으며, 실패라 할 수 있을 만큼 여성에 대한 발달과 반응에 대한 이론이 부족하다고 하였다(Gilligan, 1982).

7) 생태학적 계통이론

생태학적 계통이론은 발달하는 인간과 환경간의 상호작용의 필요성을 강조한다. 이러한 이론에 의하면, 인간발달은 3가지 주요 요인, 즉 ① 경험과 동기를 포함한 특별한 상황이나 발달단계에 의한 요인, ② 가족, 학교, 이웃과 위원회 같은 구성원의 중요한 의미가 포함된 특별한 상황이나 삶의 단계에서 개인에게 유용한 환경, ③ 인간과 환경 간의 상호작용의 결과이다. 이러한 관점은 유럽의 형태심리학자들에 의해서 시작되었는데 그들은 모든 인간의 통합과 연합을 강조하였다(Koffka, 1935, 1963). 그들은 현장이론을 통해 환경이 어린이에게 어떻게 영향을 미치는가에 관심을 갖고 연구를 진행시켰다(Schiamberg, 1988). Barker와 Wright(1955)는 실제적인 상황에서 자연스럽게 연구를 진행시켰다. 그들은 커다란 환경적 맥락 속에서의 어린이 행동을 연구하였다. Schoggen(1983) 역시 이러한 관점에서 연구를 시도하였다. 그들은 어린이 또는 어른들에 의해서 표현되는 어린이들의 믿음과 어린이들이 이러한 환경에 어떻게 참여하게 되는지를 실험하였다. 그들은 도시가 다른 아이들 간 흥미로운 차이가 있음을 발견하였다. Barker와 그의 동료들은 연구대상의 어린이들은 인간지향보다는 더욱 환경지향적임을 결론으로 제시하였다. Barker는 이러한 과정을 행위지향설정(behavior setting)이라 명명하였다. 이외에 몇 연구들은 인간과 환경의 상호작용적 관점에 대한 결론을 제시하였는데 그들은 어린이가 거주하는 집(Walter, 1981, 1982), 미취학아를 위한 환경(Belsky, 1984: Weikert, 1984), 공립학교환경(Holloway 등, 1984)과 같은 다른 상황, 즉 어린이의 일상환경에서 차이를 관찰하였다.

이 외에 또 다른 자연적인 연구를 지지하는 학자들인 동물생태학자들은 실제적 생활이나 자연스러운 상황에서 아동들의 발달을 묘사하였다. 그들의 연구는 기본적으로 동물들을 관찰하여 얻어진 결과를 인간에게 응용하기 시작하였다. 그들은 발달을 성공적인 조직-환경의 상호작용에 따른 종족생존을 위한 환경에 대한 적응과정으로 생각하였다(Immelman, 1980). 비교적 최근의 연구라 할 수 있는 조직 또는 계통이론인 인간발달의 형태학은 발달심리학자인 Bronfenbrenner(1986)에 의해서 제시되었다.

Bronfenbrenner는 인간의 환경, 사회적 및 물리적 상황에 관련하여 생태학(ecology)이라는 용어를 사용하였다. Bronfenbrenner(1979)는 우리가 인간 발달을 이해하기 위해서는 인간 행위와 발달은 자연스러운 환경에서 관찰해야 하며, 장기간 동안 가족과의 관계도 고려하여 연구를 진행시켜야 한다고 주장하였다. Bronfenbrenner는 인간발달의 형태학을 인간의 적극적인 성장과 인간의 삶이 발달되는 상황 간의 조화와 그 과정을 연구하는 학문으로 정의하였다(Bronfenbrenner, 1979). Bronfenbrenner의 인간발달에 대한 생태심리학연구는 3가지의 주요 관점, 즉 ① 인간발달을 성장, 적극적인 개인에 의한 것으로 보는 것, ② 인간발달과 환경 간의 상호작용으로 보는 관점, ③ 인간발달에 관련된 문화 등이 포함된 광범위한 상황과 즉시적인 상황 간의 상호작용이지 단지 하나의 상황에 의해서 제한되는 것이 아니라는 관점이다. Bronfenbrenner는 생태학적인 환경을 각각 다른 항목이나 계통으로 분류하였으며, 각 계통 내 및 계통간의 관계로서 구분하였다. 인간발달에 대한 생태계통적 관점의 주요 기여는 사회정치적 문제와 관련된 구체적인 문제나 제기된 주제에 대한 관심의 집중이다. 환경적인 계통과 하부계통 간의 영향과 상호작용은 어린이들의 악습과 학대를 더욱 문제시하고 개선하고 그 근본을 이해하는 데 기여하였다(Sebes 등, 1986).

5 운동기술의 연속성 발달

운동발달분야는 비교적 최근에 등장한 학문이라 할 수 있지만 어린이의 운동발달이론에 상당한 영향을 끼친 분야이다. 운동기술의 연속성 발달에 대한 연구는 일어서기와 걷기에 대한 일련의 연속적인 단계를 제시한 Shirley(1931)의 저서와 같은 운동발달 분야 연구에 중요한 도서가 출판된 1920년대 후반이나 1930년대 초가 아닐까 사료된다. Halverson(1931)은 신생아에서부터 성숙한 운동유형이 발달될 때까지는 10단계로 구분하여 설명하였다. Wild(1938)에 의해 수행된 연구는 기본적 운동기술은 단계적 절차를 통해 발달되고 단계에 따른 운동행위의 변화는 독자적인 운동틀의 형태를 보인다고 제안하였다. 이러한 초창기 연구들은 기본적 운동기술의 연속성 발달에 대한 연구를 활성화시키는 역할을 하였다.

운동발달 유형에 대한 연구는 1960년 초반까지 실제적으로 없었다고 할 수 있다. 간혹 비슷한 연구들이 수행되었는데 예를 들어, Bayley(1936)의 유아 운동 발달 수준, Gesell(1928)과 McGraw(1940)의 운동수행과 연령과의 관계에 대한 연구 등이 고작이었다. Cratty와 Martin은 4살에서 12살까지의 어린이를 대상으로 이동운동, 조작적 운동, 지각능력 등을 조사한 뒤 연령과 운동능력의 습득간 일련의 연속성을 보고하였으며, William(1970)은 3~6세의 어린이를 대상으로 하여 연령이 증가하면서 운동능력이 향상된다는 사실을 요약하여 제시하였다. Sinclair(1973)는 2~6세의 어린이를 대상으로 하여 6개월 동안 종단적으로 25가지의 동작을 비디오로 찍어 연구를 시도하였다. 그녀는 동작이 이른 아동기 시절 연속적 과정을 통해서 발달된다는 가설을 더욱 입증할 수 있는 이론을 제시하였다. 이러한 실제적인 연구들은 거리나 속도에 관련된 정량적인 용어(얼마나 멀리, 얼마나 빠르게, 얼마나 많이 등)를 사용할 수 있는 방향에 대한 정보를 제공하였지만, 어린이가 성숙한 운동 형태로 변화되는 정도에 대한 정량적인 분석을 위한 정확한 정보를 제공하는 데는 사실 실패하였다고 할 수 있을 것이다.

1970년대에 들어서서 Wild(1938)와 Halverson(1931) 같은 초창기 연구자들의 영향을 받은 일부 연구가들은 신체 모습의 변화와 간단한 운동기술 습득 시 신체 각 부분의 동작 형태의 변화에 관심을 집중시켰다. 연구자들은 어린이의 동작을 기본운동기술의 초보적 수준에서부터 효과적이고 완숙한 표현에 이르는 과정을 분석하고 관찰하기 시작하였다. 기본운동기술 연구에 있어서 중요한 것은 아동기에서부터 성인에 이르기까지 운동발달의 과정에서 기본운동기술이 중요한 역할을 한다는 것에 초점이 맞춰져 있다. 비록 운동발달에 대해 완전히 이해할 수 있는 이론은 없지만 관심을 가질만한 몇 가지 이론적 모형이 제시되어 왔다. 가장 일반적인 모형은 Seefeldt(1979)가 제시한 가설로 운동기술의 4가지 위계성 모형으로 운동의 효율성을 성취하는 데 있어서 운동기술의 연계적 과정이 작용한다는 이론이다.

첫 번째 단계는 태아시나 탄생시 나타나는 반사 및 반응적 단계이다. 이러한 반사와 반응의 일부는 후에 필요한 동작에 기초가 되며 더욱 높은 수준의 운동을 수행하는 데 도움이 된다. Seefeldt는 이 시기를 신생아기(neonatal period)로 명명하였다. 두 번째 수준은 더욱 복잡한 스포츠나 율동에 기본이 된 기본 운동기술 단계이다. 영아들이 더욱 높은 수준의 운동기술을 발현하기 위해서는 기본운동기술이 숙달되어야 가능하다는 사실은 일반적인 것이다(Haubenstricker와 Seefeldt, 1986).

Seefeldt의 이론에 있어서 초기 아동기시 기본운동기술 발달의 중요성은 효율성의 벽 단계에서 나타난다. Seefeldt는 기본 운동기술 단계와 전환 운동기술 단계 사이에 효율성의 벽이 가로막고 있어 어린이가 기본 운동기술 단계에서 벗어나 더욱 기술화된 전환운동을 학습하려 할 때 어려움이 나타나는 단계임을 제시하였다(Seefeldt, 1979). 이러한 모형에 따르면, 기본 운동기술은 모든 동작의 필수적인 기본이라 할 수 있겠다. 3번째 단계는 전환운동기술 단계로 다음의 특정 스포츠 기술이나 무용 단계를 가능하게 하는 단계이다. 전환기술이란 기본운동기술을 수정하거나 또는 수정 없이 기본 운동기술의 통합적 조화라 할 수 있다. 4번째 단계는 특수한 스포츠와 무용단계이다. 이러한 수준은 더욱 복잡한 스포츠 및 무용 기술이 포함되며 더욱 조직적인 게임, 스포츠와 운동에 응용되는 단계이다. 3, 4번째 단계는 중아동기에서 성인기까지의 기간이다. 어떤 단계에서든지 성공적인 성취는 최소한 각 단계의 바로 아래 수준에서 어느 정도 숙달되었는가에 달려 있다. 그러나 효율성 벽이 위치하는 단계로 초기 아동기에서는 기본운동기술 학습의 중요성을 특히 강조해야 한다.

운동발달에 대한 또 다른 모형은 Gallahue(1982, 1989)가 제시한 단계적 운동발달(the phases of motor development)이론이다. 이 모형은 역시 4가지의 단계를 포함하고 있다(그림 10-3). 첫 단계는 태아의 가장 초보적 운동인 반사운동 단계이다. Gallahue는 이러한 불수의적이고 인지적으로 제어할 수 없는 동작은 운동발달단계에 기초가 된다고 주장하였다. 이러한 각 단계는 다시 두 가지 수준으로 나눠진다. 정보의 부호화 수준은 임신 후 약 4개월까지의 태아에서 나타나는 관찰 가능한 불수의적 동작이라 할 수 있다. 이러한 수준에서는 대뇌피질보다는 하위 수준의 뇌조직이 더욱 발달되고 이러한 조직은 기본적으로 태아 및 신생아 수준의 동작을 조절한다. 다음의 정보해석 수준은 임신 4개월 이후에 시작된다. 이 수준에서는 여러 가지 반사동작이 점차적으로 줄어들고 대뇌피질의 운동영역이 뇌의 하위수준을 넘어 제어하기 시작하고 수의적인 동작이 나타나기 시작한다. 해석 단계는 지각-운동 행위에 대한 감각운동활동이 나타나는 단계이다.

기초동작단계(rudimentary movement)는 첫 번째 수의적 동작이다. 이 단계는 탄생에서부터 약 2세까지 나타난다. Gallahue에 의하면 기초동작단계는 얼마나 성숙하느냐에 따라 결정이 되고 동작의 표현은 고도로 예상할 수 있는 연계성을 갖는 특징이 있다. 이러한 능력이 얼마나 나타나는가의 비율은 생물학적 및 환경적 변인에 따라 어린이마다 다른 수준을 보이며 나타난다. 유아들의 기초동작능력은 생존을 위해 요구되는 수의적 동작의 기본이다. 기초동작은 머리, 목, 가슴 근육을 조절하는 균형성 동작, 당기고, 잡고, 끄는 조작적 손동작, 기어 다니거나 걷는 이동동작 등이 포함된다. Gallahue의 모형에 있어서 기초동작단계는 2가지 수준으로 나눠진다. 반사장해(reflex inhibition) 수준과 어린이가 동작을 더욱 정교하게 하고 조절이 가능하기 시작하는 전조절(precontrol stage) 수준이다.

기초동작 단계 다음에는 기본운동 단계이다. Gallahue에 의하면 영아들이 자신들의 동작능력을 시험하고, 다양한 이동동작, 균형성 유지, 조작적 운동 등을 수행할 수 있는 방법을 알기 위해 노력하는 시기이다. 기본운동 단계는 유아의 기초동작 단계가 급속하게 발달되는 시기로 생후 2세에서부터 7세까지에서 나타난다. 이러한 단계는 다시 시작(initial), 기본(elementary), 숙달(mature)의 3수준으로 분리되는 데 가끔 서로 중복되기도 한다.

기본운동기술에 대한 이론에 동의하지 않는 운동발달 분야의 연구자들이 적지 않지만 기본운동기술의 습득과 학습을 위한 적당한 시기에 대해서는 동의하는 편이다. Gallahue(1982, 1989)는 기본운동기술에 대한 대부분의 정보는 어린

향을 미치는가에 대한 연구가 대부분이었다. Dennis(1960)는 전쟁 중인 중동 국가의 3 군데 연구소에서 유아를 대상으로 연구를 실시하였다. 연구소 2곳에서 심각한 운동발달의 지체를 보고하였다. 다른 한 곳에서도 운동의 비정상적 현상이 어린이들에게 나타났다. Dennis는 각 연구소에 따라 대상 어린이들의 생활 패턴과 운동지체 현상의 관계를 조사하였다. 그 결과 두 군데 연구소에서 손 움직임의 부족, 주위의 어두움, 일반적인 운동 기회와 경험부족 등이 그 원인으로 나타났다. 이러한 연구결과들은 행동발달이 성숙에 의한 발달가설에 의해 완전히 설명되지 않으며 심각한 방해와 경험부족이 정상적인 발달을 저해하는 것으로 나타났다. 또한 Dennis(1935)는 두 명의 일란성 여아를 대상으로 매우 심각하게 보호가 요구되는 환경에서의 운동발달을 조사하였다. 이러한 상황에서는 운동이나 사회적 자극을 최소화하였다. 14개월 후, 여아의 행동은 일반적 경향과 비교되었는데 정상적인 평균치에 비해 크게 지체된 사실을 보고하였다. 그러나 사회적 발달은 정상적인 아이들과 큰 차이가 없었다. 이러한 사실은 어린이들에 있어서 사회적인 자극보다는 운동자극이 운동발달을 위해서 더욱 필요하다는 사실을 의미하는 것이다.

Dennis(1940)는 또 다른 연구를 호피 인디안족 어린이를 대상으로 하여 실시하였다. 그는 호피족 어린아이가 묶여서 잠자는 것이 운동발달에 어떠한 영향을 미치는가를 조사한 후 미국 어린이와 비교하여 큰 차이가 없었음을 제시하였다. 이러한 이유는 운동에 대한 시각적인 자극이나 아이들의 모친이 움직이는 것을 느끼기 때문으로 설명하였다. 부가적으로 이러한 결과는 호피 인디안 어린이가 비록 묶여져 생활한다 해도 인간이 인내할 수 있는 정도 내나 정상적인 과정이 나타날 수 있는 정도까지만 제한된다는 것을 의미하는 것이다. 이러한 연구는 시각의 형성과 운동행위 간의 밀접한 관계를 나타내는 것이라 볼 수 있으며 지각과 운동기능 및 풍부한 자극 간의 상호작용은 운동발달에 매우 중요한 요인임을 제시하는 것이다.

환경을 제한하는 연구가 도덕적인 문제로 제한된 것에 비해 자극이 계속적으로 주어지는 환경에 대한 연구는 상당히 많은 편이다. 이러한 연구들의 대부분은 기본적 운동기술의 학습에 대한 특별한 훈련의 효과를 규명하는 것이다.

Gesell과 Thomson(1929)은 이란성 쌍둥이를 대상으로 하여 학습이 성숙에 의하여 상당 부분 조건화된다는 사실을 제시하였다. 이러한 조사는 훈련이 성숙보다 더 중요하게 영향을 미치는 것은 아니지만 성숙이 훈련의 결과를 변화되게 할 수 있음을 제시하였다. Gesell과 Thompson은 한 동작(계단오르기)의 완성을 위한 수행시간이 실험이 끝날 무렵에는 비슷하였지만 실험을 처치한 아이에게서 비교 아이보다 더욱 숙련되고, 민첩했으며, 자신감과 걷는 동작이 우수했음을 보고하였다. McGraw(1946)는 Gesell과 Thompson의 연구에서 문제는 연습기간의 개시에 따른 연습의 상대적인 효과를 고려하는 것이라 하였다. 통제아에게 주어진 연습기간은 빠른 향상에 필요한 성숙 수준에 도달된 시점에서 더욱 효과적인 것으로 나타났다. Hilgard(1932) 역시 비슷한 결과를 보고하였는데 비록 운동이 처치된 어린이가 12주의 연습 후 운동이 처치되지 않은 비교집단보다 우수하였지만 비처치 아이들은 후반기에 실시된 불과 1주일의 연습으로도 거의 같은 수준에 도달할 수 있었음을 보고하였다. 이러한 연구결과는 훈련보다 또 다른 요인이 운동발달에 기인하고 있음을 제시하는 것이다. 성숙과 연습은 운동기술 발달에 부분적으로 기여한다는 것을 의미하는 것이다.

McGraw(1935)는 어떠한 연령에서 훈련에 의해서 다양한 운동활동능력이 가장 향상되는가를 관찰하기 위한 종단적 연구를 쌍둥이를 대상으로 실시하였다. 한 아이는 생후 21일부터 22개월이 될 때까지 가능한 지속적으로 운동연습을 계속시켰으며 통제아의 활동은 제한시켰다. 결과를 비교하여 보면 훈련받은 쌍둥이는 모든 활동에서 보통 이상의 우수한 능력을 보이며 행위가 발달되었으며, 반면에 짧은 기간의 연습이 주어진 통제아는 일반적인 수준에 머물렀다. 이러한 결과를 McGraw는 운동행위를 수정하기 위해 가장 적절한 기간이 있음을 주장하며, 계통적 활동은 유전적인 요인보다는 연습에 의해서 수정되기는 다소 어려움이 있음을 주장하였다.

Dusenberry(1952)는 한 주씩 간격을 두고 6회의 볼 던지기 훈련을 각각 14명의 소년 소녀에게 처치하였다. 훈련된 아이들은 통제집단에 비해 3~4세보다는 5~6세에 훈련의 효과를 더욱 기대할 수 있었음을 제시하였다. 또한 5~6세의 나이에서 훈련집단의 성별에 대한 차이는 제한적이었지만 남아가 훈련이 시작될 때부터 마칠 때까지 우수한 것으로 나타났다. 이러한 결과는 소년보다는 소녀의 특성에 따른 다른 변인, 즉 생리학적, 환경적, 문화적 차이에 의한 결과라 사료된다.

요 약

인간능력 발달과 특성은 심리학에서 주요 관심사이다. 인간이 다양한 운동을 수행하는데 관계되는 개인의 일반적 역량을 능력이라 하며 반면에 기술은 세부과제에 대한 효율성이라 정의된다. 개인의 일반적 능력은 주로 체력이 그 기본이 되면서 환경 역시 능력 발달에 중요한 변인이다. 그러나 이러한 일반적 능력은 연구에 의해서 지지를 받고 있지 못한 입장이다. 1930~1940년 사이 몇 가지 운동능력 검사는 일부 관점에서 미래의 수행력을 예측케 하고 측정점수를 기본으로 하여 운동기술 학습을 효율적으로 진행시키는 데 기여하였다. 그러나 이러한 검사의 타당성은 매우 빈약하였다. 1950년대 초기에 Henry 등은 기술이 일반적 능력이 아니라 특수한 능력임을 논증하였다. Fleishman은 운동능력과 운동행동 간 관계를 명확하게 하는 데 기여하였다. 그는 수많은 운동과제를 통하여 비교적 간단히 운동능력을 요약하여 제시하였다.

운동능력을 판별하는 것에 부가하여 Fleishman은 운동기술 과정을 학습함으로써 수행에 기여하는 능력의 특별한 조화가 이뤄지는 변화가 나타남을 논증하였다. 이러한 발견은 학습의 초기단계에서 수행에 기여하는 능력들이 과정화되는 학습자는 비교적 높은 수준에서 학습이 시작될 것이며 학습의 후반부에 수행에 기여하는 능력이 과정화되는 사람은 학습 후반부에 높은 효율 수준을 획득하게 될 것이라는 사실을 의미한다. 더욱이 초기 효율성의 개인차는 최종적인 효율성에 비교적 낮은 관련성을 보인다.

운동학습에 있어서 능력의 특성 변화에 대한 연구에서 운동과제의 변이성을 학습하는 초기단계 시, 시각능력은 비교적 지속적으로 효율성에 기여하는 주요 요인이 되는 것으로 보인다. 지적능력과 운동능력 간에 정적 상관관계가 존재한다는 일반적 견해가 있지만 경험적 증거는 이러한 설을 지지하지 못하고 있다. 단지 이 두 요인 간 약간의 상관이 존재한다는 정도로 제시되고 있을 뿐이다.

아동발달이론은 성숙이론, 행동과 학습이론, 사회학습이론, Piaget의 인지적 이론, Koklbera의 도덕성 발달이론, 정신분석이론, 생태학적 계통이론 등으로 분리하여 설명된다. 이 중 생태학적 관점을 Bronfenbrenner는 인간발달을 성장 또는 적극적인 개인에 의한 것으로 보는 것, 인간발달과 환경 간의 상호작용으로 보는 관점, 인간발달에 관련된 문화 등이 포함된 광범위한 상황과 즉시적인 상황간의 상호작용이지 단지 하나의 상황에 의해서 제한되는 것 등으로 분리접근하였다.

운동기술의 발달은 반사 및 반응력 단계, 기본 운동기술 단계, 전환 운동기술 단계, 특정 운동기술 단계를 거쳐 나타나며 운동기술의 발달 변인으로는 성장과 성숙, 환경적 요인이 중요하게 작용한다.

토론 과제

1. 일반 운동능력을 말하라.
2. Fleishman의 운동능력을 설명하라.
3. 일반운동능력이론이 지지받지 못하는 이유를 설명하라.
4. 운동능력 평가에 대한 개선안을 제시하라.
5. 아동의 발달이론들을 각각 설명하라.
6. 운동기술 발달 변인을 설명하라.

참고문헌

은희관(2003). 스포츠운동심리학. 서울, 도서출판 금광.

한국스포츠심리학회 편(2005), 스포츠심리학 핸드북, 서울, 도서출판 무지개사.

Bachman, J. C. (1961). Specificity versus Generality in learning and Performing Two Large Muscle Motor Tasks. Research Quarterly(32). pp.3-11.

Bandura, A.(1973). Aggression: A social learning analysis. Englewood Cliffs, NJ: Prentice Hall.

Bandura, A.(1977). Self-Efficacy: Toward a Unifying Theory of Behavioral Change. Psychological Review(84). pp.191-215.

Brace, D. K.(1941). Studies in the Rate of Learning Gross Bodily Motor Skills. Research Quarterly(12). pp,181-185.

Cronbach, L.J.(1960). Essentials of Psychological Testing. 2'ned. New York : Harper and Row.

Keele, S.W.(1982). Learning and Control of Coordinated Motor Patterns: The Programming Perspective. In J.A.S. Kelso, ed. Human Motor Behavior: An Introduction. Hillsdale, N.J., Erlbaum.

Marteniuk, R.G.(1974). Individual Differences in Motor Performance and Learning. In Jack H. Wilmore, ed. Exercise and Sport Sciences Reviews. vol.2. New York: Academic Press.

McCloy, C.H.(October1937). An Analyticall Study of the Stunt Type Tests as a Measure of Motor Educability. Research Quarterly(8). pp..46-55.

Solomon, P. et al., eds.(1961). Sensory Deprivation. Cambridge: Harvard University Press.

Thorndike, E. L.(1903). Educational Psychology. New York; Lemcke and Buechner.

Williams, J. M.(1975). Perceptual Style and Fencing Skill. Perceptual and Motor Skills(40). p.282.

Wittig, A.F., Houmard, J.A., & Costill, D.L.(1989). Psychological effects during reduced training in distance runners. International Journal of Sports medicine(10), pp.97-100.

Young, J. Z.(1978). Programs of the Brain. New York: Oxford Press.

단원 7

연습과 운동행동

| 주요 용어 |

감성리듬, 도식이론, 목표설정, 바이오리듬, 반응성 억제, 분산연습, 신체리듬, 연습변인, 인지적 시연, 정신연습, 지성리듬, 집중연습, 피로을 수 있으며 결국 학습자가 효율적으로 연습을 하는 데 방해가 될 수 있다. 결론적으로, 운동기술의 관찰학습에 관한 연구는 성별, 학습자의 나이, 운동과제의 차이가 고려되어 다양한 시범이 이뤄져야 효과적이다(Feltz, 1982). 시범이 모든 상황에서 모든 학습자를 위하여 일률적으로 보이면 효과적인 방법이 아닌 것이다(Gould 등, 1981).

관찰방법에 관련되지만 학습자의 입장에서 더욱 적극적인 참가가 요구되는 사전 연습 기술을 언어적 사전훈련(verbal pretraining)이라 한다. 학습자는 그들이 실제적으로 연습을 시작할 때 이러한 학습이 도움이 되기를 희망하며 따라서 과제의 특정 양식을 배우는 것이 필요하다. 언어적 사전훈련의 한 예로서 야구경기에서 타자가 스윙 전에 상대투수가 던지는 여러 번의 커브 볼을 응시한다든가 또는 골프 시합이나 마라톤 경기 전에 코스를 미리 걸어 보고 언어화시켜 머릿속에 기억하는 것 등이 있다. 이와 같은 방법은 언어적 사전훈련이라는 주제로 연구되어 왔는데 사전훈련이 언어뿐만 아니라 시각적으로도 이뤄지기 때문에 약간은 잘못된 명칭이다. 전형적인 실험은 연습 전에 자극정보를 개별적으로 제시하고 피험자들의 자극에 대한 언어적 반응을 조사하는 것이다. 그러나 이런 반응은 실제 과제의 수행에는 꼭 활용되지 않을 수도 있다. 예를 들면, 골퍼들은 각 홀의 특성이나 홀의 길이, 핸디캡 등에 따라서 다를 수 있기 때문이다.

Adams와 Creamer(1962)는 실험 상황에서 언어적 사전훈련과 유사한 방법을 사용하였다. 이 연구는 피험자에게 규칙적인 곡선모형의 움직임에 따라 앞뒤로 움직이면서 추적과제를 학습하도록 요구하였다. 또한 피험자는 자극을 관찰하고 자극의 움직임을 예측하면서 자극의 움직임 방향이 바뀌는 순간마다 버튼을 누름으로써 반응하도록 하였다. 연구자들은 언어적 사전지시를 경험한 피험자가 그렇지 않은 피험자보다 추적과제 수행에서 더욱 정확하였음을 발견하였다. Trumbo 등(1965)도 피험자에게 규칙적으로 자극의 위치를 언어로 제시한 후 자극에 대한 위치의 지적을 통해서 자극위치의 순서를 잘 예측할 수 있도록 학습되었을 때 추적과제의 자극에 훨씬 효과적으로 반응하였음을 보고하였다. Shea (1977) 역시 학습자가 위치과제를 학습하는 데 있어서 언어적 단서를 주었을 때 더욱 정확한 위치 동작을 수행했다고 보고했다. 이는 실제 과제에 관련된 어떤 유형의 적극적 경험이 연습 전에 이뤄진다면 최초의 연습시행에 있어서 수행력을 향상시킬 수 있음을 의미하는 것이다. 따라서 동작에 필요한 언어적 단서를 자기자신에게 부여한다면 운동기억을 향상시킬 수 있을 것이다.

3) 기전지식

특정한 운동과제의 기초가 되는 동작의 역학 원리에 관한 지식이 학습자에게 어느 정도 필요한가? 역학적 원리에 관한 지식을 과제의 학습이 시작되기 전에 제시하면 차후의 수행과 학습에 도움이 될 것인가? Judd(1988)는 물속에 잠겨 있는 목표물 맞추기 과제를 이용하여 동작의 기전에 대한 지식의 유용성을 발견하였다. Judd는 학습자들에게 물속에 잠긴 목표물에 대한 굴절의 원리를 설명하였더니 수행이 향상되었다고 하였다.

4) 연습 의향

연습은 복잡한 운동기술 습득에 필수적이다. 농구의 점프 슛이나 테니스 서브 같은 기술은 단지 동작을 관찰한다든지 머리로 상상만 함으로써 학습될 수 없다. 오로지 원하는 동작의 반복적 연습을 통해서 얻어지는 것이며 기술적 반응 정도가 발달되는 것이다. 그러나 연습만이 절대적으로 동작의 효율성을 증가시키는 것은 아니다. 기술향상과 효율성의 획득은 인지적 시도가 함께 이뤄져야만 나타나고 유지되는 것이다. 학습자는 학습을 위해 이상적인 동작을 관찰하고 향상시키고자 하는 의향과 함께 연습을 실시해야 하는 것이다.

연습은 완전함을 만든다. 일상생활에서도 그 예를 쉽게 찾아볼 수 있다. 글쓰기 동작을 예로 보자. 비록 글쓰기 동작이 매일 연습될 수 있는 것이지만 컴퓨터에 의해서 상당히 사라졌다. 따라서 대부분의 개인적 글쓰기 동작은 향상되는 것이 아니라 오히려 많은 경우에 더 나빠졌을 것이다. 또한 연습의 의향이 크다 하더라도 가끔 나쁜 오류를 만들 수 있다. 골프의 경우 처음 잘못된 폼으로 지도를 받은 선수들은 이를 교정하기 위해 매우 많은 노력을 기울려야 할

한 의향이 없는 단지 반복적 연습은 장기기억으로의 전환에 충분치 않음을 밝혔다.

6) 연습의 양

수행력 향상 의향을 갖고 더욱 많은 연습을 한다면 연습이 종료되거나 많은 기간 동안 연습을 행하지 않아도 더욱 높은 효율성을 소지하며 그 효율성 역시 더욱 많은 기간 동안 유지될 것이다. 다른 말로, 적극적 시연은 망각을 감소시키고 지속적인 간섭 상황에도 불구하고 저장된 정보의 질을 향상시킬 것이다. 적극적 연습은 기억을 야기하는 반복적 과정이라 할 수 있다. 장기기억으로의 정보 전환은 시연의 반복이 요구되는 것으로 보인다. 과제를 반복해서 행하는 만큼 장기기억 역시 저장 정도가 향상된다. 또한 적극적 시연은 기억을 활성화 시키는 조직과 같은 기억매체를 체계화하는 데도 작용한다(Keel, 1973).

회상도식 운동계획 이론에서 회상과 재인도식은 연습과 실제 결과 간 관계가 연습을 통해 얻어지기 때문에 회상도식의 강화는 연습의 양에 따른 긍정적 기능을 수행한다고 할 수 있다. 비슷하게, 재인도식 역시 연습에 의해 향상되는데 학습자가 기술 발현에 포함된 동작의 기대된 감각귀결을 더욱 정확하게 생성할 수 있도록 해준다. 따라서 학습자는 동작 발현 시 실제 동작과 기대된 감각귀결을 비교할 수 있으며 정확한 오류 탐지를 가능케 하는 것이다.

연습시도의 회수를 최대화해야 된다는 것은 운동기술 지도자들에게 분명한 적용이라 할 수 있다. 물론, 최고의 효율성을 획득하는 데는 신체능력의 한계가 있지만 신체의 최고 능력 수준을 평가할 수 있는 방법이 사실 현재에는 없다. 대부분의 운동수행력 향상은 오랫동안, 즉 몇 년의 연습을 통해서 일어난다고 볼 수 있다.

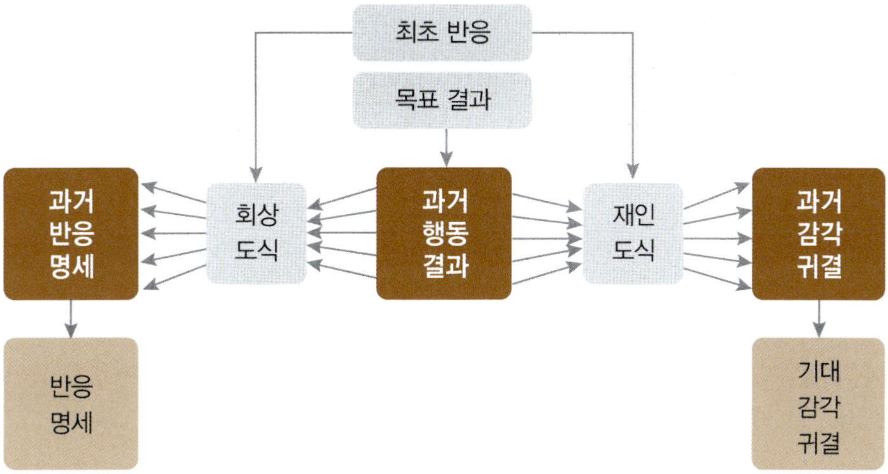

[그림 7-3] 운동계획에 대한 회상도식모형

7) 집중 및 분산연습과 운동기술

운동기술을 가르치는 교육, 산업 그리고 군사교육 등이 이뤄지는 현장에서 가장 효과적인 연습 및 휴식 비율이 연습시간의 부족 등 많은 기술을 가르칠 수 있는 시간 등의 제한으로 인하여 매우 관심 있는 주제가 되었다. 연습계획에 관한 주된 문제는 기술에 대한 지속적인 연습을 위해 단지 짧은 휴식만으로도 효과를 얻을 수 있는가? 그렇지 않으면 더욱 빈번한 휴식이 효과적인가? 최고의 기술수준, 파지, 속도 기술습득을 위해 어떠한 연습 계획이 가장 효과적인가? 하는 것 등일 것이다.

지속적인 연습시간과 연습시행 간 간격에 관한 연습계획의 연구는 두 가지 기본적 변인을 중심으로 연구되어 왔다. 연습시간 휴식 간격이 단기간 또는 드물게 이뤄지며 연습이 계속되는 연습계획을 집중연습(massed practice)이라 한다. 연습기간 중 휴식기간이 길고 빈번하게 이뤄지는 연습을 분산연습(distributed practice)이라 한다. 집중연습과 분산연습의 효과에 관한 연구에서 집중연습이 더욱 효과적임이 나타났다. 그러나 거꾸로 분산연습을 지지하는 학자들은 운동수행과 학습이 최소한 연습시간 만큼 휴식을 취하면서 분산적으로 이뤄질 때 가장 큰 효과를 발견하였다. 이 두 연습의 효과를 검증하기 위해서 대부분의 연구자들은 회전판 추적, 거울탐색 등 기타 소근활동기술 과제와 같은 간단한 과제를 이용하였다. 이러한 과제는 많은 변인을 통제하기에는 용이하지만 이러한 연구결과가 스포츠, 산업 및 무용분야로의 적용을 위한 일반화엔 많은 문제점이 있을 것이다. 그러나 대근활동을 이용한 몇 개의 연구결과들은 소근활동을 통한 기본적 결과와 일치하는 경향을 보였다.

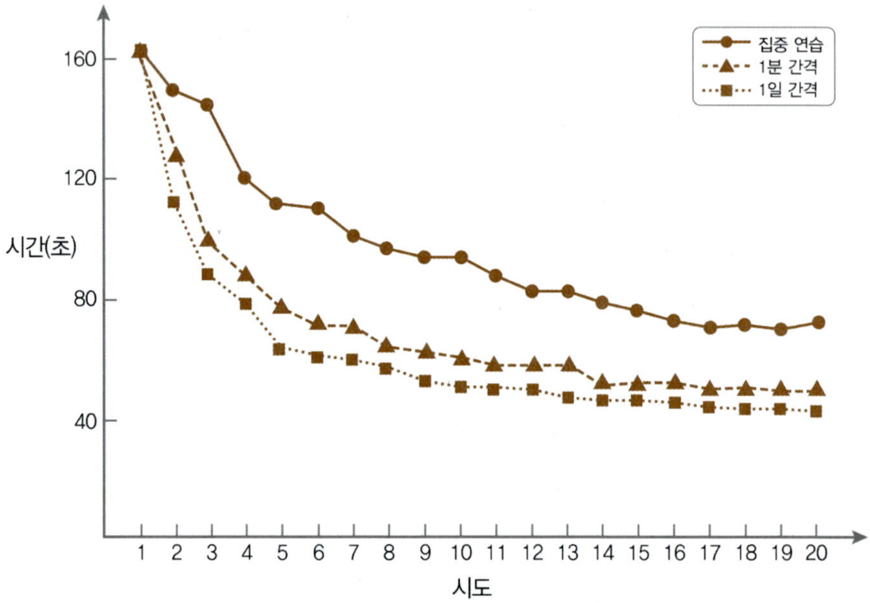

[그림 7-4] 분산연습과 집중연습의 수행력 효과 비교

소근 활동에 대한 대부분의 연구결과는 운동수행력이 분산집단에서 특히 과제의 처음 수행 후에 우세한 수행력을 보였다고 보고되었다. 그러나 학습결과는 명확하지 않지만 두 연습계획에 따른 학습 효과의 차이는 실제적으로 거의 없는 것으로 나타났다. 이와 같이 대부분의 초기 연구자들은 수행력과 학습 간 차이가 없지만 수행력에서 분산집단이 우세함을 보고하였다. 수행력에 대한 분산연습의 우위성을 학습에 적용하기는 어렵다.

다음 두 연구의 결과는 단지 수행력 점수만을 갖고 어떻게 분산연습이 집중연습보다 더 효과적이라 할 수 있는가 하는 문제를 제시해준다. Lorge(1930)는 거울을 이용한 그림 묘사 및 글쓰기, 부호 대치 과제 등을 이용하여 20회의 수행을 지속적으로 시도한 연습집단 보다 시행 사이에 1분과 하루의 휴식을 취한 집단이 더 좋은 수행력을 보였다고 보고하였다. Digman(1959)은 집중연습 조건에서 분산연습 조건보다 수행력이 낮았음을 보고하였다. 실제적으로 계열적 수행에서 집중연습 하에서는 수행력 감소를 보였다. 전 실험기간 동안 분산 연습보다 집중 연습에서 낮은 수행력을 보이면서 집중연습 집단 내에서는 새로운 단계가 끝나는 시점보다 초기에 더욱 좋은 결과를 보였다. Mohr(1960)는 집중 및 분산 연습에 관련된 45개의 운동행동 연구를 재검토한 문헌 연구를 통해서 이 중 40개는 분산 연습의 우위성을 3개는 집중연습 나머지 2개는 의미 있는 차가 없었음을 보고하였다. 이러한 결과는 분산연습이 운동수행에 더욱 효과적이라는 사실을 분명하게 하였다.

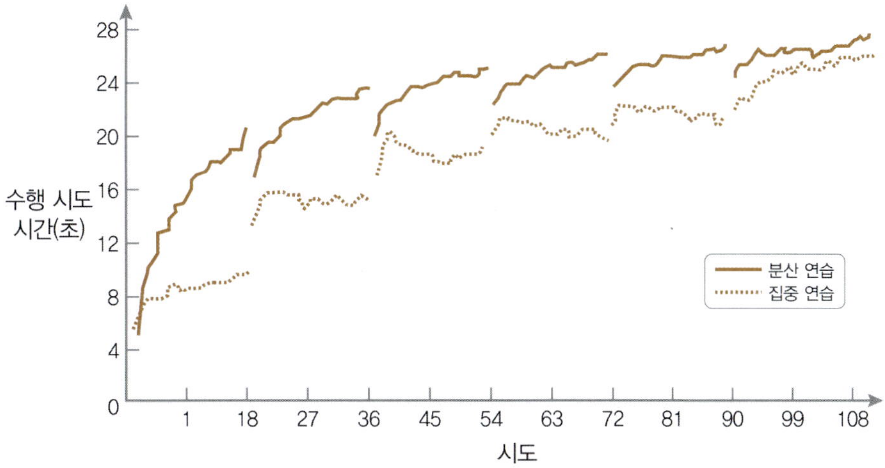

[그림 7-5] 회전판 추적과제에 대한 집중 및 분산연습 효과

연습계획의 연구결과 중 분산연습 시 운동수행력이 더욱 좋아진다는 경향이 보다 지속적으로 보고되었지만 이러한 결과를 학습에 적용할 수 없다는 몇 가지 문제가 제시되었다. 먼저 양 집단이 실질적인 휴식간격(5분 이상)을 갖는다면 수행력은 집단 간 매우 비슷하였고, 새로운 연습기가 시작하는 시점에서 수행력은 휴식 후 역시 거의 일치하는 경향을 보였다는 것이다. Digman의 결과는

이러한 현상을 잘 나타내고 있다. 두 번째, 집중연습 학습자들이 분산학습으로 전환될 때 그들은 분산집단과 같은 수준의 수행력을 보여 운동기술 학습이 연습계획에 의해서 영향받는 것이 필수적이지 않음을 나타냈다. 결국, 연습계획의 효과를 평가하기 위해 적용되는 학습형태가 적용될 때 학습의 차이는 거의 없다는 것이다. 따라서 집중연습이 수행력을 감소시키는 영향은 있지만 소근운동기술 학습에는 이러한 결과가 적용되지 않는 것이다(Whitley, 1970).

대근운동기술에 관한 분산계획의 효과에 관한 연구결과는 소근운동기술의 실험 결과와 일치하는 현상을 보였지만, 학습에 대한 결론은 역시 분명하지 않았다. 대근활동을 대상으로 한 연구는 소근활동과 다른 두 가지 요소가 있다. 하나는 연습과 휴식기간의 차이로 소근운동에서는 수초에서 수분의 휴식기와 연습기를 갖는 반면에 대근운동 연구에서는 몇 분에서부터 몇 시간까지의 연습과 휴식기를 갖는다는 것이다. 두 번째는 소근운동기술은 회전판 추적 검사와 같이 연속적 특성인 과제를 이용하였으나 대근운동 기술 연구에서는 불연속적 과제를 이용한다는 것이다. 이러한 차이에 의해서 집중 연습이 대근운동기술 학습시 수행력 감소를 초래하지 않는다는 연구결과가 증가되고 있다.

대근운동을 이용한 연습계획에 관한 대표적인 연구로 Stelmach(1968)는 4개의 집단으로 피검자를 나누고 모든 피검자는 안정성 검사와 Bachman 사다리 오르기 과제를 실시하였다. 독립변인으로 두 가지 조건을 제시하였는데 하나는 분산연습으로 연습과 휴식간의 간격을 30초로 실시하였다. 다른 조건은 집중연습으로 8분 동안 계속적인 연습을 시켰다. 휴식이 있기 전 마지막 연습 시 수행에서는 집중연습 집단에서 유의하게 낮은 결과치를 보였다. 4분의 휴식 후 양 집단은 분산 계획을 이용하여 과제를 연습시켰으나 결국 학습량의 차이는 발견하지 못했다. Dunhan(1976)은 대상을 Bachman 사다리에 대한 집중 및 분산 연습으로 구분하였다. 그 결과 [그림 7-6]과 같이 분산집단이 우수한 수행력을 보이면서 집중집단은 수행의 감소를 보였으나 학습에 그 효과를 미치지 못했다.

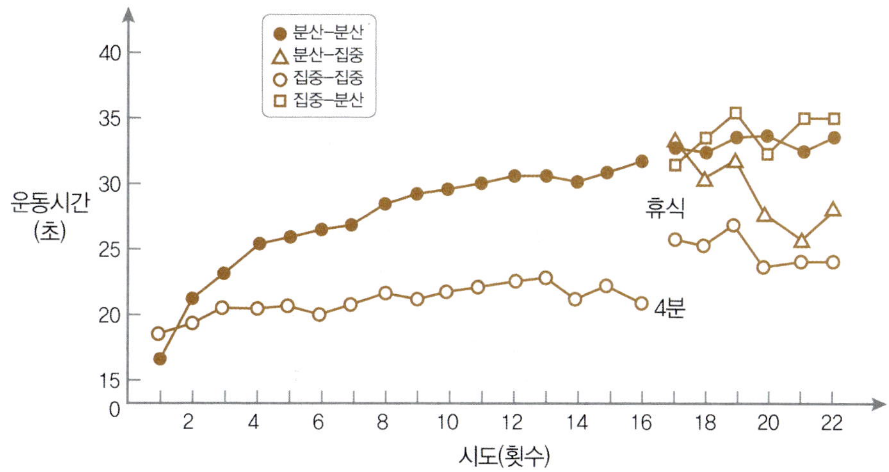

[그림 7-6] Bachman 사다리 오르기에 대한 집중 및 분산연습 효과

왜 분산연습 시 집중연습보다 수행력이 우수하게 나타나는 것일까? 가장 큰 이유로 신체적 피로를 들 수 있다. 그러나 이러한 설명은 많은 과제가 매우 짧게 진행되기 때문에 많은 신체적 부담이 요구되지 않는다는 관점에서 보면 잘못된 해석일 수도 있다. 또 다른 제안으로 집중연습은 학습에는 영향을 미치지 못하지만 수행에 영향을 미치는 일종의 방해효과가 나타난다는 것이다.

억제효과에 대한 전통적인 설명들은 행동심리학자 Hull(1943)에 의하여 반응성 억제(reactive inhibition: IR)로 체계화되었다. Hull은 반응성 억제에 관하여 어떤 반응이 조직에서 유발될 때마다 근본적으로 안정상태를 유지하기 위해 활동단절을 야기하는 내적 역량, 즉 부적 동기(negative motivation)로 작용되는 상태 또는 조건이 남아 있게 된다고 하였다. 이러한 주장에 따르면 어떤 반응이 실현되는 귀결로서 그것을 반복하지 않으려는 경향이 증가된다는 것이다. 또한 개인적 연습시간이 길면 길수록 더욱더 반응성 억제현상은 증가되며 연습을 지속하려는 반응욕구가 저하된다는 것이다. 반응성 억제에 따른 반응감소는 일반적으로 피로에 의한 수행력 감소와 비슷한 경향을 보이나 반응성 억제는 수행자에게 유용한 에너지의 고갈이 아닌 활동유발전위의 감소로 이해해야 한다.

연습계획에 대한 반응억제를 적용시켜 보면 휴식과 운동비율이 비슷한 분산

장 우수한 수행력을 보였다고 보고하였다. 이러한 결론들을 종합하여 보면 사다리 오르기는 분산법이 효과적이며 안정성은 집중연습이 더욱 효과적이라는 사실로 요약할 수 있다.

9) 연습계획을 위한 일반적 원칙

연습계획에 관한 연구결과들은 어떤 확고하고 가장 효과적인 공식을 제시하지는 못하였지만 결과들을 종합하여 보면 다음과 같이 요약할 수 있을 것이다. ① 분산연습이 수행에 효과적이다, ② 학습 시에는 분산 및 집중연습 간 차이가 미비하지만 분산연습이 약간 우세하다. ③ 분산연습은 높은 에너지가 요구되는 과제나 복잡한 과제, 과제수행에 많은 시간이 요구되는 것, 중요성이 존재하지 않는 과제, 학습자의 동기수준이 낮은 과제 등에 효과적이다. ④ 집중연습은 학습자의 기술 수준이 높고, 양호하게 학습된 기술에서 최고의 수행력이 요구될 때 효과적이다. ⑤ 가능한 한 빠른 시간 내에 학습자가 동작의 효율성을 획득하는 것이 요구되는 상황이라면 지도자는 집중계획이 학습에 역효과를 줄 것이다라는 생각은 갖지 않는 것이 좋을 것이다.

3 피로조건에서의 연습

운동기술을 연습하는 것은 간혹 신체적으로 피로상태를 유발한다. 피로상태에서의 연습은 어떻게 수행력과 학습에 영향을 미치는가? 운동행동에 대한 피로의 효과에 관한 문헌은 너무 광범위하다. 그것은 피로에 대한 연구가 의학, 산업, 군사, 스포츠 등의 응용과학 분야에 종사하는 운동행동 연구가들의 많은 관심을 끌어오면서도 보고된 연구결과들이 개념적, 방법상의 문제에 의해 일치되지 못하고 있기 때문이다. 피로에 대한 개념상의 혼란은 용어 정의에 대한 광범위한 해석에서부터 비롯된다. 분명한 문제는 먼저 피로함에 대한 주관적 인지, 둘째 피로감의 객관적 측정이 너무 애매하다는 것이다. 많은 연구결과가 비교적 객관적이지 못한 측정법을 이용하여 피로를 측정하여 수행력과의 관계를 설명하였다. 심지어 피로가 낮으면 수행력이 향상된다는 부적 상관관계를 보고하기도 하였다. 동시에 피로의 객관적 측정은 매우 어렵게 이뤄졌으며 측정결과 간에도 만족할만한 관계를 보여주지 못했다.

피로를 측정하는 데 가장 분명한 주제라 할 수 있는 것은 다음 두 가지로 피로를 유발시키는 과정 수행의 시간과 유발된 피로의 양과 범위에 관한 것이다. 대부분의 조사들은 피로 상태가 나타나는 즉시 학습된 운동과제 수행의 주관적 평가에 치중하여 왔으나 최근 피로 과제를 동시적으로 수행하는 동안 운동 수행력을 주관적으로 평가하는 몇 개의 연구가 시도되었다. 피로의 양과 범위에 관한 연구들은 일률적인 결과를 보고하지 못했으며 대상들에게 피로를 유발하기 위하여 트레이드밀 운동, 자전거 에르고메타, 벤치 오르기 등을 처치하여 심박수의 변화, 운동의 피로 느낌 등 주관적 방법으로 접근을 시도하였다.

1) 수행력에 대한 피로 효과

문헌들에 의하면 피로가 다양한 과제에 대한 수행력을 방해하는 연습을 통해 얻어지는, 즉 피로조건을 야기하는 어떤 시도 사이나 수행 전에 유발된다는 사실을 제시하고 있다(Schmidt, 1969 ; Pack 등, 1974 ; Williams 등, 1975). 그러나 어떤 과제에서는 오히려 피로가 유발되는 것에 의해서 수행력이 향상되는 것으로 나타났으며(Phillips, 1963), Gutin(1970)은 운동수행력은 피로에 의해서 영향받지 않았음을 보고하였다. Godwin과 Schmidt(1971)는 핸들 돌리기 동작과 나무 장애물을 쓰러뜨리는 과제의 동작시간을 이용한 피로 실험에서 피로 집단의 과제 수행이 약간 느렸음을 보고하였다. 비록 이러한 연구결과들이 상반되기는 하나 대부분 신체적 피로는 수행을 감소시킨다는 점에 이견이 없다. 그러나 수행력 감소는 대상의 신체적 조건, 과제의 요구, 피로의 실제적 범위 등에 의해 크게 좌우된다는 사실을 간과해서는 안 될 것이다.

2) 학습에 대한 피로효과

학습에 대한 피로효과에 관한 연구결과 역시 상반되고 있다. 몇 개의 연구가 피로는 학습에 영향을 미치지 않는다(Carron, 1969 ; Schmidt, 1969 ; Cotton 등, 1972)고 보고한 반면 대부분의 초창기 연구들은 단지 학습되어진 과제 수행 전에 피로가 유발됨을 보고하여 연습 시에는 피로로부터 회복됨을 보고하였다. 그러나 피로가 심한 경우에는 연습 시에도 피로가 지속됨을 보고한 연구가 있다. Godwin과 Schmidt(1971)는 수행력과 학습에 대한 피로 효과에 관한 연구에서 피로한 집단이나 피로하지 않은 집단 모두 똑같은 양의 학습을 한다고 보고하였다. 앞에서 설명한 바와 같이 수행력에서는 다소 차이가 났으나 양 집단이 모두 피곤하지 않은 상태, 즉 학습 후 하루가 지난 뒤의 학습량은 차이가 없었기 때문이다.

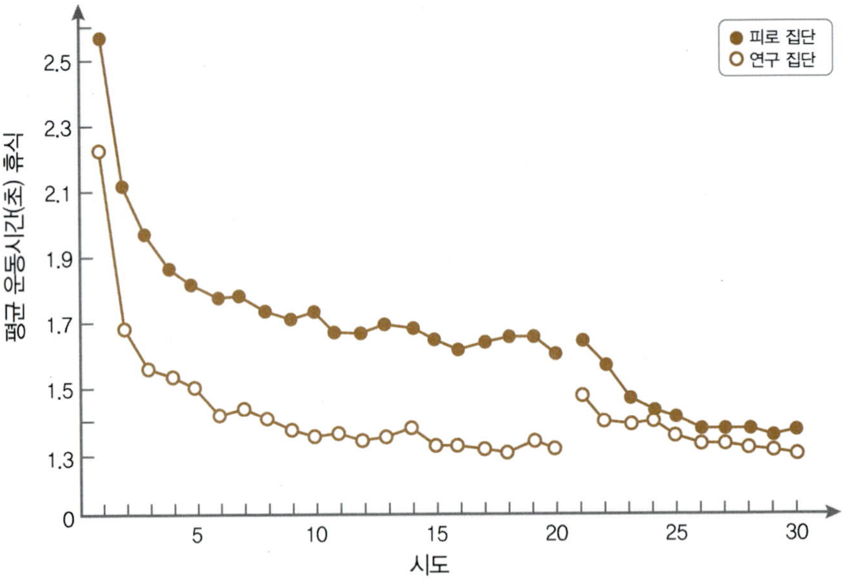

[그림 7-7] 운동시간에 대한 피로효과

그러나 Pack과 그의 동료(1974)들은 매우 다른 결과를 제시하였다. 그들의 연구는 Bachman 사다리 오르기 학습에 대한 피로의 효과를 평가하는 것이었다.

피로는 심박수를 이용하여 트레이드밀 운동으로 유발시켰다. 그리고 나서 사다리 오르기를 연습하고 각 연습단계가 끝나면 또 다시 트레이드밀 운동을 실시하였다. 심박수가 150~180/분 정도로 피로 수준이 제시된 대상에서 과제 학습의 감소현상이 나타났다. 이러한 결론은 심각한 피로현상은 학습과정에 부적합함을 제시한 것이다. 운동학습에 대한 피로효과 연구의 대부분은 연습 전이나 중간에 피로조건이 제시되는 것이다. 그것들은 피로의 순행성 효과에 관한 것이 대부분이다. Hutton과 그의 동료(1972)들은 학습 후에 제시되는 운동성 피로를 이용한 동물실험을 실시한 후 과제 연습 후에 나타나는 피로는 학습을 저해한다는 가설을 부분적으로 지지하는 결과를 보고하였다.

3) 피로의 신경생리학적 이해

신경계는 모든 종류의 과제를 수행하는 데 있어서 근본적으로는 제한적 요소를 갖고 있다. 신경생리학에 관한 다양한 정보는 최대성 운동은 판별력과 주의가 요구되는 행동에 관련된 신경기전을 억제한다는 사실을 제공한다. 원심성과 구심성 신경은 빠른 자극, 장기적 반복에 대한 반응 및 민감도가 저하되고 피로효과가 나타나기 시작한다. 감각수용기는 자극에 대한 반응력이 떨어지며 운동신경은 신경충격의 전달 감소와 근섬유를 발화시키기 위한 신경근 연접에서의 전달물질의 부적절한 공급상태가 초래되는 것이다. 중추신경 내에서 피로는, 즉 자극에 대한 주의력 감소를 의미하는 안정 시 EEG 유형의 증가를 초래한다. 이것 역시 대뇌피질과 피질하 구조의 각성 반응에 대한 자극이 감소된 효과를 나타내는 것이다(Pineda 등, 1961). 그러나 이러한 피로현상은 단기기억에서 장기기억으로 전환되는 정보 전이 과정에는 영향을 미치지 않는 것으로 보인다. 이는 피로가 학습에 부적 영향을 미치는 것 같지 않기 때문이다.

4 정신연습

연습시행 간 기술에 대한 정신연습(mental practice)은 운동기술학습의 효율성을 증가시킬 수 있다. 비록 이에 대한 많은 연구결과가 이러한 사실을 확인할 수 있도록 하였지만 실제로 정신연습을 체계적으로 현장에 적용한 경우는 많지 않다. 일반적으로 간단히 신체적 학습은 정신학습과 다르며 과제에 대한 동작의 실제적 연습이 기술습득을 위해 필요하다는 이론에 따라 운동기술을 습득하는 데 유일한 방법은 신체적 훈련이라는 관점에서 비롯된 것일 것이다.

정신연습 혹은 인지적 시연(cognitive rehearsal)은 외형적 신체 동작 없이 이뤄지는 운동과제의 연습으로 정의된다. 정신(mental)이란 용어는 인간이 특별한 과제에 대한 사고와 과제 수행을 상상하는 것을 말한다. 테니스선수가 자신의 서브 동작을 상상할 때 그들은 정신연습을 시도하는 것이다. 농구선수들이 자신들의 점프슛 동작을 생각하는 것을 말하며 실제로 농구 슛을 수행한다면 이미 정신연습이 아니다. 정신연습시 신경계의 활동은 신경세포가 뇌에서의 신경충격을 생성하고 신경로를 따라서 전위를 통과시키고 기능화시키는 다른 관점에서 보면 분명 생리적 현상이라고 할 수 있다. 최근에는 기술에 관련된 정신연습과 함께 자신의 정서적 조절을 위한 정신연습이 실시되고 있다. 정서적 조절을 위한 정신 연습이란 각성상태, 불안, 스트레스 등 운동수행에 부정적으로 작용하는 심리 상태를 적정 수준으로 조절하기 위한 훈련을 말한다.

정신연습에 관한 연구는 40여 년 전부터 시작하여 지금까지 꾸준히 수없이 연구되고 있다. Eun(1990)이 조사한 스포츠심리학의 연구동향과 미래에 대한 소고란 연구를 참조하여 보면 '88서울올림픽 스포츠과학 학술대회에 발표한 심리학 논문 103편 중 정신연습에 관련된 논문이 12편으로 약 12%를 차지하였으며 한국의 석사 학위 이상 논문 중 10.73%가 정신연습에 관한 논문으로 정신연습에 관한 연구자들의 관심을 알 수 있으며 최근 스포츠심리학의 교과서는 물론 스포츠 현장 지도자나 선수 자신들도 정신연습에 관한 관심이 크게 증가되고 있다.

1) 정신연습과 운동학습

전통적으로 정신연습에 관한 실험은 3집단으로 나눠 처치된다. 즉, 신체연습 집단, 그리고 신체와 정신연습의 혼합 집단이 이용되며 때로는 통제집단으로 아무 처치가 이뤄지지 않는 집단이 포함될 때도 있다. Vandell 등(1943)은 정신연습과 운동기술 학습연구의 선구자라 할 수 있다. 그들은 실험대상으로 중, 고, 대학생들을 참가시켰으며 농구의 자유투와 다트 던지기를 연습시켰다. 그들은 신체적, 정신적 연습집단에서는 수행력 향상을 보고하였으나 통제집단에서는 수행력 향상이 나타나지 않았음을 보고하면서 정신연습이 신체연습과 거의 같은 수준의 효과를 보인다고 결론지었다. 그러나 그들의 결과는 제한적으로 수용할 수밖에 없다. 왜냐하면 통계적 분석이 없었으며 단지 12명의 대상으로 연구를 수행했기 때문이다.

McBride와 Rothstein(1979)은 움직이는 볼을 가느다란 판을 이용하여 목표에 맞추는 동작을 정신연습, 신체연습 그리고 정신+신체연습집단으로 대상을 분리하여 연습시켰다. 그 결과 정신과 신체연습을 혼합하여 처치한 집단에서 가장 우수한 수행력을 보였음을 보고하며 정신연습이 신체연습과 결합되었을 때 운동기술이 향상된다는 결과들을 지지하였다. Weinberg(1981) 등 외 다른 많은 연구들도 운동학습에 대한 정신연습의 효과를 제시하였다. 그러나 정신연습이 신체연습의 대체물이 아니라 신체연습과 결합되었을 때 운동학습과 수행력 향상에 도움이 된다는 사실을 잊어서는 안 될 것이다.

정신연습은 신체연습 사이의 기간에 이뤄지는 것이 가장 효과적인가? 또는 연습 직후, 연습 중간 그렇지 않으면 연습 직전에 이뤄지는 것이 가장 효과적인가? 불행히도 이에 대한 명확한 해답은 없다. 몇 편의 연구가 이뤄졌는데 Suinn(1980)과 Weinberg(1981)는 연습기간의 간격 중 언제든지 정신적 시연은 효과가 있음을 밝혔다.

정신연습의 효과에 대해 가장 논란이 되고 있는 것은 새로운 과제 또는 숙달된 과제 중 어느 것에 더욱 효과적이냐 하는 문제이다. 정신연습에 관한 연구의 대부분은 초보자들을 대상으로 수행되어 결과 역시 학습률 향상에 효과적인 것으로 나타났다. 일부 연구가들은 정신연습이 초보자들에게 가장 효과적이라는 이론적 배경에 문제를 제기하였다. 그들은 학습 초기단계에서는 과제의 인지적 양상이 과제의 목표를 상상하기 위해 노력하기 때문에 어떻게 정신연습이 이뤄질 수 있겠는가 하는 것이다. 사실, 과제에 대한 인지적 그리고 운동양상에 관한 연구가 시도되었는데 정신연습은 운동요인보다 인지적 구성요인의 학습을 향상시키는 것으로 나타났다. Minas(1978, 1980), Ryan과 Simons(1981)는 대상들을 정신적, 신체적 연습집단으로 분리하여 목표에 볼 던지기 동작을 학습케 한 뒤 정신연습은 인지적 요인을 활성화 시켰지만 실제의 던지기 수행력은 크게 향상되지 않았음을 보고하였다.

정신연습이 고도로 기술화된 동작에 더욱 효과적이다라는 사실이 Suinn (1976, 1980)등에 의해서 이뤄졌다. 또한 많은 일류 선수들이 실제로 그들의 수행 중간중간에 정신연습을 결합시켰다는 보고가 있다. Nicklaus 등(1974)은 골프에 있어서 좋은 기록은 10%는 스윙, 40%는 자세 나머지 50%는 심상이라 보고한 바 있다. 그는 정신연습 과정을 묘사하면서 볼을 칠 때는 머리에 다양한 형상으로 마치 천연색 영화처럼 그림을 그리지 않고는 볼을 쳐 본적이 없다고 하였다. 정신연습은 고도의 숙련된 기술습득을 강조하는 것보다 집중력과 전략적 시연 등을 증가시키는 수행에서 오류 수정을 위한 잠재력을 갖기 위해 강조되는 것이다. 정신연습은 시간적으로 어느 정도 실시하는 것이 효과적인가? 라는 문제는 외현적으로는 별로 중요한 것 같지는 않다. 사실 학습자는 단지 몇 분만으로도 정신적 시연에 완전히 집중할 수 있는 것으로 보인다. Shick(1970)은 3~5분 정도의 정신연습이 가장 효과적이라는 사실을 보고한 바 있다.

2) 정신연습 기술

정신연습은 수행 직전, 중간 그리고 수행이 끝난 후에 이용될 수 있다. 정신적 시연에는 두 가지 일반적 전략이 포함되는데 첫째는 학습자가 과제에 집중하는 것이며 정확한 동작을 발현하기 위해 그들 자신을 시각화하는 것이다. 이것은 학습자가 그들의 머릿속으로 동작을 반복해서 수행함으로써 폐쇄회로의 필름처럼 표상화할 수 있는 것이다. 두 번째의 기술은 시합 중이나 시합이 이뤄지고 있으면서 격렬하지 않은 상황에서조차 게임의 경로를 시연하는 것을 포함한 것으로 게임에 적당한 기술이다. 이러한 기술은 수행자가 경기 도중 갑자기 볼이 온다든지 동료나 상대의 행동이 갑자기 나타날 때 시도할 수 있는 것을 생각하는 것이다. 한국 축구선수들이 스페인 선수들에게 기술적으로 뒤떨어지는 것 중의 하나가 바로 이러한 예측이 부족하다는 것이다. 볼이 오기 전에 그 볼에 대한 처리를 미리 생각해 두는 것이 정신연습의 한 기술인 것이다. 또한 야구에서 "투수가 볼을 던지기 전에 그 볼을 칠 것인가 말 것인가에 대해서 미리 생각하라"라는 코치들의 지도는 바로 이러한 정신연습 기술에 근거한 것이다.

3) 정신연습의 효과

왜 정신연습이 수행력이나 학습에 효과적인가? 운동행동에 대한 다른 많은 의혹과 마찬가지로 만족할만한 답은 없다. 그러나 몇 가지의 이론은 이러한 현상을 설명하는 데 있어서 그 수준을 격상시켰다고 볼 수 있다. 동기유발이 정신연습의 효과에 부분적으로 작용한다는 가설이 있다. 이러한 관점에서 보면 정신연습 집단은 과제에 대한 정신적 시연이 요구될 때 자아 참여 정도가 높기 때문에 통제 집단 보다 동기수준이 높을 것이다. 이러한 결과가 학습율을 향상시킨다고 보는 것이다. 또 다른 해석은 인지-지각적 가설이다. 이 이론에 따르면 정신연습은 동작 유형에 대한 인지-지각적 통찰(insights)을 가능케 한다는 것이다.

기억의 기전은 정신연습이 어떻게 학습을 증진시키는가를 설명할 수 있게 한다. 모든 기억은 장기기억으로 저장되기 위해서는 시연이 요구된다. 이러한 시연은 동작으로 발현 될 수도 있고 시연 그 자체로 남아 있을 수도 있다. 다시 말해 정신적 시연은 연습으로 발현됨으로써 단기기억과정을 유지하고 활성화시키는 특징을 가질 수 있으며 이러한 활성화 과정을 통해서 더욱 분명한 장기기억이 초래되는 것이다. 따라서 정신적 연습은 단기기억에 작용하는 기제의 활동이 유지될 수 있는 반복적 지각 과정이며 장기기억의 통합작용을 향상시키는 것으로 생각할 수 있다. 다양한 과제에 대한 효율성의 차이는 시연 전략의 차이에서 비롯된 것이며 시연이 단기기억과 장기기억 간 정보를 전달하는 효과적 방법이라는 많은 연구보고가 제시되었다(Chi, 1976; Ornstein 등, 1978).

정신연습에 관한 또 다른 이론은 정신연습이 실제적으로 운동발현에 작용하는 많은 신경들을 활성화시킨다는 것이다. 물론 운동에 관련된 구성매체들을 완전히 활성화시킨다는 것은 아니다. 동작이 실제로 발현될 때 활성화되는 운동단위(motor unit)는 정신연습 시에는 작용되지 않는다는 주장에도 불구하고 어떤 결과는 정신연습 시에도 동작발현에 작용하는 운동단위가 활성화된다는 증거를 제시하였다. Jacobson(1930, 1932) 등은 근군에 전극을 부착하여 대상들이 과제 수행에 대해 상상할 때도 전기적 활동이 있었으며 근전도 활동 역시 실제로 동작이 발현되는 곳에 제한되어 나타났음을 발견하였다. Jacobson은 대상이 팔을 굴절시키는 상상을 하면 근전도 현상도 동시에 팔의 이두근에서 관찰되었다고 보고하였다. [그림 7-8]은 보트의 노 젓기 동작에 대한 정신연습 시 팔의 각 부위별 근전도이다. 그림은 학습자가 동작을 정신적으로 시연할 때 동

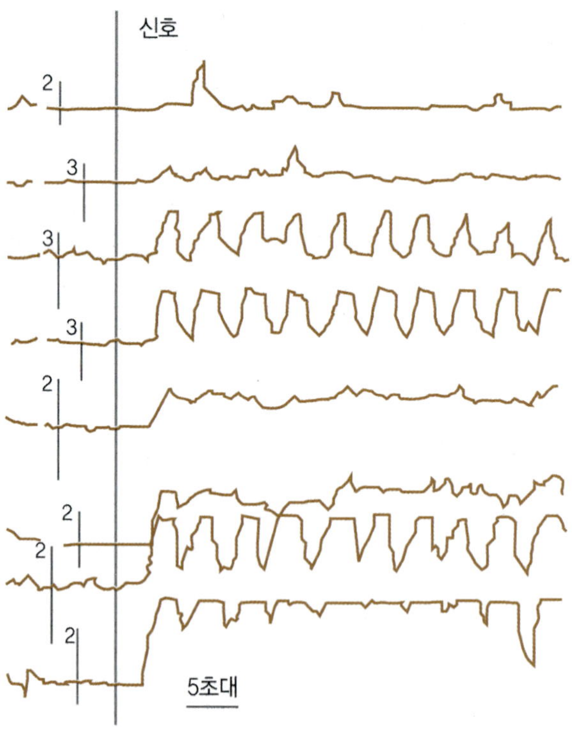

[그림 7-8] 정신연습 시 근전도 파형

작에 관련된 운동단위의 활성화가 수반됨을 나타낸 것이다. 이러한 경우에 인지적 활동은 운동단위의 활성화를 위해 회상도식을 유발하고 지속적인 수행의 촉진은 재인도식을 수반한다. 일부 운동행동 과학자들은 정신연습의 가치를 논하는 데 있어서 도식이론의 적용이 가장 적합하다고 주장한다. 학습자가 특정 동작유형을 더욱 정확하게 상상한다면 정신연습의 효과도 더욱 향상될 수 있으며 동작의 오류 역시 자연스럽게 탐지될 수 있다는 가설을 설정할 수 있다 (White 등, 1979).

5 연습의 다양성 효과

학습자는 매번 똑같은 방법으로 동작을 수행하지 않는다. 수행자는 실제적으로는 다른 반응으로 동작을 수행하기 때문에 이전의 동작과는 다른 동작이라 할 수 있다. 테니스에서 포핸드 스트록은 스포츠의 기본적인 스트록의 하나이다. 어떤 시합에서 선수는 수백 번 스트록을 사용할 것이다. 그러나 그러한 스트록은 매번 똑같은 방법으로 발현되지 않을 것이다. 상대의 볼을 치기 위해서는 코트의 이곳저곳으로 움직여야 하며 다른 속도와 공의 높이 등 매번 각기 다른 각도에서 볼에 접근해야 하는 것이다. 농구선수들은 게임 중 여러 번 점프 슛을 시도하지만 림과의 거리, 상대선수의 위치 기타 경기 상황에 따라 슛 동작이 달라지는 것이다. 골프의 샷, 체조의 묘기나 다이빙 같은 동작도 매번 수행되는 기술은 차이가 있을 것이다.

연습의 다양성은 연습효과를 극대화시킬 수 있는 관점에서 논해야 될 것이다. 도식이론이 최초의 조건과 빠르고, 느리고, 강하거나 약한 힘과 같은 동작 변인의 차이에 따라 동작 발현방법이 구체화되는 일반화 운동계획에 의해서 동작을 수행한다고 가정해보자. 도식이론이 체계화된 기본은 특정 동작에 대한 연습의 다양성은 기본이 같은 동작의 어떤 응용능력, 즉 다양성을 더욱 향상시킬 수 있다는 것에 기초한 것이다. Schmidt(1975)는 "연습의 양과 다양성의 증가는 회상도식을 더욱 강하게 향상시킬 것이며, 대상이 도식에 의해서 지배된 새로운 상황으로 전이될 때 적당한 반응명세, 요구동작과 최초의 조건 등을 더욱 효과적으로 결정하게 될 것이다"라고 보고하였다. 따라서 다양성 훈련은 최초의 기본 동작에서도 수행은 향상되고 새로운 과제 학습 정도 역시 증가시킬 수 있는 것이라 주장하였다. 예를 들어 한 농구선수에게 림 정면에서 단지 10 스텝 점프 슛을 연습시키고 다른 선수에게 림의 45도 각도에서 15 스텝 점프 슛을, 또 다른 선수에게 10~15 스텝으로 90도(정면)와 45도 각도에서 자유롭게 점프 슛을 실시할 수 있도록 연습시켜 보자. 3명 모두를 림과 60도 각도에서 20 스텝의 점프 슛을 시도하게 한다면 도식이론에 의하면 자유스럽게 슛을 연습한 선수가 이러한 새로운 위치와 각도에서도 가장 우수한 기록을 보일 것이다. 왜냐하면 그 선수는 같은 동작의 다양한 계층을 경험했기 때문이다. 따라서 다양한 도식의 획득은 부분적으로 조건의 지속적인 변화상태하에 발현되는 자동화, 즉 개방기술 학습과 관련되는 것이다.

연습의 다양성 효과에 관한 연구들은 대상이 남성일 때 그 효과가 미약하지만 대상이 어린이나 여성일 때는 운동수행에 매우 효과적이라는 분명한 결과를 제공한다(Shapiro 등, 1982). [그림 7-9]는 연습의 다양성 효과를 연구한 결과들을 요약한 것이다(McCracken 등, 1977). 연구자들은 대상들이 그들의 손을 출발점에서 특정의 거리로 이동하여 특정 물체에서 손동작이 끝날 때까지의 시간을 기록하는 과제를 이용하였다.

최초의 움직임으로부터 특정 지점까지 도달하는 움직이는 시간을 200msec로 하였고 피험자들이 목표를 지나 계속 수행할 수 있도록 하였다. 이러한 과제를 특성상 탄도성 시간과제라 부른다. 탄도성 시간 과제는 목표의 위치가 바뀜에 따라 다소 변화 될 수 있는데 그때마다 움직이는 거리를 변형시켰다. 한 연구에서 15, 35, 60, 65cm의 거리가 초기 연습단계에 사용되었다. 연구의 기본설계를 위해 두 개의 주요 집단이 포함되는데 변화집단과 불변집단(constant group)이다. 불변집단은 실제로 4개의 하위집단으로 구성되어 있으며 하위집단 각각은 거리가 일정한 목표물에 대해 300회의 시행으로 연습을 같은 운동거리로 처치하였다. 이와 반면에 변화집단은 똑같은 시행 횟수를 수행했지만 4개의 다른 거리로 75회씩 연습한다는 점에서 불변집단과 다르다. 전이 검사기간에 각 집단은 새로운 위치로 50cm 옮겨졌으며, 각 집단 학습량은 전이 검사기간에 새로운 위치를 중심으로 산출되었다. 그리고 첫날 학습한 내용이 시간이 지난 후에도 계속 유지되었는가에 대한 측정으로 48시간이 지난 후 같은 거리를 이용하여 검사를 실시하였다. 30회 시행 시에서의 절대 오차는 불변연습보다 변화집단이 상당히 높은 수준을 보였다. 이는 불변집단은 한 거리에서의 연습으로 연습이 충분하였고 변화집단은 다양한 거리에서의 연습이었기 때문에 연습이 충분하지 못해서 나타난 결과라 사료된다. 그러나 회상도식에 입각한, 즉 새로운 거리에서의 측정결과는 변화 연습집단이 월등히 높은 수행력을 보여줬다. 이것은 다양한 연습이 같은 동작 계열의 신형동작 수행을 위하여 불변연습보다 더욱 효과적임을 제시하는 것이다.

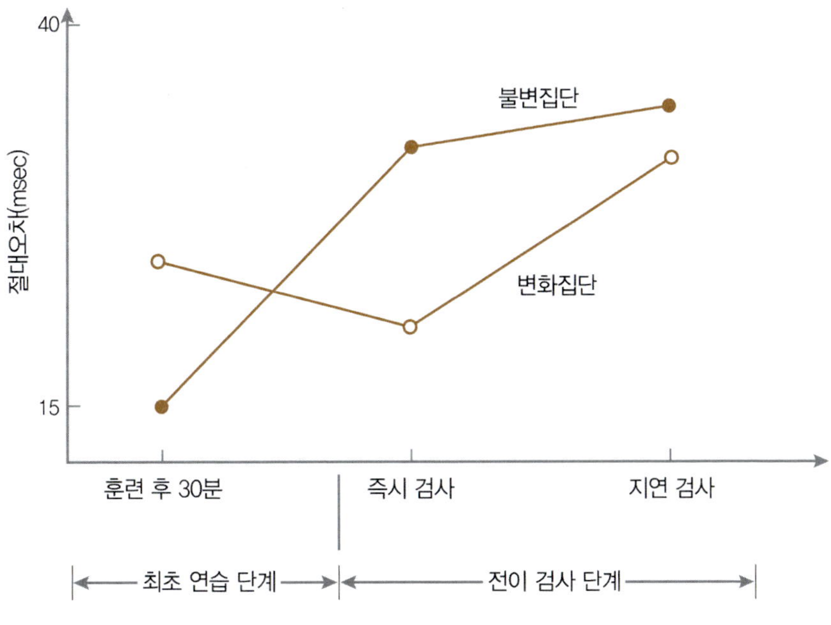

[그림 7-9] 훈련과 전이조건에서의 변이의 효과

6 목표설정과 운동수행

MLB의 특급 투수로 성장했던 박찬호와 세계 피겨 여왕인 김연아, 올림픽 수영 400m 금메달리스트인 박태환 등과 같은 훌륭한 선수들은 그들의 목표를 최고가 되기보다는 최선의 노력에 두었음을 밝혀 결과 지향적인 목표보다는 과정 중심적 목표 설정의 중요성을 강조해 우리에게 더욱 많은 감동을 주었다. 목표설정은 선수의 운동수행력을 결정하는 가장 객관적인 요인이라 할 수 있다(Iso-Ahola, Hatifield, 1986). 이는 목표설정이 근본적으로 수행력 향상을 위해 필요한 최대한의 노력을 행사할 수 있도록 동기적 매개체 역할을 하기 때문이다. 대부분의 스포츠 선수들은 많은 게임에서 선수들이 최대의 기량을 발휘할 수 있는 동기를 유지하기 위해 목표를 설정하고 그에 맞춰 연습을 실시한다. Locke와 Bryan(1966)은 새로움에 대한 선수들의 동기효과는 수행기간이 연장됨에 따라 감소하지만 목표설정은 흥미감소를 방지할 수 있다고 하였으며(그림 7-10), Bandura와 Schunk(1981)는 산수 뺄셈 능력검사를 이용한 어린이의 산수에 대한 자아 인지력을 측정한 결과 근접목표(proximal) 집단이 No목표나 도달하기 힘든 목표집단보다 높은 점수를 보였다고 보고하였다. 그러나 Campbell과 Ilgen(1976)은 체스문제 풀이에 대한 연구에서 오히려 어려운 목표가 문제해결력을 높였다고 언급하였다.

Diggory(1966)는 목표수준의 증가는 그 목표에 도달할 수 있는 가능성에 대한 인지력을 증가시킨다고 했으며, Brehm(1966)은 목표가 선택되면 노력의 양도 그만큼 결정된다고 하였다. Lepper와 Greene(1978)은 성공에 대한 개인적 책임감은 목표도달에 대한 갈망과 본능적 동기를 고양시킨다고 했으며, Bandura 등(1983)은 개인적 목표설정과 긍정적 피드백의 적절한 혼합은 목표설정 하나만을 이용한 것보다 수행력을 향상시키는 데 더욱 효과적임을 밝혔다. Jagdeep(1986)는 적정운동수행을 위한 목표설정의 효과를 언급하였으며, Clay와 Richard(1987)는 각 개인의 행위형태와 목표설정행위 그리고 목표성취와의 관계를 규명하여 목표설정 간에는 높은 부적 상관이 있음을 보고하였다.

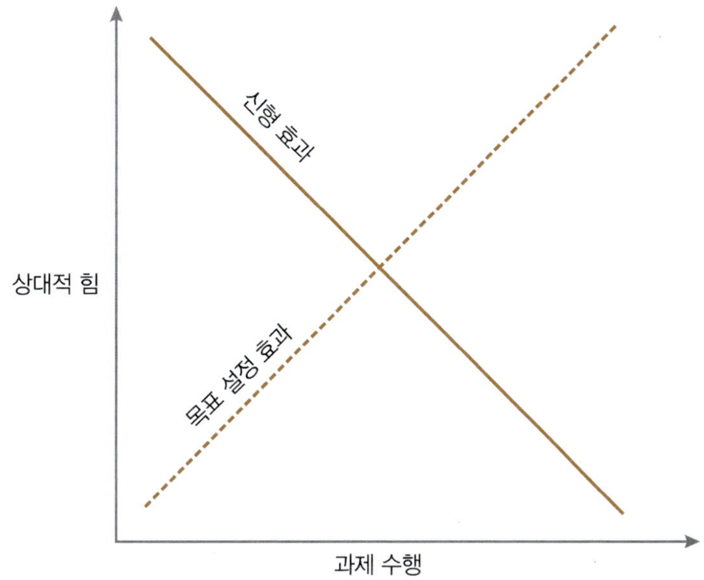

[그림 7-10] 운동수행에 대한 목표설정 효과

Iso-Ahola와 Hatfield(1986)는 목표설정과 운동수행 변인에 관한 관계를 순환관계로 [그림 7-11]과 같이 설명하였다. 그림은 운동의 성공, 개인이 인지한 운동능력이나 역량의 강화는 더욱 높은 목표성취나 지속된 운동성공의 가능성을 증가시킨다는 것이다. 원의 중심에 있는 목표설정과 목표 값은 주위의 4가지, 즉 운동의 성공경험, 운동능력에 대한 개인적 인지, 노력의 발현 그리고 목표달성에 대한 기대에 영향을 주고받는다. 따라서 목표설정 및 목표 값은 모두 4가지 요인의 중심축이 되는 것이다.

최근의 연구들은 목표설정에 부과된 결과의 지식(KR)과 피드백의 효과에 관심을 갖고 있다. 왜냐하면 대부분의 학자들이 목표설정에 관한 중요하고 현실적인 문제 중의 하나가 결과의 지식이나 피드백의 역할에 있다고 생각하기 때문이다. Locke와 Bryans(1966)는 피드백과 KR이 목표설정 효과를 더욱 높였다고 보고하였으며, Erez(1977)는 목표설정과 함께 결과를 피드백 했을 경우 상호간 상당한 상관관계를 보였다고 보고하였다. 또한 Locke 등(1981)은 KR 없는 목표는 운동수행력을 향상시키기에 충분하지 않으며 효과적인 목표설정을 위해서는 KR이 필요함을 주장하였다. Bryan과 Locke(1967)는 KR과 피드백이 동기적 효과를 갖는 이유를 가장 객관적으로 목표에 대한 접근 정도를 보여주며, 이러한 동기적 효과가 목표설정에 영향을 미치기 때문이라 했다.

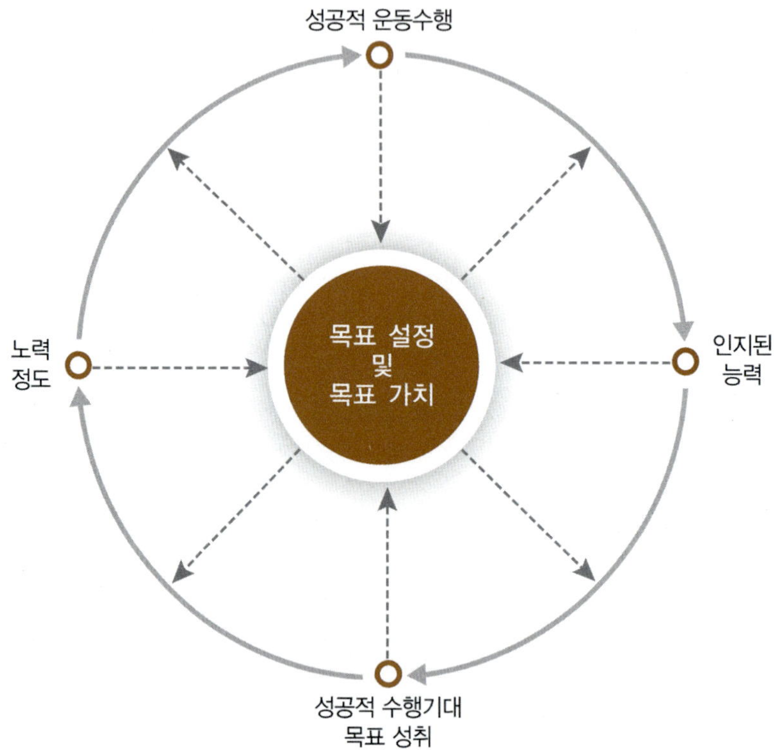

[그림 7-11] 목표설정과 운동수행 변인의 상호작용

또한 Matsui 등(1982)은 높은 성취욕구를 가진 자는 피드백을 부여받았을 때 더욱 높은 성취력을 갖는다고 언급하였다. Eun(1988) 등은 기대 이상의 목표나 지나친 동기는 자신감의 결여 및 실패에 대한 불안, 자제력 상실 등의 경기기록 향상의 저해요인으로 작용될 것이며 적정목표 수준은 기록의 향상과 동기의 최적화 내지는 자신감 등을 형성케 함으로써 불안을 통제할 수 있는 능력을 갖게 할 것이다라고 했다. 그들은 이러한 관점에서 세계 최우수선수인 한국의 양궁여자대표선수를 대상으로 개인이 갖고 있는 기록에 대한 목표설정을 105,

110, 115%, 그리고 No 목표설정 집단으로 나눠 처치한 뒤 115%의 목표설정에서 가장 우수한 기록이 나타났음을 보고하였다. 이러한 이론적 사실들을 종합하여 보면 구체적인 목표설정 수준이 경기수행력에 미치는 영향은 매우 크다고 하겠다.

7 바이오리듬과 운동수행

인간은 누구나 출생에서 사망에 이르기까지 몸속의 여러 주기에 따라 변화하는 길고 짧은 수많은 주기의 영향을 받는다. 이 주기 중 어떤 것은 몇 초에서 몇 시간, 반나절마다, 또는 하루, 한 달, 계절, 연간을 주기로 나타나는 것들이 있다. 바이오리듬은 생명을 의미하는 bios와 규칙적인 정확한 율동을 의미하는 rhythm이라는 두 개의 그리스어의 합성어로 인간 생명의 리듬법칙을 의미하는 것으로 Mallardi(1978)는 바이오리듬을 인간 행동의 변화에 따른 화학적이며 감정적인 힘이다라고 했다.

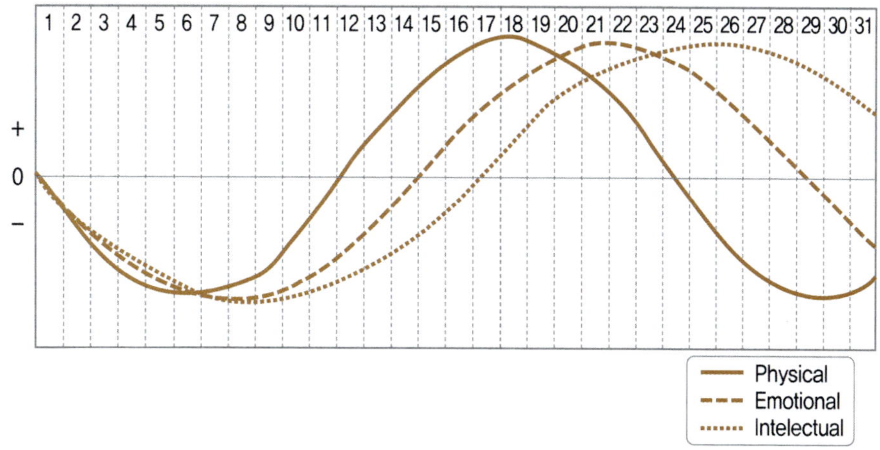

[그림 7-12] 3가지 바이오리듬의 주기 변화

현대 스포츠에서는 모든 과학의 성과를 최대한 적용하여 기록을 갱신하고 있다. 바이오리듬도 예외가 아니어서 리듬의 변화가 스포츠 성적이나 승리, 패배에 미묘한 영향을 미치고 있다. 미식 축구연맹(NFL)은 바이오리듬 적용의 성과를 공식적으로 인정하고 있으며, 많은 스포츠지도자들은 바이오리듬을 적용시켜 훈련하는 예가 많아졌다.

〈표 7-2〉 리듬의 상호작용 효과

리듬의 종류		신 체 리 듬	감 성 리 듬	지 성 리 듬
내용		– 체력·내구력·저항력·스테미너·에너지·공격력·신체적·자신감·용기	– 감정·기분·신경·직관·분위기·감수성·반사력·창조력·공중의식	– 지력·사고력·기억력·분석력·판단력·집중력
리듬의 상태	고조기	체 력 상 승	기 력 충 실	지 력 활 동
		• 체력이 따르는 일, 여행, 스포츠, 강화훈련에 적당. 단, 체력과신과 폭주에 조심. 회복력이 빠르므로 외과 수술에 적기	• 활력이 넘치며 적극적으로 일을 처리한다. • 공동작업·구애·데이트	• 두뇌회전이 빠르고 지적 활동이 높다. 계획 입안·검토, 중대사의 판단 • 결정에 적합·자신 없는 어려운 과목과 암기에 최적
	저조기	체 력 저 조	기 력 침 체	지 력 감 퇴
		• 피로하기 쉬우며, 과로·폭음·과식을 삼가고 체력의 축적을 위한 휴식이 필요함. 규칙적인 가벼운 연습은 잠재능력을 키운다	• 모든 일에 소극적이다. 인내나 창조력을 요하는 일을 피한다. 대인관계와 게임에 깊이 개입하지 말고 안정을 취할 것	• 지적 활동이 비교적 저조. 두뇌의 혹사를 피하고 자료의 정리. 자신 있는 과목의 공부·복습·노트 카드 정리
	위험일	신체 불안정	정서 불안정	지력 불안정
		• 발열·지병의 발작·감기·두통을 얻기 쉽다. 운전 및 안전사고에 주의할 것.	• 감정이나 신경이 동요하기 쉽다. 분노·실언·구설수·병세의 악화.	• 주의력, 집중력의 결여·실수·착오. 중요한 결정 사항이나 계약체결은 보류. 운전에 주의한다.

인간행동은 탄생의 순간부터 일생 동안 일정한 주기의 3가지 리듬의 영향을 받는다. 이 세 가지 리듬은 출생일을 기점으로 하여 23일의 신체리듬(physical rhythm), 28일의 감성리듬(emotional rhythm), 33일의 지성리듬(intellectual rhythm)으로 구별된다. 이 세 리듬은 서로 무관하게 작용하는 것이 아니라 상호작용을 하면서 조화를 이루어 나가고 있다. 신체가 쇠약해 있을 때에 정신력이 뒷받침을 해주는 것이 그 예라 할 수 있다. <표 7-2>는 3가지 리듬의 상호작용 효과를 보여준다.

신체를 많이 사용하는 스포츠 선수는 신체리듬의 영향을 많이 받는다. 신체리듬이 고조기 때는 철저한 하드 트레이닝을 계속하여, 체력, 투쟁력, 끈기, 지구력 등 어떤 상황에서도 발현될 수 있는 기본기를 양성하는 시기로 할당한다. 저조기 때는 과도한 트레이닝을 피하고 일상적인 가벼운 연습을 행하여 잠재적인 반사력, 기술의 직감력을 기르는 데 주력한다. 저조기 때의 심한 훈련은 다음 고조기에 방출할 에너지가 부족해져서 기대만큼의 훈련성과를 올릴 수 없게 된다. 미국 더글라스 카우보이즈 배구팀 감독은 항상 자기 팀과 상대팀 선수의 바이오리듬을 체크해서 시합에 활용하고 있다고 밝힌 바 있다. 또한 뮌헨올림픽 대회의 수영에서 세 개의 금메달을 획득한 구르트 선수(오스트레일리아)는 바이오리듬에 의한 트레이닝을 실시했다.

독일의 크로스는 수백 회의 축구시합을 분석 집계한 결과 성공도가 주로 신체리듬에 의존한다고 했다. 미 필라델피아 한 TV방송국은 축구시합의 승패를 컴퓨터로 예상해서 95%까지의 적중률을 보이기도 했다. 부부 기자인 로버트와 윌러스타인(1972)은 스포츠 경기의 결과를 예상하는 데에 바이오리듬을 가장 적절하게 이용하였다. 이들은 팀을 하나의 생체로 파악하여 팀 곡선을 만들어 대학경기에 적용시켰다. 미국의 컴퓨터 과학자인 Hambley는 11개의 노-히트 게임을 기록한 투수들의 리듬을 비교한 결과 11개 중 9개의 기록이 신체리듬이 위험일에 있었음을 밝혔다.

1972년 베이비 루스는 한 해의 60개 홈런 중 47개가 신체리듬이 정점이거나 정점에 근접한 날 쳐냈다는 보고가 있다. Sigel(1978)은 1900~1970년에 세워진 올림픽 육상경기 기록 186개를 분석한 결과 신체리듬이 고조기에 있을 때에 많은 기록이 갱신되었음을 보고했다. Willis는 대학 축구선수를 대상으로 6가지 항목, 즉 노력, 실수, 행위, 경기력, 지구력, 자아조절능력 등에 대하여 27일 동안 계속적으로 점수를 기록한 후 예상한 리듬과 비교하여 서로 상관이 있음을 보고했다. 스위스의 체조대표팀 코치 Gunthard는 체코선수의 경기력을 바이오리듬을 이용하여 예측한 결과 82%의 적중률을 보고했다. Halberg(1970) 등은 운동 팀에 있어서 각 개인의 리듬의 차이는 선수 사이에 불화를 이끌 수 있다고 했다. Quigley(1982)는 세계 기록 보유자인 육상선수(남)를 대상으로 하여 기록과 바이오리듬을 추적 조사한 결과 고조기에 많은 기록이 수립되었고 저조기에는 좋지 않은 기록과 실수, 부상, 사고 등이 일어났으며 특히 위험일에 더욱 빈번한 사고가 발생했음을 보고했다. 또한 Martin(1977) 등은 700여 건의 자해 사건을 조사한 결과 리듬이 위험일에 있을 때 일어난 경우가 많았다고 보고했다.

그러나 경기력과 바이오리듬과는 상관이 크지 않음을 보고한 학자도 있다. Khalil와 Kurucz (1977)는 수영과 볼링 선수의 시즌 기록이 바이오리듬과 의미 있는 상관이 나타나지 않았음을 보고했다. Louis(1978)는 메이저리그 야구시합에서 노-히트 게임을 기록한 100명의 투수와 100명의 헤비급 복싱선수를 대상으로 바이오리듬을 연구한 결과 리듬이 경기력과는 의미 있는 상관이 없었음을 보고했다. 또한 캐나다 공군 전문의인 Costin은 군인을 대상으로 바이오리듬을 추적한 결과 공을 세운 날의 88%가 위험일에 있었음을 보고했다. Haywood (1979) 역시 17명의 남녀 양궁선수의 기록 346개를 분석한 결과 신체리듬이 위험일에 있다 할지라도 다른 날과 기록의 차이가 크지 않았음을 보고했으며, Faria와 Elliott(1980)는 8명의 대학여자체조선수를 대상으로 신체리듬의 고조기, 위험일, 저조기에 따른 최대산소섭취량을 조사한 결과 리듬이 미치는 영향을 발견하지 못했다.

국내 연구로는 타 분야에 관한 연구는 몇몇이 있으나 체육에 관한 연구는 정성태 등(1978), 남상남(1982), 은희관(1986) 등 몇 편에 불과한 편이다. 정성태 등은 오전과 오후로 피검자를 나누어 훈련시킨 뒤 100m 기록에서 오전 훈련 집단은 오전에, 오후 훈련 집단은 오후의 측정치가 약간 좋다고 보고했다. 은희관은 주기형태에 따라 체력요인 별 기록의 차이를 비교한 결과 리듬주기에 따라 큰 차가 없었음을 보고하였다. 표 7-3은 일일 시간대별, 즉 일일주기(circadian rhythm)의 신체반응을 요약한 것이다.

〈표 7-3〉 바이오리듬의 일일 주기와 신체반응

시간대	신체반응
오전 7-9시	심박수 증가, 체온상승 노인심장마비, 뇌졸중이 제일 자살이외 최고의 사망율 부신피질호르몬 최고 천식환자 약효 최고 발휘
오전 10- 11시	통증, 불안에 대한 인내력이 최고 의사 결정 가장 합리적 암기력 15% 상승(단기기억) 문제해결 능력 고조
오후 12시	시력이 가장 예민
오후 1- 2시	기력, 체력의 일시적 저하
오후 3-4시	운동하기 좋음(근력, 유연성 최고) 교통사고사 최고, 사망률 2번째 암기력 증가(장기적)
오후 5시	혈압최고 상승 미각, 후각이 가장 예민 가정불화, 싸움이 가장 많이 발생
오후 6-7시	칼로리 지방으로 변하기 쉬움(저녁 적게 섭취 다이어트)
오후 8-11시	뇌신경호르몬(seretonin, adenosine 등)이 신경계억제, 수면요구, 체온 하강 신진대사 저하, 청각신호 예민
오후 12시	혈압, 심박수 스테로이드호르몬 분비 최저
오전 01-02시	사망률 최하(심장마비 거의 없음) 새벽 1시 임신부 진통 최다
오전 04시	체온이 최저, 산업재해 최다 천식발작 악화(히스타민분비 증가)

요 약

연습의 효과는 수행속도 증가, 오류의 감소 및 정확성 증가, 과제의 요구에 도달할 수 있는 적응성 증가, 과제동작 발현 시 요구되는 주의력 감소로 함축될 수 있다. 학습을 위한 시범은 학습효과에 긍정적 영향을 미친다. 연습효과에 영향을 미치는 요인으로 본 단원에서는 연습 전 지식, 기전지식, 연습의향, 연습의 양, 연습의 시간 계획, 피로, 연습의 변이성, 목표설정, 바이오리듬 등을 중심으로 제시되었다. 특히 연습시간 계획에 있어서 집중연습과 분산연습의 수행력 효과는 분산연습이 수행에 효과적이며 학습 시에는 분산 및 집중연습은 학습자의 기술 수준이 높고, 양호하게 학습된 기술에서 최고의 수행력이 요구 등 상황에 따라 그 효과의 차이가 다르며, 빠른 시간 내에 학습자가 동작의 효율성을 획득하는 것이 요구되는 상황에서 집중계획이 학습에 효과적일 수 있다.

정신연습은 고도의 숙련된 기술습득만을 강조하는 것보다는 정서조절과 집중력, 전략적 시연 등을 증가시키는, 즉 수행에 있어서 오류를 수정하고 통제하기 위한 잠재력을 얻기 위해 강조되어야 하며 신체훈련과 병행할 때 그 효과를 기대할 수 있다. 목표설정 수준은 너무 높거나 너무 낮은 수준보다는 대상에게 적절한 수준이 효과를 극대화할 수 있다. 바이오리듬과 스포츠 수행과의 관계는 더욱 더 과학적 연구가 필요하다. 그러나 일부 임상가와 스포츠 관계자들은 바이오리듬을 이용한 처치효과를 인정하여 적용하고 있다.

토론 과제

1. 연습의 효과를 논하라.
2. 연습효과에 영향을 미치는 요인 중 집중연습과 분산연습을 설명하라.
3. 연습의향이 연습효과에 미치는 영향을 논하라.
4. 정신연습이 운동수행에 미치는 효과를 설명하라.
5. 목표설정이 운동수행력에 미치는 효과를 설명하라.
6. 바이오리듬과 운동수행력의 관계를 설명하라.

참고문헌

한국스포츠심리학회 편(2005), 스포츠심리학 핸드북, 서울, 도서출판 무지개사.

Adams, J. A. , and Creamer, L. R. (1962). Anticipatory Timing of Continuous and Dis-crete Responses. Journal of Experimental Psychology(63). pp.84-90.

Bandura, A.(1973). Aggression: A social learning analysis. Englewood Cliffs, NJ: Prentice Hall.

Bryan, J. F. and Locke, E. A. (1967). Goal Setting as a Means of Increasing Motivation. Journal of Applied Psychology(51). pp.274-277.

Campbell, D. J., and Ilgen, D.R.(1976). Additive Effects of Task Difficulty and Goal Setting on Subsequent Task Performance. Journal of Applied Psychology(61). pp.

Carron, A.V(1969). Performance and learning in a Discrete Motor Task under Massed Vs. Distributed Practice. Research Quarterly(40). pp.481-489.

Catalano, J. F., and Whalen, P. M.(1967). Factors in Recovery from Performance Decrements:Activation, Inhibition, Warm-up. Perceptual and Motor Skills(24). pp.1223-1232.

Chi, M.(1976). Sort-Term Memory Limitations in Children: Capacity or Processing Deficits? Memory and Cognition(4). pp.559-572.

Dickinson(1978) Retention of Intentional and Incidental MLearning. Research Quarterly(49). pp.437-441.

Dickinson, 1977) .Behavioral Analysis of Sport. Princeton, N.J.: Princeton Book Company.

Keele, S.W.(1973).Attention and Human Performance. Pacific Palisades, Calif.:Goodyear.

Schmidt, R., A. and McCabe, J. F.(1980). Terminal Accuracy of Unexpected loaded Rapid Movements: Evidence for a Mass-Spring Mechanism in Programming. Journal of Motor Behavior(12). pp.149-161.

Smode, A.(1958). Learning and Performance in a tracking Task under Two Levels of Achievement Information Feedback. Journal of Experimental Psychology(56). pp.297-304.

Weingarted, G., and Alexander, J. P.(1970). Effects of Physical Exertion on Mental performance of College Males of Different Physical Fitness Level. Perceptual and Motor Skills(31). pp.371-378.

Whiting, H. T. A.(1972). Overview of the Skill Learning Process. Research Quarterly (43). pp.266-294.

Whitley, J. D.(1970). Effects of Practice Distribution on Learning a fine Motor Task. Research Quarterly(41). pp.576-583.

Yuki, G. A., and Latham,G. P.(1978).. Interrelationships among Employee Participation, Individual Differences, Goal Difficulty, Goal Acceptance. Instrumentality, and Performance. Performance. Personnel Psychology(31). pp.305-323.

단원 8

운동 학습과 기억

주요 용어

간섭이론, 기억감, 기억탐색, 기억흔적, 단기기억, 망각, 부호화 명세성, 순행간섭, 역행간섭, 연합이론, 장기기억, 재인, 전이, 파지, 회상

1 운동 학습과 기억

운동 계획을 인간 행동의 관점으로 보면 어떻게 이러한 계획이 학습되는가?를 이해할 필요가 있을 것이다. 이러한 계획은 생리적 기초를 갖고 있는데, 즉 학습이 일어날 때 신경계가 작용된다는 것이다. 따라서 학습은 환경적 자극에 따른 경험의 결과로 야기되는 비교적 영속되는 신경계의 변화로 정의된다(Sage,1984). 이것은 운동 수행이 발현될 때도 신경계의 내적 과정이 발생될 것이라는 가정 하에 정의된 것이다.

학습과 밀접하게 관계되는 것은 물론 기억이다. 학습능력은 기억 없이 불가능하다. 기억(memory)이란 시간에 걸쳐 정보를 저장하고 인출하는 능력으로 과거 경험을 기록해두었다가 필요할 때 그 기록 내용을 참조하여 현재의 경험에 영향을 주는, 즉 인간이 정보를 다시 인출(retrieval)하는 과정이다. 기억은 인간이 생각하고 느끼고 경험했던 것들이 복잡하게 묶여 독특한 각 자의 정체성을 이룬다. 기억이란 그러한 사건들의 흔적이며, 경험이 인간의 뇌에 만들어 놓은 지속되는 변화로 시간이 지난 후에도 남게 되는 것이다. 만약 경험이 흔적을 남기지 않았다면 그것은 일어나지 않은 것과 같은 셈이다(Schacter 등, 2008).

기억력이 없는 인간은 생각할 수가 없다. 기억력은 일반적으로 재인(recognition)과 회상(recall)과 같이 학습-기억 과정에서 발생되는 기억 인출의 정도로 측정된다(Adams, 1976). 만약 오늘 우리가 테니스 스트로크를 연습했다면 내일도 스트로크를 할 수 있을 것이다. 그것은 우리가 동작 유형을 회상할 수 있는 기억 체계를 갖고 있기 때문이다. 기억은 신경 구조의 특성에 의해 수정될 수 있으며 기억의 신경적 관계를 기억흔적(memory trace)이라 부른다. 신경학자인 Young(1978)은 기억은 뇌 내의 생리적 기전에 의해 발생되며 외부 세계의 표상 또는 기록이 포함되어 조직되거나 활성화되는 것으로 표상(representation)이란 "외부세계에 대하여 적당한 반응을 재발현할 수 있도록 하는 정확성이다"라고 정의하였다. 결론적으로 학습은 새로운 정보나 기술을 더욱 습득하는 것이며 기억은 학습된 정보나 기술을 회상하는 것과 관련된다. 따라서 학습과 기억을 따로 논하는 것은 어려울 것이다.

2 학습과 기억의 신경기전

학습이 일어나는 동안 신경회로들은 어떻게 변화되는 걸까? 어떤 종류의 변화가 기억원을 제공하는 걸까? 19세기 말 시냅스 접합이 발견되면서 많은 연구자들은 시냅스의 변화가 기억저장의 기제가 될 수 있다고 추측했다. 시냅스에 관한 해부학적, 화학적 정보가 증가됨에 따라 가설도 점점 많아지고 정교하게 되었다. 시냅스의 상태와 이의 수적 변화가 가설로 제시되었는데 [그림 8-1]은 그 몇 가지 가설을 제시하고 있다.

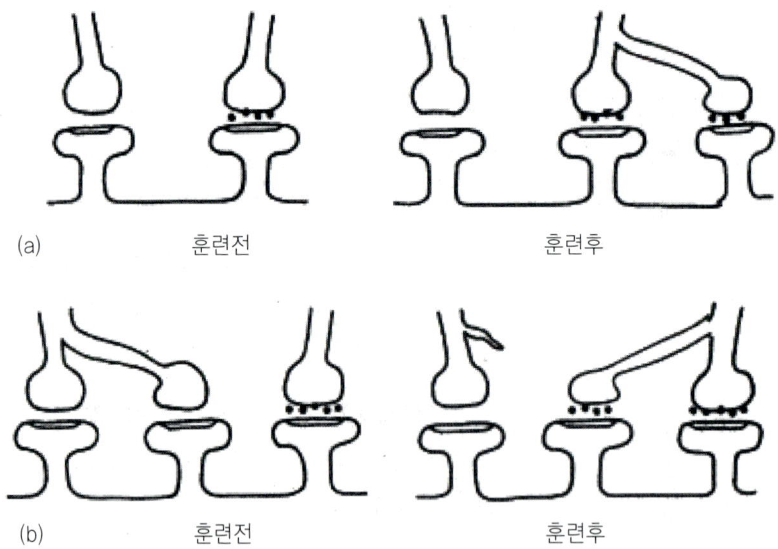

[그림 8-1] 학습 전후 시냅스 변화

1) 시냅스의 생리적 변화

학습 동안에 일어나는 많은 생리학적 변화는 시냅스 부위에서 시냅스 전 충격에 따라 시냅스 후 반응에 변화가 일어날 수 있을 것으로 가정한 것들이다. 이러한 변화는 시냅스 전 또는 시냅스 후 모두에서 일어날 수 있다. 한 가지 가능성은 단위 신경충격당 방출되는 전달물질 분자의 수가 증가하여 시냅스 후 세포의 반응을 변화시킬 것이란 것으로 [그림 8-1]에 묘사되어 있다. 또한 전달물질의 방출 변화가 종말단추 내에서 화학적 변화에 의해 일어날 수 있다. 그림 (b)에서 볼 수 있는 것처럼 종말 단추에 접해 있는 축색종말의 변화에 의해서도 일어날 수 있는데 이 경우 축색종말은 종말단추의 극성을 변화시킬 수 있다. 시냅스 후 종말의 반응성이나 민감성에도 변화가 일어날 수 있는데 이렇게 되면 방출된 전달물질의 양이 동일하다 해도 보다 큰 효과를 야기할 것으로 보인다.

2) 구조적 변화

시냅스 부위의 구조적 변화도 기억의 기제가 될 수 있다. 신체에 있는 많은 부위들은 운동에 의해 구조적 변화가 일어난다. 이러한 변화는 특히 근육과 뼈에서 두드러지게 나타나는데 시냅스 접촉부위도 훈련에 비례하여 커지거나 작아질 수 있다. 그러나 경험에 의해 나타나는 변화를 가설화하는 데 있어서 시냅스에만 국한되어서는 안 된다. 훈련은 사용되는 신경통로에서 종말의 수를 증가시킬 수 있고, 보다 많이 사용된 신경통로가 덜 사용된 통로에 속해 있던 종말들을 양도받을 수도 있기 때문이다.

3 기억의 생화학적 가설

1) 리보핵산(RNA)가설

기억에서 RNA(ribonucleic acid)가 중요한 역할을 한다는 대부분의 연구들은 Thompson등 (1995)의 편형충에 관한 연구에서 시작되었다. 편형충은 둘로 분리될 때 두 개의 완전한 유기체로 다시 재생되는 놀랄만한 능력을 지니고 있기 때문에 고전적 조건형성 과정에서 나온 정보의 부호화가 재생과정에 잔존하는지를 분명히 알 수 있다. McConnell 등(1959)은 편형충의 중앙을 횡으로 분리하였을 때 재생된 머리 부분과 꼬리 부분 모두가 조건반응(빛)을 기억하고 있음을 발견하였다. 이 연구결과는 분자형태, 특히 RNA가 정보를 저장한다는 증거로 인정되었다. 또한 편형충은 서로 잡아먹는 특성이 있는데 훈련된 편형충을 먹으면 생소한 것을 먹은 것보다 조건 형성 시행에서 상대적 우수성을 보였다. Hartry 등(1964) 역시 일반적인 RNA 관련 기억 활성화 조건은 향상된 기억형성을 위해 실제로 전이되고 있다고 하였으며, Chapouthier(1973)는 RNA가 기억 전이에 작용된다는 결과를 증명하기도 하였다.

2) 단백질 합성 가설

단백질은 세포 내에 리보좀(ribosome)이라고 부르는 작은 소포체에서 목걸이 구슬 모양으로 구성된다. 새로운 단백질이 형성될 때 그 합성에 대한 지령은 세포핵에 있는 DNA로부터 전령 RNA(messenger RNA: m-RNA)로 우선 복사된다. 그리고 나면 RNA는 전달 RNA(transfer RNA: t-RNA)라고 부르는 다른 형태의 RNA가 적절한 아미노산을 하나씩 가져와서 구슬 모양의 스트링을 형성하는 리보좀으로 이동한다. 아미노산의 스트링이 RNA의 지령에 따라 완결되었을 때, 새로운 단백질이 합성된다. 기억 연구자들의 단백질 합성 과정에 대한 관심은 새로운 단백질이 학습 경험으로부터 정보를 운반할 수 있다는 가정과 단백질 합성을 방해하는 것으로 알려진 여러 가지 항생 물질이 역행성 기억상실 효과들을 생성한다는 증거로부터 시작되었다.

3) 콜린성(cholin)가설

Deutsch(1966)는 기억저장에 결정적인 기능을 수행하는 것은 뇌에 있는 콜린성 연접임을 보고하였다. 그는 학습의 결과로 콜린성 연접들이 일시적으로 연접후막의 아세틸콜린을 더 민감하게 한다는 것이다. 이 민감성은 시간에 걸쳐 최대점에 이르기까지 증가하고 다시 감소된다. 그 민감성이 최소점 혹은 역치 이하로 떨어질 때 그 정보는 망각된다. 이러한 현상은 콜린성 연접의 작용이 너무 적은 아세틸콜린이나 너무 많은 아세틸콜린 모두 기억 피해를 받는다는 것이다. 즉, 아세틸콜린의 과소는 연접 장애를 일으킨다. 따라서 아세틸콜린을 증가시키거나 억제하는 약물의 효과로 일어나는 기억수행을 관찰함으로써 학습과 아세틸콜린의 관계를 규명할 수 있는 것이다.

Davies 등(1978)과 Sitaram 등(1978)은 콜린성 활동을 촉진시키는 약물들이 정상적인 인간에 있어서 장기기억의 향상을 촉진시키는 것을 보고하였다. 이러한 연구결과 시냅스의 아세틸콜린 작용을 지속시키는 약물이나 아세틸콜린 선구물질(아세틸콜린을 만들기 위해 이용되는 물질)을 투여하여 노인이나 정신지체 환자들의 기억을 촉진시키려는 연구가 진행되고 있다. 또한 Haycock 등(1977)은 학습 시행 후 생쥐의 뇌실에 카테콜라민을 주사하면 기억형성이 촉진됨을 보고하였다. 반대로 카테콜라민의 수준을 낮추는 약물을 주사하면 기억이 손상된다(Stein 등, 1975; Jensen등, 1977)

4 회상과 재인

기억의 과정은 3단계로 분류할 수 있는데 ① 획득(acquisition), ② 저장(storage), ③ 인출(retrieval)단계이다. 획득단계는 학습되는 단계로 기억하고자 하는 대상의 경험을 말한다. 획득단계에서 경험이 신경체계에 어떤 지속적인 기록인 기억흔적을 남아 있게 한다. 저장단계는 정보가 나중에 사용되기 위하여 저장되는 것이며, 인출단계는 많은 기억흔적 중에서 특정한 정보를 끄집어내는 단계이다. 기억의 실패는 대부분 인출단계에서 일어나며, 요구되는 정보가 저장되지 않은 것은 아닐 것이다. 이는 사람의 이름을 생각하지 못했다 할지라도 다시 이름을 제시하면 아! 그 사람하고 알아차릴 수 있기 때문이다. 기억은 획득이 선행되지 않으면 불가능하다. 그렇다면 획득은 무엇으로 구성되는가? 즉, 기억하고자 하는 사항이 어떻게 부호화되었는지 알아야만 한다. 부호화란 컴퓨터에서처럼 정보가 저장되는 형태를 말한다.

부호화된 정보를 인출해 내는 두 가지 방식은 회상과 재인이다. 회상하도록 요청 받는 사람은 한 개의 항목이나 아니면 항목들의 집합을 인출해야 한다. 자동차를 어디에 주차시켰습니까? 초등학교 삼학년 때 짝꿍이었던 친구의 이름이 무엇입니까? 등은 회상질문의 예이다. 실험심리학자들은 흔히 실험실에서 학습한 내용에 대한 회상검사를 실시한다. 이 방법은 회상에서의 실패가 단순히 획득의 실패가 아님을 보여준다. 예컨대, 피보험자는 무관련 형용사들을 학습하고는 나중에 그것들을 회상하도록 지시받을 수 있다. 회상이 반드시 언어적일 필요는 없다. 골프를 치는 것과 같은 운동기술의 파지가 그 한 예이다. 여기서 기억은 피험자가 골프채를 가지고 골프공을 어떻게 치는가를 관찰함으로써 평가되는 것이지 골프스윙에 대한 이야기로만 평가되는 것이 아니다. 또 다른 예로 시각유형에 대한 기억이 있다. 시각기억은 때때로 재생법에 의해 평가되는데 이 방법에서는 피험자가 자신이 보았던 것을 그려야 한다.

기억흔적은 재인검사로 평가할 수 있다. 재인(recognition)이란 항목을 제시하고 그 항목이 이전에 경험했던 것인지의 여부를 판단하게 하는 방법이다. 재인은 일반적인 맥락, 즉 이 얼굴을 전에 본 적이 있습니까? 또는 특정 맥락, 즉 이 사람이 고교시절 축구팀의 동료선수였던 사람입니까? 등과 관련된다.

5 파지와 망각

기억은 정보의 파지(retention)와 인출을 의미한다. 우리는 학습의 습득과 파지단계를 구분 할 수 있다. 습득단계는 능숙함을 얻기 위해 필요한 단계이며 파지는 연습 없이도 그 능숙함이 유지되는 것이라 말 할 수 있다. Sage(1984)는 기억되어 망각하지 않는 것으로 파지를 정의하였다. 인출되는 것은 학습되어졌다고 말할 수 있다. 기억의 인출이 불가능하거나 최소한의 인출도 없다면 이를 망각(forgetting)이라 한다.

스포츠나 일반 행동에서 대부분의 운동기술은 후반기에 수행의도가 학습되어진다. 운동경기 같은 상황은 사전연습에서 학습된 기술의 파지가 요구되는 가장 대표적인 예이다. 학습자와 마찬가지로 운동지도자들도 운동 학습 시 습득만큼이나 파지와 망각에 깊은 관심을 가져야 할 것이다.

1) 간섭이론

왜 망각이 일어나는 것일까? 왜 수행사이의 간격에 관계없이 운동기술이 망각될 수 있는 것일까? 망각에는 기본적인 두 가지 이론이 존재한다. 흔적쇠퇴이론(trace decay theory)과 간섭이론(interference theory)이다. 흔적쇠퇴이론은 시간의 경과가 기억흔적의 쇠퇴를 야기한다고 추정한다. 만약 여러분이 농구 슛을 연습하지 않는다면 연습부족으로 인하여 슛감각을 망각할 것이다. 이러한 개념은 학습 시 획득된 신경계의 어떠한 변화가 연습이 계속되지 않을 때 쇠퇴한다는 것이다.

망각이 저장된 정보의 실제적 상실의 결과인가, 또는 정보인출과정의 상실인가? 정보가 기억되면 영원히 기억되는 것인가? 이러한 논제는 여러 해 동안 찬반이 양립되어 왔다. 몇 연구가들은 정보가 장기기억으로 등록되면 비록 그 정보를 다시 이용할 수 없다 할지라도 정보를 기억한 계통에서는 결코 상실되지 않는다고 보고하였다(Tulving, 1974). 다른 연구자들은 특정한 환경적 조건이 저장된 정보를 파괴한다고 보고하기도 하였다(Loftus 등, 1980).

흔적쇠퇴이론에 가장 강력하게 대립되고 있는 이론은 간섭이론이다. 간섭이론은 망각 이론 중 가장 영향력 있는 이론으로 망각은 동작이 학습되기 전후 학습된 반응의 간섭적 효과에 의한 것이라고 주장한다. 이러한 관점에서 보면, 어떤 대상에 대한 학습은 이미 학습된 정보의 기억에 의한 간섭을 받는다고 할 수 있다. 예를 들어, 학습되는 테니스 기술은 이미 학습된 농구 슛 기술에 의해서 간섭받을 수 있다는 것이다.

간섭에는 특성에 따라 두 가지, 즉 순행간섭(proactive interference)과 역행간섭(retroactive interference)으로 나눌 수 있다. 순행간섭은 학습된 활동과 주어지는 활동이 거의 유사할 때 파지가 발생한다는 것이다. 탁구선수가 다시 테니스를 학습하는 경우에 나타날 수 있다.

Stelmach(1969)는 운동기억에 있어서 운동감각의 망각 원인이 순행간섭이라는 비교적 확실한 증거를 제시하였다. 그는 피험자들에게 회상해야 할 동작 수행 전에 곡선 정치과제(positioning task)를 무처치, 2회 연습, 4회 연습군으로 나누어 학습을 시킨 뒤 5, 15, 50초의 파지 간격 후 피험자들에게 연습할 때의 역순으로 과제를 회상하도록 하였다. 이 실험의 결과는 [그림 8-2]와 같이 4번의 연습이 이뤄진 대상에게서 간섭효과가 가장 크게 나타났다. 또한 주어진 동작에 대한 선행 학습이 없다 할지라도 파지간격이 길어짐에 따라 흔적쇠퇴이론이 적용되어 수행오차가 크게 증가하는 것으로 나타났다. 순행간섭이 학습되는 과제에 영향을 주는 것은 선행활동이 학습과제의 특수성에 영향을 주기 때문이다.

순행 간섭에 대한 적절한 설명은 학습과제와 기학습과제가 유사성을 지닐 때 간섭이 일어난다는 주장이다. 이 유사성은 속성(atrribute)의 유사성에 관련되는 듯하다. 즉, 기억해야 할 정보와 간섭활동이 동일한 동작 속성 또는 특성에 관련될 때 순행간섭은 발현해야 하는 동작에 앞선 유사한 동작의 수행 정도가 증가함에 따라서 형성된다는 것이다. 이런 관점을 지지하며 순행간섭의 대처기법(Wickins, 1970)들이 개발되어 어느 정도 성공적으로 활용되어 왔다. Leavitt 등(1980)은 수행 동작에 앞서 사전 동작이 더 많이 제시될 때 실제의 간섭효과가 더욱 컸으며 대처기법들이 제시되면 오차의 정도가 매우 감소함을 보고하였다. 그러나 대처기법이 제시되지 않으면 순행간섭 효과는 여전히 나타났다. 즉, 순행간섭 효과는 대처기법에 의해서 감소시킬 수 있는 특성이 있다는 것이다.

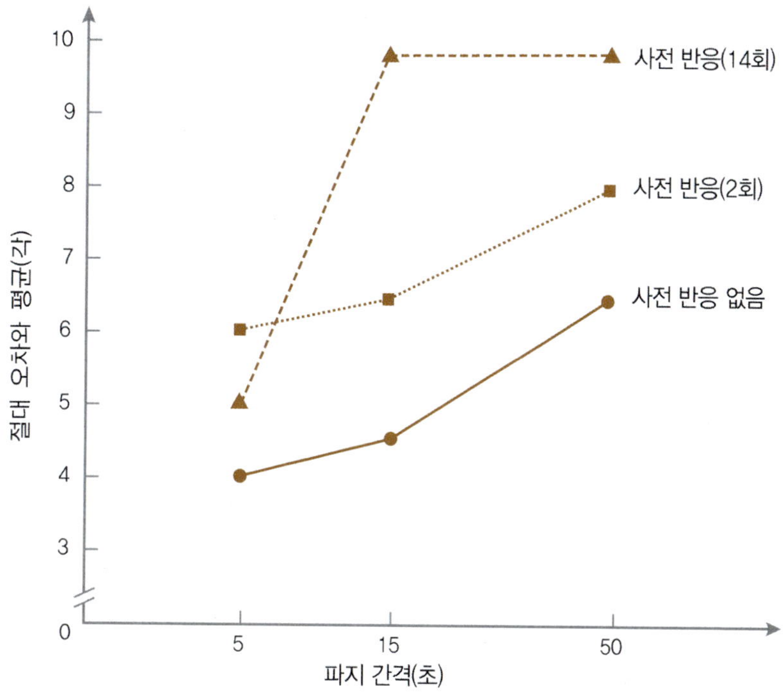

[그림 8-2] 곡선정치과제에 대한 순행 간섭의 효과

역행간섭이란 기학습된 동작과 학습된 동작간의 특성이 서로 다르기 때문에 나타난다는 것이다. Roy 등(1972)은 직선 정치과제를 이용하여 피험자들이 파지간격 동안 네 가지 다른 특성의 과제를 수행할 때는 역행 간섭효과가 나타났으나 사전 동작을 수행하지 않거나 두 가지 정도의 과제를 수행했을 때는 효과가 없음을 발견하였다. 따라서 운동 기억에서 역행간섭 효과가 나타나기는 하지만 간섭의 원인 활동은 피험자의 주의 요구에 따라 상대적인 것처럼 보인다. 즉, 주의 요구에 따라 달라진다는 주장이다. 또한 Kelso 등(1975)은 역행간섭의 편향성 효과를 제시하였는데 그들은 간섭하는 동작의 반복횟수나 시간을 변화시킴으로서 간섭효과가 증가하고 감소됨을 보고하였다. 역행간섭과 기억에 대한 연구들은 일반적으로 사람의 운동기억은 역행간섭의 효과에 쉽게 영향을 받는다는 것을 제시한다. 또한 특정 형태의 간섭활동은 다른 형태보다 더 많은 간섭을 하는 것으로 보인다.

대부분의 연구자들의 간섭에 대한 연구는 학습전이(transfer of learning)를 이용한 실험에서 이뤄졌다. 전이는 학습된 하나의 동작이 차기학습동작에 미치는 학습 효과이다. 간섭이론가들은 망각이 다른 학습으로부터 야기되는 간섭의 효과임을 주장한다.

2) 인출단서의 변화

인출단서의 변화가 망각이 증가하는 결정적인 요인이라는 몇몇 연구결과가 있다. 예를 들어, 특정 장소에서 얻어진 기억은 세월이 흘러 이웃이 바뀌고 낡은 집을 허물고 새집을 짓고 나면 물리적 상황이라는 단서가 변하여 인출 가능성이 감소 할 수 있다. 이런 방식으로 해석하면 어린 시절의 사건들을 회상하기 어려운 이유를 설명할 수도 있다. 어린 시절의 세계는 10여 년이 지난 후 세계와는 판이하게 다르기 때문이다. 따라서 어른이 되었을 때는 일반적으로 적절한 인출 맥락이 결여될 수 있다(Schachtel, 1947; White 등, 1979). 그러나 Gleitman(1971)은 인출단서가 거의 변화하지 않아도 시간이 경과하면 망각은 증가한다고 동물실험을 통해 밝혀 문제의 혼란을 야기하였다.

6 학습-기억에 대한 최근 이론

우리가 학습-기억이라 부르며 기능적 변화를 강조하는 생리적 과정은 많은 과학자들에게 환상적인 도전의식을 제공하였다. 신경해부학, 신경생리학, 생화학, 심리학과 같은 생물학 관련 과학은 학습-기억에 관한 중요한 기여를 하였다. 이 분야의 연구자들이 추구해 온 기본적인 문제는 학습과 기억 과정에 있어서 우리의 조직에서는 정확하게 어떠한 일들이 일어나느냐? 하는 것이다. 과거 50년 동안 영향력 있는 연구들은 학습-기억에 관계되는 신경기전에 관한 많은 정보를 제공하여 왔지만 오늘날에도 완전하다고는 볼 수 없을 정도로 불확실하다. 그럼에도 불구하고 인간 운동행동 분야에서의 더욱 향상된 정보를 획득하기 위해서는 학습-기억에 대한 신경기제 및 기능을 이해하는 것이 필요할 것이다.

1) 학습-기억 기능

학습- 기억의 과정에서 최소한 4가지의 기본적이고 내적인 기능이 수행되어야 한다. 먼저 경험이 포함된 개인에게 부과되는 내·외적 자극이 탐지되고 선택되어 신경충격 형식으로 부호화되어야 한다. 이러한 과정을 등록(registration) 기능이라 한다. 둘째로 자극출현에 의해 부호화된 정보는 저장되어야 한다. 이를 저장기능이라 한다. 셋째는 인출기능으로서 저장된 특정한 경험을 인출하기 위해 유용한 부호정보를 끄집어내는 과정이다. 마지막 네 번째는 인출된 정보가 다시 특정 행위에 필요한 최초 경험과 최초 반응의 특성과 감각을 생성할 수 있는 신경활동으로 해석되는 것이다. 이러한 기능을 정보판독기능이라 할 수 있다. 이러한 4가지 기능 중 어느 한 가지만 실패를 해도 기억의 상실을 가져 올 것이다.

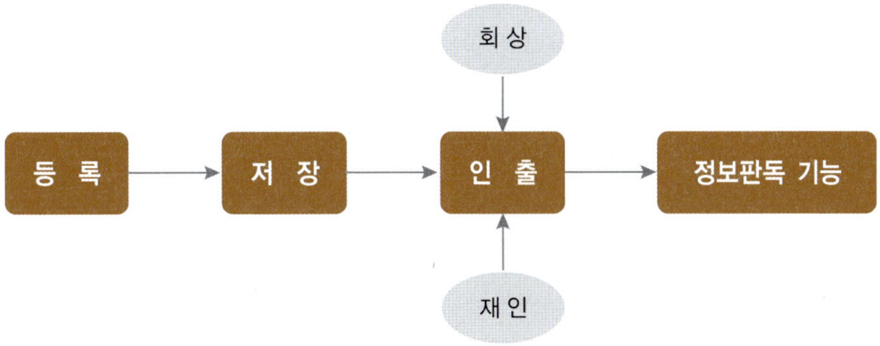

[그림 8-3] 기억 기능의 과정

2) 학습-기억이론

20세기 이전에 학습-기억에 관한 이론은 수학, 미신, 교리, 초보적인 생리학에 대부분 그 기저를 두었다. Aristotle는 심장이 기억의 주체이며 뇌는 혈액을 냉각시키는 구조라 생각했다. 18세기에 들어와 Descartes가 기억에 대한 뇌의 활동에 대해 처음으로 언급하기 시작하였다. 골상학 분야에서 18~19세기 사이 비 과학자들에 의해 더욱 괴이한 접근방법으로 학습-기억이 설명되었는데 기억이 뇌의 각기 다른 부위에서 저장되며 그 각 부분이 각각의 행위를 통제하고 능력을 제어한다는 것이었다.

신경계의 기능이 활발히 연구된 19세기까지도 학습-기억에 대한 과학적 기전은 제대로 제시되지 못하였다. 과거 80여 년 동안 많은 노력들이 학습-기억 과정을 이해하기 위해 있어 왔다. 최근의 신경학자들은 이러한 노력에 힘입어 학습-기억 과정에 몇 가지 단계가 존재한다는 연합이론(consolidation theory)을 제안하였다. 그러나 최근에는 정보화수준 이론(levels of processing)이 지지를 받고 있다.

(1) 연합이론

연합이론은 Muller와 Pilzecher(1900)에 의해서 최초로 제안되었다. 그들은 정보는 역동적인 전기적 활동으로 저장되며 뇌에 있어서 점진적인 구조적 변화를 야기한다고 가정하였다. 더욱이 최근 Atkinson과 Shiffrin(1971) 그리고 Eccles (1977) 등 이 분야에 권위 있는 학자들은 연합이론을 지지하고 더욱 발전시켰다. 비록 이러한 이론들을 세밀하게 분석하여 보면 복잡하고 다양성이 존재하지만 일반적인 기본적 개념과 가설은 쉽게 이해할 수 있으며 학습-기억을 설명하기에 충분한 모형이라 생각된다. 간단하게, 연합이론은 학습 과정에 있어서 기억이 완전히 통합되거나 일종의 구조적 변화나 화학적 변화형태로 저장될 때까지 몇 단계의 과정이 존재한다는 것이다.

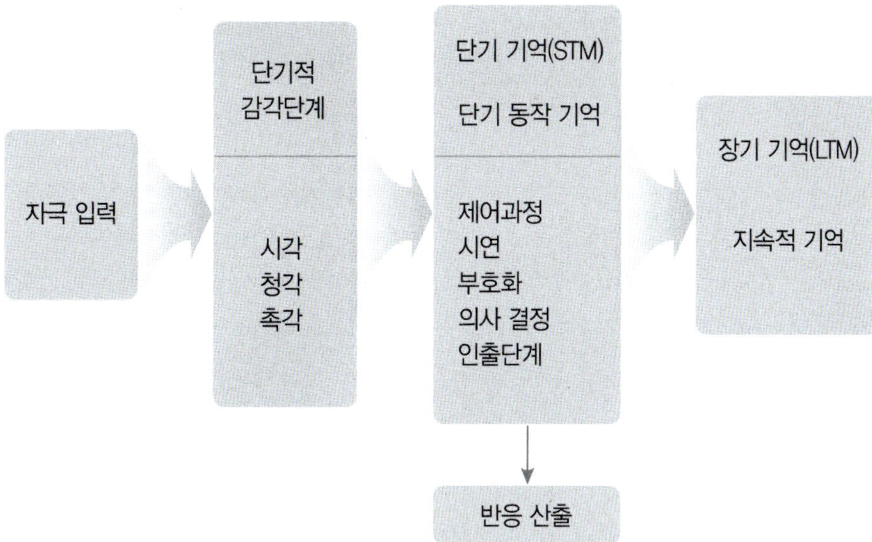

[그림 8-4] 기억 연합 체계 모형

[그림 8-4]와 같이 학습-기억에 존재하는 내적 과정은 최소한 3단계로 구분되는데 이 단계를 단기적 감각저장단계(short-term sensory stage: STSS), 단기적 기억단계(short-term memory: STM) 그리고 장기기억단계(long-term memeory: LTM)라 한다. 각 단계의 저장용량(storage capacity)은 다르며 정보가 저장되는 형태나 정보의 유실 역시 단계마다 특성을 달리한다.

(2) 단기적 감각저장단계

연합이론에 의하면 단기적 감각저장단계 또는 감각등록단계는 경험 후 즉시 일어나며 신체적 자극이 종료된 후 잠깐 유지될 수 있는 자극의 상(image)으로 생각된다. 이는 정보를 유입하자마자 감각 저장계에 매우 짧은 시간 저장되는 생리학적 표상으로 수용기에서 전기적 부호로 전환된다. 시각적 상에 있어서 2~3초 정도, 기타 감각기에서는 15초 정도 정보가 감각저장으로 유지된다는 신뢰할만한 증거가 제시되고 있다(Crowder, 1978). 이러한 표상은 새로운 부호로 재구성되며 비교적 짧은 시간 동안 다른 감각 저장계에서도 순간적 유지된다. 이것을 단기적 감각저장단계라 한다. STSS는 많은 정보를 과정화할 수 있지만 빠르게 정보가 소실되며(Sperling, 1960), STSS 정보를 모든 조직이 관여하여 카메라 필름이 렌즈로 투과되는 것처럼 실제의 자극과 매우 비슷하게 정보가 부호화된다.

(3) 단기기억

단기기억은 매우 짧은 시간 동안 이뤄지는 것으로 비교적 변화되기 쉬운 경험의 흔적이 순간적인 반향성(reverberatory) 과정에 의해서 유지되는 것이다. 이러한 과정은 수초 또는 수분 이내에 소실되지만 소실되기 전 오랜 시간 지속될 수 있는 장기기억을 유도하는 뇌의 활동을 야기하는 짧은 전기화학적 변화 과정이라 할 수 있다. 이러한 과정 중에 기억흔적은 신경계의 구조적 변화의 형태로 통합된다. 아마도 신경계에서 특수한 생화학적 또는 형태학적 변화가 일어나는 것 같다(Deutsch 등, 1975).

단기기억과 장기기억의 구분은 과거의 경험을 의식하는 방식에 잘 들어맞는 것으로 보인다. 먼 과거는 이미 지나간 것, 해버린 것으로 경험된다. 어제 밤에 본 영화, 한 시간 전의 경기 등은 과거 시제의 사건들이다. 이것들은 기억되는 것이지 지각되는 것은 아니다. 그렇지만 바로 직전에 일어난 사건들은 그렇지가 않다. 노래의 멜로디를 들을 때 우리는 그 멜로디의 대부분을 마치 현재 지각하고 있는 것처럼 보인다. 그러나 마지막 소절의 음이 우리의 귀에 들려 올 즈음에는 이미 그 앞의 소절들은 사라져 버리고 말 것이다.

단기기억의 저장용량은 장기기억의 용량과는 현저하게 다르다. 장기기억의 용량은 엄청나다. 대학생들의 평균 어휘 수는 약 50,000단어로 추정된다. 반면에 STM은 비교적 제한적 용량을 가지며 짧게 지속된다(Atkinson 등, 1971). 인간을 대상으로 STM이 제한된 정보의 양을 갖고 있다는 실험이 Miller(1956)에 의해 최초로 이뤄졌다. 그는 STM은 제시된 항목이 숫자이든 아니면 서로 관계없는 단어이든지 간에, 그리고 제시방법이 시각적이든 아니면 청각적이든 간에 단기기억 체계의 저장용량은 7±2 이내로 한정되어 있음을 밝혔다. 비유컨대 하역장에서 한꺼번에 처리될 수 있는 화물의 수에 해당한다고 볼 수 있다. 때때로 단기기억의 저장용량의 한계는 장기기억으로 정보를 통과시킬 때 존재하는 중요한 장애물로 간주되기도 한다. 왜냐하면 정보가 제한된 용량의 단기기억 체계를 우회해서 직접 장기기억으로 전달되기는 거의 불가능한 것으로 생각되기 때문이다.

(4) 단기기억에서 망각

정보가 단기기억에 들어 온 후에는 어떻게 되는가? 대부분의 정보에 있어서는 그 대답이 간단하다. 즉, 망각된다는 것이다. 아침에 조간신문을 읽으면서도 우리는 또 다른 많은 사실들에 순간순간 주목한다. 예컨대, 미역국이 너무 짜다든가, 옆집아이가 운다든가, 아니면 사설란에 오자가 있다는 등을 들 수 있다. 그러나 잠시 후에는 망각에 의해 이러한 경험이 마치 없었던 것처럼 보인다.

단기기억의 신속한 망각현상은 피험자에게 RLZ과 같이 세 개의 영어 자음을 2내지 20초의 파지기간 후에 회상시킨 연구에서 찾아볼 수 있다. 이 연구의 관점은 시연(rehearsal)을 방지할 수 있는 실험절차를 찾아내는 것이었다. 만일 세 자음을 제시한 후 20초의 파지기간 동안 피험자가 그 문자를 반복해서 시연한다면 실제의 파지기간은 20초보다 짧은 것이 될 것이다. 또 하나의 심각한 문제는 시연을 함으로써 단기기억의 정보가 장기기억으로 전이될 가능성이 있다는 점이다. 해결책은 파지기간 동안 상당한 주의집중을 요하는 심적 과제를 부여하여 시연할 수 있는 여유를 주지 않는 것이다. 피험자들에게 세 문자를 들려준 후 즉시 세 자리 숫자를 제시하였다. 이들의 과제는 회상신호가 나타날 때까지 그 숫자로부터 신속하게 3씩 빼나가는 것이다(예, 684, 681, 678 등). 이러한 조건하에서는 단지 15초의 파지기간이 경과한 후에도 회상은 거의 되지 않았다(Peterson 등, 1959).

최근의 한 연구는 망각속도가 이것보다도 빠르게 나타남을 보여주고 있다. 피험자에게 세 개의 문자를 제시하고 조용히 읽으라고 지시하였다. 그리고 나서 거꾸로 숫자세기 과제가 주어졌다. 피험자들이 해야 하는 과제는 단지 숫자를 거꾸로 세어 가는 것이었다. 예상치 않았던 회상 시행을 실시했을 때의 결과를 보면 이러한 조건하에서는 단지 4초만 경과해도 망각이 거의 완벽하게 나타났다(Muter,1980).

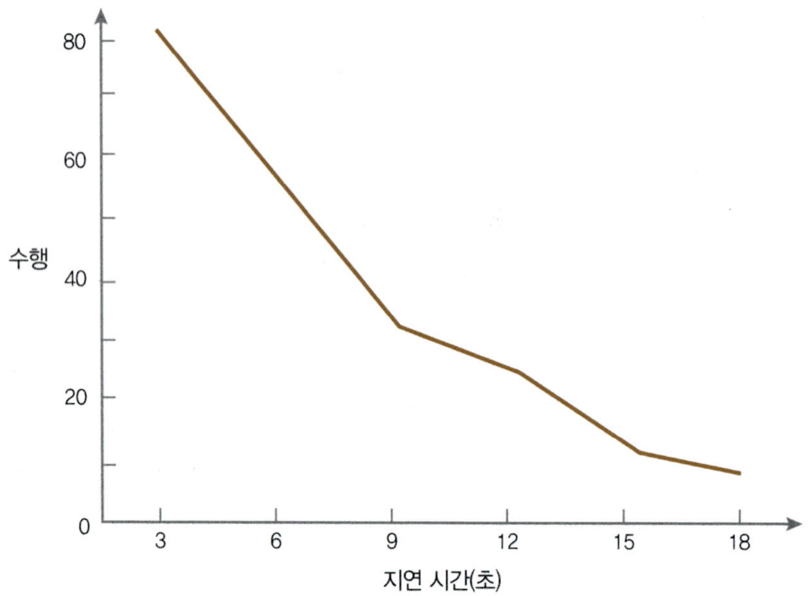

[그림 8-5] 단기기억의 망각

단기기억의 망각은 어떻게 설명될 수 있는가? 한 가지 가능성은 소멸(decay)이다. 기억흔적은 시간이 경과함에 따라서 어떤 생리학적 과정에 의해 세부사항들이 점차 희미해지리라는 것이다. 또 다른 견해는 대치(displacement)이다. 한 항목이 다른 항목들, 예컨대 나중에 단기기억으로 들어오는 항목이나 아니면 선행의 단기기억으로부터 밀려나올 수가 있다. 지금까지의 증거들은 두 요인이 모두 작용한다는 것이다. 예를 들어, 하역장에 방치된 화물들은 부패할 수도 있고(소멸) 또한 다른 화물들로 인해서 어디론가 치워 질 수도 있다(대치). 어떤 경우이든지 간에 하역장에 오랫동안 남아있도록 허용되지 않는다는 것은 명백하다(Reitman, 1974).

단기기억의 신속한 망각이 때로는 도움이 될 수도 있다. 만일 컴퓨터를 이용하여 한글을 작성하는 사람이 직전에 친 문자들을 망각하지 않는다면 원고 작성에 상당한 어려움을 겪을 것이다. 저장용량이 제한되어 있기 때문에 하역장은 신속하게 치워져서 새로운 화물이 도착할 수 있는 공간을 만들어 주어야 하기 때문이다(Bjork, 1970).

(5) 장기기억으로의 전이

장기기억은 시간, 하루 심지어 1년 정도까지 지속되는 기억 저장 단계를 말한다. 그것은 시연 없이도 오랫동안 지난 후에 재인되거나 회상될 수 있는 능력으로 간주된다. STM은 장기기억(LTM)으로 전이된다. 하역장에 있던 대부분의 하물은 영원히 사라지지만 몇 몇은 장기적 저장소로 옮겨지게 된다. 우리의 주요 관심사는 때때로 전이가 일어난다는 사실과 한 항목의 회상은 단기기억이나 아니면 장기기억 저장소로부터의 인출을 나타낸다는 사실에 있다. 저장된 항목이 어느 저장소로부터 인출된 것인지를 알 수 있는 방법이 있는가?

이 물음과 관련된 대부분의 연구는 자유회상(free recall)의 방법을 이용하였다. 피험자들에게 보통명사의 집합과 같이 서로 무관한 항목들의 목록을 제시하고 나서 제시 순서와는 관계없이 항목들을 회상하도록 지시를 한다. 만일 항목들을 한 번 씩만 제시하고 그 항목의 수가 기억 용량을 넘게 되면 모든 항목을 회상해 낼 수 없다. 이러한 상황하에 어떤 한 항목이 회상될 가능성은 그 항목이 목록 내에서 어디에 위치하는가에 달려 있다. 목록의 앞부분에 위치한 항

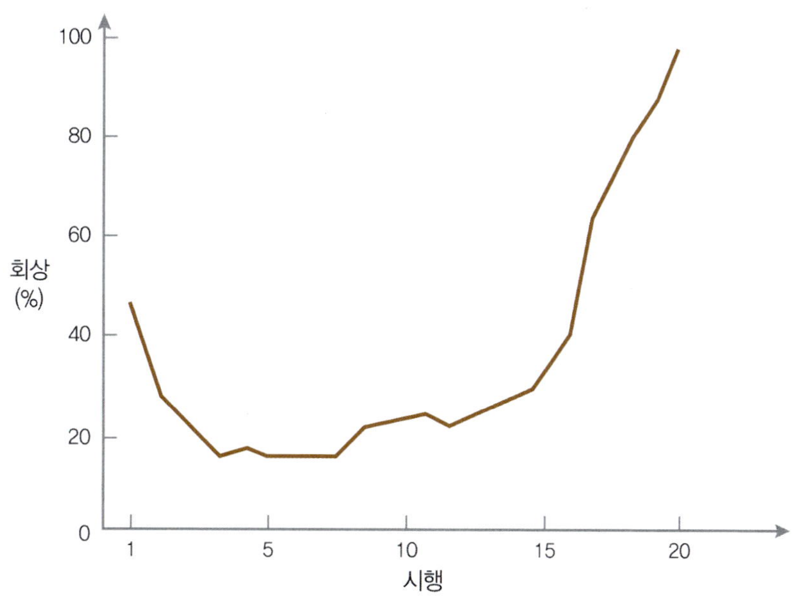

[그림 8-6] 자유회상에서의 초두효과와 최신 효과

목들의 회상이 우수한 현상을 초두효과(primacy effect)라 하며 뒷부분에 위치한 항목들의 회상이 우수한 현상을 최신효과(recently effect)라 부른다.

목록의 뒷부분에 위치한 항목들은 단기기억에서 인출된 것이라고 생각하는 것이 타당하다. 반면에 앞부분에서 제시되었던 항목들은 단기기억보다는 장기기억고에서 인출된 것이라 생각된다. 왜냐하면 이 항목들은 시연할 기회가 더욱 많았고 따라서 장기기억으로 전이되었을 가능성이 그만큼 더 크기 때문이다. 예를 들어, 처음 항목이 카메라, 보트, 그리고 얼룩말이었다면 첫 항목이 제시될 때는 카메라를 시연하고 둘째 항목이 제시될 때는 카메라와 보트를 시연하며 그리고 세 번째 항목이 제시될 때는 카메라, 보트, 얼룩말을 시연하는 방식을 취하는 것이 예사이다. 이러한 생각을 지지하는 증거는 초두효과와 최신효과를 여러 가지 방법으로 조작한 연구에서 볼 수 있다. 한 가지 중요한 요인은 목록의 마지막 항목이 제시되고 나서 회상신호가 주어질 때까지의 시간 간격이다. 이 간격이 30초 정도가 되면 초두효과는 변함없이 나타나는 반면에 최신효과는 거의 사라지고 만다. 목록의 뒷부분에서 제시된 항목들이 단기기억에만 저장되어 있다면 바로 이러한 결과를 예상할 수 있다. 또 다른 조작을 통해서 초두효과를 제거시킬 수도 있다. 한 예로 항목의 제시속도를 변화시키는 것이다. 제시속도가 매우 빠르면 시연할 시간이 없기 때문에 정보가 장기기억으로

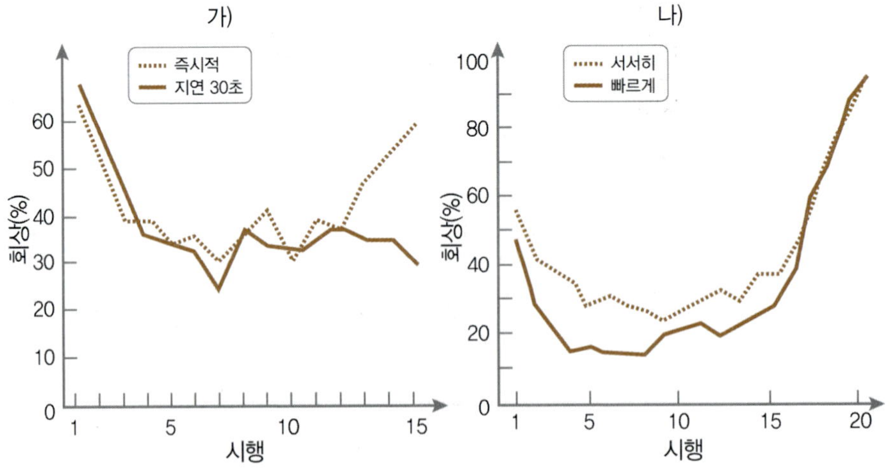

[그림 8-7] 가) 최신 효과와 단기기억 나) 초두 효과와 장기기억

전이될 가능성이 줄어든다. 따라서 초두효과는 감소하는 반면 최신효과는 큰 변화가 없으리라 예상할 수 있다.

(6) 단기기억의 재해석

정보가 작은 공간의 단기적인 기억고로부터 보다 공간이 크고 장기적인 기억고로 전이되는 것은 분명하다. 그러나 오늘날에는 각기 다른 자기방식대로 정보를 체계화하기 위한 적극적 과정에 의해서 장기기억이 형성된다는 이론이 지배적이다. 이들의 견해에 따르면 단기기억은 단순한 잠정적 기억고로 간주되어서는 안되며, 오히려 경험하는 사례들이 분류되고 체계화되며 기억에 이미 저장되어 있는 다른 항목들과 연계되는 등의 과정이 이루어지는 일종의 심리적 작업대로 간주되어야 한다(Baddeley, 1976)는 것이다. 이들은 정보가 기억 속에 파지되어 나중에 인출될 것인지의 여부는 한 기억저장소에서 다른 저장소로의 단순한 전이에 의존하는 것이 아니라고 생각한다. 오히려 그 정보가 어떻게 처리되는가에 달려 있다고 생각한다. 처리과정이 보다 정교화될수록 나중에 기억해 낼 가능성이 증가한다. 이를 Craik 등(1972)은 처리과정의 심도(depth of processing)가설이라 부른다.

(7) 장기기억의 획득

단기기억은 가까운 과거를 연계시켜 준다. 그러나 거의 모든 정보를 보유하고 있는 보다 광대한 체계인 장기기억에 비교하면 단기기억의 중요성은 반감된다. 우리가 말하고, 읽고, 얼굴을 재인하고, 테니스를 치고, 잃어버렸던 물건이 어디 있는지를 갑자기 기억해 낼 때 참조하는 기억체계가 바로 장기기억이다. 이러한 장기기억이 획득되고 저장되는 방식에 대해서 알려진 것은 무엇인가? 현재 알려져 있는 대부분의 사실들은 여러 가지 언어자료를 사용한 실험연구에서 얻어진다. 동물학습과 지각을 논의할 때 이미 접했던 연합과 체제화라는 두 가지 중요한 이론적 접근방식이 서로 대립되는 관점을 갖고 있다.

먼저 연합주의 관점에서 장기기억의 획득을 논해보자. 우리는 흔히 상당한 양의 언어자료를 기억해야 한다. 초등학생들은 구구단 표를 기억해야 하며, 배이에 대한 해답이 바로 체제화에 있다. 단기기억의 저장용량은 7±2개의 항목을 초과하지 못한다. 하지만 항목의 크기를 결정하는 것은 우리에게 달려 있다. 항목들을 큰 덩어리로 만들면 비록 개수는 동일하다 하더라도 전체 정보량은 커질 수 있다. 앞에서 제시하였던 149 …… 81의 숫자들을 1에서 9까지의 자승값으로 해석한 것이 바로 한 예이다. 입력을 보다 큰 단위로 재부호화한 것이다. 이를 군집화, 즉 청크(chunk)라 부르며 기억에 주는 심리적 부담은 청크가 이뤄지기 전과 동일하나 전체 정보량은 많아지게 된다. 항목을 청크로 재부호화하는 작업의 대부분은 아동기에 일어나며 어른들은 단어가 단순히 소리의 연속이 아닌 전체로 존재한다. 문장기억에는 보다 높은 수준의 체제화 단위가 수반된다. 서로 무관한 단어의 기억폭은 7개 전후지만 우리는 20개의 단어로 구성된 문장도 한 번만 보면 회상해 낼 수 있다.

우리는 흔히 기억하려는 일련의 항목들을 범주로 체제화 한다. 때때로 범주는 이미 주어져 있는 경우가 있다. 살 물건의 목록을 만들 때, 채소, 과일, 육류 등의 범주에 따라서 필요한 물건을 묶고 회상할 때는 범주로 군집화하여 인출하는 경향이 있다. Bousfield(1953)는 동일 범주의 항목들을 함께 회상하는 회상 군집화(recall clustering)현상을 보고하였다.

일반적으로 기억은 학습자가 적극적으로 학습하려고 시도할 때 더욱 효율적이다. 이 사실은 일상 경험에서 잘 나타나며 실험실 상황에서도 쉽게 검증할 수 있다. 두 집단의 피험자에게 단어목록과 같은 학습 자료를 동일한 시간동안 제시한다. 한 집단은 의도학습 집단으로 적당한 다른 과제를 주어 단어 목록에 주의를 기울이도록 한다. 예컨대, 각 단어의 발음용이성을 똑같이 했다. 그리고 나서 피험자들에게 예기치 않았던 회상검사를 실시하는 것이다. 결과는 의도학습 집단이 통제집단에 비해 상대적으로 우수한 회상량을 보였다(Gleitman 등, 1957). 이 차이는 어떻게 설명될 수 있는가? 가능성 있는 한 가설은 의도학습자는 시연을 한 반면에 우연학습자는 하지 않았다는 가설이다. 시연은 학습자가 학습 자료를 변형시키는 적극적 과정이다. 학습할 의도를 가지고 있는 피험자는 항목을 범주로 집단화하거나 통합함으로써 보다 잘 회상할 수가 있는 것이다.

간격 후에 과제를 수행하게 한 결과 0, 2
작을 학습한 조건보다 오류 정도가 적었음
한 결과를 도식화한 것이다. 그림에서 보
없는 것으로 나타났는데 이를 Adams 등은

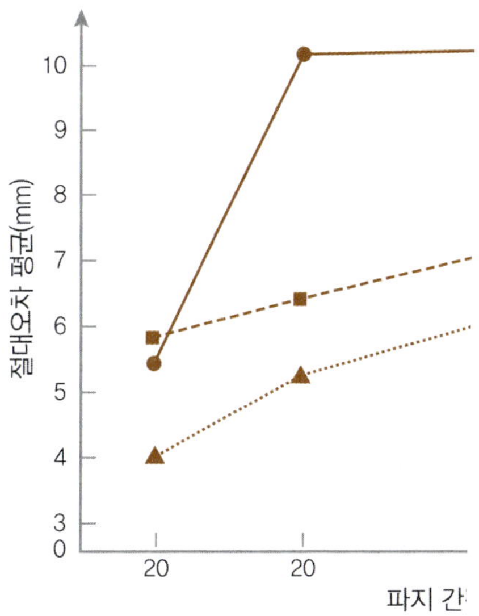

[그림 8-9] 순행 간섭효

1960년대 후반부터 임상신경학, 실험신
연구는 순행간섭보다는 역행간섭 연구가
습된 경험과 수행하고자 하는 동작간의
것이다. Lewis와 Mcalister(1951) 등은 운
보고하였는데 방해 과제를 많이 수행하면
다. 1970년대에 들어와서야 운동단기기억
드민턴 선수가 테니스 포핸드를 칠 때 손
스 수행을 제대로 할 수 없는 경우이다.

일부 연구자들은 언어적 반응에 대한
도 대상들에게 실험진행 도중에 부가되는

(8) 장기기억 인출

Augustine은 이미 400여 년 전에 기억을 창고에 비유하며 "나는 기억이라는 넓은 공간에 들어가는데 이곳은 수많은 심상의 창고이다. 이 창고에 있을 때 나는 내가 원하는 것을 찾을 수 있기를 기대하는데 어떤 것은 금방 찾을 수가 있지만 또 다른 것들은 찾는데 시간이 많이 걸려서 마치 숨겨 놓은 물건을 끄집어내는 것 같다"고 하였다.

기억을 창고에 비유하는 것은 항목이 저장은 되었지만 아직 찾아지지 않았음을 암시한다. 이름, 사실, 또는 사건을 알고는 있는데(즉, 저장은 되는데) 특정 상황에서 인출할 수가 없는 것이다. 이러한 경우 기억흔적이 접근 불가능하다고 말한다. 기억흔적으로의 접근은 적절한 인출단서(retrieval cue)가 주어질 때 가능할 수가 있다. 이 사실은 실험적으로 자주 증명되어왔다. Tulving 등(1966)은 피험자가 특정 범주에 속한 단어들을 회상하지 못하는 경우에 범주의 이름을 제시해주면 못했던 항목들을 쉽게 회상할 수 있음을 발견하였다.

처음에는 완전히 없어져 버린 듯이 보이던 기억이 나중에 인출되는 현상은 일반적이다. 한순간에 접근불가능 했던 기억도 적절한 인출단서만 주어지면 회상되는 일은 흔하다. 며칠 전 물건을 사러 시내에 나갔을 때 차를 어디에 주차시켰는지 회상 할 수 없다가도 약국에 먼저 갔었다는 사실을 생각해내면 갑자기 길 건너 좁은 공간에 차를 비집고 들어가서 주차시켰던 일이 회상될 수 있다. 때때로 이 효과는 보다 극적으로 나타나기도 한다. 예컨대, 수년 전에 떠나온 고향의 지리를 전혀 회상해 낼 수 없는 경우가 있다. 그렇지만 귀향길에 동네어귀에 다다르면 갑자기 모든 기억이 홍수처럼 쏟아져 나오고 때로는 수년 전에 느꼈던 강렬한 감정까지도 함께 수반되기도 한다. 물리적 장소는 단지 과거를 끄집어내는 인출단서의 하나일 뿐이다. 어떤 단어, 분위기, 냄새 또는 수십 년간 만나지 못했던 학교 친구의 방문 등은 우리가 완전히 망각했다고 생각했던 기억을 촉발시킬 수도 있다.

효과적인 인출단서의 특징은 무엇인가? 모든 단서가 우리를 일깨워서 저장되어 있는 것들을 인출시키는 것이 아님은 분명하다. 가장 가능성 있는 추측은 인출할 때와 부호화할 때의 맥락이 유사할 때 인출 가능성이 클 것이라는 생각이다.

타난 결과를 제시한 것이다. 파지기
며 특히 80초 이후 오차는 더욱 뚜

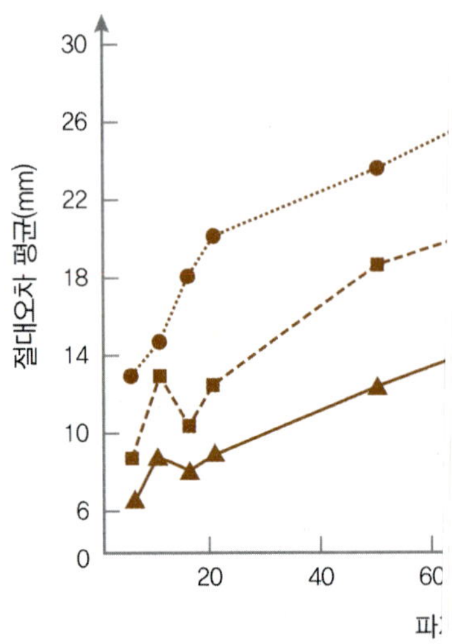

[그림 8-8] 파지 간격

망각은 오류점수가 파지 전 강화
소하는 것으로 나타나 연습에 의하
러한 결과는 MSTM의 정확성이 경
의한 연습시행 수의 긍정적 효과가
경향을 보인다고 할 수 있다. 이를
소멸로서 망각을 설명하였다. 언어
간섭효과에 많은 연구자들은 관심
위치에 대한 기억회상이 후반에 저
행간섭에 관한 것이 상당한 수를
학습을 망각하게 하는 원인이 될
들은 순행간섭이 없음을 보고하였
와 Schmidt(1969), Stelmach(1969)
선정치과제에서 0, 2, 4개의 비슷한

여 파지 간격 후 첫 번째 검사에서 간격에 관계없이 모두 수행력 감소를 보였으며 특히 12개월이 지난 집단에서 가장 많은 수행력 감소를 관찰하였다. 그러나 재학습에 의하여 그들의 운동수행력은 빠르게 원상태로 회복되었다. Melnick (1971)은 안정성 검사에서 학습 후 한 달간의 기간 후에는 파지력이 50% 이상 회복되었음을 보고하였다. 그러나 과잉학습을 시도한 집단에서는 97.5%의 회복을 보였다.

Adams 등(1962)과 Lersten(1969)은 몇 가지 연구를 통해 분단적 운동기술과 계열적 운동기술간의 파지 형태가 다름을 보고하였다. Schmidt(1975)는 지속적인 운동기술이 가장 우수한 파지력을, 계열적 운동기술이 가장 저조한 파지력을 그리고 분단적 운동기술이 중간 정도의 파지력을 보였다고 보고하였다. 이러한 결과는 운동기술의 유용성 감소의 차이 때문으로도 이해할 수 있으나 지속적 운동기술이 분단적 및 계열적 운동기술보다 파지력이 우수하기 때문에 나타난 결과라 할 수 있다. 결국 지속적 운동기술은 다른 기술보다 반복적 연습을 많이 수행한다는 것이다. 이는 언어행동에서도 마찬가지인데 언어행동이 운동기술보다 더욱 빨리 망각되고 방해받는 이유는 기억을 구성하는 인지적 구성체가 너무 과중한 구성체이기 때문이라는 것이다. 따라서 지속적 운동이 기학습과의 관련성과 개념을 유용화하는 데 더욱 의미 있는 것이라 할 수 있다.

3) 운동기술 파지의 변인효과

파지(retention)의 양과 지속 정도는 많은 변인에 의해 좌우된다. 가장 강력한 변인은 최초의 학습시 얻어지는 효율성 정도, 동작의 의미, 최초 학습과 파지측정간의 기간, 동작의 특성, 최초의 학습이 일어나는 상황에서의 연습계획 등으로 보고되고 있다.

(1) 최초 효율성과 파지

몇몇 연구자들은 운동기술 파지에 있어서 가장 중요한 변수로 최초의 학습단계에서 습득되는 효율성(proficiency)을 꼽았다. Fleishman과 Parker(1962)는 최초의 학습 시 획득된 효율성 정도와 연습 없이 9~24개월 후 실시된 효율성 파지간의 관계는 거의 직선적 정적 상관을 보였다고 보고하였다. Purdy와 Lockhart(1962)는 최초의 학습 시 기술 수준이 높으면 높을수록 파지가 우수하였음을 실험을 통해 밝혔다. 그들은 연습 없이 1년이 지난 후에도 최초의 효율성의 94%가 파지되었다고 보고하였다. 또한 Melnick(1971)은 과학습과 파지 간의 관계를 평형력을 통해 조사한 뒤 상당한 상관이 있음을 보고하였다.

연합이론과 정보처리수준 이론 모두에 비춰보면 최초의 효율성이 높으면 더욱 강한 기억을 갖게 된다는 것이다. 연합이론에 있어서 연습은 정보의 시연을 계속 유지할 수 있게 하기 때문에 STM에 있어서 정보의 재구성 기억은 소실되지 않는다는 것이다. 정보처리 수준 이론에 적용하여 보면 연습의 반복은 정보를 더욱 깊은 수준으로 부호화할 수 있게 하여 파지를 더욱 지속되게 하는 것이다.

(2) 의미와 파지

기억저장은 새로운 정보와 저장된 정보간의 의미와 관련성에 좌우된다는 것이다. Naylor와 Briggs(1961)는 체계적인 관련 정도가 클수록 운동기술이 그렇지 않은 운동 기술보다 기억정도가 우수하였음을 보고하였다. 파지 역시 정보에 대한 의미 파악이 정보의 지각적 조합을 향상시켜 증가되었다(Gentile 등, 1976; Diewert 등, 1978; Dunham, 1978). 이는 의미 있는 동작의 기억이 보다 우수하게 새로운 정보와 저장된 정보간 집단화, 명세화, 의미의 부과, 관계정도의 밀접성에 의해서 파지를 증가시킬 수 있다는 것이다(Puff, 1979). 이러한 새로 학습한 정보를 이미 기억에 있는 지식과 연결하는 과정을 정교 부호화(elaborative encoding)라 하며 장기 기억을 위한 지속적인 정보 보유량에도 정교 부호화 과정이 긍정적 영향을 준다(Brown과 Craik, 2000).

(3) LTMM의 간섭

간섭의 효과는 언어적 LTM과 LTMM 모두에게 다르게 나타나는 것으로 보인다. 언어적 LTM에 대한 간섭효과는 매우 크지만 운동기술 파지에서는 커다란 영향은 없다. 그러나 운동영역에서도 전혀 새로운 간섭이 시도되면 최초의 기술에 잠재적으로 간섭의 효과를 보일 것이다. 만약 자전거를 타는 기술에 있어서 전혀 자전거를 타지 않고 다른 것을 학습한다면, 페달링, 균형 등 자전거를 타기 위한 기술이 간섭을 받을 것이다. 따라서 지속적인 같은 운동경험이 이뤄지면 사전에 학습된 운동기술은 간섭받지 않을 것이다.

(4) 시열위치와 파지

파지에 대한 시열위치(serial position) 효과는 언어행동에 대한 연구에서 가장 일관되게 나타나는 현상이다. 앞에서 설명한 바 있지만 인간에게 처음 제시되는 목록의 초기부분들과 끝에 제시되는 항목들이 중앙에 있는 항목들 보다 회상이 일반적으로 더 잘 된다. 이를 언어기억과 마찬가지로 초두(primary), 최신(recency)효과라 부른다.

Craik(1970)는 [그림 8-10]과 같이 초두 및 최신효과를 제시하였다. 많은 연구자들은 동작발현 기간이 5분을 초과하면 초두 및 최신효과가 나타남을 증명

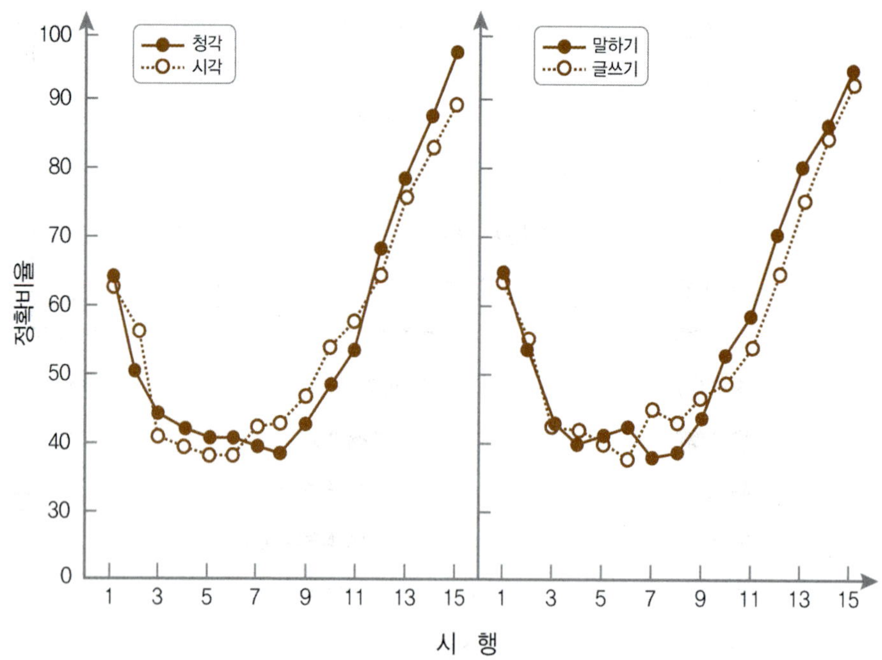

[그림 8-10] 운동 감각 및 동작에 대한 초두 및 최신 효과 비교

하였다(Magill 등, 1977; Wilberg 등, 1977). 이러한 연구에서 피검자는 눈이 가려지고 몇 가지 위치변화를 위한 최초의 정보가 제공된 후 다시 그 위치를 회상하도록 하는 것이다. 이러한 동작을 3, 6, 9회의 동작으로 구성하였다. 그 결과는 [그림 8-11]과 같다. 대상들이 회상단계에서 처음 제시한 순서와 같은 순서로 동작을 회상하거나 자유스럽게 동작을 회상하였다. 3회의 동작을 제외하고 초두 및 최신 효과가 나타났다.

비록 시열위치에 따른 효과에 관한 연구가 간단한 정치과제를 이용하였지만 많은 운동기술은 동작의 일률적 순서가 요구된다. 지도자가 최대의 파지효과를 얻기 위해서는 처음과 마지막보다는 학습 중간에 특정 기술을 이용한다면 효과를 얻을 것이 분명하다. 각 학습단계를 분할하여 연습에 이용하는 것도 좋은 방법일 수 있다. 또한 체조나 무용과 같이 어떤 연속적 체제를 갖고 시도할 수 있다. 이러한 기술은 중간부분에 대한 연습을 분명하게 하고 따라서 파지가 증가되는 것이다.

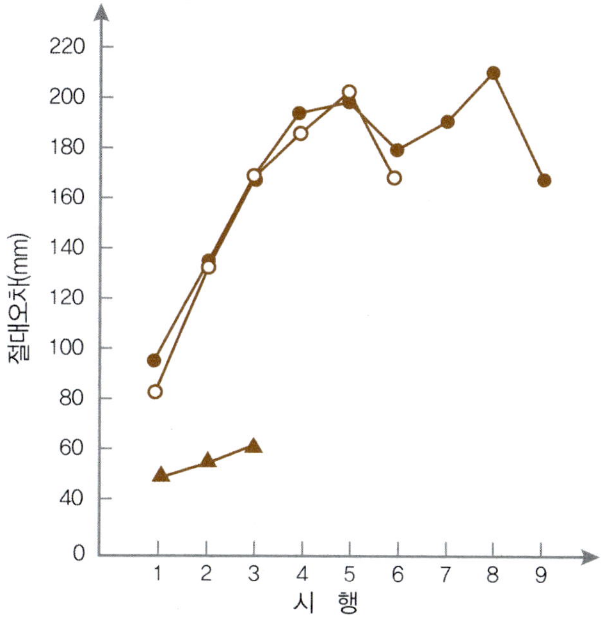

[그림 8-11] 직선정치과제 시 위치 정확성의 시열 효과

4) 파지의 측정

기억을 학습의 정의에 비춰보면 비교적 영속적인 특징을 가지며, 계속적인 학습의 효율성이 존재한다고 언급할 수 있다. 파지(retention)란 연습이 존재하지 않는 상황 후에도 행위에 대한 효율성의 지속을 말한다. 파지를 측정하는 것이 왜 학습 효과를 평가하는 것인가? 이에 대한 답은 대부분의 학습에 관한 측정이 시간 내에 폭넓게 세분화되지 않는 운동수행력을 기준으로 실시되기 때문이다. 예를 들어, 운동학습의 주관적 평가가 학습 곡선의 형태로 추정될 수 있는데 기존 연구들을 보면 측정 동작에 대한 연습이 한번 정도 실시되며 평가가 이뤄진다. 평가의 비교를 위해 연습이 포함된다면 연습은 매일 계속해서 실시되는 것이다. 수행에 영향을 미치는 일시적인 조건, 즉 연습과 실험사이의 시간이 수 분이나 수 시간, 또는 며칠 사이에 이루어지는가에 따른 시간 간격 등의 효과에 관한 실험들은 이러한 일시적 조건이 활용된다. 다른 말로 운동기술의 파지측정은 연습과 기술 습득단계와 파지검사 간의 시간 등을 고려한 후 실행되어야 한다는 것이다. 파지간격은 일반적으로 하루에서부터 몇 년이 될 수 있다.

운동학습 분야에서 연습을 하지 않는 기간이 장기화된 후에도 파지검사를 자주 활용하지 않는 이유는 망각에 매우 중요한 변인인 시간 간격 때문이다. 망각은 학습과 상치된 의미로 생각할 수 있는데 학습은 어떤 기술을 습득하는 반면 망각은 효율성이 상실되는 것을 의미하기 때문이다. 학습은 기본적으로 비교적 영속적인 특성인 반면에 연습과 경험에 의해서 나타날 수 있는 학습 효과의 유지나 수행력은 영속적이지 않기 때문에 학습을 측정하는 방법으로는 파지를 평가하지 않는다.

파지검사는 학습의 미숙달 정도를 측정하기 위해서는 행해질 수 있다고 말할 수 있다. 만약 어떤 측정이 연습이 이뤄지기 이전과 이후에 실시된다고 하자. 또 그 이후에 최종적으로 연습 없이 어느 정도 간격을 두고 다시 실시된다면 처음 점수와 연습 단계에서 획득한 점수와 비교될 수 있으며 또한 최종 점수와도 비교될 수 있을 것이다. 첫 번째 점수는 수행효과를 나타내며, 두 번째 점수는 연습의 효과로서 비교적 영속적인 점수를 의미한다. 그러나 정확히 얼마나 학습이 일어났느냐는 이러한 방법을 통해서는 알 수 없다. 파지검사에 대한 더욱 일반적인 방법은 학습의 효율성, 습득, 지속성 정도에 대한 정보를 유추하는 것으로 기억이나 망각을 평가하기 위한 가장 기본적인 검사를 실시하는 것이다.

파지는 학습처럼 수행 점수와 관련되어야 한다. 파지를 측정하는 데 이용되는 몇 가지 방법이 있으나 그 중 3가지 방법, 절대성 파지측정(absolute retention method), 파지율(percent of gain method), 절약법(savings method)에 관해서 알아보자.

(1) 절대성 파지측정

가장 간단한 파지검사는 절대성 파지측정으로 파지검사를 위한 측정시 시간 간격을 준 후 실시되며, 첫 번째 시도에 대한 수행력을 기준으로 하는 측정법이다. 이러한 검사에 대한 정해진 공식은 없으나 일반적으로 전 연습기간 동안의 수행 점수를 기준으로 연습 없이 일정한 간격 후의 수행 점수와의 차를 비교함으로서 쉽게 이해할 수 있다.

(2) 파지율 측정

파지율을 이용한 방법에서는 연습 없이 일정기간의 간격을 두고 평가되며 처음의 점수와 비교한 비율을 산출한다. 간격이 제시되기 이전의 수행력을 100%라 생각할 때 간격제시 후 수행력은 최초 학습 비율이다. 예를 들어 일정한 간격 이전의 기록이 10회 모두 10점을 맞고 간격 이후의 기록이 평균 8점이 되었다면 파지율은 80%라 할 수 있다.

(3) 절약법

이러한 방법은 임계치, 즉 일정수준의 수행력에 몇 번의 시도를 통해서 목표에 도달되는가? 평가하는 것이다. 그리고 다시 일정한 간격을 제시한 후에는 어떻게 변화하는가?를 측정하여 이 차이를 비교하는 평가법이 절약법이다. 만약 10번의 목표달성을 위해 100번의 시도가 요구되었던 대상이 파지간격 후 40

그러나 최근 연구자들은 일반적인 요인보다는 특수하게 라틴어 학습이나 기억력 연습 등과 같은 상이한 특성의 노력으로는 정신훈련이 전이되지 못한다고 지적하였다. 결과적으로 무엇이 새로운 학습에 기여하고 과거의 경험으로부터 전이의 과정을 통해 무엇을 획득될 수 있는가에 대한 답은 쉽게 결정할 수 없을 것이다. 또한 기학습의 영향이 새로운 학습 상황에 긍정적으로 전이 될 것인지 안 될 것인지를 추정하기도 쉽지 않다. 또한 학습의 전이에 관한 대다수의 연구가 다양한 연령층에서 행해져 왔으나 취학 전 어린 시절의 경험이 다른 어떤 연령층 경험보다 중요함에도 불구하고 취학 전 아동기에 대해서는 크게 중요성을 두지 않았던 아쉬움이 있다.

(2) 전이의 원리

전이의 본질을 설명하기 위해서 골프 지도자가 직면하는 두 가지 다른 상황을 생각해 볼 수 있다. 한 선수가 드라이버의 구질이 드로우성으로 나타난다고 가정해보자. 만약에 지도자가 드로우샷이 필요한 홀에서 선수를 지도하려 한다면 지도자는 그 선수가 쉽게 새로운 기술을 습득할 수 있다는 가능성을 발견하게 될 것이다. 이 상황을 학습자에 대한 정적 전이(positive transfer) 효과라고 할 수 있으며 최초로 배운 기술은 새로운 상황에서도 잘 적용하게 될 것이다. 반면 학생에게 페이드샷을 지도하려한다면 학생은 페이드샷보다는 드로우샷 동작을 계속 수행하려 할 것이다. 이러한 현상은 부적 전이(negative transfer)의 한 예가 된다. 학생이 최초로 학습한 드로우샷 기술은 새로운 상황, 즉 페이드샷 학습에 적합하지 않다는 것이다. 정적 전이는 이전에 배웠던 기술이 학습 또는 새로운 상황에서의 학습이나 운동 수행에 유익할 때에 발생한다. 반대로 부적 전이는 이전에 배웠던 기술이 학습 또는 새로운 상황의 수행을 방해할 때 일어난다. 또 다른 전이 효과인 제로 전이 또는 영전이(zero or neutral transfer)는 최초의 기술이 새로운 상황에서 학습이나 운동수행에서 별다른 효과가 없었을 때 나타난다.

전이효과에 대한 기본적 원리에 대해서 Thorndike(1914)는 동일요소설(theory of identical elements), 즉 두 과제 간 동일요소가 있을 때 전이가 발생되며, 동일 요소가 많을수록 전이 가능성이 증가된다고 하였으며, Judd(1908)는 일반화설(generalization theory)을 주장하였다. 그는 물속의 과녁을 물 밖에서 맞추는 동작은 원리를 이해하면 더욱 전이가 가능함을 증명하며 일반적인 원리나 법칙은 새로운 과제의 학습에 전이되며 학습전략, 문제해결 능력, 적응 능력 등의 전이 효과가 있음을 입증하였다. 형태심리학자들은 전치설 또는 전위설(theory of transposition)을 주장하여 단편적인 지식이나 일반화된 지식보다는 하나의 지식을 넓게 그리고 깊게 다른 것들과의 관계를 맺어가면서 학습이 진행될 때 전이 가능성이 확대된다고 하였다.

전이 원리에서 공통된 사항은 한 학습상황에서 보인 반응이 다른 상황에 전이되기 위해서는 학습자가 주어진 상황으로부터 먼저의 것과 거의 동일한 요소 또는 형태를 지각해야 한다는 것이지만 여러 학자들이 주장한 전이원리를 요약하여 보면 다음과 같이 일반적 원리로 집약시킬 수 있다. ① 운동기술은 단순한 것에서부터 복잡한 것으로, 일반적인 기술에서 특수한 기술을 가르칠 때 기술의 전이양은 커짐. ② 어떤 과제의 학습에 기본이 되는 원리나 절차를 이해하고 학습할 때 학습의 전이는 높아진다. ③ 두 운동과제 간에 유사성이 많을 때 학습의 전이양은 커진다. ④ 학습한 운동기술은 다양한 상황에 적용해 보는 경험이 많을수록 파지 전이가 높아진다. ⑤ 운동기술의 난이도와 선수의 그 기술에 대한 수용력 여하는 전이의 양을 결정한다 등이다.

2) 전이에 영향을 주는 요인

전이에 대한 연구는 아직 해결해야 될 많은 문제를 안고 있다. 학습과 사전의 경험 중 어떤 것이 중요한가? 전이에 관련된 과제와 요소는 어떻게 다른가? 전이에 있어 최초의 학습은 어느 정도 중요한가? 전이에 관계된다는 요인은 무엇인가? 전이를 시험하기 전에 운동 수행의 기능은? 등을 고려할 때 이들 문제에 대한 해답이 제시되어야 할 것이다. 이 중 하나의 과제에서 다른 과제에 영향을 미치는 전이효과의 변인은 수없이 많다.

되지 않은 사지의 무릎 신전근으로 근력 전이를 보고하면서 모든 행동은 반응 일반화 경향이 존재하며 외현적이고 분명한 신체의 특정한 활동은 개인에게 전반적인 영향을 준다고 하였다.

근력과 지구력 훈련과 같이 운동기술에서 나타나는 양측성 전이에 대하여 Thorndike 등(1928)은 성인 대상은 듣는 쪽이 아닌 손의 팔 기능이 8~9세 어린이의 팔 기능 수준과 유사함을 밝혔다. 이러한 보고는 기술화된 운동학습의 양측성 전이에 있어서 연습의 역할을 제시하는 것이다. Hellebrandt와 Waterland(1962)는 한쪽에 국한된 근육운동이 다른 쪽 근육에도 영향을 미치며, 현재 소지한 능력 이상의 훈련이 실시될수록 양측성 전이양도 증가되어 전반적인 운동능력이 향상된다고 하였다. Walter(1955)는 운동기술의 가장 큰 양측성 전이는 과부하된 연습을 통해서 획득되지만 단기간에 실시되는 훈련은 양측성 전이가 일어나지 못하므로 일정기간 이상 반복되어야 한다고 하였다. Dunham(1977)은 협응성 예상시간 과제에서 수행에 대한 양측성 전이효과를 발견하지 못했으며 Walker 등(1959) 역시 오른손에 대한 단기적 준비기간은 왼손이 수행해야 될 과제에 대한 준비 정도에 공헌하지 못함을 제시하였다.

양측성 전이는 환자의 치료와 재활에 있어서도 매우 중요한 이론으로 말초에 손상을 입은 경우 반대편 말초기관에 적당한 난이도의 지속적인 운동을 실시함으로써 손상된 부위의 운동효과를 기대할 수 있으며, 양손이 절단된 경우에도 다리 운동을 통한 효과를 얻을 수 있기 때문이다. Caplan(1976)은 피곤한 다리 운동은 팔의 수행력 감소를 야기한다고 제시하며 위의 결과들을 지지하였다. Black(1949)과 Hellebrandt 등(1962)은 운동기술 전이는 신체 모든 부위에 골고루 이루어지며, 특정 활동에 직접적으로 사용되지 않는 근육이라도 그 근육의 직접 활용시와 마찬가지의 효과를 얻게 된다고 하였다.

(2) 운동기술의 전이

Cratty(1962)는 소규모 미로학습이 습득된 후, 미로의 범위를 대규모로 늘려가면 정적 전이가 일어나지만 그와 반대로 규모를 큰 것에서 시작하여 축소시키면 오히려 부적 전이가 발생됨을 밝혔다. 바꾸어 말하면 전이란 행동의 요인을 인식해 나가는 것으로 근육의 동작방법을 취득하는 것과는 다소의 차이가 있다는 것이다. Lindeburg(1949)가 팔을 이용하는 운동인 탁구선수와 기타의 운동에 참가하는 사람들을 대상으로 하여 훈련을 통한 손가락으로 누르는 조작과 다리 이동 속도에 대한 훈련 효과를 측정해 본 결과, 두 동작 사이의 직접적인 전이 발생은 없었으며, 운동기술 전이요소는 극히 연관된 부분에만 국한된다는 개념을 지지하였다. 그는 사전의 동작이 차후 동작의 일부분과 일치해야 전이된다고 주장하였고, 이보다 앞서 Crafts(1935)도 운동과제에 있어서 공통적 요인의 수와 전이의 양 사이에는 밀접한 관계가 존재함으로 밝혔다. 다소 부분적 제한이 있기는 하나 운동학습은 전이에 의하여 이루어진다고 할 수 있다.

서로 다른 과제 간에 대한 정보는 학습의 전이를 촉진시키는 것으로 보인다. 이러한 이론에 대한 과학적 증거가 제시되었다. Barker(1932)는 미로 유형의 차이에 대한 지식은 미로 찾기에 있어서 정적 전이효과를 갖는다고 하였으며, Judd(1908)와 Hendricson과 Shroeder (1941)는 과제에 대한 개념적 지식은 감각운동기술의 정적 전이 효과를 촉진할 것이라 가정했다. 이러한 가설을 증명하기 위하여 두 종류의 연구가 이뤄졌다. Judd는 과제의 개념을 항상 인지하는 것을 필요치 않다고 하였다. 또한 Woodward(1943)는 과제 유형은 같으나 서로 다른 방법을 이용하는 경우의 전이 효과에 대하여 실험한 결과 전이효과 발생이 반드시 유사한 과제에서만 일어나는 것은 아니라고 결론지었다.

반응시간, 동작시간, 협응력 등은 운동기술이나 경기기술 습득의 중요한 요소이긴 하나 이들 요소에 대한 훈련과정 중의 전이효과를 규명해 놓은 자료는 미약한 상태이다. Fairclough(1952)는 손동작 속도에 대한 동기 강화는 발동작의 속도를 향상시켰다고 하였다. 일반적으로 전이에 있어서 동작시간보다는 반응시간 개선효과를 먼저 관찰할 수 있는데, Hopper(1962)는 신체 한쪽의 눈과 발, 눈과 손의 협응 훈련이 신체 반대 방향의 동작능력을 향상시키긴 하였으나, 눈과 손의 협응 훈련이 눈과 발의 동작에는 부적 전이 요소로 작용한다고 보고한 바 있다. 이는 전이효과의 양측성에 대한 반대 결과임에도 이에 대한 연구는 아직 미약하다. 코치나 선수는 기술습득과 훈련 목적에 따라 현재 능력 이상의 과부하 훈련 효과에 깊은 관심을 갖고 있다. Egstrom 등(1960)은 대학생을 대상으로 하여 투구의 정확도를 향상시키기 위하여 여러 가지 무게의 공을 던지도록 하는 실험에서 가벼운 공에서 시작하여 점차 무거운 공으로 옮아갈 때 정적 전이가 나타났으나, 무게를 점차 감소시킨 경우에는 전이 효과가 발생되지 않았다고 밝혔다.

4) 전이의 심리학적 요인

전이 현상은 운동 기능과 언어에 제한되지 않는다. 학습과 운동 수행 시 태도, 기대, 이상, 편견, 동기 등 심리학적 영향은 모두 전이에 영향을 미치는 요소들이다. 이들 요소들은 실질적으로 삶의 방향과 결과를 결정한다고 할 수 있다. 인간은 과거의 행적이 성공적이었다면 미래에서도 성공하기를 기대하는 것처럼 체육시간에 불쾌한 경험을 당해 본 적이 있는 학생은 불쾌함을 갖고 체육수업에 참여하게 된다. 또한 연구진행 시 나타나는 연구자의 태도, 연구방법, 조절 방법 등도 하나의 문제에서 또 다른 문제로, 하나의 상황에서 다른 상황으로 전이가 발생하게 한다. 전이는 매우 많은 기능의 습득을 분명히 수반한다고 할 수 있으며 인간이 살아가는 동안에 새로운 상황에 적응하는 방법을 습득케한다. 코치의 훈련 계획은 과거의 경험 상 정적 전이를 쉽게 야기할 수 할 수 있는 선수들의 행위를 끌어낼 수 있는 방법을 포함시켜야 한다. 선수들이 어떤 일을 완전히 수행한 후 보다는 수행하기 전에 배우려고 하고 참여하려는 의욕이 강하게 나타나야 한다. 행동에 참여하려고 하는 것은 선수들이 행동에 옮기도록 힘을 주는 동기에 달려 있기 때문이다.

평가나 칭찬 그리고 다른 보상이 선수들을 동기유발 시키는데 종종 이용된다. 그러나 동기유발이 어떤 상황에서 다른 상황으로 전이되지 않는다면 곧바로 그 효과를 잃게 된다. 선수들은 과거의 경험을 바탕으로 자기들에게 현재의 상황이 가치 있는 목표이고 특정 동작을 배워야 한다는 운동 기술로 인식될 때는 이의 없이 열심히 배우려는 준비가 되는 것이다. 전이가 경험에 의존하기 때문에 보다 지적이고 과거의 경험이 풍부한 선수, 연장자 선수들에게 전이에 대한 잠재력이 더욱 많이 존재한다고 할 수 있다.

5) 전이를 위한 지도 원리

운동학습 전이는 지도자와 선수 모두에게 유익하다. 정적 전이를 통하여 비용 절감과 공존의미의 부여, 보강 효과를 얻게 되는데 정적 전이를 유도하기 위해서 현재 담당하고 있는 선수들의 조건에 적합한 훈련계획이 지도자들에게 사전 설정되어 있어야 함은 물론이다. 스포츠 교실과 같은 특정 조건하에서 지도자가 목표로 하고 있는 변화를 위한 행동이 가상적으로 수립되어야 하는데 그 가설의 효과가 이미 검증된 바 있고 단계별로 구분지어 순차적으로 진행될 때 더욱 높은 효과를 얻게 된다. 여기서 검증이란 서로 다른 상황의 선수들을 대상으로 수차에 걸친 실험을 거듭한 결과 제시된 것이라는 뜻이다.

Ellis(1965)는 새로운 상황에의 적응을 위한 전이 효과를 얻으려면 다음과 같은 진행 목표에 맞추어 계획이 수립되어야 한다고 하였다. ① 연습상황과 시합상황 간 유사성 확대 : 농구 자유투 10개 중 몇 개가 중요한 것이 아니라 시합상황이 중요, ② 사전 경험 부여 : 기초적인 활동에 주력, ③ 개념과 원칙은 다양한 예를 들어 설명, ④ 과제의 중요한 특징을 설명하거나 확인시킴, ⑤ 많은 전이를 기대하기 전에 일반적인 원칙을 이해시킨다 등이다.

또한 Drowatzky(1984)는 전이 효과를 증진시키기 위하여 다음과 같이 전이학습의 지도 원리를 제시하였다. ① 훈련 조건이 이전에 실시한 검사의 조건과 유사하여야 하며, 완전히 일치하는 경우에 상황 변화에 대한 전이 효과가 최고에 이른다. 이 목표를 달성하는 첫 번째 단계는 두 가지의 문제를 해결하는 것이다. 하나는 선수들이 무엇을 알고 싶은가에 대한 것이고, 또 하나는 어떻게 이러한 운동 기술들이 미래에 활용될 수 있는가 하는 문제이다. 이 단계의 결과로서 훈련은 실제 경기와 비슷해야 한다. 만약에 훈련이 효과적인 지도법이라면 큰 경기에서 승리할 수 있을 것이다. 훈련에서도 게임에서 일어날 수 있는 문제들을 노출해야 한다. 만약 많은 관중들의 응원 앞에서 경기를 한다면, 훈련도 어떤 점에서는 이와 같은 경험을 하도록 해주어야 한다. ② 선수들은 최초의 과제에서 다양하고 적당한 경험을 해야 한다. 다양성이 제한된 훈련 다음에 제시되는 특정 과제에서는 부적 전이나 영전이가 많이 나타난다. 반면에 최초의 운동에서 광범위고 다양한 연습은 정적 전이의 가능성을 증가시킨다.

성공한 코치들은 광범위한 연습과 많은 학습량을 주장하고 있지만 연습시간이 제한되고 부족한 것이 역시 스포츠 지도 현장의 특징이다. 재미있고 다양한 훈련이 학생들의 기술을 향상시키기 위한 성공적인 훈련계획으로서 필수적인 것은 정적 전이를 이끌어 나가는 중요한 요인이기 때문이다. 농구 코치들은 이러한 목적을 성공적으로 달성하기 위하여 게임 상황에서 활용될 수 있는 정적 전이를 위하여 3대 2, 2대 2, 2대 1의 연습 게임을 활용한다. 축구 코치들은 경기에서 일어나는 팀 응집력과 전략의 개념을 선수들에게 주지시키기 위하여 지난 경기의 상대편 움직임을 분석하고 연구하여 지도에 활용한다. ③ 지도자는 수행과제의 중요도와 특징을 규정해야 한다. 특징을 구분하고 중요도 단계에 따라 진행된 지도만이 향상된 결과를 나타낸다는 구체적인 연구발표는 없으나 다음 단계로의 전환이 수월해지는 것은 분명한 사실이다. 축구선수가 상대방의 패스와 슛을 완전히 구분할 수 있다면 방어기술도 월등히 향상될 수 있는데, 어떠한 종목에서도 이렇게 각각의 차이점을 이해하고 훈련해야 좋은 경기 결과를 기대할 수 있을 것이다. ④ 정적 전이를 기대하기 전에 각각의 일반 원칙을 정확히 알고 있어야 한다. 예를 들면 배팅 하는 동작에도 각각 중요한 특징이 있어서, 야구와 같이 배트를 이용하는 것과 테니스 라켓을 이용하는 것에는 같은 팔운동이라도 각각 적합한 각도로 회전해야 한다. 이러한 기전을 완전히 이해하면 한 운동에서 다른 운동으로의 전이가 쉽게 이루어진다. 경기운영 전략을 다양하게 세울 수 있고, 선수들이 지닌 능력과 단점도 다양하므로 지도자의 지도 방법이 얼마나 효과적으로 이루어졌는가 하는 것은 선수들의 경기 기술이나 경기 결과로 미루어 판단될 수 있다.

요 약

학습은 환경적 자극에 따른 경험의 결과로 야기되는 신경변화로 정의되며 기억은 뇌 내의 생리적 계통으로 외부세계의 표상 또는 기록이 포함되어 조직되거나 활성화되는 것이다. 기억의 생화학적 가설은 RNA 가설, 단백질 합성 가설, 콜린성 가설 등이 있다. 기억과정은 획득, 저장, 인출의 세 단계를 거치며 기억의 실패는 대부분 인출단계에서 일어난다. 기억의 인출은 회상과 재인에 의해서 이뤄진다.

파지는 기억되어 망각되지 않는 것이며 망각은 기억의 인출이 불가능하거나 최소한의 인출도 없는 것을 말한다. 망각에는 흔적쇠퇴이론과 간섭이론이 존재한다. 간섭은 순행간섭과 역행간섭이 있다.

학습-기억 기작 시 최소한 4가지 내적 기능이 수행된다. 등록, 저장, 인출기능, 정보판독 기능으로 이 중 어느 한 가지만 실패해도 기억의 상실을 가져온다. 학습-기억 이론은 학습과정에 있어서 기억이 완전히 통합되거나 일종의 구조적 변화나 화학적 변화 형태로 저장 될 때까지 몇 단계의 과정이 존재한다는 연합이론(감각저장단계 → 단기기억 → 장기기억)과 정보처리이론이 존재한다.

운동기억은 파지를 이용한 연구가 지배적이며, 파지가 길수록 운동감각은 오류가 증가된다. 동작관련 간섭은 MSTM에 매우 부적 효과를 미친다. LTMM은 파지를 이용하여 실험한 결과 운동기술은 약간의 감소를 보이지만 재학습 시 빠른 회복을 보였다.

파지의 양과 지속정도는 최초의 학습에서 얻어지는 효율성 정도, 동작의 의미, 최초의 학습과 파지 측정간의 기간, 동작의 특성, 최초의 학습이 일어나는 상황에서의 연습계획 등에 의해서 좌우된다고 할 수 있다. 운동 기억감은 연습 후 휴식기간이 주어지면 운동수행력이 향상된다는 것으로 Hull의 억제 이론과 기억연합이론에 의해서 설명되지만 그 과정은 명확하지가 않다.

운동 기능 습득 후 한 상황에서 학습된 것이 다른 상황에서 기능을 습득하는 데 도움을 주고, 또 그 반대로 전이가 발생되기도 한다. 이것은 전이 효과에 영향을 미치는 요소를 어떻게 처치하고 제어하느냐에 따라 다를 것이다. 전이 효과에 영향을 미치는 요소들은 일반적으로 과거 경험, 자극과 반응의 유사성, 초기 학습 정도 등이다.

토론 과제

1. 기억의 인출과정을 설명하라.
2. 기억의 생리적 기전을 설명하라.
3. 기억의 생화학적 가설을 설명하라.
4. 기억과 운동행동과의 관계를 설명하라.
5. 전이 효과에 따른 전이 특성을 설명하라.
6. 전이에 영향을 미치는 요소를 설명하라.

참고문헌

Adams, J. A. , and Creamer, L. R. (1962). Anticipatory Timing of Continuous and Discrete Responses. Journal of Experimental Psychology(63). pp.84-90.

Adams, J. A., and Dijkstra, S. (1966). Short-Term Memory for motor Responses. Journal of Experimental Psychology(71). pp.314-18.

Adams, (1976). Issues for a Closed-Loop Theory of Motor Learning. In G. E. Stelmach, ed. Motor Control : Issues and Trends. New York: Academic Press

Adams, J. A., and Dijkstra, S. (1966). Short-Term Memory for motor Responses. Journal of Experimental Psychology(71). pp. 314-18.

Atkinson, R. C., and Shiffrin, R. M.(1971). The Control of Short-Term Memory. Scientific American(225). pp.82-90.

Baddeley, A. D. (1978). The Trouble with Levels : A Re-examination of Craik and Lockhart's Framework for Memory Research. Psychological Review(85). pp.135-192.

Baker, K. E. et al. (1950). Transfer of Training to a Motor Skill as a Function of Variation in Rate of Response. Journal of Experimental Psychology(40). pp.721-732.

Craik, F.I.M.(1970). The Fate of Primary Items in Free Recall. Journal of Verbal Learning and Verbal Behavior(9). pp.143-418.

Cratty. B.J.(1962). Transfer of Small-Pattern practice to Large-Pattern Learning. Research Quarterly(33). pp.523-535.

Keele, S.W.(1982). Learning and Control of Coordinated Motor Patterns: The Programming Perspective. In J.A.S. Kelso, ed. Human Motor Behavior: An Introduction. Hillsdale, N.J., Erlbaum.

Keller, F.S. and Wallace, S. (1978). Conscious Mechanisms in Movement. In G.E. Stelmach, ed. Information Processing in Motor Control and Learning. New York :Academic Press.

Merton, P.A.(May 1972). How We Control the Contraction of Our Muscles. Scientific American(226). pp.30-37.

Meyers, J.L.(1967). Retention of Balance Coordination Learning as Influenced by Extebded Layoffs. Research Quarterly(38). pp.72.-78.

Naylor, J.C., and Briggs, G.E.(1961). Long-term Retention of Learned Skills, and Review of the Literature. Lab. of Aviation Psychology. Ohio Stat University.

Shapiro, D. C., and Schmidt, R. A.(1982). The Scheme Theory: Recent Evidence and Developmental Implications. In J. A. S. Kelso and J. E. Clark, eds. The Development of Movement Control and Coordination. New York: John Wiley.

Shea, J. B., and Morgan, R. L.(1979). Contextual Interference Effects of the Acquisition, Retention, and Transfer of a Motor Skill. Journal of, Experimental Psychology: Human Learning and Memory(5). pp.179-187.

Stein, P. S. G.(1978). Motor Systems, with Specific reference to the Control of Locomotion. Annual Review of Neuroscience(1). pp.61-81.

Stelmach, G. E.(1974). Retention of Motor Skills. In J> H. Wilmore, ed. Exercise and Sport Sciences Reviews. Vol.2 New York: Academic Press.

Stockfelt, T.(1970). Mental performance during Varied Physiological Exertion. In G. S. Kenyonm, ed. Contemporary Psychology of Sport. Chicago: The Athletic Institute.

Swift, E. J.(1903). Studies in the Psychology and Physiology of Leaning. American Journal of Physiology(14). pp.201-251.

Taub, E. ;Perrella, P. ;and Barro, G.(1973). Behavioral Development after Forelimb Deafferentation on Day of Birth in Monkeys with and without Blinding. Science(181). pp.959-960.

Temple, I. G., and Williams, H. G.(1977). Rate and Level of Learning as Functions of Information-Processing Characteristics of the Learner and the 'Task. Journal of Motor Behavior(9). pp.179-192.

Thompson, R.(1974). Localization of the Maze Memory System in the White Rat.Physiological Psychology(2). pp.1-17.

Vance, M. A.(1948). Corrective Movements in a Pursuit Task. Quarterly Journal of Experimental Psychology(1). pp.85-103.

Vincent, W. J.(1968). Transfer Effects between Motor Skills Judged Similar in Perceptual Components. Research Quarterly(39). pp.380-388.

Walker, E. L., and Tarte, R. D.(1963). Memory Stroage as a Function of Arousal and Time with Homogeneous and Heterogeneous Lists. Journal of Verbal Learning and Verbal Behavior(2). pp.113-119.

단원 9

피드백과 운동행동

주요 용어

강화, 개방기술, 결과의 지식(KR),
KR전 지연간격, KR후 지연간격,
동시적 피드백, 본능적(내재적)피드백,
수행지식, 외재적(보강적) 피드백,
원심성 복제, 참조준거,
최종적 피드백, 폐쇄기술

1 피드백의 분류

영국의 심리학자 Bartlett는 "피드백은 연습이 아니면서 결과를 완전하게 만드는 결과의 연습이다"라고 하였다. Bilodeau(1961)는 피드백 연구결과들을 요약한 후 피드백이 운동수행과 학습을 조절하는 가장 강력하고 중요한 변인임을 제시했다. 피드백 없는 운동수행과 학습의 증가는 있을 수 없고 피드백에 의해서 운동 수행이 점진적으로 향상되며, 피드백이 취소되면 증가 정도 역시 쇠퇴한다고 하였다. 운동학습과 수행에 대한 피드백 효과에 관한 연구들은 피검자들이 다양하고 폭넓은 조건과 운동과제를 수행하는 것으로 계획되었다. 그러나 지속적이라기보다는 일시적이고 대근 기술보다는 소근운동 기술이 적용되었다. 활용된 과제를 보면 지렛대 위치 동작, 선긋기, 손잡이 전환동작, 목표추적 등으로 간단하고 단편적인 운동반응에 국한되었다.

학습의 적응은 특수상황에 따른 자극 입력의 수용, 반응의 형성, 그리고 최종적인 반응 결과의 평가를 포함한다. 이러한 평가 후에는 그 반응의 좋은 점이나 정확성 그리고 차후의 반응에 대한 수정이 필요한가를 판단한다. 반응결과 및 수정의 필요 여부를 판단하는 데는 몇 가지 피드백 정보가 사용된다. Rey(1971) 등에 의해서 피드백의 용어와 다양한 모형이 소개되었는데 용어의 사용이 다소 애매하지만 [그림 9-1]에 제시한 용어를 본 장에 적용할까 한다. 피드백은 동작 중이나 후에 받는 모든 정보라 할 수 있다. 그것은 본능적, 내재적(intrinsic) 또는 보강적, 즉 외재적(extrinsic) 피드백으로 분리할 수 있다.

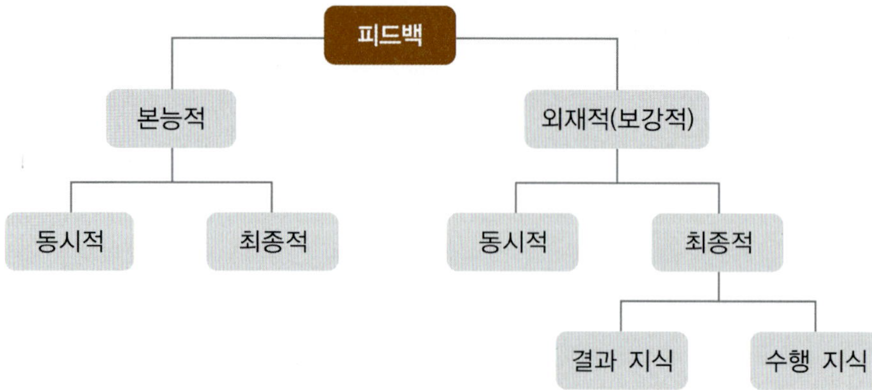

[그림 9-1] 피드백의 분류

1) 내재적 피드백

사람들은 운동에 민감한 여러 감각적인 통로를 통해서 자신의 운동에 관한 다양한 측면의 정보를 얻을 수 있다. 이러한 정보는 운동에 따라 각기 다른 특성을 내포하고 있다. 예를 들면, 농구에서 볼이 바스켓으로 들어가지 않는다는 사실을 직접 보거나 볼이 가장자리 림을 치는 소리를 듣고 실수에 대한 판단을 내릴 수 있다. 또한 수영의 다이빙 과정에서 몸과 수면과의 마찰에서 생기는 따가운 감각을 통해 다이빙에 따른 오류정보를 얻어낼 수 있다. 우리가 시도하는 모든 반응은 바로 그 운동을 평가하는 내재적 피드백의 정보자원과 연관되어 있다. 이와 같이 피드백은 항상 다양하고, 풍부하며 수행에 따른 실질적인 정보를 포함하고 있다.

많은 상황에서 이와 같은 내재적 피드백은 거의 평가를 필요로 하지 않는다. 즉, 볼이 배트로부터 빗나가는 것으로 보거나 혹은 빙판에서 미끄러지는 것으로 느낄 수 있다. 이와 같이 오류는 즉시 그리고 분명하게 알 수 있다. 그러나 내재적 피드백의 일부 다른 측면들은 쉽게 인지할 수 없어 수행자는 이러한 측면들을 탐지하기 위한 방법을 배워야 할 것이다. 운동 동안에 무릎이 굽었는지 아닌지를 느끼기 위해서 연습을 하는 체조선수나 골프 스윙 시 볼을 치기 전에 머리가 들어 올려지는지 등을 알려고 하는 골프선수 등이 그 예가 될 수 있다. 내재적 피드백은 정확성 참조준거와 비교되며 참조준거는 피드백과 작용하여 연습이나 경험에 의하여 학습되는 오류-탐지 기제(error-detection mechanism)를 발달시킨다. 참조준거란 우리가 이미 학습 또는 경험을 통해서 기억하고 있는 내적 기준이라 할 수 있다. 만일 이와 같은 정확성 참조준거가 없다면 많은 형태의 내재적 피드백은 오류를 발견하는 데 사용될 수 없다. 많은 운동과제는 반응이 완료되는 도중이나 직후 내재적 피드백을 제시한다. 축구에서 볼을 차는 동작이나 테니스 서브 동작과 같은 과제는 행동의 결과로서 피드백을 제공한다. 축구에서는 골인인가 노골인가를 즉시 알 수 있기 때문이다. 고유 감각적 피드백은 목표와 이탈된 각도 정도와 관련된 신체동작의 정보를 제공하며 시각적 피드백은 방향 이탈 정도에 관한 정보를 제공한다. 따라서 수행자는 동작과 동시에 동작의 정확성과 오류를 감지 할 수 있는 것이다.

비록 다양한 감각계가 내재적 피드백 제공에 작용하는 경로는 자세하게 알려지지 않고 있지만 커다란 역할을 수행하는 것은 분명하다. 수행자들은 일반적으로 그들 반응의 성공여부에 대해 시각적, 청각적 정보뿐만 아니라 감각수용기를 통해 적용된 힘의 양, 사지의 위치, 자세 그리고 압력 등에 대해서도 피드백을 받는다. 최근 운동학습에 관한 이론들은 내재적 피드백은 정확성 참조준거와 결합하여 연습의 결과로 획득된 오류를 탐지하는 기제로서 또한 의도된 목표에 실제적으로 접근했는지에 대한 반응명세적 정보도 함께 제시한다고 보고하고 있다(Adams, 1971; Schmidt, 1976).

2) 외재적 피드백

내재적 피드백과는 반대로 외재적 피드백은 내재적 피드백에 보완된 정보이며 보강적 피드백(augmented feedback)으로 부르기도 한다. 예를 들면 자동차는 일정한 속도를 넘으면 경고판이나 경고음이 과속정보를 알려준다. 즉, 평상시 운전에는 얻을 수 없는 정보이다. 또한 기류에 따른 비행기의 상승력 정도에 대한 정보를 제공하는 장치로부터 나오는 정보 역시 피드백 정보이다. 100m 달리기 후에 그 사람의 기록을 제시해 주거나 혹은 체조나 아이스 스케이팅 경기 후 득점을 알려주는 것처럼 보강적 피드백은 언어적으로도 제시될 수 있다.

Holding(1965)은 외재적 피드백을 다음과 같이 구분하여 제시하였다. 첫째,

동시적 피드백(concurrent feedback)과 최종적 피드백(terminal feedback)으로 구별할 수 있다. 동시적 피드백은 자동차 경주 운전자가 회전 속도계에서 느낄 수 있는 엔진에 관한 정보를 얻는 것처럼 운동 중에 제시된다. 반면에 최종적 피드백은 자동차가 목적지에 도달한 후 얻을 수 있는 주행거리와 같은 것이다. 또 다른 구분은 피드백이 전달되는 시기로 즉시적(immediate feedback)일 수도 있고 혹은 어떤 시간만큼 지연(delayed feedback) 될 수 있다.

피드백은 언어적(verbal)일 수도 있고, 또는 차가 너무 빠름을 알려주는 신호판처럼 비언어적(nonverbal)일 수도 있다. 또한 피드백은 지속시간으로 분류될 수 있는데, 여기서 누계적(accumulated) 피드백은 수초 동안의 평균 수행을 알린다. 분리적(separate) 피드백은 수행 정보를 개별화, 즉 각 순간의 수행을 나타내 주는 것이다(속도계로부터의 순간순간 피드백과 연료 소모 등). 이러한 다양한 외재적 피드백의 범위는 독립적인 것으로 볼 수 있다. 예를 들어, 외재적 피드백이 최종적이면서 특성상 언어적일 수도 있으며, 비언어적일 수도 있다. 혹은 피드백이 동시적이면 그것은 지연되는 것일 수도 있고 혹은 즉시적일 수도 있다.

외재적 피드백을 실현하기 위하여 선행되어야 할 사항은 외재적 피드백 없이 고도의 효율성이 습득된 동작에서조차 많은 운동과제가 학습되어야 한다는 것이다. 우리는 많은 운동 기술을 수행 시 발생되는 내재적 피드백에 의하여 학습하여 왔다. 그러나 이러한 방법상 나타나는 가장 큰 문제점은 효과가 적다는 것이다. 같은 동작에 대한 학습 시 외재적 피드백이 적용된다면 학습률이 빠르게 향상되며, 효율성 습득 역시 매우 효과적이다. 더욱이, 일부 운동 기술은 와해되기 쉽고 불완전한 내재적 피드백을 제공한다. 지도자들은 운동수행력과 학습을 향상시키기 위해서 외재적 피드백을 제공할 수 있다. 이러한 외재적 피드백은 언어적 또는 시범을 통해서 제공될 수 있는데 비디오, 컴퓨터, 영화, 기타 보조물 등이 이용된다.

일반적으로 동시적, 최종적인 외재적 피드백은 학습과 수행력을 향상시키는 것으로 보고되었다. 심지어 학습자 자신이 자기가 수행한 과제에 대한 피드백 정보에 의해서도 학습 향상이 나타났다. [그림 9-2]는 운동수행과 학습에 대한

KR의 효과를 제시한 것이다.

대상들은 몇 가지 팔운동 반응을 학습하도록 요구받았다. 각 대상은 책상에 앉아서 손가락으로 반응키를 누른다. 자극 불빛이 제시되면 대상은 반응키를 놓으면서 동작이 끝나고 키를 다시 누를 때까지 가능한 빠른 몇 가지 팔 동작을 실시한다. 과제를 수행하는 데 소요되는 시간을 각 시행마다 계측하며 30회에 한 번씩 외재적 KR을 받은 집단은 보다 우수한 수행력을 명확하게 보였다 (Stelmach, 1970).

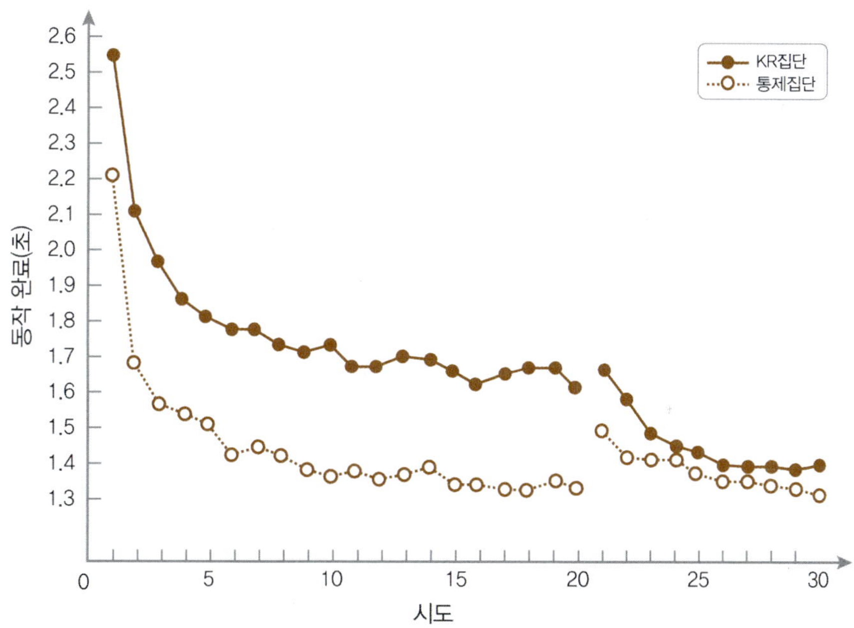

[그림 9-2] 외재적 피드백으로서 KR 효과

2 피드백의 기능

학습자들이 운동기술을 습득하는 데 있어서 그들이 수행한 반응에 대한 피드백 정보가 학습에 필요하다는 사실을 명확히 알고 있음에도 불구하고 학습과 수행에 관한 피드백의 역할이 분명히 체계화되지 못했다는 문제를 안고 있다. 피드백의 기능은 분명한 것인가? Ammons(1956)는 피드백에 대한 3가지의 기능을 정보, 동기유발 그리고 강화의 기능으로 제시하였다. 그의 주장에 의하면 피드백은 그들이 수행했거나 수행하지 않았거나 또는 수행하고 있는 동작에 대한 정보를 개인에게 제공한다는 것이다. 또한 개인에게 동기를 부여하고 정확한 수행에게는 개인적 보상을, 부적절한 수행 후에는 벌칙을 부여할 수 있는 기능을 한다. 비록, 피드백이 이러한 3가지 기능을 분명 제공하지만 피드백이 어떻게, 왜 작동되는지 또한 그러한 기능 중 어느 기능이 가장 영향력 있는 효과라 할 수 있는가에 대해서는 많은 부분이 분명하지가 않다.

1) 정보기능

피드백의 정보기능은 최근의 운동계획 이론에 있어서 중요한 의미가 주어진다(Adams 1971; Schmidt, 1976). 이는 동작으로부터 연유된 피드백이 반응과 반응결과간의 관계를 학습자가 요약할 수 있는 임계적 정보로 간주하기 때문이다. 학습자가 차기반응의 수행력을 향상시키기 위해 필요한 반응 수정을 결정할 수 있는 관계를 피드백을 통해 요약할 수 있다. 이러한 관점에서 피드백은 근본적으로 정보원이라 할 수 있으며 결국엔 학습자가 정확한 반응을 유도할 수 있도록 한다. 피드백의 정보기능에 대한 주창자들은 피드백의 강화나 동기기능에 대해 강조하지 않으며 인간 학습에 있어서 강화나 동기만이 피드백의 근본적인 기능이 아니라는 사실을 주장한다.

2) 동기화 기능

많은 피드백 형태는 정보적 기능과 동기적 기능을 동시에 제공한다. 학습자를 동기화시키기에는 피드백 기능이 매우 복잡하다. 정보적 기능을 부여하는 어떤 피드백은 동기에 간접적으로 영향을 미친다. 그러나 반드시 그렇지는 않는다. 어떤 종류의 피드백은 오류를 수정하거나 과제를 수행하는 방법을 향상시키는데 이용되지 않을 수도 있다. 학습자에게 학습의 수행력 향상에 관한 정보를 주지 않는 방법 중의 하나는 추적 검사에서 목표점수에 대한 전체시간, 몇 번의 시행 수, 과제에 대한 전체점수 그리고 표적 맞추기 과제에서 몇 번의 던지기 후 전체 점수 등이 그 예다(Locke, 1967). 이러한 상태에서의 피드백은 단지 학습자의 노력이 요구되기 때문에 동기적 요인이라 할 수 있다. Smode (1958)는 보다 높은 정보기능 피드백은 낮은 정보기능 피드백보다 높은 동기를 유발한다고 하였다. 그는 고도의 정보피드백은 수행력을 촉진하고 증가된 정보피드백의 기능만큼 관심의 정도를 증가시킨다고 하면서 결론적으로, 더욱 높은 정보 피드백의 효과는 동기의 정도에 의해서 중재될 수 있다고 하였다. Gibbs와 Brown(1955)은 KR의 동기적 기능만을 유추하려는 측정방법을 개발하기 위해 노력하였다. 그들은 대상들에게 극도로 지루하고 반복적인 과제(어려운 수학 보고서, 사전, 역사물의 페이지 복제)를 처치하였다. 실험에서 KR은 갑자기 또는 우연히 제공되었다. 반 정도의 과제를 마친 후 대상들이 복제된 페이지를 셀 수 있게 하였으며 나머지는 그대로 덮어놓도록 하였다. 대상들은 일을 몰아치는 데 대한 보상이나 어떤 강화방법도 받지 않았다. 그럼에도 불구하고 중간에 페이지를 셀 수 있었던 집단이 덮어논 집단보다 매우 유의하게 높은 수행력을 보였다.

의심할 여지없이 피드백은 과제가 학습이 잘 된 경우에서도 강화작용이나 수행력을 보조하는 기능을 한다. 학습이 매우 잘 된 집단을 하나는 KR을 부여하고 나머지 집단은 KR을 제공하지 않을 경우 KR 부여 집단이 더욱 우수한 수행력을 보였다. 그러나 피드백이 동기화 효과에 작용되는 기전은 완전히 이해되고 있지 않다. 한 가지 가설은 피드백이 수행의 목표설정에 영향을 미친다는 것이다. 목표 설정은 학습자가 과제를 더욱 열심히 지속해서 수행할 수 있도록 동기를 줄 것이다(Locke 등, 1968).

각성상태의 증가는 동기에 영향을 주며 운동행동에서의 피드백 효과를 중재할 것이다. 각성상태는 학습과 운동수행에 밀접히 관련된다는 사실이 밝혀졌다. 즉, 적정수준까지의 각성의 증가는 학습과 수행력을 증가시킨다는 것이다. 적정 각성수준은 아마도 장기 기억을 위한 통합과정을 강화시키거나 이미 기억된 정보를 강화하는 것으로 보인다.

3) 강화기능

강화적 관점에서 피드백은 선행된 행동의 결과에 따른 보상과 처벌이다(Skinner, 1969). 강화는 분명 본능적 또는 외재적일 수 있다. 농구에서 슛이 성공하는 것을 본다거나, 야구에서 배트에 볼이 정확하게 맞는 느낌, 골프샷의 느낌, 양궁에서 골드에 화살이 맞는 느낌 등은 만족감을 수반하며 이러한 느낌은 학습자에게 내재적 피드백을 제공하는 것이다. 동작이 발현될 때 두 개의 자극현상이 시간적으로 거의 일치되게 발생된다. 첫째는 우리 신체가 행동한 것을 즉시 경험(느낌, 시각, 청각)하는 것이며 나머지는 수행과 함께 만족과 불만족 느낌을 경험한다는 것이다. 두 상황의 자극현상은 매우 빠르게 진행되며 만족과 불만족 조건이 형성되면 이러한 상태가 피드백되어 기본적인 강화조건을 갖추게 되는 것이다. 개인적 목적이 달성되는 수행은 성취에 대한 자아만족감을 야기함에 따라 노력이 유지되며 차기의 수행에 대한 목표 역시 향상되는 것이다.

피드백의 동기적 기능과 함께 강화 기능은 각성계를 자극할 수 있으며 이를 통해 적당히 관련된 세포에서의 발화 수준이 향상되는 것이다. 세포는 더욱 빈번히 발화를 시도하고 더욱 강한 기억흔적을 갖게 되는 것이다. 강화로서 외재적 피드백은 보상과 처벌의 형태로 제시된다. 보상은 언어적 칭찬이나 선물 같은 것이 될 수 있으며 처벌은 질책이나 심지어 체벌까지 포함될 수 있다. 따라서 보상은 정적 강화(positive reinforcement), 처벌은 부적 강화(negative reinforcement)라 할 수 있다.

일반적으로 피드백으로서 보상과 처벌의 효과를 비교하는 실험자들은 학습과 수행력에 있어서 보상이 더욱 효과적임을 보여준다. 그러나 처벌은 피드백 기술로 더욱 폭넓게 이용되어 왔다. 신경학자들이 제시한 연구들은 인간에 있어서 처벌의 효과는 예측 불가능하고 결과도 다양하게 나타나며 보상만큼의 효과를 거두지 못한다고 주장한다. 물론 어떤 경우에는 처벌이 효과적인 수도 있다. 불에 데어 본 사람은 다시는 그러한 행동을 반복하지 않을 것이다. 배드민턴 경기에서 클리어 샷이 너무 짧아 실패한 선수는 그러한 동작을 멈추고 다음에는 상대 코트 깊숙이 클리어 샷을 시도하려 할 것이다. 야구에서도 역시 주자가 투수의 견제구에 아웃된 경험이 많다면 도루의 시도는 그만큼 줄어들 것이 분명한 것이다.

책망이 처벌로 부여되는 상황에서는 언제나 그런 것은 아니지만 대부분 그렇게 하지 마라는 식의 질책이 포함된다. 처벌은 단지 오류를 행하려는 욕구를 감소시키는 것 없이 행동만을 억압할 수 있다. 부적절한 행동을 제거하기 위해서는 행동의 적당한 선택을 가르치고 보상하는 방법이 이용되어야 한다. 처벌의 또 다른 약점이라 할 수 있는 것은 지도자와 학습자 간 불편한 관계가 성립된다는 것이다. 이것은 감정적 스트레스, 학습의 감소와 수행 효율성의 감소를 초래하는 원인이 된다.

3 결과의 지식

외재적 피드백의 중요한 범주의 하나는 결과의 지식(knowledge of result: KR)이다. 근본적으로 KR은 운동 숙달에 대한 언어 정보(혹은 언어화할 수 있는)이며, 최종적, 즉 반응 후 결과들을 나타낸 것이다. 예를 들어 지도자가 너는 그때 목표에서 벗어났다 혹은 너무 빠르다 등으로 결과를 알려주는 것이다. KR은 아주 세분화시키거나 일반화시킬 수 있으며 매우 훌륭하다와 같이 실행에 대한 보상적 성질을 가질 수 있다. 그러나 운동기능에 관한 문헌에서 KR이라는 용어 사용에 있어서 혼돈이 많다. Schmidt와 Bildeau(1966, 1969)는 정보 피드백(information feedback)이란 용어를 사용하였는데 이것은 상당히 좋은 발상이라 본다. 그러나 이 정보 피드백의 개념은 받아들여지지 않았다. 또한 일부 연구가들은 운동의 결과에 의해 나타나는 모든 정보(외재적 정보+내재적 정보)를 설명할 때 KR이라는 용어를 사용했다(Holding, 1965). 이와 같은 불일치에도 불구하고 KR이라는 용어는 Schmidt가 규정했던 언어적이며 최종적인 외재적 피드백이라는 개념으로 쓰이는 경향이 있다. Gentile(1972)는 KR에 대하여 보완적인 의견을 제시하였다. 앞에서 정의했듯이 KR을 환경 내의 운동의 결과라기 보다는 운동 그 자체에 대한 외재적 피드백(다른 어떤 사람으로부터 주어진)임을 설명하기 위해 수행의 지식(knowledge of performance: KP)이라는 용어를 사용하였다. 예를 들면 KP는 타자의 보폭이 너무 길었다라는 언어적이며 최종적인 피드백을 말하며, 반면에 KR은 야구볼을 치는데 그 보폭에 따른 수행의 결과, 즉 타율 등을 의미한다.

학습에서 피드백 정보의 기능을 이해하기 위해 KR이 많이 활용되고 있다. 실험에 적용되는 과제는 전형적으로 매우 간단하다. 가장 쉽고 흔한 과제는 직선정치과제로서, 피험자가 눈이 가려진 상태에서 지렛대를 정해진 위치로 옮기는 과제이다. 이러한 기본적 실험으로는 ① 탄도시간적 과제: 피험자가 일정한 시간 내에 일정한 거리를 통과하여 슬라이드나 지렛대를 옮겨가는 과제이다. 그리고 ② 힘-산출 과제: 피험자가 매 시행마다 일정한 양의 힘을 생성하도록 하는 실험이다.

이러한 실험이 지니고 있는 장점은 추가적인 정보 없이는 자기의 수행결과를 효과적으로 평가할 수 없다는 것을 알 수 있다는 것이다. 예를 들면, 직선정치과제에서 20㎝ 이동하라는 지시가 주어졌을 때 피험자들은 20㎝라는 거리를 정확하게 이동하였는지 혹은 이동하지 못하였는지를 알 수 없다. 사실 사지로부터 전달된 피드백은 운동 상황의 세부 정보를 제공해 준다. 그러나 그 피드백을 평가할 수 있는 정확성 참조준거를 갖고 있지 않으면 피검자는 반응의 성공에 대한 어떠한 정보도 가지지 못하는 것이다. 이러한 종류의 과제를 통한 체계적 방법을 이용하여 피드백이나 KR을 연구할 수 있다. 실험의 기본적인 방법은 KR을 제시하는 것과 전혀 제시하지 않는 것 사이의 효과를 비교해 보는 것이다. 실험의 질을 좀 더 높이기 위해 KR의 제시시간이나 제시되는 방법, TV화면 혹은 실험자에 의해, 혹은 KR의 특성(양적, 질적) 등으로 다양화시킬 수 있다.

인위적인 학습 상황에서의 KR은 좀 더 자연적이고 현장적인 상황에서 제시되는 오류 수준과 기본적으로 비슷할 수 있다는 가설을 제시할 수 있다. 눈을 가린 직선정치과제의 운동시 "너는 2㎝ 더 움직였다라"는 정보가 농구에서 슛 실수 시 제시되는 정보형태와 같이 작용한다라는 것은 옳은 가설일까? 어떤 다른 정보 진행 과정이 내재하고 있는 것이 분명하지만 차기 반응을 좀 더 정확히 하기 위해 오류 정보를 이용하고 이를 통해 차기 반응의 동작이 개선되어지는 변화가 일어난다는 사실에서 보면 동일할 수 있다. 만일 이러한 가정이 옳다면 KR이 없는 실제적인 상황에서도 운동학습에 따른 내재적 피드백의 작용방식을 이해하는 것이 가능할 것이다.

또 다른 이론은 매우 간단하고 인위적인 과제를 이용하는 연구로는 좀 더 실제적인 환경에서 다양한 내재적 피드백의 작용방식을 이해하는 데 어려운 점이 있다는 것이다. 아직까지 이러한 논의에 대해서는 피드백과 학습에 대한 충분한 자료가 제시된 바 없기 때문에 추후 지속적인 KR에 대한 연구를 수행함으로써 실제적 상황에서 내재적 피드백을 이해하는데 도움이 될 것이다.

1) KR 연구의 응용성

실제적인 KR연구에서는 운동결과에 대한 정보를 포함시켜 진행시켰다. 즉, 피험자는 운동의 결과로서 무엇이 일어났는가에 대한 정보를 받는다. 예를 들면, 화살이 과녁에 맞았는지 아닌지, 볼이 얼마나 빨리 날아갔는지 혹은 일정한 과제에 있어서 어느 정도의 시간이 경과되었는지에 대한 정보가 그것이다. 우리가 바라는 것은 운동결과에 따라 제시되는 정보를 이용하여 피험자로 하여금 과제를 가장 효과적인 방식으로 해결하도록 하자는 것이다. 아마도 학습자는 KR을 바탕으로 하여 운동유형을 적절하게 조절한 후 그가 바라는 목표를 아주 잘 수행할 것이다.

그러나 실제 환경에서의 KR 정보보다는 각 개인이 수행한 운동유형에 대한 정보를 제시해 주는 것이 더 효과적일 수 있다. 예를 들면, 코치가 체조선수에게 운동이 끝난 후에 더 빨리 당기거나 혹은 더 강하게 차라 등과 같은 지시를 선수에게 할 수 있다. 그것은 학습자가 시도하는 특별한 운동유형을 말하는 것으로 환경에서의 운동 결과가 아니라 운동유형에 대한 정보로 수행 지식(knowledge of performance)이라 부른다. KP도 역시 학습 상황에 응용될 수 있다. 그러나 실험자가 KP를 제시 할 때는 차기 시행에서의 변화를 쉽게 예측될 수 없다는 것이다. 최근까지 이런 절차들은 아주 복잡하였으며(필름, 연속차트 등을 사용), 이로 인해 운동수행을 다루는 연구가들은 KP를 활용하지 않고 있다. 그러나 이제는 실험 컴퓨터가 나오고 생물학적 기술에 대한 중요성이 증대되어 오류정보를 연구하는데 더욱 많은 연구자들이 KP를 활용하고 있다. 대체로 KR과 KP의 기제는 근본적으로 동일하지만 주요 차이점은 두 종류의 정보가 반응의 다른 측면을 다루고 있다는 것이다. 따라서 KR에서 발견된 원리를 KP가 제시되는 실제상황에 적응시킬 수 있을 것이다. 이것은 물론 잘못될 수도 있다. 그러나 그에 대한 반대 증거가 나올 때까지는 그러한 가정은 합리적이라고 본다.

2) KR의 시간적 측면

운동학습과 KR에 관한 대부분의 실험에서는 한 시행에서 특정 반응 1을(R1) 먼저 수행한다. 그리고 나서 KR지연간격(KR-delay interval)이라 불리는 시간적 지연 후에 그 시행에 대한 KR(KR1)이 피험자에게 제시되며 피험자는 KR을 기준으로 하여 차기 운동, 즉 반응 2를 결정하게 된다. KR지연과 KR 후 지연 간격의 총계를 시행 간 간격(inter-trial interval) 혹은 반응간 간격(inter-response interval)이라 한다. 보통 시행 간 간격은 10초에서 20초까지가 된다. 그러나 이 정도 간격의 길이는 각기 다른 실험상황의 목적에 따라서 다르게 채택되기 때문에 반드시 절대적인 것은 아니다.

3) KR의 학습효과와 수행효과

KR이 학습에 있어서 중요한 변인이라는 것은 다시 언급할 필요가 없는 것 같다. 여기에서는 앞에서 제시한 근거를 바탕으로 몇 가지 증거를 제공하고자 한다. Biledeau와 Schumsky(1959)는 피험자를 4집단으로 분류하여 직선정치과제를 수행하도록 하였다. 여기서 첫째 집단은 20회 시행 후 매 시행마다 KR을 제시하였고 둘째 집단은 20회 시행에서 KR을 전혀 제시하지 않았으며 나머지 두 집단은 두 번째 시행과 여섯 번째 시행에서 각각 KR을 제시하였다. 결과는 [그림 9-3]에 나타나 있다.

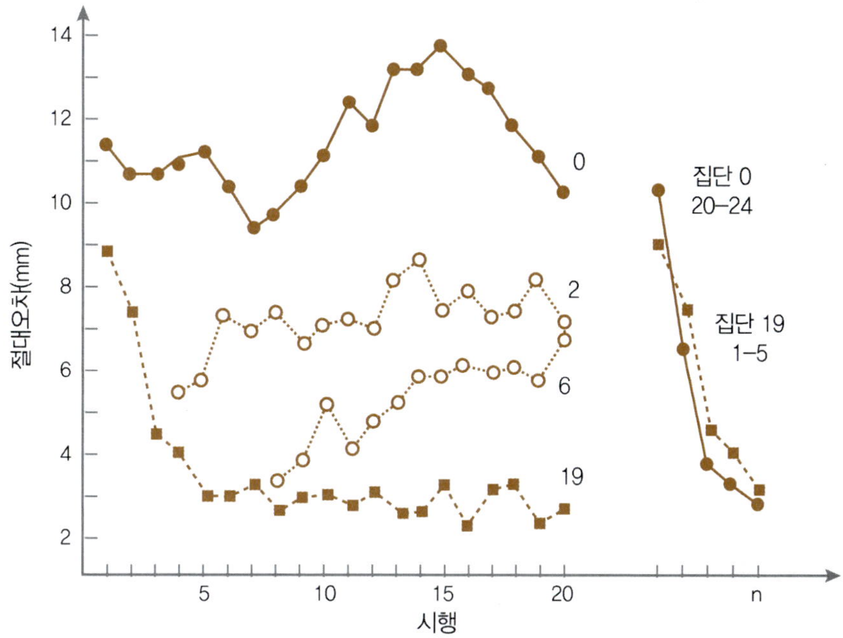

[그림 9-3] 직선 정치 과제에 대한 KR의 효과

집단 중 20번째 시행 이후 모든 시행 다음에 KR을 제시한 집단은 오차가 처음에는 빠르게 감소하였으며 이후 천천히 감소하였다. 한편 KR을 전혀 받지 않은 집단은 20회의 연습시행 시 수행에 있어서 아무런 향상이 없었다. 나머지 두 집단의 운동수행은 KR을 제시할 때는 향상되었으나 KR을 중지하였을 때는 향상이 지연되고 이후 감소되었다. KR이 직선정치과제에서 학습에 영향을 미쳤는가? 학습이나 수행에 영향을 미칠 수 있는 다른 변인과 마찬가지로 여기서도 두 가지 측면에서 해석할 수 있다. 우선, 집단 19가 집단 0보다 더 많이 학습했으며 결과도 KR이 학습에 영향을 주는 변인이라고 결론 내릴 수 있다. 그러나 KR은 단지 일시적인 영향을 주었으며 혹시 다른 동기화 효과에 의한 것이 아닌가? 라는 점이다. 따라서 KR의 이러한 일시적인 효과는 일정 기간 이상 휴식을 갖게 되면 없어지고 수행 수준 역시 원래의 수준으로 감소된다고 볼 수 있다.

Newell(1974) 역시 더욱 정밀한 전이설계를 통해서 같은 결론을 내렸다. KR

제시는 피험자에게 차기시행 시 동작을 변화시키도록 동기를 불러일으켜 개인으로 하여금 비교적 정확한 목표에 이르게 하였을 것이다라는 것이다. Schmidt와 Bilodeau(1966) 역시 매 시행 후 KR이 제시되지 않는 추적과제를 행할 때도 수행과제의 학습에는 큰 변화가 없었음을 보고하였다. 이러한 결과는 추적 과제 학습에 오류정보가 중요하지 않다는 것을 의미하는가? 피험자들은 시각적으로 제시되는 내재적 피드백을 통하여서도 오류를 탐지할 수 있다. 예를 들면, 어떤 사람이 추적과제에서 목표 접촉을 실패한 후 목표를 추적하기 위하여 움직일 때, 그 움직임의 결과를 피험자 자신이 직접 볼 수 있다는 것이다. 즉, 이런 시각적 정보는 앞에서 서술된 직선정치과제 등의 언어적 KR과 동일한 작용을 할 것이다. 이러한 관찰을 통한 오류정보의 경험은 학습자가 자신의 오류를 평가할 수 없는 상황에서 더욱 효과적으로 작용한다는 연구결과와 일치하고 있다. 운동학습에는 그렇게 결정적인 것은 아닐지 모르지만 오류정보의 형식을 무시할 수 없으며 그런 정보 없이 학습은 전혀 혹은 거의 불가능하다. 오류정보는 KR의 형식으로 제공될 수 있고 피험자가 학습 시 이용할 수 있는 유일한 정보이며 피드백이 중요한 정보가 되는 과제에서 내재적 피드백의 형식으로도 제공될 수 있다. 따라서 지도자는 그런 오류정보가 학습자에게 이용될 수 있도록 해야 할 것이다.

KR은 학습효과 외에 수행효과에도 영향을 미치는가? 수행효과에도 영향을 미친다는 쪽이 합리적이다. 이때 영향을 미치는 것은 동기화의 효과일 것이다. KR의 특성 중의 하나는 과제에 대한 피험자의 흥미를 증대시키고 잘하려는 의욕을 갖게 만든다는 것이다. 반대효과 또한 있다. KR을 전혀 받지 않은 피험자가 흥미를 상실하고 지루함을 느끼며 결국 연습을 중단하기도 한다. 이러한 동기화 효과와 비슷한 요인이 각성효과이며 여기서 KR은 학습자를 각성시키는 역할을 하는 것으로 볼 수 있다. 이 효과는 피험자를 일깨우는 것과 같으며 나아가 다음 시행의 과제에서 더 많은 노력을 발휘하도록 하게 한다. KR은 또한 목표설정을 통하여 동기화의 효과를 지니며 학습자로 하여금 좀 더 새롭고 높은 수행목표를 설정하게 한다(Locke 등, 1968). 오류정보를 실제적인 응용의 측면에서 볼 때 학습에 미치는 효과는 분명하다. 왜냐하면 학습과정에서 오류정보가 영향을 끼친다는 사실이 증명되었기 때문이다. 많은 학습이론에서 오류정보가 내재적이든 외재적이든 운동학습에 결정적이며 오류정보가 없으면 학습이 전혀 일어나지 않는다고 밝혔다(Adams, 1971 Schmidt, 1975).

6) 구심성 신경 차단 연구

구심성 신경 차단(deafferentation)에 의한 운동제어에 관하여 Taub(1976)은 한 가지 예를 제시하고 있다. 원숭이 발의 구심성 신경을 차단하고 단단히 묶은 다음 구심성 신경에 부착된 전극을 통하여 전기충격을 가한다. 동시에 특정 밸브를 누르면 충격이 사라지게 하였다. 벨이 울리고 난 후 충격이 가해지기 전에 밸브를 누르면 원숭이는 충격을 피할 수 있다. 이 실험에서 발견된 중요한 사실은 연습에 따라 동물은 충격회피 반응을 학습한다는 것이다. 더욱 KR이 분명 없었으며, 반응하는 사지로부터의 피드백도 없고 실험자로부터 어떠한 정보도 없었다. Taub 등은 이러한 결과는 외재적 오류정보 없이도 학습이 일어날 수 있음을 암시하며 따라서 학습에 중요한 영향을 미치는 어떤 종류의 내재적 피드백 회로가 있다는 것으로 결론지었다. 즉, 오류정보의 제시는 학습에 결정적이지만 외재적 오류정보 없이도 내재적 피드백이 회피반응을 위한 학습의 기초가 된다는 것이다. 이러한 내재적 피드백을 흔히 원심성 복제(efference copy)라 한다(Miles와 Evarts, 1979). 그러나 사실은 원숭이가 반응에 대한 피드백을 갖고 있다고 할 수 있는 것이다. 밸브가 눌러지면 원숭이는 피드백을 즉각 받게 되며 이에 따라 충격은 사라지게 된다. 이것은 원숭이가 막대를 누르면 보상으로 음식물을 주는 것과 조금도 다를 바 없다. 성공에 관련된 정보와 동작은 밀접하게 연관되고 학습은 이들의 연합(association)에 의하여 일어나는 것이다. 그러나 원숭이가 최초의 시행에서 어떻게 그런 움직임을 일으킬까? 원숭이는 전기 충격을 피하기 위하여 무의식적으로 움직이다가 일어난 것이다. 즉, 무의식적으로 움직이는 중에 밸브를 누르게 되고 이에 따라 전기충격이 사라지는 것이다. 이와 같이 어떤 움직임이 전기충격을 사라지게 함으로써 동물은 그 반응을 학습하게 된다. 따라서 Taub와 Berman의 연구결과는 내재적 피드백 회로가 반드시 학습의 기초가 된다는 사실을 의미하는 것이 아님을 시사하고 있다.

7) 오류탐지기제

다른 연구(Solley, 1956)에서는 옆으로 기울일 수 있는 의자에 피험자를 앉힌 실험을 설계하였다. 그 의자에서 피험자는 손 가까이에 있는 스위치를 이용하여 자세를 조정할 수 있다. 먼저 피험자를 수직위치로 앉게 하고 다음에 의자를 수직에서 30도 정도로 오른쪽이나 왼쪽으로 기울였다. 피험자의 과제는 자세를 수직위치로 유지하기 위해서 스위치를 조작하는 것이다. 피험자는 스위치의 조작에 따라 수직위치에 왔다고 느꼈을 때 점수(수직과의 차이)가 기록되었다. 이러한 방법으로 30회를 반복하였다. 이 결과는 [그림 9-4]에 있다. 피험자의 한 위치에서의 절대오차를 시행에 따라 기록하였는데 피험자들은 KR이 제시되지 않았어도 수행의 향상을 보여주었다. 아마 이러한 향상은 어떤 전이설계가 없었음에도 나타나는 학습의 결과일 것이다.

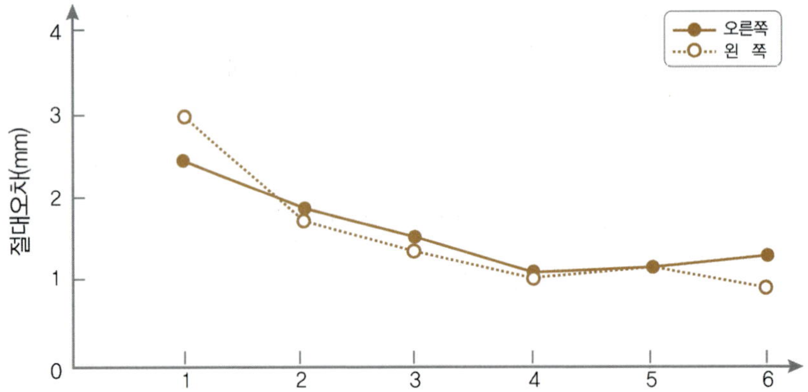

[그림 9-4] KR 없이 과제에 대한 사전 정보 효과

이런 상황에서 피험자들은 어떻게 학습을 하는가? 연구자들은 피험자가 연습 시 오류 탐지기제를 터득하여 KR없이도 수행의 향상을 보였다고 판단했다(Schmidt, 1975). 이 과제는 주로 피드백에 의존하였으며 피험자는 정확하다고

인지되는 각도로 움직였다. 다음에는 피험자에게 매 시행 전에 수직위치를 제시하였다. 이러한 수행 경험을 통하여 피험자가 수직위치에 관하여 기억할 수 있다면 차기 시행에서 자신의 피드백과 기억을 연관시킬 수 있을 것이다. 매 시행마다 실험자는 피험자에게 부가적인 정보를 제시했으며 따라서 동작 위치에 관한 기억은 각 시행 과정을 통해 더 강하게 형성되었을 것이다. 이와 같이 피험자는 수직위치를 위한 더욱 강하고 정확한 표상을 형성하게 하여 위치 동작의 성공적인 시행을 위한 정확한 기억과 연관시킬 수 있게 하는 것이다. 비슷한 결과가 Wrisberg와 Schmidt(1975) 등이 제시하고 있다. 직선정치반응을 사용하여 피험자들에게 실제 검사 실시 이전 목표위치에 대한 느낌을 제시해 주어 학습을 위한 오류정보의 역할의 중요성을 확인하게 하였다.

8) 상대빈도와 절대빈도의 효과

학습을 위하여 오류정보가 필요하다면 KR을 많이 줄수록 학습의 향상률도 증가될 수 있을까? KR연구자들은 제시되는 KR의 양을 둘로 구분하는데 KR의 절대빈도(absolute frequency)와 상대빈도(relative frequency)이다. KR의 절대빈도란 연습 과정 시 주어지는 KR의 횟수이다. 만일 80회의 연습시행이 주어지고 두 번에 한번씩 KR을 제시하여 총 40회가 된다면 KR의 절대빈도는 40이며 상대빈도는 50%이다. 즉, 상대빈도는 KR이 제시되는 시행의 백분율을 말하며 제시된 KR의 횟수를 총 시행횟수로 나눈 다음 100을 곱한 것이다(40/80×100=50). 여기서 상대빈도 50%란 연습시행의 1/2에 KR이 제시되었음을 나타낸다.

이들 두 가지 KR방법 중 어느 방법이 학습에 중요한 영향을 끼치는가? Bilodeau 등(1958)은 피험자로 하여금 보지 않고 손잡이를 목표위치로 움직이게 하는 실험을 실시하였다. 피험자를 4집단으로 분류하고 ① 매 시행 후, ② 세 번째 시행 후, ③ 네 번째 시행 후, ④ 열 번째 시행 후 KR을 제시하였다. 각 집단의 상대빈도는 각각 100%, 33%, 25%, 10%이며 각 집단이 KR을 받은 시행횟수는 각 집단에 동일하게 10회의 KR을 받도록 조작되었다.

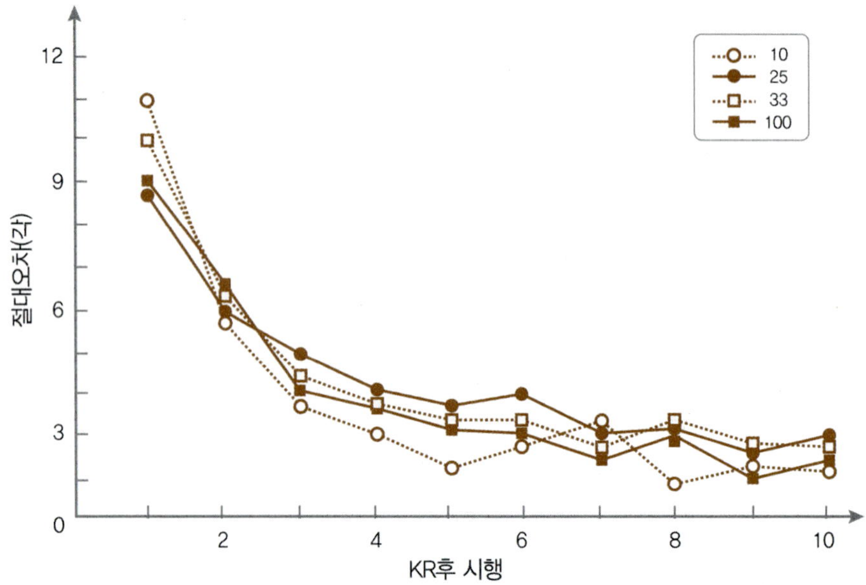

[그림 9-5] 시행 횟수별 KR 제시 효과

각 집단의 10회 시행의 결과와 KR을 받은 직후의 시행결과가 [그림 9-5]에 제시되어 있다. 100%의 상대빈도를 가진 집단은 10회를 시행했기 때문에 모든 시행이며, 33%의 상대빈도를 가진 집단은 1/3의 시행이다. 시행이 진행됨에 따라 오류의 변화 유형은 물론 각 시행에서의 오류의 양도 4집단 모두 거의 같았다. KR의 상대빈도에 따른 집단 간 오류 정도는 유의한 차이가 있었지만 절대빈도가 같을 때에는 집단 간 차이가 없었다. 운동수행에 대한 본 실험에서 KR의 중요한 특징은 KR이 제시된 횟수였으며 KR이 제시된 백분율은 중요한 변인이 아닌 것으로 나타났다.

1958년 이후 특히 Bilodeau의 KR에 대한 연구 이후 운동행동연구가들은 각 집단 간 수행 차가 없는 것은 학습된 양의 차이가 없었다는 의미로 받아들였다. 그러나 Bilodeau 등(1958)은 전이설계를 하지 않아 그 결과가 학습에 의한 것이라 볼 수 없기 때문에 운동 수행의 효과에 대하여 설명해 줄뿐이라고 하였다. 그들은 직선정치과제를 사용하여 집단에 따라 KR의 제시방법을 다르게 하였다. 한 집단은 10회의 시행에 의한 100%의 상대빈도를 가졌고(집단10), 두 번째 집단은 40회 시행에 대해 25%의 상대빈도를 가졌으며(집단40), 세 번째 집단은 100회의 시행에 대해 10%의 상대빈도로 처치되었다(집단100). 모든 집단의 절대빈도는 동일하게 10회이었다. 따라서 집단들은 각 KR시행 사이에 주어지는 no-KR 시행횟수가 각기 달랐다(각각 0, 3, 9). 처치 후 일주일의 파지간격을 가진 후 no-KR 전이검사로 학습의 상대 빈도를 측정하였다. 만일 Bilodeau의 학습에 대한 설명이 옳다면 각 집단이 동일한 절대빈도(즉, 10 KR)를 가졌음으로 집단들 간에 아무런 차이가 없어야 한다.

[그림 9-6]에는 수행의 절대오차가 나타나 있다. 그림의 좌측에는 KR이 제시된 시행에 대한 결과로 Bilodeau 등(1958)의 결과와 유사하다. 운동수행에 있어

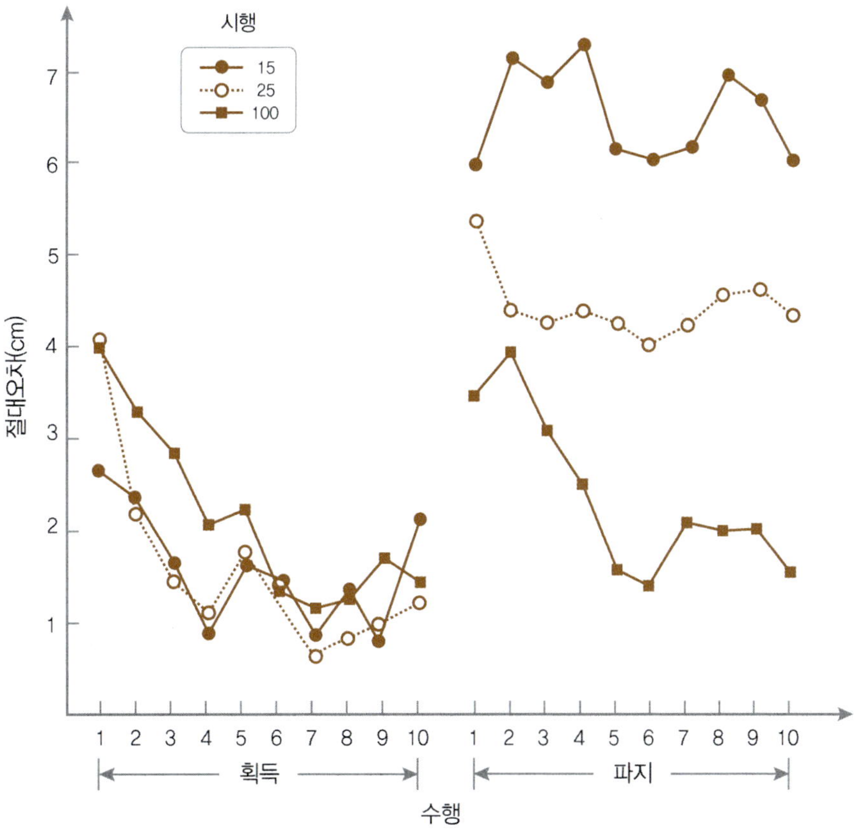

[그림 9-6] KR정보와 운동학습의 전이효과

서는 Bilodeau의 연구결과와 일치하였으나, 그림의 우측에 있는 전이검사에서는 집단 간 분명한 차이가 나타난다. 집단 100이 가장 오차가 적으며 집단 10이 가장 많다. 전이검사에서 시행횟수와 수행수준 사이에는 분명한 관련성이 있었다. Shea 등(1958)도 유사한 연구결과를 보고하였지만 파지검사에서의 차이는 크지 않았다. KR시행 사이에 9회의 no-KR 시행이 있는 100시행 집단이 학습에 가장 효과적인 것으로 해석 할 수 있다. 이는 Bilodeau의 결과와는 정반대로, 즉 매 시행마다 KR을 주는 것은 학습에 가장 비효과적인 것으로 나타났기 때문이다.

이 연구에 대해서는 두 가지 점을 주의해야 한다. 첫째, 앞에서 밝힌바와 같이 전이설계를 하지 않는 한 수행효과를 학습효과로 해석하지 말아야 한다. 둘째, 결국 no-KR 연습시행도 피험자에게 유용한 효과를 주는 것으로 보인다. 100회 시행 집단이 KR시행 사이에 9회의 no-KR 시행들을 가졌는데 no-KR시행이 없는 10회 시행 집단보다 훨씬 더 효과적으로 과제를 학습할 수 있었다. 무슨 이유일까? 대답은 분명치 않지만 한 가지 있을 수 있는 가정은 초기 KR시행에서 오류탐지기제가 발달되어 KR이 제시되지 않는 no-KR 시행에서 정확한 위치에 가깝게 움직일 수 있었다는 것이다. 이것은 부분적으로 Adams의 이론(1971)과 비슷한 결과이다. 앞에서 논의한바와 같이 no-KR 연습은 일관성은 증가시키지만(가변오차의 감소) 수행목표에 근접하지는 못했다(Bavelas 등. 1941). 이와 같이 학습자들이 no-KR 시행 동안에도 학습할 수 있다는 추측은 가능한 것이다. 그러나 현재 이 가정을 증명할만한 자료가 충분치 않다. 또 다른 해석은 10%의 상대빈도를 가진 집단에서 KR시행 사이에 삽입된 no-KR 시행이 과제를 매우 어렵게 했다는 것이다.

이런 측면에서 KR은 과제수행시 안내의 역할과 수행의 기준으로 작용한다. KR은 KR 제거 시 과제학습을 하지 못하는 피험자에게 목표에 근접하게 하는 강력한 효과를 지닌다. 몇몇 연구들은 첫째, KR은 수행을 향상시키는데 중요하며 많을수록 좋다. 그러나 이러한 KR시행은 no-KR 시행을 삽입시켜서 KR 안내 기능 없이도 그 과제를 수행할 수 있도록 학습을 진행시켜 나가야 할 것이다. 이를 위해 KR을 매 두 번째의 시행이나 매 세 번째의 시행에서 제시하는 것이 효과적일 것이다. 또한 KR에 대한 절대적인 의존을 배제하기 위해 학습자들로 하여금 그들이 결국은 KR없이 과제를 수행해야 한다는 것을 주지시켜 적절한 과제의 단서를 자율적으로 다룰 수 있도록 하여야 할 것이다.

9) KR지연 간격

KR지연 간격(KR-delay interval)이란 운동 후 제시 될 KR이 지연되는 시간의 양이다. 우리는 피드백을 즉시적으로 제시하는 것이 지연시키는 것보다 더 효과적이라는 것을 알고 있다. 즉, KR제시를 너무 많이 지연시키면 학습자는 다음 반응에서 그 정보가 사용되는 과정에서 지연된 KR을 기억하는 데 어려움을 겪게 될 것이다. 그렇지 않으면 지연된 KR 이후의 반응은 같은 오류를 반복하게 된다. 1930년대에 시작된 Lorge와 Thorndike(1935)의 실험과 1960년대 이후 KR지연에 대한 연구가 계속되었다. Lorge와 Thorndike는 피험자에게 작은 고리를 보이지 않는 목표를 향하여 던지도록 하고 KR을 즉시적으로 또는 1, 2, 4, 6초 후에 오류에 대한 정보로서 제시하였다. KR의 지연은 이 과제에서 수행에 대한 아무런 부정적 영향을 끼치지 않았다. 모든 집단의 수행곡선은 거의 유사하였다(전이설계는 없었다). 운동행동 연구가들은 KR지연에 대한 효과를 기대하였기 때문이 이 결과는 다소 놀라운 것이었다. 그러나 KR의 지연시간이 충분히 길지 않았다. 이것은 좋은 지적이다. KR을 기다리는 6초라는 시간은 그다지 길지 않았을 것이다. 그래서 다음 실험에서는 지연을 수 분에 걸쳐서 설정하였다. 어떤 연구는 심지어 일주일 동안 KR을 지연 시켰다. 그러나 이 연구의 대부분은 느린 위치반응을 사용한 실험이었으며 일반적으로 KR지연이 수행에 영향을 미친다는 증거를 보여주지 못하였다. 따라서 10여 년 동안 지배적인 이론은 KR지연이 수행과 학습에 전혀 영향을 미치지 않는다는 것이었다.

그러나 최근에 이러한 이론은 많은 도전을 받게 되는데 첫째, Simmons와 Snyder는 빠른 탄도적 반응을 이용하여 6초간 KR지연 집단이 20초간의 KR지연 집단보다 절대오차가 더 적었다는 사실을 밝혔다. 이 결과는 빠른 운동에서는 KR지연 효과가 있음을 나타내 주고 있다. 그러나 Lorge와 Thorndike(1935)의 연구에서는 탄도적 투척 반응이 사용되었음을 기억해야 한다(단지 KR지연이 매우 짧았다). 이 모든 연구와 더불어 또 다른 중요한 문제는 KR지연을 받는 각 집단들의 상대적 학습력을 평가하는 데 전이설계가 없었다는 것이다. 따라서 KR지연이 학습에 영향을 미치지 않는다는 Schmidt와 Bilodeau(1966, 1969)의 연구 등은 적절한 증거를 토대로 한 것이 아니었다고 볼 수 있다. 이에 Schmidt와 Shea(1976)는 전이설계를 포함한 직선정치과제 관련 실험을 통하여 운동수행 중 KR지연이 학습에 영향을 미치지 않음을 재보고하였다.

10) KR지연간격 간섭

전혀 정보가 없는 KR지연 간격 동안 학습자에게 여러 가지 다른 활동을 하게 할 경우 수행이나 학습에 어떤 영향을 미치게 되는가? 이 의문은 KR의 정보처리 관점에서 야기된다. 즉, 어떠한 다른 활동이 KR지연 중에 일어나는 여러 처리과정을 간섭하게 되어 과제의 학습에 영향을 미치게 된다는 것이다. Shea와 Upton(1976)은 피험자에게 직선정치과제를 수행하도록 하였는데 실험상황을 보통의 실험들과 약간 다르게 하였다. 첫째, 각각의 시행에 하나가 아닌 두 개의 위치반응을 수행하도록 하였으며 둘째, 한 집단은 KR지연 간격 동안 학습된 정치운동이 아닌 다른 정치반응 운동을 하게 하였다. 또 다른 집단은 KR지연 동안 휴식을 주었다. 이와 같이 주어진 시행에서 운동 1을 수행하고 다음 운동 2를 행한 다음 다른 운동을 수행한다. 30초 후에 운동 1과 운동 2에 대한 KR을 받는다. 그리고 다음 시행을 하게 된다. 이 두 집단들의 상대적 학습력은 KR이 제시되지 않는 동안 전이검사를 통해 측정되었다.

[그림 9-7]에 원래의 연습시행과 no-KR 전이 시행에서 두 집단의 평균 절대오차를 제시하였다. 그림의 획득시행에서 KR지연 간격 시 간섭이 제시됨으로써 절대차이가 증가되었음을 알 수 있다. 즉, 관련이 없는 운동은 수행에 부정적인 영향을 끼쳤음을 말한다. 이것은 학습에서 기인됐는가? 그림 오른쪽의 전이 시행을 통해 상대적 학습량을 측정할 수 있다. 관련이 없는 운동간섭은 수행에 부정적인 영향을 주었으며 과제의 학습을 간섭한다는 것이 명백하다.

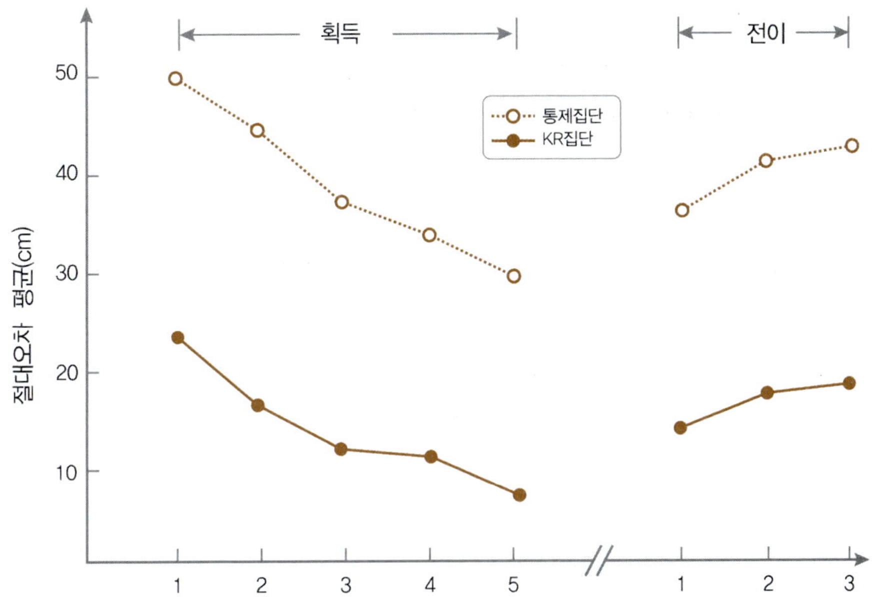

[그림 9-7] KR지연 간격의 효과

여기서 무엇이 일어나는가? 가장 분명한 해석은 KR지연 간격 동안 피험자는 여러 가지 정보처리 활동을 하였으며 관련이 없는 동작이 이 처리과정을 간섭하였고 나아가 과제의 학습을 감소시켰다는 것이다. 여기에는 어떤 처리과정이 작용되었는가? 한 가지 가능성은 KR이 제시 될 때까지 운동의 감각귀결(느낌)을 단기기억에 저장하여 이 두 정보가 어떤 방법을 통해 결합된다는 것이다. 만일 다른 운동이 계속 행하여질 경우 정보를 단기기억에 재순환시키는 용량이 제한되거나 목표운동에 대한 혼란이 있을 것이다. 따라서 KR이 제시될 때 KR을 비효과적으로 만든다. 우리는 연습 시 목표운동과 혼동될 소지가 있는 다른 동작들은 KR지연 시에는 별개로 구분시켜 실시해야만 할 것이다.

KR지연 간격 동안에 피험자가 반응의 요소들을 기억하려 한다는 가정과는 다르게 KR 후 지연간격 동안에는 다른 상황이 전개될 수 있을 것이다. 피험자가 KR 후 지연 동안에 동작을 변화시킨다면, KR 후 지연이 단축된다 할지라도 효과적인 새로운 반응을 발달시킬 기회를 갖지 못해 과제의 학습효과가 감소될 수 있을 것이다. 이러한 견해를 지지하는 증거는 개념형성 과제(concept- formation tasks)를 사용한 언어 학습 문헌에 나타나 있다. 예를 들면 피험자에게 색깔, 크기, 그림들의 위치 등이 서로 다른 많은 물체(예, 정사각형, 삼각형, 원)들을 제시하여 피험자가 시행 1에서 이 그림을 보고 그림의 정보를 설명하는 개념을 진술하는 것이다. 예를 들면 "직각 모서리를 가진 물체는 빨간색이고 둥근 모서리를 가진 물체는 푸른색이다"와 같은 것이다. 이후에 실험자가 KR을 준다. 피험자는 다시 그림을 보고 반응을 한다. 여기에서 학습자의 할 일은 실험자의 마음속에 있는 개념이라고 생각되는 효과적이고 새로운 개념을 창조하는 것이다. 물론 이것은 운동기술의 지도자가 마음속에 가지고 있는 새로운 운동유형을 개발하는 것과 유사하다. 이러한 종류의 과제를 이용하여 실험자들은 KR 후 지연간격의 감소로 말미암아 성인(White와 Schmidt, 1972)은 물론 아동(Croll, 1970) 역시 정확한 개념에 도달하기 위해 필요한 시행수가 증가됨을 발견하였다. 이 결과에 대한 설명은 새로운 개념 형성에는 시간이 소요된다는 점이다.

Weinberg 등(1964)은 위와 같은 유사한 문제를 운동행동 분야에서 연구하였다. 피험자는 눈을 가린 채 직선정치 과제를 사용하여 각각의 집단들에게 KR 후 지연간격을 1, 5, 10, 20초로 다양하게 설정하였다. 1초 간격은 획득시행에서 수행의 정확성이 가장 낮았으며 다른 지연 간격들은 대략 비슷한 수준을 보여주었다. 이 과제에 있어서 KR을 처리하고 좀 더 효과적인 새로운 반응을 형성하는데 있어서 1초의 지연간격은 충분치 않았으며 5초의 지연간격은 충분하였다. 그러나 실험에서 전이설계는 없었기 때문에 이 효과가 곧 학습효과는 아닐 것이다. 이러한 가정은 좀 더 연구할 필요가 있다. Gallagher와 Thomas(1980)는 비슷한 효과를 전이 설계 없이 실시한 연구를 통해 아동들에게서도 발견했다. 일반적으로 아동들은 성인보다 KR 후 지연간격을 단축함으로써 더 많은 방해를 받았음을 발견했다. 아동들은 충분한 간격 시(12초) 성인과 비슷하게 과제를 수행하였다. 이 결과는 운동학습에 있어서 아동과 성의 차이가 운동반응의 생성에 있어서 아동들이 본래 비효과적이라는 것이 아니라 문제해결의 창의력에 있다는 것을 제시한다.

국내 연구로는 윤 등(1991)이 전이설계를 포함하여 KR 후 지연간격이 운동

학습 변인으로 작용하며 연령별로는 그 양상이 어떻게 나타나는가를 규명하고자 7세, 12세 그리고 성인을 대상으로 곡선정치과제를 이용하여 실험하였다. KR 간격을 3초, 10초 그리고 20초로 하여 부여한 결과 20초 조건에서 오류 정도가 가장 컸으며 연령별로는 7세와 성인 간에서만 차이가 났으며 나머지 집단 간은 차이가 없는 것으로 보고하였다. 그들은 결론적으로 KR 후 지연간격이 학습 변인이라기보다는 수행변인이라 할 수 있으며 11세 정도가 되어야 망각을 이용한 이론적 전략을 이용할 수 있음을 시사하였다. 또한 KR 후 지연간격이 길면 길수록 학습이 잘 이뤄지지 않는 것은 과제의 특성상 나타난 문제라 보고하였다. Eun(1991)은 KR의 제시 상황에 따라 과제 수행 후 부여되는 KR 지연간격인 KR 전 지연간격과 KR 후 지연간격을 동시에 고려하여 예측시간 검사기를 이용한 즉시, 3분, 5분 그리고 파지의 측정을 위해 10분의 KR 간격을 양적 및 요약적으로 제시하여 그 효과를 관찰한 결과 예측시간 및 파지의 집단간 차를 발견하지 못했다. 이는 과제 난이도에 비해 지연시간이 너무 길고 KR을 요약 제시한 형태는 단순한 과제에서의 수행력 변화에 영향을 미치지 않는다고 할 수 있다.

12) KR후 지연간격 간섭

요구된 동작 수행 외에 만일 또 다른 반응을 선택하기 위해 KR 후 지연간격 동안 정보처리가 일어나야 한다면, 즉 어떤 과제 이외의 부수적인 다른 반응을 처리한다는 것은 일차적 수행이나 학습을 감소시킴에 틀림없을 것이다. KR 후 지연간격에서 처리가 요구되는 무관한 정보의 처리는 위치에 대한 정보를 방해하지만 새로운 요구와 함께 지연간격이 더욱 증가된다면 위치 정보는 간섭을 받지 않는다는 사실이 Rogers(1974)의 정치과제실험(positioning task)을 통해 연구보고된 바 있다. 이는 지연간격의 폭을 증가시킴으로써 피험자는 새로운 행동을 창출하는데 필요한 정보를 처리할 시간적 여유를 얻을 수 있기 때문일 것이다. Boucher(1974)는 정치과제의 연습초기에서(연습 후기에서는 그렇지 않음) 유사한 결과를 발견했다.

그러나 Magill(1973)은 또 다른 결과를 얻었다. 이점에 관해 Newell(1976)은

KR 후 지연간격 동안에 일어나는 무관한 행위에 의해서도 수행이 방해받는다는 것이다. 그러나 이 연구들은 모두가 전이설계가 없었으며 따라서 KR 후 지연간격 동안 무관한 행위로 인해 학습이 손상됨을 의미하는 것은 아님을 주의해야 한다고 밝혔다. KR제시 후 학습자는 효과적이고 새로운 운동을 생성할 시간을 필요로 하며 KR 후 지연간격 동안 다른 무관한 행위에 의해서도 방해받지 말아야 한다. 예측컨대 과제가 복잡할수록 처리시간은 더 필요할 것이다. 또한 숙달 과제 시 관련되는 행동이 몇 가지 안 된다면 KR 후 지연간격이 짧거나 다른 행동이 충족되어도 학습자는 비교적 영향을 적게 받는 것으로 보인다.

13) KR의 정확성

앞서 설명한 내용들은 KR의 시간적 위치에 대하여 언급했으며, 이제부터는 KR의 특성에 관련해서 설명하고자 한다. KR의 특성에 대한 논의는 두 가지의 특별히 다른 방향, 즉 KR의 정확성에 대한 논의(혹은 운동결과를 묘사하는 KR의 정확성), KR이 제시되는 방식에 대한 논의(언어적, 그림, 등)로 구분하여 설명할 것이다.

KR의 정밀도란 KR이 나타내는 정확성의 정도를 말한다. 예를 들면, 피험자가 10cm 정도 운동을 해야 하는데 11cm를 움직였다면, 이와 같은 오차는 여러 가지로 제시될 수 있다. 첫째, 정확성의 정도를 정량적으로, 즉 1cm가 길다고 구체적으로 제시할 수 있다. 이러한 경우를 양적(quantitative) KR이라 한다. 혹은 길다, 짧다 또는 너무 빠르다, 너무 늦다, 즉, 어떤 반응 정도의 특성에 대한 정보를 제시한다면 이것은 질적(qualitative) KR이라 한다.

또한 KR은 특성과 크기에 대한 정보, 즉 “10cm 더 길다”와 같이 동시에 제시해줄 수도 있다. 일반적으로 보면 오차의 크기를 제시해 주는 정보는 차기 수행에 아주 효과가 있는 것으로 보고되고 있는데 과제의 어떤 점에서 오류를 범했는지 수행자가 아는 것은 다음의 행동수정 방식에 지침을 주기 때문이다. 단지 특성에 대해서만 정보를 제공하는 것은 크기에 대해서만 정보를 제공하는 것보다 유리할 수 있지만 이러한 차이는 피험자의 학습수준에 달려있는 것 같다.

전체적으로 이러한 결론들은 오차의 특성과 크기, 즉 질적, 양적 KR에 대한 모든 정보를 제공하는 것이 가장 효과적임을 나타낸다. 이러한 측면 중 하나 혹은 둘 다를 제한하게 되면 수행은 현저히 감소된다. 그러므로 둘 다 모두 활용되어야 하는 것이 바람직하다. 그러나 이 원리와 학습을 관련시켜 해석할 때 주의해야 할 것이 있다. 왜냐하면 전이설계가 채택되지 않았기 때문이다.

Trowbridge와 Cason(1932)은 성인 피험자를 선정하여 KR의 정확성에 관해 연구하였다. 여기서 밝혀진 결론은 양적인 KR이 질적인 KR보다 수행에 있어서 더 효과적이라는 것이다. Trowbridge와 Cason의 연구는 일반적으로 KR이 정확할수록 수행은 더 정확해지기는 하나 어느 정도를 넘어서면 KR의 정확성에 따라 그 이상의 정확성이 증가되지 않음을 보여 주었다. 은희관(1988)은 양적 KR을 하나의 수행이 끝난 직후와 수행이 시작하기 직전에 제시되는 방법으로 반응시간(RT)과 배근력의 수행 변화를 조사한 뒤, 수행 즉시 제시되는 양적 KR이 배근력의 정도를 유의하게 향상시켰으나 RT에서는 약간의 감소를 보였지만 통계적 유의성은 없었다고 보고하면서 즉시적인 양적 KR의 효과를 지지하였다.

KR이 특정 범위, 즉 1mm보다 더 적은 오차로 피험자에 제시되면 피험자는 그러한 오차 정도를 느낄 수 없을 것이다. 왜냐하면 운동제어기제 그 자체가 오차보다 더 변하기 쉽기 때문이다. 분명히 피험자는 어느 수준까지 KR이 정밀해지면 그들에게 제시된 매우 정확한 KR을 받아들일 수 없다. 즉, 그 수준보다 더 정확한 정보를 무시해 버리기 때문이다.

KR은 어떤 측정단위를 사용하는 것이 효과적인가? 하는 것은 그리 문제되지 않는다는 연구결과가 제시되었다. 흥미롭게도 KR이 cm 단위로 주어지든 inches, feet, yards 혹은 miles로 주어지든 별다른 차이가 없다. 피험자들은 실험자가 이용하는 단위척도의 크기에 따라 그들의 행동을 조절할 수 있다는 것이 명백하기 때문이다. Denny 등(1960)은 glub이라는 가상적 단위로 KR을 주었다. 1 glub은 1/20인치이다. 피험자들은 이 단위를 접해보지 못했음에도 불구하고 "8 gulbs만큼 길다"와 같은 KR이 주어졌을 때도 효과적으로 반응했다. 그러나 아동의 경우는 그렇지 않다. 아동들은 가상적인 측정단위를 취급하는 능력이 부족하고, 정확성이 높은 KR의 유용성을 인식하지 못하면 학습과정 동안 KR에 의해 혼란을 겪는다. 예를 들면 Newell과 Kennedy(1978)는 나이에 따라 아동에게 직선정치 과제를 실시케 하여 본 결과 KR의 정확성을 다양하게 한 성인의 행동과는 달리 아동에게는 정확성의 적정수준이 있었으며, KR이 적정수준보다 높거나 부족하면 수행은 정확성이 낮았고 이 정확성의 최적수준은 피험자의 나이가 많음에 따라 역시 증가됨을 발견했다. 성인과는 달리 아동에게 제시되는 KR은 그 방식에 있어서 주의해야 할 것 같다. 너무 높은 정확성을 제시하는 것은 실제로는 수행을 비효과적으로 만들며, 이것은 과제의 여러 측면에 너무 많은 KR이 제시되면(예: 팔, 머리, 다리 등에 대해 동시에 정보를 제시하는 것) 학습을 비효과적으로 만든다는 사실과 관계 될 것이다. 왜냐하면 아동은 성인보다 큰 정보를 빨리 처리하는 데 어려움을 갖기 때문이다. 그러나 이 연구는 약간의 문제가 있는데 전이설계를 하지 않았다는 것으로 아동에 대한 KR의 정확성에 대한 해석은 수행효과에만 제한되어야 할 것이다.

14) 운동역학 및 운동학적 KR 제시

KR은 오류를 언어로 설명하는 일반적인 방법 외에 여러 가지 다양한 방식으로 학습자에게 제공될 수 있다. 좀 더 효과적인 방식은 수행을 비디오테이프로 재상영하거나 운동역학(kinetics)이나 운동학(kinemetics)을 통해 KR을 제시하는 것이다. 비디오테이프를 이용하여 KR을 제시하는 것이 매우 효과가 있는 방식이라는 사실은 확실하다. 수행 정보는 몇 초 후에 곧바로 TV화면을 통해 피드백 되며 시행 지연은 없을 것이며 마치 학습자 자신이 스타가 된 것처럼 강한 흥미도 유발될 것이다. 운동기능의 측면에서 보면 많은 수행 중 오차를 개인이 직접 발견하여 다음 시행에서는 그 오차를 수정하려 할 것이다.

그러나, 많은 경기상황에서는 물론이거니와 비디오테이프를 이용한 KR제시가 매우 효과적이라는 논리에 대한 연구증거는 거의 없다. Rothstein과 Arnold (1976) 등은 실험에 의해 이러한 피드백 기법이 별다른 긍정적인 효과를 보여주지 못한다는 결론을 얻었다. 한 가지 추측은 비디오테이프가 아마도 한꺼번에 너무 많은 정보를 학습자에게 제공하여 관찰자가 관련된 행동의 측면을 다른 모든 것들과 구분시킬 충분한 분석능력이 없었을 것으로 판단하는 것이다. 또한 만일 운동 기능이 복잡한 것이라면 오류는 몇 개의 기술적 차원에서 일어날 것이며(예: 팔, 다리, 팔 위치, 시선 등), 학습자가 한꺼번에 모든 오류를 변화시키려고 하여 혼란할 수도 있는 것이다. Rothstein과 Arnold는 피험자가 재상영 동안에 TV의 어떤 한정된 측면만을 검토하도록 한 연구가 한정된 단서를 사용하지 않는 연구보다 비디오테이프 재상영의 효과가 좀 더 긍적적으로 나타남을 보고했다. 이것은 비디오테이프 시청에 의한 방법이 너무 많은 정보를 제공한다는 사실을 인정해 주고 있다.

관계되는 사항만을 지적해 주는 지침과 함께 비디오테이프 시청을 이용하는 것이 합리적인 것 같다. 그것은 학습자들의 반응에 있어서 관계가 없는 사항은 무시하도록 이끌어준다. 중요한 사항은 수많은 반응 동안 어떻게 움직이고 있는가?에 관한 것이다. 그런 후에 주의를 다른 곳으로 변화시키는 것이다. 전체적인 운동을 보는 것은 아이스케이팅, 체조, 댄스, 다이빙 등에서처럼 동작유형이 강조되는 상황에서는 유용할 것이다. 이런 경우에는 비디오테이프의 시청을 통하여 수행을 더 효과적으로 이끌 수 있다. 언어로 제시되는 KR은 전달되어야 할 운동의 세부사항에 대한 정보를 놓칠 수도 있기 때문이다.

환경 내에서의 운동결과나 행위의 오차에 대한 KR을 제공하는 것 외에 운동의 좀 더 특별한 측면에 대한 정보를 이용하기 위해 몇몇 성공적인 시도가 있었다. 이런 종류의 KR 중 하나는 운동역학과 운동학이다. 이 방법들은 아직 집중적으로 연구되지는 않았지만 상당한 가능성을 가지고 있다.

Howell(1956)은 운동 역학적인 KR 제시를 위해 피험자에게 단거리 출발을 학습하게 하고 출발지점에 있는 발판에 부착된 지면반력계를 통해 작용하는 힘을 기록하였다. 이 방법으로 시간에 따라 작용된 힘을 기록한 것을 힘-시간 곡선이라 한다. 각 시행 후에 힘-시간 곡선의 유형이 KR의 형식으로 피험자에게 제시되었으며 피험자들은 Howell이 제시한 기준(최대 충격)에 따라 그들의 힘을 수정시키려 하였다. 가해진 힘을 다시 제시함으로써 학습자들은 그들 자신의 힘-시간 곡선의 유형을 수정하여 좀 더 효과적인 결과에 도달할 수 있었다.

Walter(1981)는 다른 예를 제공하였는데 그는 의식적으로 쉽게 감지되지 않는 측면의 동작은 이에 대한 지식이 피험자에게 제시되어야만 수정될 수 있다고 하였다. 어느 측면에서 그것은 바이오피드백(biofeedback)에 관한 최근의 연구 결과와 일치한다. 즉, 신체의 기능 중 손가락의 온도 조절과 같은 것은 손가락 온도의 적절한 피드백에 의해서 뜻대로 바꾸어 질 수 있다는 것이다. 이런 방법은 매우 실제적인 의미를 지니고 있다. 우수 선수의 힘-시간 유형이나 힘-시간의 이상적인 곡선은 운동 역학적인 분석으로 얻을 수 있으며 이것은 개인의 기능학습에 대한 목표로 사용될 수 있을 것이다.

운동에 대한 정보 이용의 두 번째 방법은 운동학을 이용하는 것이다. 그것은 사지에 가해지는 힘에 의해 나타나는 작용을 묘사하는 것이다. 어느 면에서 이것은 단지 비디오를 시청하는 것의 변형이다. Hatze(1976)는 비디오테이프 대신 단편적인 필름을 사용하여 이러한 기술의 구체적인 적용에 대한 증거를 제공했다. 피험자는 센서를 발 뒤에 대고 서 있는 위치에서부터 오른발을 앞쪽 위로 차 올려 목표를 맞힌다. 동작의 목표는 빠른 시간 내에 발을 움직이는 것이다. 대부분의 동작과 마찬가지로 이러한 발차기 동작은 여러 가지 유형으로 완료된다. 투관절 굴곡과 슬관절 신전의 속도, 두 관절의 굴곡 범위 등과 관련된 많은 변인 등에 대한 정보를 Hatze는 시행 후에 KR로서 피험자에게 제시하였다. 피험자는 예상대로 운동시간을 단축시켰다. 피험자는 투관절과 슬관절을 이상적으로 활용함으로써 운동시간을 단축했을 것이다. 세계 육상선수권대회에 출전한 100m 선수들의 출발에서부터 결승점에 이르기까지의 동작 분석이나 골프 스윙의 동작 분석, 박태환 선수의 출발 동작과 유형 동작들의 분석이 그 예일 것이다.

요 약

피드백은 어떤 반응의 결과로서 개인이 받는 정보이며 학습과 수행에 대한 피드백의 긍정적 영향은 운동행동 연구에 있어서 가장 체계적으로 연구되었다. 피드백은 동시적, 최종적 그리고 본능적, 인위적 피드백으로 크게 분류될 수 있다. 동작의 결과에 대한 외적 피드백을 결과의 지식(KR)이라 하며 반면에 동작 유형 그 자체에 관한 피드백을 수행 지식(KP)이라 한다. 많은 운동과제가 동작 도중이나 후에 본능적 피드백을 제공했기 때문에 이러한 형태는 다양하고 풍부한 동작 정보를 제공한다. 동시적, 인위적 피드백 모두 운동학습과 운동수행을 향상시키는 것으로 나타났다. KP는 폐쇄기술 과제에 KR은 개방 기술 과제에 더욱 효과적이다.

피드백은 다양한 방법으로 제시될 수 있다. 피드백을 위한 비디오테이프의 효과에 대한 연구는 매우 작지만 운동학적, 운동 역학적 피드백은 운동학습을 향상시키기 위해 좋은 가능성을 제공하는 것으로 나타났다. 피드백의 3가지 주요 기능은 정보, 동기, 강화의 기능으로 요약할 수 있으며 이러한 기능은 서로 상호 관련적이다.

KR과 KP는 학습자에게 학습을 향상시키기 위한 가능성을 가끔 제공한다. 그러나 이러한 가능성이 없는 경우에는 큰 피해는 없지만 KR과 KP가 간섭효과를 갖는다. 완전한 피드백 제거는 수행과 학습의 수준을 저하시킬 것이다. 일반적으로 운동학습의 효율성은 KR의 정확도에 직접적으로 관련되지만 너무나 정확한 KR은 무의미한 것이며 실제적으로 학습을 저하시킬 것이다.

또한 지연 간격은 본능적 동시 KR의 효과를 감소시키지만 KR 지연간격 시 운동학습 효과를 지연시키지 않는다. 그러나 지연간격 중 간섭활동이 처치된다면 학습은 상당히 부적 영향을 받을 것이다. KR 후 지연간격은 학습자가 아마도 방금 완료된 동작의 기억표상과 방금 접수된 피드백 정보를 비교하는 기간인 것 같다. 연구들은 적당한 KR 후 지연간격 정도가 길다 해도 운동학습엔 약간의 영향을 미치지만 1, 2초 정도로 너무 짧거나 너무 길지 않는 것이 좋을 것이다.

토론 과제

1. 피드백의 개념을 논하라.
2. 피드백의 종류를 논하고 각각을 설명하라.
3. 피드백의 3가지 기능을 논하라.
4. KR 제시방법과 효과를 논하라.
5. KR의 정확성 효과를 논하라.
6. KR의 간섭 효과를 논하라.

참고문헌

Ammons, R. B. (1956). Effects fo Knowledge of Performance : A Survey and Tentative Theroretical Formulation. Journal of General Psychology(54). pp.279-99.

Bilodeau E. A. , and Bilodeau, I. Mcd. (1958b). Variation of Temporal Intervals among Critical events in Five Studies of Knowledge of Results. Journal of Experimental Psychology(55). pp.603-612.

Boucher, J. L. (1974). Higher Processes in Motor Learning. Journal of Motor Behavior (60). pp. 131-137.

Magill, R.A.(1973). The Post-KR Innterval: Time and Activity Effects and the Relationship of Motor Short-Term Memory Theory. Journal of Motor Behavior(5). pp.29-56.

Newell, K.M.(1974). Knowledge of Results and Motor Learning. Journal of Motor Behavior(6). pp.235-244.

Newell, K.M.(1976). More on Absolute Error, Etc. Journal of Motor Behavior(8). pp.139-142.

Newell, K.M., and Kennedy J.A.(1978). Knowledge of Results and Children's Motor Learning. Developmental Psychology(14). pp.531-536.

Rogers, C.A., Jr.(1974). Feedback Precision and Post feedback Interval Duration. Journal of Experimental Psychology(102). pp.604-608.

Rothstein, A. L., and Arnold, R. K.(1976). Bridging the Gap: Application of Research on Videotape Feedback and Bowling. Motor Skills: Theory into Practice(1). pp.35-62.

Schmidt, R. A., and Shea, J. B.(1976). A Note on Delay of Knowledge of Results in Positioning Responses. Journal of Motor Benhavior(8). pp.129-131.

Wallace, S. A., and Hagler. R. W.(1979). Knowledge of Performance and the Learning of a Closed Motor Skill. Research Quarterly(50). pp.265-271.

Wallace, S. A., and McGhee, R. C.(1979). The Independence of Recall and Recognition in Motor Learning. Journal of Motor Behavior(11). pp.141-151.

단원 10

불안과 운동행동

| 주요 용어 |

경쟁불안, 뇌궁, 대상회, 도파민, 바이오피드백, 불안, 상태불안, 스포츠경쟁불안검사(SCAT), 신피질, 주의력, 특성불안, 카테콜라민, 해마

1 불안의 개념

불안은 가장 간단한 표현으로 걱정과 신체적 각성을 고조시키는 주관적인 감정으로 정의될 수 있다(Leivitt, 1980). 이것은 두려움에 대한 개념과 아주 밀접한 것이다. 경기 전과 경기 도중에 불안을 나타내는 운동선수는 높은 각성 수준, 긴장과 걱정을 경험할 것이다. 불안이란 개념은 여러 가지 의미로 사용된다. 불안은 공포의 일종이지만 그 대상이 확실하지 않은 정서이다. 즉, 막연한 공포가 불안이다. 그러므로 불안은 공포보다 오래 지속되는 경향이 있다. 실존주의자들은 자기의 정체를 확정하지 못한 상태가 불안정서 상태라고 하며, 그 외에도 도덕적 행위에 대한 걱정, 실패를 두려워하는 것을 불안이라고 정의하기도 한다.

불안이란 일반적으로 자기보존을 위한 생리학적 반응 혹은 억압된 내적 욕구가 의식의 세계로 표출되는 경우에 나타나는 반응으로 외적 위협을 피할 수 없을 때, 직접적인 외적 위협이 존재하지는 않지만 공포가 만성화되었을 때, 신경계 자체 내의 어떤 혼란으로 공포가 발생하였을 때 나타나는 심리적 동요라고 볼 수 있다.

불안은 크게 특성불안(trait anxiety)과 상태불안(state anxiety)으로 나눈다. 특성불안과 상태불안의 개념적 차이는 1950년대에 제시되었지만 두 가지의 불안 상태를 명확히 구분한 것은 1966년 Spielberger에 의해서였다. 상태불안은 어떤 상황에서 야기되는 긴장과 우려에 의하여 발생하는 직접적인 정서상태를 말한다. 특성불안은 위협과 같은 어떠한 상황을 지각하거나 다양한 수준의 불안으로 특정 상황에 반응하는 경향이다. Spielberger(1966)는 상태불안을 자율신경계의 활성화 혹은 각성과 관련되어 나타나는 긴장과 우려 등을 의식적으로 지각하는 것이라고 하였다. 그러나 특성불안은 객관적으로 전혀 위험하지 않은 환경을 위협적인 것으로 지각하도록 개인을 특성화시키는 동기이거나 후천적 행동경향이라고 하였다. 따라서 특성불안 수준이 높은 사람은 더 많은 상황을 위험한 것으로 지각하거나 위협적인 상황에 더 높은 수준의 상태불안을 보이게 되며, 또한 두 가지 경향을 다 나타낼 수도 있다. 즉, 상태불안과 특성불안의 관계는 운동 에너지와 잠재 에너지의 관계와 같다고 볼 수 있다. 상태불안은 어느 정도의 자극에 즉시 반응하는 것으로 운동 에너지와 유사하며 특성불안은 적당한 자극이 주어지면 반응을 일으킬 잠재적 경향으로 잠재적 에너지와 유사하다고 볼 수 있다.

불안은 일반적이고 불분명하며 공포는 구체적이고 명확한 자극에 의하여 일어난다고 볼 수 있다. 즉, 공포는 그 원인을 확인할 수 있는 실제적인 특성을 가지고 있는 것이다. 두려운 사람의 주의는 환경적인 사건이나 있을 수 있는 유해한 사건에 집중한다. 이것은 일련의 인지적 과정의 결과로서 자신을 둘러싼 위협을 유기체가 어떻게 평가하느냐 하는 것이 중요하며 대개 산만한 정서적 반응, 불확실한 감정 그리고 무력함으로 특징지을 수 있다(Spielberger와 Sarason, 1975).

Tuckman(1972)과 Fisher(1976)는 불안에 대한 생리적 반응을 검사하기 위해 피험자를 물이 꾸준히 차오르고 있는 수영장의 한곳에 묶었다. 그러나 연구자들은 어떤 이유에 의해 실험장을 떠났고 피험자에 대해 잊어버렸다. 생각이 났을 때 그들은 두려움으로 대경실색 했으며 마비상태가 되다시피 하였다. 모든 것을 팽개치고 물의 깊이가 위험수준이라는 것을 알고 실험장으로 달려갔다. 재빨리 피험자를 풀어서 물에서 끄집어냈다. 안전하게 풀장 위에 올라 온 피험자에게 기분이 어떠했는지를 물었다. 피험자들은 실험이기 때문에 전혀 걱정하지 않았다고 대답했다. 피험자들은 상황을 비위협적인 것으로 인지했고 따라서 상태불안 반응은 일어나지 않았다. 이는 불안에 관한 연구의 상황 설정에 대한 중요성을 제시한 것이다.

2 경쟁불안의 개념

운동선수들이 비록 특정 스포츠 종목에서 승리를 위한 바람직한 체력을 모두 소유하였거나 부가적으로 높은 수준의 생리학적 효과를 위하여 조건화되었거나 또는 훈련을 받았다 할지라도 그러한 요인들만으로는 운동에서의 성공은 보장되지 않을 것이다. 수행자는 경쟁이라는 압력을 효과적으로 극복해야만 한다. 초를 다투는 빠른 결정, 민첩한 주의집중, 빠른 판단과 상대방의 움직임을 정확하게 예상하는 것은 농구, 미식축구, 축구, 테니스, 레슬링 등과 같은 많은 스포츠 현장에서 승리를 위해서는 모두 다 요구되는 것이다. 물론 외형적으로 침착함이 부족함에도 불구하고 스포츠 현장에서 성공하는 신체적으로 매우 특이한 사람도 있지만 이러한 경우는 극히 드문 일이다. 프로야구, 프로축구 그리고 기타 전국대회와 같은 전문적인 스포츠 상황에서도 누구든지 원만히 신체적으로 뛰어난 재능을 가진 자라면 경쟁이라는 압박감하에서도 경기를 성공적으로 수행할 수 있기 때문에 팀 혹은 개인운동에서 승리를 위한 결정적 요인이 될 수 있다. 다시 말해, 불안과 이완의 조절, 날카로운 사고 능력은 신체적으로 상대선수와 동일한 선수들에게도 별도의 강점을 충분히 제공할 수 있다는 것이다.

경쟁 압박감하에서도 경기를 수행할 수 있는 이러한 능력은 무엇인가? 근본적으로 스포츠 심리학자들이 이러한 현상에 대해서 토론할 때는 모두가 불안을 극복하기 위한 선수의 선천적인 또는 후천적인 능력에 의한 것이라 한다. 많은 심리학적인 문헌에서 불안은 스트레스, 긴장 또는 각성과 같은 개념으로 표기되어 왔다. 이렇듯 명확한 정의가 세워 있지 않기 때문에 불안이라는 용어 정의는 어려움이 많았다. Borkovec(1976)과 그 외(Spielberger 1966; 1971) 학자들에 의하면 불안은 부정적 정서나 감정의 인지에 의해 수반되며 일반적으로 교감신경계의 활성화라 부르는 자율신경계의 각성 수준이 증가되는 현상으로 정의될 수 있다. 근본적으로 주관적인 우려를 수반하는 자율적 각성 상태인 것이다. 따라서 불안은 생리학적 그리고 심리학적 요인을 모두 가지며 이 두 요인은 사람이 불안할 때 나타나는 개인의 불안수준 정도를 나타낼 것이다.

간단히 말해 각성은 깊은 수면상태나 coma 상태에서부터 높은 흥분(agitated), 감정 그리고 공포에 질린 상태에까지 연결되는 것으로 인지될 수 있는 신체적 또는 감정적 활동수준이라 할 수 있겠다. 일부 학자들은 불안을 간단히 과도한 각성으로 설명하고 있다. 각성은 간단히 어떤 우려나 부정적 정서 상태 없이 나타나는 높은 생리적 활성화 상태로 정의되어지기 때문에 불안과 각성은 구별될 수 있다. 예를 들어 각성화된 선수는 긴장 상태로 묘사될 수 있지만 불안한 선수는 신경성(nervous), 신경과민(jittery) 또는 어떤 경우에는 과긴장 선수로 묘사되어 질 수 있다. 불안이란 마음속에서 인내해야만 되는 것이며 많은 종류의 공포에 적용되는 광범위한 심리적 상태이다. 그러나 최근 심리학 및 스포츠심리학에서는 실제적인 불안의 용어들이 세분화되었다. 발표 불안, 시험 불안, 신체적 위해에 대한 공포, 인간의 상호작용에 대한 불안 등의 용어가 새로 분류되었다(Endler, 1977).

특징적으로 불안한 사람은 모든 사물이나 모든 상황에서 공포를 느끼는 것이 아니라 특정한 사물, 사람, 사건에 의한 것이 분명하다. 스포츠에서는 근본적으로 스포츠 경쟁불안에 관련되며(Martens, 1977), 불안반응은 운동시합 시 경쟁과 관련된다. 다음은 불안의 특수성에 대한 예이다. 한 선수가 팀 동료나 지도자 앞에서 공식적으로 말을 할 때 매우 떤다고 하자. 그는 구토증(nausea)을 느낄 수 있을 것이며 주제에 대한 사고력 집중을 유지하는 데에 장애를 받을 수 있으며 손바닥에 땀이 나고 심지어는 목소리까지 변할 수도 있다. 이러한 여러 가지 증상은 자율성 각성이나 좀 더 어릴 때 관련되었던 부정적 효과를 나타내는 것이다. 우리는 수많은 관중들이 야유를 하는 상황에서 경기를 할 때 이러한 증상이 있는 선수를 분명하고 확실하게 지적할 수 있을 것이다.

선수나 일반인들의 불안 발생 원인은 무엇인가? 불안과 감정에 대한 수많은 이론이 있지만 상당히 복잡하며(Weiner, 1981), 개인적 학습, 상황적 요구 등의 관점에서 접근한 것이다. 그러나 비교적 간단한 모형으로 핵심적인 설명을 제공할 수 있다. 이러한 설명을 위한 한 가지 예는 야유관중(critical audience)에 대한 선수들의 심리적 상태를 언급하는 것이다. 평가에 대한 두려움 또는 비난의 위협은 경쟁불안 문제를 야기하는 원인이 되기 때문이다.

기본적으로, 최소한 다음 2가지 요인이 불안반응을 나타낸다. ① 스포츠상황이 선수들에게 매우 중요한 상황이어야 하며(Lowe 1973), ② 선수들이 자신의 운동수행 능력과 승리를 위해 필요한 이상적인 운동수행 정도와의 불일치를 지각하는 것이다. Scanlan과 Passer(1978, 1979)는 실패예상으로서 지각의 중요성을 언급하였다. 선수들이 상대방의 능력에 관하여 비현실적인 공포를 갖거나 선수 자신이 소유한 신체적 단점에 대해서 부당한 믿음을 가질 수 있다고 하였다. Passer(1983)는 이러한 실패예상이 청소년 선수들의 높은 불안수준을 야기하는 결정적 요인이며 신체적 기술에 대해 적당치 못한 인지임을 논증하였다. 이러한 선수의 능력 등에 관계되는 공포는 간단히 경쟁상황의 경험에 의한 결과라 할 수 있겠다. 비록 Kroll(1979)과 같은 학자들이 5가지의 광의적 영역으로 성인 운동선수에 있어서 특수한 스트레스원과 원인을 분류하였지만(예: 신체적 불만족에 의한 두려움, 실패의 공포, 부적당한 느낌, 게임조절력 상실, 상대방을 어리석게 보는 것), 스포츠에 있어서 불안 상태의 주요 영역은 기본적인 실패의 공포로부터 운동을 적당하게 수행하도록 하는 것이다. 운동경기에 있어서 불안의 원인을 규명하기 위한 Kroll(1979)의 경쟁적 운동 스트레스검사(competitive athletic stress scale)와 같은 도구는 선수들을 긴장시키는 특수한 환경적 또는 심리학적 요인을 이해하는 데 도움이 되지만 그것을 간단히 생각하면 불안한 선수는 실패라는 기본적 두려움에 의해 특징지어진다는 것을 의미하는 것이다.

따라서 불안이란 선수들이 각 종목에서 자신감이나 경쟁감이 바람직한 활동을 야기 시킬 정도로 충분하게 인식하지 못할 때 시작될 것이다. 일부 스포츠 종목에서는 승리를 결정짓는 요인이 레슬링에서처럼 실제적인 경쟁에 있는 것이 아니라 체중계측과 같은 시합전의 사항에 있을 수 있을 것이다. Gould(1983) 등은 청소년 레슬링 대회에서 선수 개인적으로 매우 의미 있게 나타나는 불안원에 대해 논의한 바 있다. 그들에 의하면 불안의 원인에 대한 예로서 기진맥진하게 될까 하는 염려, 시합을 위해 정신적으로 준비가 되었는가 하는 것에 대한 염려, 관계자들에 의해 나쁘게 불리지 않을까 하는 걱정에 있다고 했다. 그러한 불안원은 많은 다른 스포츠 수행을 위해서도 마찬가지 영향을 줄 것이며 코치는 이를 알 수 있다. 불안반응 뒤에 있는 이유를 선수나 코치가 이해할 때 불안을 더욱 더 쉽게 다룰 수 있을 것이다.

선수가 실패에 대한 예상, 상해 공포에 의한 높은 불안 수준이 반드시 빈약한 운동수행을 야기하는 것은 아니다. Rushall(1970)은 우수한 수영선수들이 그들보다 조금 수준이 낮은 상대선수보다 높은 실패에 대한 두려움을 소유하고 있음을 관찰하였다. 그러나 그들은 모두 특출한 기량을 발휘하였다. 그들이 높은 실패의 두려움에도 불구하고 우수한 기량을 발휘하였지만 결국 참기 힘든 지경에 도달되면 수행력 상실로 고통을 받을 것이다. 경쟁 스포츠에서 평가에 대한 두려움이나 실패에 대한 공포는 영향력 있는 사람들에게 자기가 가치가 없는 것으로 인식되고 있다는 잠재적인 자아상실에 의해 야기되는 것이다. 선수들은 내가 만약 상대의 수비 태클을 깨뜨리지 못한다면 나의 팀 동료나 코치들은 나의 신체적인 힘에 대해서 어떻게 말할까? 걱정 할 것이다. 아마도 결국에 두려움으로 발전하며 그것은 높게 인지된 신체적 능력에 관한 자신의 자존감 상실에 대한 공포일 것이다. 이것은 경쟁으로 인해 자신의 생각보다 나쁜 신체적 능력을 발현하는 데 대한 두려움 때문이다.

불안은 간혹 선수가 자신에 대한 확실성이 없을 때 나타나며 대부분 부정적 느낌을 경험하게 한다. 불안의 효과는 스포츠 수행력을 감소 또는 방해할 수도 안 할 수도 있지만 분명 경쟁상황을 지각하는 것으로부터 발생한다. 이러한 지각은 부정적인 측면에 대한 집중 또는 시합의 중요성에 대한 집중이다. 이러한 심리적 상태는 불안을 자극하는 상황에 대한 모든 정신적, 신체적 반응을 포함한다.

3 불안반응의 이해

선수의 정신과 신체에 대한 일반적인 불안반응을 이해하기 위해서는 불안과의 상호작용으로 나타나는 심리적, 생리적 특성에 대해서 논해보는 것이 필요하다. 스포츠심리학자들이 일반적으로 불안반응 정도를 측정하기 위해 자아보고식 설문지나 행동관찰을 이용하지만 그것은 불안의 생리에 대해 간단한 정보를 제공할 뿐이다.

1) 상태불안의 생리학

불안이 야기되는 순서를 실험한 Allen(1983)은 이러한 불안 반응이 환경에서의 위협적인 자극에 대한 개인적 지각에 의해서 시작된다고 언급하였다. 그러나 지각에 의한 것, 이것이 불안 발현과정에 있어서 중요한 첫 단계인가? 스포츠상황에서 환경(경쟁적 운동경기)으로부터 감각신호를 받는 것은 눈과 귀에 의한 것이 대부분이며 이러한 연결 기전을 통해서 뇌의 적당한 부분인 대뇌피질까지로 전달되는 것이다. 뇌피질은 정신적 기능에 작용하는 영역이 각각 다르다(그림 10-1).

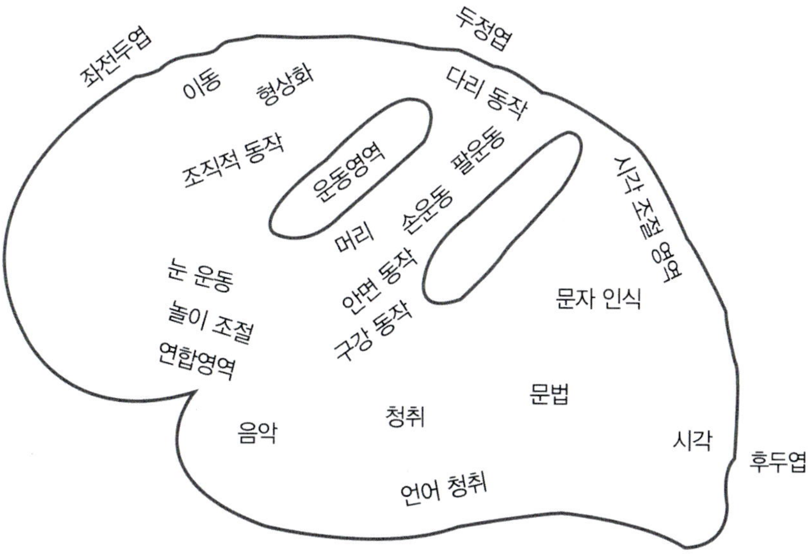

[그림 10-1] 정신적 기능에 따른 뇌피질 영역

위협지각이 일어나는 곳은 바로 피질부분이다. 이러한 지각은 사전의 경험에 의해 저장된 선수의 기억에 따른 감각 또는 상황의 연합에 의해 나타난다. 심리학자들은 이러한 감각이나 기억 연합이 뇌의 특정 피질부분에서 일어남을 제시하였다. 물론, 공포기억 그 자체는 어떤 유입되는 감각정보 없이 경기의 예상이나 상상에 의해서도 나타날 수 있다. 심각한 무릎 수술 후 최근에 회복하여 갑작스럽게 경기에 다시 임하는 한 축구선수를 생각해보자. 두려운 상대에 대한 경기장의 분위기와 장면이 뇌의 특정부분에 전달된다. 경기장의 시각적 감각은 정보처리를 위해 시각피질(occipital cortex)로 전달되고 공포의 지각은 이러한 시각적, 청각적 심상이 부상 시 상황의 기억과 일치하였을 때 일어날 것이다. 따라서 이러한 상황은 공포에 대한 인지적, 정신적 현상을 유추할 것이다. 이러한 경우에 우리는 신체적으로 해로운 공포에 휩싸이고 때때로 혼자 소리치는 등 자기 자신에 대한 걱정거리에 과도하게 집중하는 한편, 이를 떨쳐버리기 위해 은밀한 자기암시를 실시할 것이다(Meichenbaum, 1977). 선수들은 상황에 대한 정신적 지각이 불안상황에서 벗어날 때까지 신체 모든 부분으로 확대된다.

Mahoney 등(1977)은 높은 수준과 낮은 수준의 체조선수들을 대상으로 경쟁전 또는 경기 중의 불안에 대한 반응 정도를 비교한 결과 능력이 높은 집단에서 불안에 대한 정신적 인지가 상대적으로 높았다고 보고하였다. 이러한 부정적 인지나 생각들은 일반적으로 운동경기 전 나타나고 그러한 상황에 의해서 야기되는 주관적 공포는 선수들을 더욱 민감하게 반응하게 하지만 증가된 불안이나 걱정이 높다고 해도 항상 경기력을 저하시키지는 않는다고 결론지었다. Gould(1983) 등은 청소년 레슬링 선수들의 승패에 따른 상태불안 수준의 차이가 없었음을 보고하였지만 대부분의 연구가 불안이 높으면 수행력 감소를 보였다고 보고하였다(Fenz 1975; Martens와 Landers, 1970; Eun, 1988).

불안의 피질적 자극현상에 대해 Allen(1983)은 중추신경계 중 감정 중추의 역할을 제시하였다. 이러한 기능은 신경망, 편도(amygdala), 뇌궁(formix), 해마(hippocampus)와 대상회(cingulate gyrus) 등의 연합작용에 의해서 나타난다. 이러한 것은 대뇌피질에 포함되어 있는 더욱 고차원적인 인지적 과정(지성, 논리적, 언어, 정보과정, 기억)과는 다른 작용으로 공포, 미움, 화, 행복감 또는 감정에 관련된 뇌의 작용이다. 변연계는 불안 감지가 최초로 일어나는 곳이며 더욱 기본적인 피질이나 고피질(paleocortex)에 의해 작용되는 것으로 보인다.

변연계의 활동은 뇌의 내부에 있는 시상하부를 통하는 신경전달에 의해서 발현된다. 시상하부는 신체의 항상성 조절 중추이며 혈압, 수분조절, 온도, 화나 공포반응 등을 포함한 조직의 기본 생활과정을 규칙적으로 조절한다. Allen(1983)은 신체와 정신을 연결하는 중추로써 시상하부를 제시하였다. 시상하부가 자극을 받을 때 자율신경계의 신경자극에 의해서 직접적으로 또는 뇌하수체, 주요선에 의해 간접적으로 신체에 영향을 미친다.

Allen(1983)은 불안상태를 성격에 있어서 심리적 유전(psychogenic)과 관련시켰다. 즉각적인 신체의 불안반응은 자율신경계의 교감신경계와 접합되어 있는 시상하부에 의해서 시작된다. 자율신경계(ANS)는 교감신경과 부교감신경계으로 나누어진다. 교감신경은 흉곽, 허리부분으로부터 척주로 그 연결이 이어지며 부교감신경계는 두개와 척수기저 또는 천골로부터 이어진다. 자율신경계의 모든 조직은 Cannon(1927)이 언급한 항상성의 이론과 관련되며 강한 상태불안이 발현되는 동안에는 생리적 반응이 같이 유발된다.

교감신경계의 신경종말은 근본적으로 조직의 활성화를 위해 작용하는 에피네피린과 노에피네피린을 분비하며 신체가 비상상태시 반응, 즉 HR가 빨라지고 혈관이 수축되어 혈압이 상승하게 하며 소화계와 내장의 활동을 억제한다. 이러한 작용은 교감신경계에 의해서 활동하지 않는 부분의 혈관이 수축되어 운동시 혈액이 가장 필요한 곳, 즉 근육에 보내져야 하기 때문이다. 교감신경성 자극은 결국 대뇌피질의 공포 인지에 의해서 시작되며 즉시 스트레스 반응을 구성하지만 단지 수 초 내지는 수분 동안 그 자극이 지속된다. 그러나 이때 분비된 호르몬이 완전히 소거되기 위해서는 30분 이상의 시간이 소요되는 것으로 알려져 있다.

2) 신체 내의 불안반응

선수들은 경기 전에 몇 시간 동안 계속해서 불안을 경험할 수 있으며 이때 신체내부의 생리적 현상인 항상성이 와해된다. 이러한 상태는 부분적으로 스트레스에 반응하는 내적 기전에 의해 일어나며 그러한 반응은 특히 부신수질로부터 방출된 소량의 노에피네피린과 에피네피린에 의해서 나타난다. 신장의 윗부분에 놓여 있는 부신은 크게 피질과 수질로 구성된다. 에피네피린, 노에피네피린과 도파민(dopamine), 그리고 뇌에 있는 신경성 유도물질은 모두 카테콜라민(catecholamine)이라 부르며 스트레스 반응과 교감신경계의 각성화 입장에서 본다면 단지 에피네피린과 노에피네피린이 관련된다. 이러한 카테콜라민의 방출은 유동성물질, 즉 직접적으로 수질을 자극하는 교감성 신경종말로부터 방출된 아세틸콜린이 작용함으로써 나타난다. 아세틸콜린은 카테콜라민을 혈관에 방출할 수 있도록 하며 분비된 카테콜라민은 신체에서 원하는 기관인 심근 등에 이동된다. 교감성 신경종말이 자극되면 부신은 노에피네피린을 방출하고 생리적으로 각성된다. 선수가 큰 시합을 앞두고 심장이 두근거리고, 빠른 호흡 그리고 약간 창백한 모습(혈관수축)이 되는 것은 부신에서 분비되는 호르몬 작용이라 할 수 있다.

3) 신체의 장기적 불안반응

시상하부는 자율신경계의 교감신경성 분지의 작용에 따라 신체적 불안반응을 증진시킨다. 이것은 순환계 일부에 의해서 이뤄지며 시상하부, 뇌하수체 등의 주 내분비선이 직접적으로 작용을 시작하는 것이다. 시상하부, 뇌하수체는 신체의 특정한 표적기관을 자극하는 많은 영양 호르몬들을 분비 또는 자극한다. 뇌하수체에 의해서 배출된 가장 중요한 호르몬 중의 하나가 부신피질자극호르몬인 ACTH이다. ACTH는 각 신체에 전달되어진 후 2가지의 일반적인 물질, 즉 미네랄코티코이드(mineralcorticoid)와 글루코코티코이드(glucocorticoid)를 분비하기 위해 부신피질을 자극한다. 이러한 두 가지 스트레스 호르몬과 스테로이드를 알도스테론(aldosterone)과 코티졸(cortisol)이라 부른다. 알도스테론은 혈압을 상승케 하며 혈액 내의 식염축적이나 적당한 삼투압 균형을 유지하기 위해 일정한 수분을 유지하게 한다. 코티졸은 기본적으로 포도당 신생에 의해 신체에 유용할 수 있는 비상시 에너지 공급을 발생시키며 따라서 신체에 축적된 지방과 단백질을 간에서 혈당과 글루코스로 변화시키는 과정을 유발한다. 장기간 동안의 불안반응은 신체 에너지를 위한 신체조직과 에너지원의 비정상적 활동을 야기하며 이로 인해 기본적인 효소의 일부가 점차적으로 고갈 또는 손실되게 한다.

ACTH에 의해 자극된 포도당 신생은 지방 산화에서 볼 때 매우 바람직한 현상이지만 과도한 코티졸 방출은 신체의 반응을 가장 약화시키는 원인이 된다. 과도한 코티졸 분비는 근육과 내장기관 조직, 백혈구세포, 비타민, 바이러스, 기타 단백질 구조 등에서 근본적인 단백질의 분해와 이화작용을 촉진하기 때문이다. 또한 췌장의 베타세포가 혈관 내의 글루코스를 향상시키며 더욱 많은 인슐린을 분비한다. 따라서 장기적인 불안 반응은 당뇨병을 유발시킬 수 있다. 이렇듯 즉각적이고 간헐적인 그리고 장기적인 불안반응은 신체에 있어서 완전한 생리적 반응임을 알 수 있다.

4 불안의 생리 심리적 관계

심리적 문헌들은 전통적으로 불안반응 시 신체의 과도한 흥분을 심리적 상태의 흥분과 동일하게 다루어 왔다(Cannon, 1927; Duffy, 1972). 즉, 선수들의 신체가 자극되면 마음도 같은 수준으로 과도하게 흥분된다는 것이다. Duffy (1972) 등은 근본적으로 불안과 스트레스를 마음과 몸이 동일하게 경험하는 것으로 지각하였다. Malmo(1959)는 대상자들이 졸음과 수면 시 근긴장, HR와 혈압을 동시에 조절하게 하며 뇌파의 활동을 기록하였다. Malmo는 각 개인의 수면단계를 나타내는 EEG현상을 관찰한 후 각성의 정도와 EEG 간 관계가 있음을 설명하였다. 최근의 많은 연구자들도 비슷한 결론을 얻었으며 이러한 연구결과들은 심박수와 같은 하나의 자율성 각성 지표만을 가지고 불안을 평가할 수 있음에 대한 근거를 제시하였다. 근본적으로 신체의 반응은 마음을 나타낸다고 믿었던 것이다.

그러나 일부 심리 연구자들은 그들이 신체의 생리학적 각성과 보고된 심리학적 불안 수준이 언제나 같지 않다는 것을 발견함으로써 이러한 주장에 대해 의문을 갖기 시작했다(Martens, 1977; Thayer, 1978). 사실 다양한 생리학적 측정 방법으로 불안의 정도를 평가했지만 언제나 동일하지 않았으며 요인 간에서도 상관관계가 낮았다. 예를 들어 불안상황에서 각 개인의 피부전기반응(GSR)의 변화가 똑같이 나타나지 않았다. 이렇게 신체반응과 심리적 상태가 일치하지 않아 단순히 생리학적 변화를 통해 불안을 평가하려는 스포츠 심리학자들에게 혼란을 야기하였다.

Lacey(1967)와 Borkorec(1976) 등은 인간의 여러 가지 불안반응을 관찰한 후 다양한 분석방법에 대해 언급하였다. Lacey(1967)는 3가지 스트레스 구성요소 모형, 즉 전기피질적 각성(electrocortical arousal), 자율성 각성(autonomic arousal) 그리고 행위적 각성(bebaivoral arousal)으로 분리하였다. 이러한 모형은 부분적이면서도 상호 의존적인 것이다. 그의 관점은 신체가 높은 수준으로 각성되지 않는 상황에서도 뇌는 높게 흥분된 상태가 될 수 있다는 것이다. 이것은 각 개인들이 외적 자극에 반응하는 방법이나 형태가 각자 다르다는 것을 의미한다. 인체의 모든 조직이 불안상황 시 관여하지만 각 개인은 불안을 정신혼란, 정보과다 등의 심리적 증상으로 보고하기도 하며 또는 심장의 두근거림, 위경련 등과 같은 생리적 증상으로도 보고할 수 있다. Lacey 등(1953)은 불안반응은 개인적으로 나타난다는 관점을 지지하며 인간은 불안 유발 상황에 근본적으로 반응하는 조직체로서 개인의 불안반응은 특성에 따라 다르다고 하였다. 즉, 어떤 자는 근긴장이 불안의 반응지표가 될 수 있지만 또 다른 자는 심박수나 위장계의 활동 증가에 의한 것일 수 있기 때문이다.

Lacey 등(1953)은 이러한 현상을 개인성 반응틀이라 명명하였다. 이러한 관점에서 불안반응은 한 집단을 대상으로 하여 평가할 때 일관성이 없거나 우연한 결과로 보일 수 있을 것이다. 그러나 한 선수만으로 실험이 이뤄진다면 더욱 안정적이고 예측할 수 있는 현상으로 보인다. 불안상황에 대한 이와 같은 개인적 반응틀은 Schwartz 등(1978)에 의해서 더욱 발전되었는데 그들은 정신적 또는 신체적 불안형태로서 개인을 분류하고 설명하였다. 다시 말해 일부 사람들은 정신적인 것보다 신체적 불안 증상을 심하게 경험하며 반면에 또 다른 사람들은 더욱 큰 정신적 증상을 경험한다는 것이다. 그들은 질문지법이나 인지적 신체불안질문지(Cognitive Somatic Anxiety Questionnaire)를 개발하여 활용하며 불안반응 상태를 설명하는 데 이용하곤 했다. Schwartz 등(1978)은 몸을 스스로 이완시킬 수 있는 사람들이 이완에 도달하기 위해 도움을 받는 사람보다 신체적 불안 증상이 적었음을 보고하였다. 따라서 불안에 대한 다면적 이론들은 전통적인 각성이론이나 단일영역이론보다는 더욱 가치가 있을 것이다.

행위적 불안반응은 근본적으로 회피형 활동과 관련된다. 예를 들어 수영을 안 해본 사람들은 행위성 불안반응으로 수영장에 가지 않거나 물을 피하는 행동을 한다. 간단히 말해, Borkovec은 3가지 반응 중 하나가 영향력이 가장 클 것이며 다른 것에도 영향을 미칠 수 있기 때문에 불안상태가 계속 되는 것이라 하였다. 예를 들자면, 선수들은 중요한 게임을 시작할 때 매우 높은 생리적 각성이 나타난다. 이렇게 증가된 각성은 "나는 실제로 각성되고, 나의 심장은 뛰며, 나는 실제로 걱정해야 된다"는 것 등을 심리적으로 인지함에 따라 정신적으로 고양될 수 있으며 그들의 내적인 생리적 각성도 더불어 상승되는 것이다.

이와 같은 이론이 Schacter와 Singer(1962)에 의해서 확인되었다. 이들은 대상들에게 높은 생리적 각성을 인위적으로 불러일으키기 위해 에피네피린 등을 투약하였다. 대상들은 약의 투여를 눈치채지 못하면서 활성감을 느꼈다. 예를 들어, 기분 나쁜 상황이 되었을 때는 대상들은 화를 내며 각성되었다. 이러한 연구는 마음이 신체로부터 피드백을 받는다는 사실을 입증하는 것이다.

불안반응의 인지적 그리고 생리적 요인의 관계는 ① 최초의 불안지각(예: 선수들이 버스에서 내려 경기장으로 들어옴). ② 자율신경 및 내분비계 각성에 의해 심장이 뛰기 시작하며 위가 경련되기 시작함. ③ 생리적 피드백이 최초의 불안 인지를 시작하며 결국 관련된 대뇌피질로 다시 송환된다. ④ 불안반응에 대한 이러한 생리학적 피드백 반응은 각성을 더욱 증가시킬 수 있다 등으로 요약할 수 있다.

5 불안측정

운동수행에 대한 불안의 효과를 검증하기 위해서 스포츠 심리학자들은 불안을 측정하고 어느 정도 정량화하여 객관화시켜야 한다. 불안에 관한 이러한 측정이 시합 직전에 국가를 부르는 동안 선수의 심박수를 산출하거나 자기보고식 질문지에 기록하는 것 등 어떤 방법으로든지 가능하다. 스포츠심리학자들은 매우 추상적인 불안측정을 완전하게 행할 수는 없지만 스트레스나 긴장 정도를 평가할 수 있는 다면적 방법을 시도해야만 할 것이다. 불안에 대한 일부 조작적 측정이 완전하지 않다 하더라도 선수들의 긴장과 불안 수준을 평가할 수 있는 기초가 될 수 있는 것은 확실하다.

1) 생리·심리적 불안 측정

위에 언급한 것처럼 생리적 불안은 외부 자극에 의한 자율신경계의 활성화 정도를 측정함으로써 평가할 수 있다. EEG(뇌파), 근전도(EMG), 호흡형태, 손바닥의 땀, 심혈관계 활동, 소변의 양 및 성분, 전기적 피부자극 활동, 호르몬 등을 기록하고 분석하는 것과 같은 생리-심리학적 기술이 활용된다. 생리심리학이란 관찰 가능한 생리학적 각성을 평가하여 정신 상태를 이해하기 위한 학문이다. Hatfield와 Landers(1983) 등은 질문지로는 선수들의 불안반응을 언제나 감지할 수는 없기 때문에 생리-심리적 방법도 더불어 활용되어야 한다고 주장하였다. 이러한 반응의 일부는 스포츠 수행에 유용하게 응용될 수 있다. 그러나 개인마다 다르게 생리적 반응이 나타나기 때문에 이 한 가지 방법으로만 불안 정도를 평가하기엔 무리가 있다.

Schwartz 등(1978)은 상태불안은 신체적으로나 인지적으로 경험할 수 있으며 특수한 종류의 스트레스 반응은 선수들이 스트레스를 효과적으로 다룰 수 있도록 하기 위하여 알려줘야 한다고 지적하였다. Schwartz(1978)는 인지적 불안이 좌뇌와 우뇌 스타일로 분류될 수 있다는 이론을 지지하기 위해 상태불안 평가의 특수성에 대하여 언급하였다. 인간에 있어서 왼쪽과 오른쪽 대뇌피질은 기능적인 면에 있어서 다르다는 사실은 이미 알려져 왔다. 즉, 피질은 각각의 역할을 수행하는 데 알맞게 되어 있는 것으로 보인다. 좌측 반구는 효과적인 언어와 수리적 추리력에 필요한 논리적인 사고에 관련되는 것으로 보인다. Tucker(1981)는 좌측 반구가 상태불안 조건에 관여한다고 믿었다. 아마도 어떤 선수에 있어서 나타나는 과도한 독백, 자기 의심 또는 내적 탐색은 좌뇌기능일 것이다. Hatfield(1982, 1984)는 일류급 선수들이 그들의 운동기술을 발휘할 때 좌뇌 활동이 점진적으로 약화를 보였다고 보고하였다. 아마도 높은 수준의 선수들은 좌뇌의 활동을 이완시킬 수 있을 것이다. 반대로 우뇌는 좌뇌보다 더욱 통합된 통찰력과 시각적 공간적 과정을 포함한다. 따라서 Schwartz에 의하면 좌뇌의 인지적 불안은 독백, 시각적 혼란에 의하여 마음을 진정시킬 수 없는 능력에 관련되며 오른쪽 뇌의 인지적 불안은 불면(insomnia)을 경험하는 것으로 보이는 일부 사람들처럼 정신적 상상을 나타나게 한다.

Weinberg와 Hunt(1976)는 높고 낮은 특성불안의 선수를 대상으로 던지기 동작의 정확성을 좌우하는 신경근의 활동을 EMG를 통해 비교하였다. 예상한 대로 높은 불안집단이 낮은 불안집단보다 던지기 수행력이 뒤떨어졌다. 단지 결과만을 해석한다면 낮은 불안대상 또는 침착한 대상이 높은 불안대상보다 더욱 세련된 과제수행을 보였다고 할 수 있다. 그러나 이러한 분석은 높은 불안대상들의 저조한 수행에 영향을 미치는 과정이나 이유를 실제적으로 제시할 수 없기 때문에 문제가 된다. EMG 분석은 높은 불안 수준의 대상들이 던지기를 할 때 주동근군과 길항근군의 협응과 시각적 일치의 부족현상이 있음을 보여줬다. 따라서, 제시된 근긴장의 생리심리적 평가는 두 집단 사이에서 수행차의 기본적인 원인을 보여주는 것이다. 신경근 수행에 대한 불안효과의 정도와 상태가 증명되었기 때문에 불안반응에 대한 더욱 구체적인 생리·심리학적 정보를 얻을 수 있게 되었다. 지도자들이 만약 근본적인 문제를 알지 못하면 신경질적인 선수에게 아무런 도움도 줄 수 없을 것이다.

또 다른 연구는 연습과 경쟁상황시 우수한 사격선수의 생리·심리적 유형에 대한 특수한 변화를 시험한 Wilkinson(1982) 연구이다. 몇 가지 자율 신경계의 측정(HR, 전기적 반응 등)은 개별적으로 권총사격 연습 시에 이뤄졌다. 이러한 개인의 생리학적 유형과 기록이 통계적으로 유의한 상관관계가 있는지를 알아보고자 사격의 정확도를 이용하였다. 예를 들어, 그들의 심박수가 어떤 수준 내에 있을 때 가장 좋은 점수를 기록하였는가? 또는 가장 나쁜 기록을 보였는가? 등의 반응을 나타낼 것이다. 이러한 개인화된 최적 수행 상태는 스포츠 수행에 관계없이 불안/수행력 관계에 영향을 주는 선수들의 집중력을 위해서 필요하다.

Wilkinson은 우수한 선수들에게 약간의 에피네피린을 주사하여 경쟁불안 정도를 평가하였다. 이러한 선수들에게서 나타난 주관적 보고는 그들이 에피네피린 처치에 의해서도 마치 경쟁상황에 있는 것처럼 느낌을 나타냈다고 보고하였다. 이러한 불안상태가 유지되는 동안 몇 명의 선수들은 수행에 있어서 정확성이 감소됨을 보였다. 또한 Wilkinson은 각성/수행력 관계가 지속적이지 않거나 와해되는 것을 발견하였다. 예를 들어, 심박수가 분당 80~90일 때 가장 좋은 점수를 기록한 선수는 불안이나 에피네피린에 의하여 심박수가 같은 수준으로 상승할 때 저조한 기록을 관찰하였다. 이러한 심박수는 팔의 안정상태를 감소하여 사격 시 정확성을 방해한다고 생각할 수 있다. 따라서 그들은 수행문제에 대한 단기적 반응을 발견할 수 있으며 또한 선수들이 불안 시 갖는 문제의 근본을 확실하게 밝힐 수 있다. 불안 시 운동수행력의 기본적인 원인과 기전은 경쟁불안을 극복할 수 있는 방법을 선수들에게 가르칠 수 있는 하나의 기준이 될 것이다.

결국, 경쟁불안이 발생되는 동안 특수한 생리적 각성 형태는 생리·심리학적 측정에 도움이 될 것이다. 위에 언급한 것처럼 생리·심리학적 측정만으로는 불안상태를 평가하기에 충분하지 않는 것으로 보인다. Borkovec(1976)이 지적한 바와 같이, 전체적인 불안반응은 자기보고식 질문지가 생리심리적 측정과 함께 이뤄질 때 바람직하다고 볼 수 있다.

2) 인지적 불안 측정

스포츠심리학자들은 인지적 불안 반응을 측정하기 위한 몇 가지 방법을 시도하였다. 먼저, 투사적 방법은 비체계적인 많은 자극에 대한 대상의 반응을 분석하여 개인의 특징적인 사고방법을 평가하기 위해 사용된 방법이다(Wolman, 1973). 대상에게 일련의 그림을 보여주고 그 그림에 대한 대상의 주관적 인지에 따라 내용을 설명하도록 하는 주제통각검사(thematic apperception test: TAT)가 있다. 전문심리학자들은 대상의 기본적인 심리적 특성을 이해하고 알기 위하여 이야기의 내용을 평가한다. 예를 들어 Fenz(1975)는 스포츠 고공다이빙 선수들의 점프 전 상태불안 수준을 산출하기 위해 TAT를 이용하였다. 위험이 높은 스포츠에서 불안과 수행 및 능력에 대한 관계와 불안의 역할에 대한 이러한 연구는 스포츠심리학 분야에 지대한 공헌을 하였다. 그는 TAT와 더불어 각성을 평가하는 방법으로서 생리심리학적 방법인 심박수, 호흡형태 및 GSR 등을 동시에 평가하였다.

비행기에 탑승하기 전 고공점프선수들은 스카이다이빙 상황과 매우 관련된 일련의 그림을 각자가 제공받는다. 예를 들어 처음에 시작하는 그림은 어린 소년의 모습이며 그의 아버지는 연을 날린다. 다른 그림은 날아가는 비행기이다. 마지막에는 극적으로 표현된 실제적인 점프에 관한 그림이다. Fenz는 그림에 대한 느낌을 물었을 때 능숙치 못한 점프맨이나 지속적으로 참가하지 않는 점프맨에 비하여 능숙한 점프맨은 부정적 불안 유발성 항목에 대한 점수가 적었음을 보고하였다. 따라서 기술이 다소 부족한 점프맨은 상대적으로 높은 수준의 인지적 불안을 경험한다는 결론을 내렸다.

인지적 검사의 또 다른 예로 선수들이 짧은 문장을 완성하도록 하는 문장완성검사가 있다. 예를 들어 선수는 "오늘은 결승전이 있는 날이다, 나는 ……을 느낀다" 와 같은 일련의 문장을 표현할 수 있다. 선수가 제시한 그러한 문장은 경쟁전 선수의 습관된 정신상태를 이해하는 데 도움을 줄 것이다.

스포츠심리학자들은 선수들이 느끼는 일련의 불안 증상을 평가하기 위하여 불안측정 설문지를 개발하여 활용하여 왔다. 질문지 측정은 심리학적으로 발생하는 다면적 불안지각을 통합하는 가장 좋은 방법이다(Martens, 1977). 초창기 스포츠심리학자들은 일반심리학의 불안 측정 방법을 응용하였다. 스포츠심리학 연구문헌에서 폭넓게 적용된 불안의 심리학적 측정은 Taylor(1953)의 MAS (Manifest Anxiety Scale)이다. MAS는 대상들의 높고 낮은 특성 불안을 개인별로 구분하며 운동수행 수준에 따른 차이를 검증하는 것이다. Martens(1971)는 MAS에 의한 불안-운동 수행관계를 규명하기 위해 모두 41건의 연구를 재조사한 뒤 일관된 결과가 나타나지 않음을 발견하였다. 즉, 불안점수는 신체 수행력과 학습에 일관된 관련성을 갖지 않아 스포츠 상황에 적절한 불안 측정법이 개발될 필요성을 제시하였다.

이러한 문제가 Spielberger(1966)의 연구에 의해서 다소 개선되었다. 그의 연구는 객관적으로 위협적이지 않는 상황을 공포로서 인지하는 비교적 장기적인 성격 경향인 특성불안과 일시적인 상황에 즉시 반응하는 상태불안 사이의 차이를 구별하였다. Spielberger의 특성-상태불안 차이의 기본적 개념은 불안경향(특성 불안)이 있는 사람이 모든 상황에서 불안하지 않을 수 있다는 것이다. 자기의 의사를 표현하는 데 두려워하는 테니스선수를 예를 들어보자. 그는 관중들의 부담으로 가득 찬 상황에서도 우수한 성적으로 결승에 진출하였다. 이러한 예를 들어서 Spielberger의 연구는 실제적인 불안측정은 선수들이 제시된 상황에서 지금 무엇을 느끼는지를 추출하는 상태불안 측정이라고 주장하였다. 이것은 대상들이 다양한 상황에서 매우 비슷하게 불안하게 되는 것을 과학적으로 증명할 수 있기 때문에 어느 정도는 개인들이 특성적 불안 정도를 갖고 있다는 사실을 인정해야 한다는 것이다. 그러나 불안 유발원의 인지정도가 상황에 따라 다를 수 있다는 사실을 인정해야 한다. 따라서 MAS에 의한 불안과 수행관계를 예상하는 데 있어서 문제는 검사가 특성 테스트로서의 기능만을 갖고 있다는 것이기 때문에 상태불안 테스트가 불안과 운동수행과의 관계를 조사하는 데 더욱 적당하리라 본다.

Morgan(1980)은 특성 이론가들이 결국 우수한 수행 예상자들은 개인적 불안 특성의 영향을 받는다고 믿고 있으며, 반면에 상태 이론가들은 상태불안이 실제적인 운동상황에서 운동수행을 예상하는 가장 좋은 자료라고 믿고 있다고 지적하였다. 따라서 불안에 대한 다양한 질문지 측정은 불안 지각이나 불안반응을 언어로 나타내는 선수의 솔직 정도에 따라 좌우된다. 이러한 문제에 따라 선수의 불안반응에 대한 가장 바람직한 평가는 조작적 측정의 정도, 즉 자기보고식 질문지와 생리심리학적 측정 모두가 요구될 수 있을 것이다.

운동선수들의 불안에 대한 상호 관계적 모형의 평가는 Endler(1977)에 의해 제시되었는데 그는 불안특성을 S-R 불안 검사지로 평가하였다. S-R 불안검사지는 일반적 특성불안을 6가지로 구분하였으며 하위요인으로 신체에 해를 끼치는 공포, 내적 공포 등으로 구성되었다. 따라서, 공포유발 상황에 대한 특성불안 정도는 측정에 의해서 얻을 수 있다. 이러한 측정이 이뤄진 이유는 불안검사가 너무 광범위한 현상을 갖고 있다는 것이다. 즉, 각 개인은 내적인 높은 자아-위협 불안 검사에서는 높은 점수를 보이지만 반대로 신체적 해에 대한 공포는 낮을 수도 있다는 것이다.

Martens(1977)는 스포츠현장에서 선수의 불안 정도를 평가할 수 있는 스포츠경쟁 불안검사지(SCAT: Sport Competition Anxiety Test)를 개발하였다. SCAT는 스포츠환경에 관련된 15개항의 문제와 진술을 포함하며 전혀, 가끔, 자주 등의 3점 척도로 구성된다. 문항 중에 단지 10개만이 불안수준을 측정할 수 있도록 되어 있으며 기타 5개의 항목은 검사가 불안검사라는 사실로부터 반응자의 주의력을 혼란시키기 위한 비관련성 문항으로 구성되었다. 관련된 진술항목 예를 보면 “경쟁 전 나는 차분하다, 경쟁 전 나는 언제나 긴장한다, 경쟁 전 나는 심장박동이 늘 빨라지는 것을 느낀다” 등이며 낮은 점수는 10에서 높은 점수는 30점까지로 대학 연령층의 남성과 여성의 평균 SCAT점수는 각각 19.74와 22.60 정도로 보고하였다. 불안에 대한 Martens모형은 높은 경쟁특성불안을 보인 사람이 스포츠 경쟁에 직면했을 때 상태불안이 유발될 수 있다는 상호관련학자들의 연구를 함축적으로 인정하게 하였다. Martens 등(1979)은 연습에서 게임상황에까지 선수들 사이에서 높고 낮은 경쟁특성불안 정도의 유의한 차를 증명하였는데, 즉 높은 특성불안 선수들은 게임에 직면했을 때 상태불안이 높았음을 보고하였다.

이러한 평가는 불안의 다면적 특성을 모두 설명하지 못하는 한계를 갖고 있다. 따라서 Martens 등(1990)은 스포츠경쟁불안을 인지적 불안, 신체적 불안, 자신감의 영역으로 구분하여 평가할 수 있는 CSAI-2를 여러 차례의 보완 및 수정을 통하여 개발하였다. 각 항목의 점수가 높을수록 불안이 높거나 자신감이 높은 것으로 평가된다. 맨 뒤의 부록은 CSAI-2의 한국판으로 인지적 상태불안은 1, 4, 7, 10, 13, 16, 19, 22, 25의 9개 문항이며, 신체적 상태불안은 2, 5, 8, 11, 14, 17, 20, 23, 26의 9개 문항이며 14번은 역으로 계산해야 한다. 자신감에 관한 문항은 3, 6, 9, 12, 15, 18, 21, 24, 27의 9개 문항이다.

3) 행동적 불안 측정

불안 평가를 위한 행동적 측정방법은 실험자가 피험자의 불안 반응을 직접적인 관찰을 통하여 기록해 나가는 것이다. 안절부절하는 행동, 입술을 핥는다든지, 손바닥을 바지에 문지른다든지 등은 불안의 행동적 지표로서 인정될 수 있다(Cox, 1994). 이러한 평가방법에 좀 더 체계적 분석을 위해서는 신체언어 분석법(Kinesics)을 활용하는 것이다. 이 방법은 신체적 움직임을 통해 언어적 의미를 추론하는 것이다. 한 축구선수가 파울을 당하고 상대에게 공격적 행동을 보일 때의 선수 행동과 골을 넣고 골 세리모니를 하는 동작을 비교하면 선수가 무엇을 표현하려하는지를 금방 알 수 있는 것이다. 또한 표정과 카운셀링도 행동 관찰 연구에 자주 활용되고 있다. Harris(1984)는 경기 중 선수들이 경험하는 불안의 지표로서 인정될 수 있는 몇 가지 관찰 가능한 행동적 반응들을 제시하고 있다. <표 10-1>은 선수들이 시합 시작 직전이나 시합 중에 일어나는 불안 관련 행동을 점검할 수 있는 것이다.

〈표 10-1〉 불안의 행동적 반응 목록

위장 반응	손의 땀	침이 마름	소변이 자주 마름
설사	피로감	얼굴이 홍조됨	기억 불능
심장의 떨림	호흡 불규칙	집중 불능	의사결정 불능
심박수 증가	호흡수 증가	과민 반응	근육 긴장
메스꺼움	구토	혼란	오랜 습관에 의지
근육의 떨림	시각적 왜곡	하품	

6 불안·스포츠 수행력의 관계

거의 모든 스포츠 지도자들은 운동 수행과 불안 정도의 관계에 대해 깊은 관심을 갖고 있다. 스포츠 지도자들은 선수들이 최대의 수행결과를 위해 적정 각성 수준 상태에 있기를 원한다. 선수들은 선수가 지나치게 각성되어 불안해하거나 너무 각성이 안 되어 집중하지 못한다면 운동 수행에 결코 도움이 되지 않는다는 사실을 잘 알고 있다. 또한 각성이 지나치면 불안이 초래되기 때문에 각성과 운동수행 간의 관계를 마땅히 알아봐야 할 것이다.

1) 역 U 이론

각성과 수행의 관계에서 역 U이론(inverted-U theory)은 Yerkes와 Dodson (1908)에 의하여 제시되었는데 그들은 다양한 스트레스 상황에서 쥐에게 난이도가 다른 과제를 수행하도록 하는 실험을 한 후 쥐들에게 어느 수준의 각성 수준이 제시될 때 수행이 우수하였으나 최적 수준을 넘으면 수행이 훼손된다는 것을 발견하였다. [그림 10-2]와 같이 각성이 상승함에 따라 수행도 향상되지만 일정 수준을 넘으면 다시 수행도 감소한다는 이론이다. 이 이론은 적정 수준의 각성이 최고의 수행을 가져온다는 의미에서 적정수준이론(optimal level theory)이라고도 한다. 이에 대해 Duffy(1932)는 사람이 너무 긴장하면 근육의 탄력성이 떨어져 수행이 와해되고 너무 긴장이 낮으면 주의력이 떨어져 노력을 기울이지 않기 때문에 수행력이 역시 감소됨을 밝혀 역 U 가설을 지지하였다.

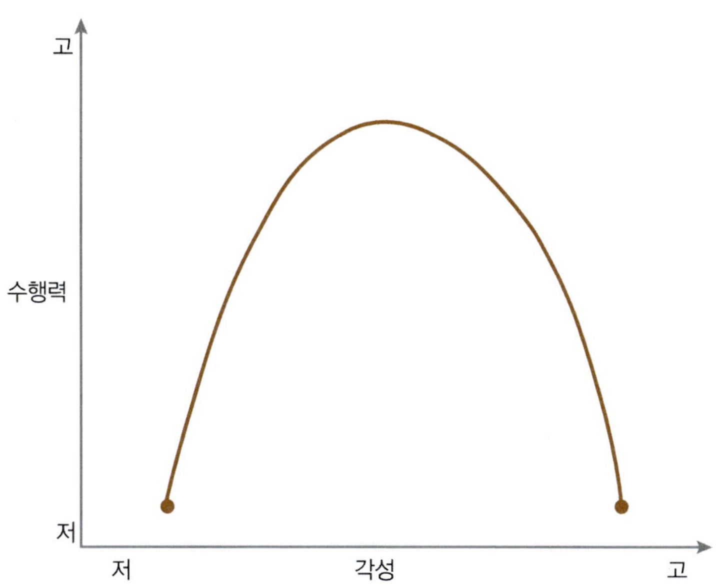

[그림 10-2] 각성과 수행에 대한 역 U 가설

인간을 대상으로 역 U 이론을 실험하는 데 있어 직면하게 되는 어려운 점은 현재의 각성 수준을 정확하게 측정하기 어렵다는 것이다. 예를 들어 특정 연구에서 연구자가 증가된 각성이 수행의 감소를 야기하는 원인이 된다는 충분한 증거를 제시하지 못했다 할지라도 각성이 특별히 증가되지 않아서 나타난 결과라 하여 큰 문제가 되지는 않겠지만 인간을 대상으로 각성 수준을 정확히 처치한다는 것은 상당히 어려운 부분이다. 단지 특정 상황을 부여하여 그 상황에 따른 각성의 정도를 평가하는 방법 외에는 없을 것이다. Yerkes와 Dodson는 쥐를 대상으로 2개의 칸막이 중 밝은 쪽을 선택하는 실험을 실시하였는데 각성은 전기 충격이었고 고, 중, 저의 강도로 처치하였다. 쥐가 수행할 과제의 난이도는 두 칸막이의 밝기를 다르게 함으로써 난이도 역시 고, 중, 저로 조절하여 교묘히 다루어졌다. 결과는 두 칸막이의 밝기 차이를 줄임으로써 과제 인식을 하는데 필요한 실행의 횟수가 증가한다는 것으로 나타났다. 이러한 결론은 어려움 없이 쉽게 획득하는 수행 습관은 강한 자극에서 쉽게 형성되는 반면 어려운 습관은 비교적 약한 자극하에서도 쉽게 획득된다는 소위 Yerkes-Dodson 법칙을 탄생시켰다. [그림 10-3]은 Yerkes-Dodson 법칙을 스포츠에 적용한 것으로 기술의 복잡성이 증가할수록 최적수행을 위한 각성의 양이 감소함을 보여준다.

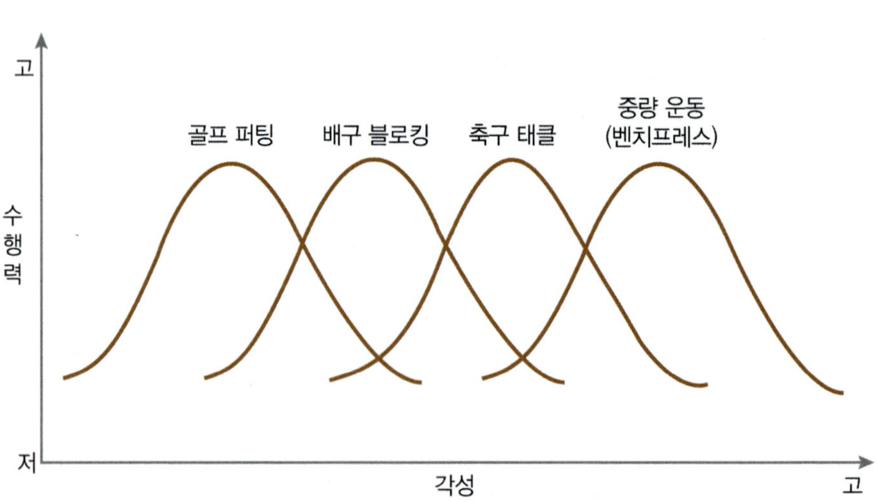

[그림 10-3] 스포츠에 적용된 Yerkes-Dodson의 법칙

그림에서 보여주듯 높은 각성 수준은 역도와 같은 대근 운동 활동의 최적 수행을 위해 필요하다. 반대로 낮은 각성 수준은 골프와 같은 소근 운동 과제에 적합하다. 각종 스포츠 기술은 최고의 수행을 위해 이론적으로 가장 적합한 각성 수준이 있다. 어떤 기술 형태가 수행되고 있는가에 관계없이 모두 역 U 원리를 적용할 수 있다. 특히 각성이 아주 높거나 낮으면 수행은 최저가 되고 각성 수준이 보통이거나 적당할 때 수행은 최대가 된다.

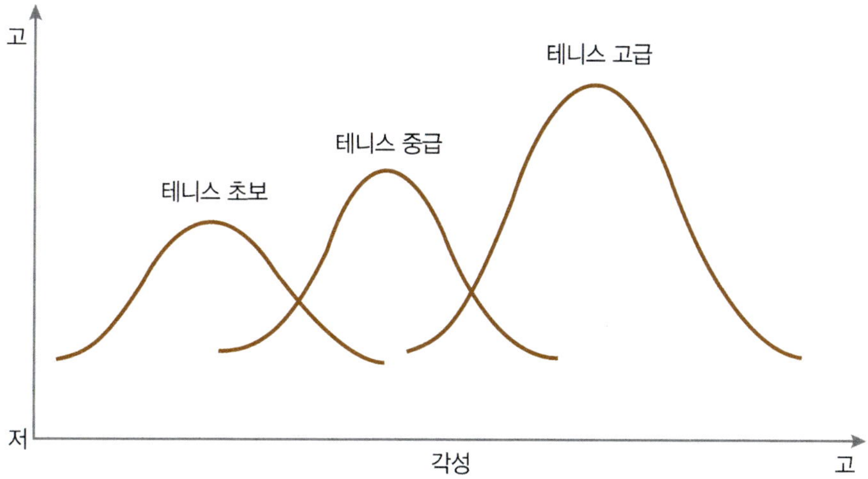

[그림 10-4] 운동 기술 수준에 따른 역 U 가설의 적용

Yerkes-Dodson 법칙에 관계되는 또 다른 중요한 문제는 기술 수준이다. 즉, 골프의 퍼팅과 같은 것은 역도에 비해 복잡한 활동이다. 농구의 드리블을 초심자가 연습하는 것은 숙련자가 같은 과제를 수행하는 것보다 훨씬 어렵다. 초심자들을 위한 각성의 적정 수준은 숙련자가 같은 과제를 수행할 때의 적정 수준보다 상당히 낮아야 한다. [그림 10-4]는 왜 고도로 숙련된 운동선수들이 경쟁 상황에서 초심자보다 높은 수행력을 보여주는지를 설명해준다(Oxendine, 1970). 또한 <표 10-2>는 스포츠 종목 특성별 적정 각성 수준을 제시한 것으로 역 U 가설 1은 낮은 각성, 가설 5는 높은 가설을 나타내는 것으로 기술 수준에 따른 적정 가설 수준이 다름을 알 수 있다.

임상황이 더욱 중요했기 때문에 나타난 것으로 보인다. Klavora(1979)의 다음 연구는 높은 특성불안 수준의 선수들이 낮은 특성불안 선수들보다 높은 불안상태의 절대치에서도 더욱 우수한 수행에 도달했다고 보고하였다. 따라서 양 집단은 비슷한 형식으로 불안요인에 반응하는 것처럼 보인다. 불안의 적당한 상승은 양 집단에게 모두 적절한 것이다. 이 연구는 높은 특성불안 선수들이 다른 선수와 똑같이 그들의 각성수준을 상승시켜야 한다는 사실을 증명하였다. 따라서 그들은 게임 전 각성수준을 낮추는 것이 반드시 필요한 것은 아니다. 이러한 현상은 기술형태가 선수들의 전형적 각성수준과 관련되기 때문에 일어나는 것이 아닌가 생각된다. 이러한 적정수준은 높은 특성불안 선수들에게는 다소 높은 것으로 보이지만 낮은 특성불안 선수도 마찬가지이며 적정 수준과의 차이가 수행을 감소시키는 것이다. 따라서 특성불안이 높거나 낮은 선수 모두 비슷하게 불안상황에 반응하며 일반적으로 특성불안 정도에 따라 선수들을 다르게 지도해야 된다는 필요성은 존재하지 않는 것으로 나타났다.

스포츠 수행에 대한 불안의 영향을 이해하는 데 매우 중요한 또 다른 성격에 관한 영역은 Eysenck(1967)가 주장한 내향성, 외향성 특성이다. 전형적인 내향적 선수는 부끄럼을 타고, 조용하며 자제하는 성향이 있으며 소심한 사회활동과 개인적 모방을 추구한다. 외향성이 강한 사람은 외향적이며, 생활리듬이 빠르고, 개인적으로 더욱 사회지향적이다. Eysenck 이론에 의하면 내향적 운동선수는 외향적인 사람보다 좋은 수행력을 위해서는 낮은 적정수준이 필요하며 이러한 낮은 각성 수준 때문에 내향적인 선수는 외향적인 선수가 행하는 것보다 적정수준을 유지하기 위하여 적은 각성과 자극이 요구된다는 것이다.

성격이 불안과 수행관계에 직접적인 영향을 미친다는 것은 이 이론에 의해 추론될 수 있다. 이것은 내향적 선수들이 외향적 선수보다 경쟁에 대한 부담감을 극복하는 데 일반적으로 능숙하지 못하다는 사실에 기인하는 것이다. 즉, 특성적 각성 증가 수준은 적정수준 한계 이상으로 내성적인 선수에게 작용될 것이지만 반면에 같은 양이라 할지라도 외향적인 선수에게는 그 양이 적정수준에 근접하는 결과가 되는 것이다. Eysenck 이론은 과학적 검사를 통해 검증할 수 있는데 이는 외향적·내향적 특성 영역이 질문지, 즉 Eysenck의 성격검사로 정량화 할 수 있다는 것에 주목해야 한다. 내향적인 자는 환경자극에 상당히 민감하며 나약한 신경계에 의해 외향적인 자보다 외적 자극을 억제할 수 있는 능력이 약하다. 외향적 선수는 강한 신경계로 인하여 신체적 고통과 같은 외부자극을 효과적으로 억제할 수 있는 능력이 더욱 높아 일반적으로 대인 스포츠 선수를 특징화하는 것으로 생각되어 왔다. 내향적인 선수는 육상트랙선수나 테니스 선수 등과 같이 개인종목 선수의 형태로 생각할 수 있다.

행위요인을 고려하기 전에 Griffen(1972)의 연구가 연령에 따라 선수의 특성불안요인의 의미 있는 감소를 증명했음에 주목해야 할 것이다. 따라서 초기의 연구들은 선수들이 성숙함으로써 특성불안이 감소되고 증가되는 정도를 조절할 수 있는 것으로 나타났다.

8 각성 및 불안과 과제 특성

과제특성과 불안은 개인적 특성에 추가하여 행위복잡성(Oxendine, 1970)과 같은 특정한 상황적 문제와 관중의 존재가 각성과 함께 운동수행에 영향을 미친다. 기본적으로 간단한 최대 근력과 순발력 그리고 지구력이 요하는 과제는 높은 각성에 의해 향상된다는 이론이 제안되어 왔다. 최소한 이러한 항목은 협응성이나 시간적 문제가 명백하지 않는 비교적 덜 복잡하고 잘 학습된 것이기 때문에 불안의 효과와 대치된다. 간단한 기술이라 할 수 있는 가장 좋은 예는 벤치프레스 운동일 것이다. 벤치프레스는 축구볼을 잡는다거나 체조동작과 같이 어떤 협응동작이 요구되는 것보다 동작 수행이 간단하지는 않지만 비교적 덜 복잡한 것이다.

승리를 위하여 역도선수는 가끔 정신기법을 이용하여 활력을 불어넣기 위해 그들 자신을 각성시키며 심지어 높은 정신상태나 신체적 각성에 도달되는 동안 과호흡반응을 경험하기도 할 것이다. 이러한 종류의 긴장은 불안상태처럼 간단한 현상이 아니며 증가된 각성은 실제적으로 운동수행에 도움이 된다. 이러한

9 수행에 대한 불안 효과와 주의력

스포츠 수행력에 대한 불안의 영향을 설명하기 위한 한 이론이 추가적으로 현대의 스포츠 심리학자(Landers, 1978, 1980, Nideffer, 1976)들에 의해서 개발되었다. Easterbrook(1959)은 그의 인자유용(cue utilization)이론과 함께 이러한 이론을 위한 기본을 제공하였다. 근본적으로 인자유용이론은 불안 수준의 증가가 지각감수성의 주변협소화에 의한 것이라 주장한다. 이것은 중요한 인자나 게임상황에서의 정보가 선수들에 의해서 잘못 인지될 수 있다는 것을 뜻한다. 이러한 현상은 시각적 청각적 지각에 모두 적용된다. 농구에서 정규선수 중의 한 선수가 파울로 퇴장 당한 후 게임에 대신 출전한 신진선수를 생각해 보자. 코치와 그의 팬들은 그를 주의 깊게 쳐다 볼 것이다. 점수가 거의 비슷하며, 갑작스럽게 그 선수가 볼을 잡고 바스켓 아래에 홀로 서 있는 팀 동료에게 패스를 하지 못하고 놓쳐버린다. 게임이 끝나고 코치는 그 선수를 벤치로 불러들여 왜 곡선 패스를 하지 않았는가 하고 물어보면 보지 못했다고 대답할 것이다. 이것이 Easterbrook의 인자유용이론을 설명하는 예이다.

Landers(1978, 1980)는 스포츠수행에 영향을 미치는 정보유실과 인자유용감소에 대한 기본을 요약하였다. 문제를 간단히 하기 위해서 시각계에 대한 협소화된 인자유용의 효과에 대해서만 논해볼까 한다. 사실, 각성과 불안은 인자나 정보유용성, 주변에 대한 지각 감수성의 정도가 낮을 때 높다. 비록 처음에 폭넓은 인자범위가 이러한 감수성에 유리할 것으로 보이지만 실제로는 주의력의 부족으로 인하여 필요 없는 자극에까지 과도하게 확장되는 것으로 보인다. 다시 말해, 행위를 수행하는 데 있어서 집중을 하지 못한다거나 방해를 받는다는 것이다. 깔때기의 넓은 입구(지각적 인자의 넓은 범위)에 있는 것이며 불안이 점점 증가함에 따라서 인자의 범위는 점점 좁아지며 깔때기의 폭이 좁은 쪽으로 나아간다. 중간적 불안은 유용한 인자의 범위와 자극이 증가된 각성(이것은 마음이 혼란스러운 상태가 줄어들 수 있다는 것이다)에 의해 자동적으로 감소되기 때문에 선수의 주의력에 통합적인 영향을 줄 수 있다고 본다.

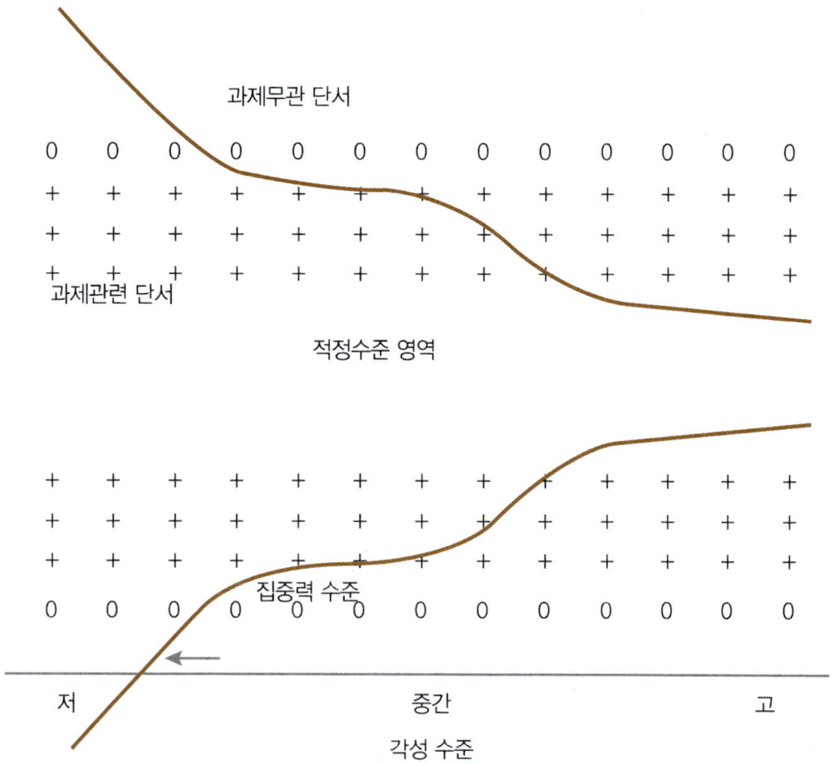

(각성이 증가함으로써 유용한 인자범위가 협소화되며 깔때기 모양을 한다. 역-U 가설에 대한 인자유용의 관계를 나타냄, 수행력이 적정수준일 때 유용인자의 수준은 너무 넓지도 않다)

[그림 10-9] 각성과 주의력 관계

근본적으로, 각성에 있어서 적당한 증가는 선수 머릿속의 주의력에 관한 갈등 영역이 줄어들 수도 있다. 그러나 이러한 각성의 주변 협소는 단지 선수가 중요한 요인과 그가 수행할 수 있는 것과 일치하였을 때에만 증가가 나타난다는 것이다. 이것을 더욱 명확하게 하기 위하여 게임 상황을 말로 듣기 전에 수비 진영을 파악하는 축구수비수의 예를 들어보자. 만약 게임이 중요하지 않거나 불안이 없는 상태로 지각된다면 이 선수는 아마도 낮은 각성이 나타나거나 김이 빠진 느낌을 받을 것이다. 이러한 조건이라면 게임에 적당한 각성과 집중을 하기가 매우 어렵다는 사실을 발견할 것이다. 그는 넓은 유용한 주변인자에 의해서 산란하고 혼란스러울 것이다. 선수는 사이드라인 밖에 있는 어떤 동작이나 스탠드에 앉아 있는 팬들 때문에 그 자신이 혼란스럽다고까지 할 수 있다.

결국, 중요한 시합이라야 선수는 어떤 불안상태를 경험할 것이며, 그의 주의력이 단지 경기장의 행동에 국한된다는 사실도 발견할 것이다. 따라서 진행 중인 행동에 대한 주의와 집중은 부분적으로 주변감각의 감소에 도움을 준다. 그러나 너무 많은 각성의 감소는 오히려 부적 영향을 미치며 이러한 현상이 나타날 때도 선수들이 과도한 불안에 빠졌다고 판단할 것이다. 언급한 역-U가설, 즉 적정각성 수준의 중요성을 다시 생각해 보자. 그러나 운동수행에 있어서 이러한 지각성 협소화의 활용 효과는 단지 선수가 수비 진형을 조사하고 적당한 방법을 인지할 때 실현될 것이다. 다른 말로 스트레스는 혼란을 줄이기 위한 주의력의 범위를 감소시키지만 선수가 집중할 것과 무시할 것을 인지한다면 수행력은 증가된다. 따라서 주의력의 범위가 감소하는 선수라면 모든 관련 인자를 인지할 수 있을 때까지 계속되며 운동수행력은 향상 될 것이다.

불안 수준이 이러한 적정수준을 초과한다면 선수는 동작에 관련된 정보를 유실하는 것과 같이 주의력 영역에서 더욱 많은 제한을 받을 것으로 믿어진다. 따라서 운동수행력은 감소된다. Easterbrook의 인자유용설은 역-U가설을 설명하는 것으로 스포츠심리학자(Landers, 1980)들에 의해서 활용되어 왔다. 그러나 Landers는 주변 협소화 현상(peripheral narrowing phenomenon)은 각성과 운동수행 현상의 직접적 원인이 아니라 단지 그것에 관련될 뿐이다라고 주장하였다. 주변협소화 현상을 지지하는 데 있어서 Landers(1980)는 스트레스를 받은 사람이 정보유실 현상을 나타낸다는 불안과 주의력에 관해 몇 번의 과학적 조사를 실시한 결과 그 증거를 제시하였다.

인자유용설의 입장에서 Nideffer(1978)는 각 개인의 성격과 주의력 형태는 개인에 따라서 다르며 승리를 위해서는 각 스포츠 종목이 요구하는 각기 다른 주의력이 요구된다고 주장하였다. 간단히 말해 Nideffer는 특정 선수의 주의력 형태는 특정 스포츠에서 다른 사람보다 바로 그 선수에게 적합하다는 것이라 주장하였다. Nideffer는 2가지 주요 영역에 따라 선수의 주의력 형태를 구분하였는데 ① 폭(광의 대 협의)과 ② 방향(외부 대 내부)이다. 이러한 영역을 이용하여 그는 개인이 광의의 내적 집중 및 과도한 내적 집중이 나타날 수 있음을 표와 같이 제안하였다.

비록 일부 연구(Schoyck와 Grasha, 1981)가 Nideffer의 주의력이론과 같은 것을 증명하는 데 실패하였지만 그 개념은 유용한 학문적 기초와 과학적 근거를 제공할 수 있는 것으로 보인다. 그러나 잘못될 수 있는 것은 주의력 유연성(attentional flexibility), 즉 한 형태로부터 다른 형태의 주의력으로 쉽게 또는 효과적으로 이동할 수 있는 능력에 대한 항목이다. 스포츠에 있어서 강한 주의력의 요구는 매우 빠르게 변화하는 것으로 보인다. 테니스선수가 코트를 살펴보는 것에서부터 볼의 접촉과 위치에 대해 즉시 집중하는 것으로 주의력을 전환할 때 경험하는 것을 생각해 보자. 그러나 주의력 상태가 스포츠가 요구하는 것과 일치하지 않는다면 우리는 선수가 좋은 수행을 할 수 없음을 예상할 수 있는 것이다.

10 각성 및 불안의 생리심리적 접근

Nideffer는 주의력의 정량화를 위한 노력으로 스포츠 심리학 분야에 지속적인 공헌을 했다. 그러나 이론은 사실 어떻게 불안이 주의력에 영향을 미치는가에 대해서는 언급하지 않았다. 비록 스포츠수행을 설명하기 위하여 처음으로 제시된 것은 아니지만 구심성 피드백 가설에 대한 Lacey(1970)의 이론은 이에 대한 설명을 제공할 수 있을 것이다. 근본적으로, 내적 구심성 피드백에 관한 Lacey의 가설은 높은 심혈관계 활동과 혈압의 증가(과도한 불안상황 시 일어나며 활동시 신체적 각성)는 중추신경계 전체의 신경활동이 억제될 수 있다는 것이다. 다시 말해, 심혈관계 각성이 상승되면 심리적 각성이 감소된다. 사실 이것은 대동맥궁(aortic arch)과 경동맥동(carotid sinus)에 있는 혈압 감각계에 의해서 조절되는 반사적 반응이다. Lacey는 이러한 활동은 각 개인이 너무 각성화되는 현상을 막기 위하여 신체의 방어기전에 의한 것으로 믿고 있다. Darrow(1945)는 뇌활동에서의 이러한 감소는 혈액 이동이나 피질순환의 감소에 의한 것이라 제안하였다. 이것이 의미하는 것은 불안 시 높은 자율적 각성은 실제적으로 스포츠 수행시 정신적 효과의 감소를 가져올 수 있다는 것이다.

Fenz(1975)는 그가 연구했던 고공점프의 숙련자(심장활동 감소)와 비숙련자(심장활동 상승)의 수행력에 있어서 이러한 기본적 심혈관계 각성과 주의력 관계의 가능한 역할에 대해서 논의하였으며, Husman(1969)은 감정이 격상됨으로써 지적 활동이 하향함을 제시하였다. 비록 일부 조사자들이 Lacey의 의견에 대해 많은 문제점을 지적하였지만 내적 구심성 피드백이론은 스포츠 심리학 연구에 있어서 매우 관심 있는 주제를 제공한 것으로 보인다. 게임의 주의력 조절과 집중은 선수의 운동수행력의 평가 기준이며 불안과 생리적 각성이 운동수행에 영향을 주는 방법에 대하여 코치나 선수들이 더욱 이해할 수 있도록 하는 정보가 되는 것이다.

끝으로, 각성과 수행력과의 관계를 설명하기 위하여 불안상태시 신체에 발생하는 생리적 변화를 실험하기 위한 방법을 알아 볼 필요가 있겠다. 이미 언급한 것처럼 예를 들자면, Weinberg와 Hunt는 팔동작을 이용한 목표물 과제 시 높은 불안대상에 있어서 신경근 활동의 협응성 부족과 불규칙성의 정도에 대해서 언급하였다. 이러한 생리·심리적 스트레스 영향에 대한 평가에 대해 Landers(1981)는 더욱 이해하기 쉬운 예를 제시하였다.

Landers와 그의 동료들은 상상훈련 조건하에서의 우수 사격선수의 생리심리학적 반응(HR, 호흡형태 등)을 조사했다. 측정은 생체반응검사기에 의해 사격이 끝난 즉시와 사격 시 HR, 호흡유형과 피부전기 반응이 기록되었다. 생체반응기는 EKG, 호흡과 피부전기반응이 실제적인 사격 격발과의 관계 여부를 실험하기 위하여 기록지에 사격 시나 방아쇠를 격발할 때마다 기록할 수 있도록 채널을 조절하였다. 각 선수들의 생리심리학적 정보는 사격 정확성 및 낮은 점수와의 관계를 알아보고자 조사되었다. 이 연구에 참여한 대상들은 고도의 숙련된 국제적 대회와 올림픽에 참가한 경험이 있는 선수들이기 때문에 기록의 변화가 매우 적었다. 생리심리적 측정자료의 한 예로서 방아쇠를 당길 때 심박수와 사격기록과의 관계를 통해 조사되었다. 이것은 매우 많은 사격에 의해 얻어진 것이다. 만약 좋은 기록과 심박수의 범위가 정적인 상관관계를 보인다거나 이러한 범위에서 벗어나면 저조한 기록이 지속적으로 나타난다면 매우 의미 있는 관계가 발견될 것이다. 어떤 선수는 다른 생리심리학적 요인이 우수한 운동수행과 관련이 있을 수 있다. Landers에 의해 이러한 운동수행과 관련된 요인(HR, 호흡중지시간 등)이 규명됨으로써 사격선수들이 바이오피드백 과정을 통해 그러한 요인들을 조절할 수 있도록 시도하였다. 예를 들어서 만약 선수들이 7~8초 정도로 호흡을 멈추었을 때 가장 좋은 기록을 나타냈다면 다음에 이러한 유형에서 벗어날 때 헤드폰을 이용한 청각적 신호가 제시된다. 결론적으로, 생리심리적 유형과 관련된 운동수행력의 피드백이 사격선수들의 의미 있는 기록 향상에 도움이 되었음이 발견되었다.

또한 은희관(1988)은 우수한 사격선수와 비우수 선수간의 사격기록과 정신연습 시 GSR의 파형을 비교하여 우수선수의 GSR이 비우수선수에 비해 일률적 파형 특성을 보였다고 보고하였다. 이는 운동수행력과 생리심리적 변인의 관계를 분명히 나타내는 것으로 선수들의 우수한 생리심리학적 유형과 특수한 각성상태에 일치되는 관계가 있음을 시사하는 것이다. 그러나 이러한 유형의 와해와 불규칙성 문제는 가끔 선수들이 연습에서 시합으로 상황이 변할 때 나타난다. 즉, 경쟁시 추가된 신체적 및 정신적 스트레스는 적당한 기술발현과 관련된 생리심리학적 관계나 원활한 신경근 활동형태를 저해하는 것으로 보인다.

경쟁환경은 어떤 선수들에게는 연습환경으로부터 완전히 분류된 것으로 인지될 수 있다. 이것은 일부선수들이 연습에는 잘 하지만 게임 시에는 반대로 저조한 기록을 나타내는 이유라 설명할 수 있다. 이런 형태의 선수들은 중요하거나 각성이 요구되는 시합상황에 직면하지 않고서는 적당한 각성수준에 결코 도달할 수 없을 것이다. 예를 들어 한 선수가 게임에 집중할 수 있는 능력이 중요한 시합에서 고양된다고 하였다. 아마도 이 선수는 이러한 극적인 시합시에만 적정 각성수준에 도달하는 것이며 선수의 집중력 범위(인자유용)는 스트레스에 의해서 적정화될 것으로 믿었던 것 같다. 따라서 코치들은 마땅히 연습 시에도 선수가 실제적인 게임 상황과 같이 자극을 받도록 하여 게임 시에도 그러한 자극이 전이될 수 있도록 해야 할 것이다.

Hatfield 등(1981)은 세계수준의 사격선수인 Lanny Bassham의 심박수와 호흡

패턴을 국제대회가 벌어지는 3일 동안 계속 조사를 하였다. 처음 한동안 Lanny는 높은 기록을 유지하였으며 격발 시 일률적인 생리심리학적, 즉 심박수와 호흡패턴 상태를 보였다. 셋째 날 그의 점수는 선두를 유지할 수 없을 정도로 눈에 띄게 떨어졌다. 흥미롭게도 심장주기에 있어서 격발 순간의 일치성과 호흡 멈춤 시간의 규칙성 등이 처음 이틀간은 나타났는데 마지막 삼일째는 와해되었다. 이러한 정보는 스포츠심리학자들이 저조한 운동수행의 특정 요인을 확인하도록 할 것이다.

11 경쟁불안 대처법

대부분의 정신훈련기법들은 경쟁불안을 해소하기 위하여 경쟁불안을 야기시키는 불안의 원인에 대한 적응훈련이나 불안을 느끼는 선수 자신의 심리적 상태를 조절하는 데 그 주안점을 두고 있다. 일반적으로 정신훈련으로 쓰이고 있는 기법들은 바이오피드백(biofeedback), 점진적 이완기법(progressive relaxation technique), 둔감화훈련(desensitization training), 인지대처훈련(cognitive coping strategies) 등이 있으며 이 외에도 많은 기법들이 개발되어 사용되고 있다. 여기에서는 가장 연구자들의 관심을 끌고 있는 바이오피드백을 중심으로 논의할 것이다.

1) 바이오피드백

바이오피드백은 심박수, 근긴장, 또는 광범위한 다른 변인들의 변화에 대하여 즉시적 정보(시각적 또는 음성적)를 생리적 기자재를 통해서 제공하는 방법이다. 대상은 오류나 시도에 대한 적절한 기능을 위해 피드백 강화를 통하여 이러한 생리적 변화를 조정할 수 있는 능력을 학습한다. 바이오피드백이 경쟁불안을 조절할 수 있는 유용한 방법이라는 이론이 기존에 존재했던 것이라 할지라도 이러한 가능성에 관한 이론은 최근의 것이다.

(1) 개념 및 역사

바이오피드백이란 각 개인이 생리학적 기능에 있어서 동작을 변화시키기 위하여 정보를 송환(피드백)하는 데 감각적 기계장치를 이용하여 직접적으로 정보를 상호교환 하는 기술이다. 이러한 기능은 불수의적 자율신경계나 수의적 중추신경계의 조절에 의해 나타난다. 바이오피드백의 원리는 학습조작에 그 기초를 둔다. 행위의 변화는 긍정적 또는 부정적 강화에 대한 반응에 의해 나타난다. 우리는 농구의 슛, 타이핑 심지어 눈의 윙크까지도 수의적 기술을 학습하기 위해서는 행위에 관한 피드백이 필요하다는 것을 오랫동안 인식하여 왔다. 사실 과거나 현재의 유명한 학습 이론가들은(Thorndike의 추이-오류학습, Hall의 도구학습, Skinner의 조작적 조건이론) 피드백을 그들의 학습이론의 척도로서 생각하였다. 이러한 개념은 단지 심박수, 뇌파, 피부반응, 피부온도 등과 같은 소위 불수의적 또는 잠재의식적 생리적 활동이 피드백이 주어지면 조절할 수 있다는 것이다. 예를 들어 대상의 심박수를 조절하고자 한다면 심박수에 관한 정보는 시각적 형태, 즉 빛이나 TV화면, 소리의 조절 및 강도별로 피드백의 형태로 대상에게 송환될 것이다. 대상이 몇 번, 이러한 학습을 시도한 후에는 심박수를 수의적으로 조절할 수 있게 될 것이다.

오늘날 바이오피드백에 대한 연구의 관심과 연구가 광범위하게 행해지는 실제적인 이유를 지적하기에는 사실상 어렵다. 현재의 바이오피드백에 관한 서적, 문헌 고찰에 의하면 소위 오늘날의 바이오피드백의 발견이 EMG연구, EEG연구, 조작적 조건연구의 종합적 결과에 의해 이뤄진 것이라 보고 있다. EMG피드백에 대한 연구는 1920년에 EMG기술이 발견된 이후 간헐적으로 실시되어 왔다. 최초의 바이오피드백에 대한 관심은 신경적으로나 형태적으로 결함이 있는 환자들을 치료하기 위하여 이러한 정보를 적용하고 운동조절의 정상적 기전을 묘사하기 위한 것이었다. Basmajian은 연구 도중에 대상이 그들 근육의 비시각적 또는 수축을 느끼지 못하는 상태에서 야기되는 EMG신호를 순간적으로 시각적, 청각적 피드백으로 제공받을 때 근육의 가장 작은 단위인 운동단위가 동원되어 정교한 운동수행을 위한 학습을 성취할 수 있음을 발견하였다. 따라서 세계 수준의 선수들에 있어서는 아마도 유전적 요소의 영향도 있겠지만 불안한 선수들의 운동조절능력을 향상시키기 위해서는 바이오피드백의 적용이 효과가 있을 것이다.

바이오피드백 분야에 있어서 가장 최초로 연구를 시작한 사람은 Neal Miller일 것이다. Miller는 그의 동료들과 쥐를 대상으로 한 일련의 조작적 조건 실험을 실시하였는데 동물들이 불수의적 내장 반응(HR, 혈압, 신장기능)등을 조절할 수 있음을 증명하였다. 이러한 연구는 자율신경계가 오로지 고유적 또는 파블로의 조건설에 의해서 조절되어진다는 이론을 증명한 것이다. 곧 이어 많은 신경 연구소들은 인간들도 역시 심박수의 조절, 혈압의 고저, 혈관의 혈류량 조절 등을 수의적으로 변화시킬 수 있음을 증명하였다. 그 이후부터 연구가들은 운동시 심박수의 수의적 조절을 논증하였다.

당시 Miller는 그의 조작적 조건설에 관한 연구에 몰두하였는데 또 다른 연구자 역시 오늘날의 바이오피드백 개념설정에 도움이 되는 연구를 실시하고 있었다. Elmer와 Green은 불안상태에 있는 대상들이 피부에 부착된 열전도계로부터 얻어진 피부온도를 조절함으로써 그들의 손가락에 흐르는 혈류의 양을 조절할 수 있었음을 증명하였다. 이러한 연구는 점차적으로 혈류량의 의식적인 조절이 가능하며 선수들을 위해서는 획기적인 것으로 코치들이 경쟁 전 불안을 조절할 수 있다는 결론에 도달할 수 있도록 하였다. Budzynski와 Stoyva는 사람이 특정한 근육에 있어서 긴장을 조절하기 위해 이러한 피드백을 활용할 수 있을 것임을 추론하였다. Budzynski와 Stoyva는 긴장성 두통을 경험한 환자를 대상으로 이러한 가설을 실험하였다. 연구가들은 처음에 EMG피드백 기구를 개발하고 그 뒤 실험에 대한 대상들이 전두근의 긴장을 감소하기 위한 방법을 배웠을 때 그들이 두통을 해소할 뿐만 아니라 신체의 다른 근육부분에서도 일반적인 긴장이완 현상이 나타났음을 보고하였다. 그러나 이러한 일반적 현상은 여러 가지 문제를 포함하고 있으며 신체감각이 매우 민첩한 학습자들에게나 있음직한 일이다.

바이오피드백에 대한 이러한 기본적 문제는 피드백 분야에서 매우 크게 대두되어 왔다. 바이오피드백의 이론적 그리고 응용적 형태의 연구들은 심리학, 생리학, 교육학, 의학, 치과학 등에서 대표되는 저널에 주로 발표되었다. 미국바이오피드백연합회와 Biofeedback 진료회의 두 학술단체가 조직되었고 그들은 자체적으로 '*Biofeedback*'과 '*Self-Regulation*' 그리고 '*American Journal Clinical Biofeedback*'과 같은 저널을 발표하였다. 그 후 지금에는 많은 다른 바이오피드백의 모형들이 발달되어 왔고 이용되고 있다. 가장 광범위하게 연구되고 적용되는 모형들은 다음과 같다.

① **근피드백**: 근육의 활동을 감지하고 이완훈련, 둔감화, 두통 압박, 그리고 근회복운동 등에 기본적으로 이용하여 왔다.

② **열피드백**: 피부 주의의 온도를 감지하고 이완훈련, 우울성 두통, 혈관계 이상에 유용한 것으로 증명되었다.

③ **전기피부자극 바이오피드백**: 피드백에 관련된 정보는 피부 여러 곳에 부착된 전기 활동에 따라 얻어진다. 현재에는 전기자극시 피부 활동을 측정하는 것에 따라서 용어가 범람하여 일반적으로 통일성이 부족하다. 그러한 특수한 측정들은 전기피부반응(galvanic skin response : GSR), 피부전도반응(skin conductances response : SCR), 피부저항반응(skin resistance response : SRR), 피부전도 수준(skin conductance level : SCL), 피부저항수준(skin resistance level : SRL), 그리고 피부전위반응(skin potential response : SPR) 검사 등을 포함한다. 전기피부자극 피드백은 이완훈련을 위해 또한 치료의 결정, 체계적 둔감훈련을 위해 이용되어 왔다.

④ **심혈관계 바이오피드백**: 비교적 간단한 감각기, 즉 전기적, 기계적 장치 등이 혈류와 심박수에 관하여 피드백을 제공하기 위해 연구가와 임상학자들에 의하여 이용되어져 왔다. 연구가들은 대상들이 심박수를 임의대로 증가 내지는 감소시킬 수 있음을 증명하였다. 오늘날 심박수 바이오피드백은 심장관상동맥증 치료를 위하여 연구되어지고 있다.

⑤ **뇌파 전기자극피드백** : 뇌파의 활동을 측정한다. 이완훈련을 위해 이용되었지만 EMG나 열피드백과 비교하여 비효과적임이 발견되었다. 이것은 졸도치료에도 이용된다.

(2) 바이오피드백과 운동수행

미 바이오피드백협회 학습조사단에서는 1978년 바이오피드백이 운동분야에 응용될 수 있는가? 하는 점을 확인하기 위해 연구를 시도한 바 있다. 조사단의 임상연구가 중 소수가 3가지의 다른 영역에서 바이오피드백을 연구하였다. 즉, 선수가 일반적 또는 특정 불안을 조절하는 데 필요한 지침을 위한 기술, 근상해 후 회복기능으로서, 그리고 선수들이 고도의 기술을 완벽하게 실시할 수 있고 수행력을 향상시킬 수 있도록 역학적 또는 근피드백 정보제공을 위한 수단 등으로 나눠 연구하였다.

Zaichkowsky와 Green(1978)은 이 주제에 대해 더욱 광범위한 문헌연구를 하였다. 최근 연구에서는 스포츠에 있어서 3가지 응용영역을 입증하였으며 스포츠와 바이오피드백의 관련성에 관한 많은 연구가 이뤄졌다. 경쟁스트레스를 조절하기 위한 바이오피드백 이용은 주로 정신의학 분야에서 활동하는 많은 연구가들이 수집한 증거에 기초를 둔 것이다. 이들 연구 중에 몇 종은 운동수행력의 측정을 위해 실험상황, 즉 안정도검사기를 이용하였으며 다른 연구는 체조, 양궁, 싱크로나이즈 수영, 농구, 그리고 미식축구를 이용하였다.

첫 번째 실험연구는 Teague에 의해 실시되었다. Teague(1976)는 체계적 둔감법과 EMG 바이오피드백을 활용하여 상태불안을 감소시키고 안정계 위에서 균형성을 증가시키기 위해 대학생들에게 4시간의 처치를 제공한 뒤 대상들이 상태불안을 감소시킬 수 있었으며(통계적으로 유의성이 없었지만) 균형성을 증가시켰다고 보고하였다. 마찬가지로 French(1978)는 운동수행력을 측정하기 위해 안정도 검사기를 이용하였다. 그는 EMG 피드백훈련이 근긴장에 의한 일반적 운동수행의 약화를 감소시키며 균형성을 향상시킨다고 가정하였다. 연구의 결과는 안정도 검사계에 의한 훈련 전, 후 간에서 근긴장의 의미 있는 감소가 있었음을 보여줬다. EMG를 해석한 값이 낮을수록 실험군은 의미 있는 수행력에 향상을 보였다. 그의 이론은 균형유지시간과 기록된 EMG간의 상관계수에 의해 확인되었다.

Blais(1978)는 운동수행력(균형성)과 스포츠경쟁불안 변인에 대한 전두근의 EMG 바이오피드백의 효과를 조사하였다. 10~13살의 남자 대상들은 스포츠 경쟁 불안검사에서 높은 점수를 기록한 자들 중 선발되었으며 임의적으로 바이오피드백과 위약 집단으로 나누었다. Blais는 EMG집단에서 근긴장의 의미 있는 감소를 보였으며 그러한 긴장감소가 휴식상황에서 경쟁 시 상황으로 전이될 수 있다는 사실을 보고하였다. 그러나 불안 상황 하에서는 운동수행력을 향상시키지 못했다는 결론을 내렸다.

Nideffer(1976)는 계속해서 바이오피드백의 활용을 권장하였지만 소위 선수들에 대한 첫 번째 임상적 바이오피드백은 대학체조선수들의 상태불안을 감소시키며 수행능력을 향상시킬 수 있다는 가설을 실험하였다. 그는 바이오피드백이 기본 EMG로부터 42%의 전두근 EMG활용을 감소시켰음을 발견하였다. 그러나 상태불안은 훈련 후 유의성 있는 감소는 보이지 않았다. 이와 같은 방법으로 Tsukomoto(1979)는 체조선수들을 대상으로 바이오피드백 이완동작을 학습한 집단과 바이오피드백을 받지 않은 집단 간에 아무런 차이가 없음을 보고하였다. 이 연구에서 한 가지 중요한 제한성은 단지 주관적 평가를 이용했다는 것이다. 사실 바이오피드백의 처치가 효과적이었다고 할지라도 수행측정의 부정확성 혹은 무감각성에 의해 나타난 것일 것이다. 또 다른 연구로는 서부 Bennett와 Hall(1979)이 양궁선수를 대상으로 실시한 연구가 있다. 그들은 초보자를 3집단: 바이오피드백의 인지훈련, 바이오피드백 신호발산, No 바이오피드백 집단으로 분리하였다. 그 중 한 집단은 전두근 EMG훈련을 10여 분 간격으로 4회를 계속해서 실시하였으며 나머지 두 집단은 10분 동안 신호만 받았다. 결과는 근긴장 수준이 바이오피드백 훈련에 따라서 의미 있는 감소를 보였음을 나타냈다. 그러나 Bennett는 EMG 긴장 수준이 양궁의 수행력 향상을 수반하지는 않았다는 결론을 내렸다. 그러나 트레이닝 기간이 너무 짧았다는 것이 연구의 커다란 단점이었다. 따라서 이러한 방법은 수행력 증가를 위한 가능성에 대한 적당한 실험이 아니었다.

Wenz와 Strong(1980)은 또한 바이오피드백과 EMG를 이용하여 8명의 선수(주로 육상트랙과 싱크로나이즈 선수)를 대상으로 같은 방법의 연구를 실시했다. 이들은 Jacobson의 이완훈련, 자율성 훈련 및 상상훈련과 바이오피드백을 이용하여 선수들에게 불안조절법을 지도했다고 보고했다. 그들의 논문이 비록 사전에 발표된 가설검증과 같다고 할지라도 선수들이 스스로 많은 자신감을 갖게 될 때 자아조정력도 더욱 발달되었으며 운동수행력도 증가했다고 하였다.

De Witt(1982)는 인지훈련과 바이오피드백 훈련프로그램이 선수의 경쟁불안 반응을 감소시키고 수행력을 향상시킬 수 있는가에 대한 두 편의 논문을 발표하였다. 첫 번째 논문은 6명의 미식축구선수를 주에 2회 1시간씩 12주를 훈련시켰다. 훈련은 일반적 이완훈련, 시각적 상상훈련 그리고 인지훈련과 같은 전두근, 또는 승모근에 대한 바이오피드백 훈련을 포함시켰다. 연구결과는 6명의 대상 중 4명이 코치의 평가에 따라 개인의 수행능력의 향상을 보고하였다. De Witt의 두 번째 실험은 12명의 대학 남자 농구선수를 처치집단과 통제집단으로 무작위 선발하여 대상들에게 EMG 피드백, 시각상상훈련과 인지훈련에 추가해서 심박수 피드백훈련을 받게 했다. 연구결과는 선수 중 11명이 모두 훈련 후 EMG와 심박수에 있어서 의미 있는 감소를 나타냈다고 보고하였다. 선수들이 바이오피드백훈련 프로그램에 참가하고 있다는 사실을 모르는 지도자들도 통제집단보다 처치집단에서 의미 있는 운동수행의 향상을 관찰하였다. 부가적으로 더욱 몸을 이완할 수 있는 느낌을 받았다는 처치집단은 게임시 과긴장과 주위산만을 더욱 조절할 수 있었으며 그들이 훈련에 참가하는 동안 상해 율도 경미하게 줄어들었음을 보고하였다. 은희관(1993)은 호르몬 변화를 이용한 바이오피드백과 점진적 근이완 훈련, 정적휴식, 준비성 운동, 사우나 등의 처치와 효과를 비교한 결과 바이오피드백 집단이 가장 우수한 회복력을 보였으나 운동수행력은 큰 효과가 없었다고 보고하였다.

간단히 말해 이러한 대부분의 결과들은 비록 바이오피드백 훈련이, 경쟁불안에 대해서는 제한된 방법으로 확실치는 않지만 불안을 조절할 수 있는 방법이며 특히 운동수행력을 위해서 바람직한 것이라는 주장들을 명확하게 지지한다고 말할 수 있겠다.

따라서 바이오피드백에 대한 일반적 연구는 생리적인 면에서도 상당한 변화가 있음을 보였고 대부분 대상들에 의해 가능성이 크다는 것이 보고되었지만, 실제로 어떤 다른 수행력의 측정이나 직업상 수행력에는 이러한 효과가 거의 없었음에 주목해야 한다. 바이오피드백은 자아통제학습을 고양시키는 방법이며 점진적 이완훈련, 자율훈련, 명상, 시각적 상상훈련 그리고 체계적 둔감훈련 등과 같은 일반요법이나 임상적 요법의 다른 형태와 복합하여 이용했을 때 더욱 효과적이라 본다.

2) 점진적 이완기법

점진적 이완기법은 운동선수들의 긴장을 줄이기 위하여 만든 근이완 훈련법으로 신체의 신경 및 근육을 체계적으로 이완시키거나 긴장시키는 방법이다. 이완연습은 자기가 자신의 손목을 뒤로 젖혀서 긴장감을 일으킨 후 다시 힘을 빼고 이완시켜 긴장감의 해소를 확인하는 순서로 진행한다. 이완과정을 간단히 요약하여 보면 다음과 같다.

① 오른팔의 이완 → 사지의 이완, ② 복근, 배근 등 몸통의 이완, ③ 안면근 등 안면의 이완, ④ 시각 이미지나 상상언어 등 정신활동 이완의 순으로 진행하면 된다.

3) 둔감화 훈련

정서적 불안요소는 두 가지 단계로 나눌 수 있다. 첫째는 경험 혹은 체험의 과정이며, 둘째는 인지과정이다. 불안의 인지요소는 불안상황에 대한 쓸데없는 우려에서 야기 될 수도 있다. 불안상황에서 위협을 느끼게 되는 것은 우리들이 가지고 있는 논리적인 사고에 의한 것이다. 우리 자신이 어찌할 바를 모르거나 행동이 부자연스러운 행위를 보게 될 때, 이러한 행위는 자신으로 하여금 고민하거나 심지어는 자기 비하를 하게 된다. 체험은 불안발생의 횟수에 따라 증가되고 누적되며 만성적인 신경질이나 무기력(helplessness)을 조성하기도 한다. 선수가 상처를 입거나 어떠한 좌절을 겪은 후에는 공포나 걱정이 야기되어 운동수행력에 좋지 못한 영향을 주게 된다. 어떤 선수들은 넓은 운동장, 많은 관중들 앞에서 어찌할 바를 모른다거나 또 어떤 선수들은 코치나 동료, 친구, 특정 팀이나 상대를 만나면 쩔쩔맨다. 어떤 선수들은 코치나 동료, 친구, 관중들을 자신의 운동수행력을 평가하러 나온 심사원으로 생각하여 좋은 운동수행을 발휘하지 못한다. 이러한 선수는 개별적으로 불안을 조정해야 하는데, 체계적으로 정서적 민감성을 줄이는 둔감화 훈련에 의하여 좋은 효과를 얻을 수 있다.

민감성을 줄이는 훈련은 Wolpe(1969)에 의하여 처음으로 시작되었으며, 이의 기본적인 원리는 인간에게 긴장과 이완이라는 두 가지의 감수성이 동시에 존재할 수 없기 때문에 불안에 대한 과민을 감소시키는 훈련을 불안의 상황과 이완의 정도에 따라 하나하나 배합하여 실시하는 것이다.

4) 인지대처훈련

인지대처훈련은 주로 이완작용으로서 운동 중에 주의력이 집중될 수 있도록 하는 것인데, 단기 이완훈련, 자율훈련, 심상기법 등이 있다.

(1) 단기이완훈련

근육을 점진적으로 이완시키는 것은 일종의 기술로서 방법만 알고 숙달시키지 않는다면 소기의 성과를 거둘 수 없다. 때와 장소에 구애됨이 없이 짧은 시간(10초~10분 사이)내에 이완운동을 되풀이한다. 전신에 힘을 빼고 운동 장면을 조용히 생각하며 동작을 분석하고 이해하는 비교적 간단한 방법이다. 처음에는 조용한 방에서 하는 것이 좋지만 익숙해지면 어디서도 가능하다. 이 방법은 지시된 것을 단순히 되풀이하는 것이 아니며 동기유발의 한 자극이 되도록 신체적인 피로를 느끼지 않고 임의로 하는 것이다.

(2) 자율훈련

자율훈련은 심리적, 생리적 자기조절법으로 정신집중과 여기에서 생기는 이완을 기본으로 하여 자기이완, 자기조절, 자기개발로 진행되는 자기훈렵법이다. 연습자는 단계적으로 공식화되고 표준화된 짧은 언어 등을 통하여 주의집중을 실시함으로써 점차 신체적, 심리적 체계화를 경험하게 된다. 연습자가 자기이완에 이르는 능력을 높이고 신체의 자율적 기능을 포함한 심리적, 신체적 변화를 조절할 수 있게 되며 자기이해나 통찰력을 높이려는 목적으로 실시된다.

(3) 심상훈련

심상훈련은 심리적 컨디션을 조절하기 위한 방법의 하나로 경기장면에서 생기는 긴장이나 불안을 적절하게 해소시키기 위한 방법이다. 이 기법은 이용되는 심상의 질에 따라 효과의 차이가 크게 나타나며, 심상의 선명도, 통제 가능성의 정도, 현실감의 정도 등이 높을수록 효과의 차이가 커진다. 스포츠장면에서 효과적으로 적용될 수 있는 심상훈련기법으로 최면심상훈련과 자율심상훈련이 있다. 최면심상훈련법은 최면상태가 갖는 특수한 심리적, 신체적 현상의 하나인 심상체험이 생기기 쉽다는 점을 효과적으로 이용하는 방법으로 언어적 암시에 의하여 심상을 체험하고 연습하는 방법이다. 시각적인 심상을 중심으로 다른 감각이나 신체 각 부위의 근운동감각 등을 환각이라는 형태로 극히 선명하고 현실에 가깝도록 체험하며 경기 중의 심리적, 감각적 체험도 가능하다. 자율적 심상훈련법은 자율훈련법의 심상연습 단계인 명상연습의 단계를 습득하면 자기 자신이 자유롭게 심상을 조작할 수 있게 된다. 자율훈련법에 의하여 얻어지는 심상은 최면에 의한 것과 같이 선명하고 현실성이 높은 것이며 자신이 조절할 수 있는 것이다.

요 약

각성은 깊은 수면에서부터 극도의 흥분 상태까지 이어지는 활성화 상태로 정의된다. 각성은 신경계 중 자율신경과 직접 관련된다. 교감신경계는 신체 기능 변화에 우선적으로 작용하고 부교감신경계는 신체의 항상성을 회복하는 기능을 한다. 각성에 대한 뇌기전은 대뇌피질, 시상하부, 망상체 등이라 할 수 있다. 각성의 생리적 지표로는 뇌파, 호르몬, 심박수, 근전도, 호흡율, 혈압, 손바닥의 땀, 피부전기반응 등이 있다. 각성과 운동 수행력의 관계는 적정수준이론인 역 U 가설과 욕구이론, 직교모형이론, 격변이론 등으로 설명된다.

일부 이론가들은 선수의 생리적 불안 상태는 심리적 상태를 나타내는 것이며, 이것은 각성과 동일한 영역이라는 사실을 신뢰한다. 다양한 각성 영역에 대한 오늘날의 이론이 언급되었으며 인지적, 신체적, 행위적 각성에 관하여 특히 강조되었다. 스포츠에 있어서 불안평가는 투사법, 질문지 그리고 생리심리적 방법과 행위적 평가에 대해서 논의하였다. 스포츠경쟁불안 검사나 Spielberg의 상태-특성불안 검사와 같은 질문지법의 발달은 정량화를 위한 신뢰성을 증가시켰지만 질문지법은 대상이 정확히 진술할 것인가에 대한 문제를 안고 있다.

불안/스포츠 수행의 관계에 대한 기본적인 기전 중 특히 주의력 협소화는 선수가 점진적으로 스트레스화될 때 일어나는 감각적 감수성 감소로서 보인다. 이러한 깔대기와 같은 효과는 수행에 중요한 정보를 놓치게 할 수 있다. 내적 구심성 피드백 기전 역시 언급되었는데 이러한 현상은 중추신경계의 감각과 운동효과에 대한 심혈관계 각성(선수가 스트레스를 받을 때처럼)의 억제효과에 관련된다. 선수가 각성되었을 때 CNS효과는 감소되고 주의력은 부정적 효과를 나타낼 수 있다. 마지막으로 불안을 조절할 수 있는 기본적 대처방식, 즉 바이오피드백, 점진적 이완기법, 둔감화 훈련, 인지대처훈련 등에 관해서 논의하였다.

토론 과제

1. 각성의 생리적 기전을 설명하라,
2. 불안의 개념을 설명하라.
3. 불안과 운동수행력의 관계를 설명하라.
4. 불안과 주의력과의 관계를 설명하라.
5. 바이오피드백 훈련을 설명하라.
6. 기타 불안대처방법을 논하라.

부 록

〈스포츠경쟁 불안검사지〉
(Copetitive state anxiety inventory 2: CSAI-2)

시합 전에 선수들이 가지는 느낌을 표현하는 문장들이 아래에 기술되어 있습니다. 각 문장을 읽고 지금 당신의 느낌을 솔직하게 표시해주기 바랍니다. 각 문항에는 정답이 없기 때문에 한 문항에 너무 오래 시간을 끌지 말고 지금의 느낌대로 표시해주시기 바랍니다.

	전혀 안그렇다	조금 그렇다	그렇다	매우 그렇다
1. 나는 지금 이 순간 경기가 걱정스럽다	1	2	3	4
2. 나는 지금 이 순간 경기에 신경이 쓰인다	1	2	3	4
3. 나는 지금 이 순간 마음이 편안하다	1	2	3	4
4. 나는 지금 이 순간 내 자신의 능력이 의심스럽다	1	2	3	4
5. 나는 지금 이 순간 마음이 조마조마하다	1	2	3	4
6. 나는 지금 이 순간 마음이 안락함을 느낀다	1	2	3	4
7. 나는 지금 이 순간 이번 경기에서 전처럼 잘 할 수 있을까 걱정된다	1	2	3	4
8. 나는 지금 이 순간 내 몸이 굳어지는 것 같다	1	2	3	4
9. 나는 지금 이 순간 자신감을 느낀다	1	2	3	4
10. 나는 지금 이 순간 경기에서 질까 걱정스럽다	1	2	3	4
11. 나는 지금 이 순간 체한 것 같은 느낌이 든다	1	2	3	4
12. 나는 지금 이 순간 마음이 든든하다	1	2	3	4
13. 나는 지금 이 순간 숨이 막히는 것 같다	1	2	3	4
14. 나는 지금 이 순간 내 몸이 편안함을 느낀다	1	2	3	4
15. 나는 지금 이 순간 도전을 감당할 자신이 있다	1	2	3	4
16. 나는 지금 이 순간 경기를 잘 못할까 걱정된다	1	2	3	4
17. 나는 지금 이 순간 내 심장이 마구 뛰는 것을 느낀다	1	2	3	4

18. 나는 지금 이 순간 경기를 잘 할 자신이 있다	1	2	3	4
19. 나는 지금 이 순간 내 목표에 도달할 수 있을까 걱정된다	1	2	3	4
20. 나는 지금 이 순간 속이 메스꺼움을 느낀다	1	2	3	4
21. 나는 지금 이 순간 내 마음이 풀어져 있음을 느낀다	1	2	3	4
22. 나는 지금 이 순간 다른 사람이 내 경기를 보고 실망할까 두렵다	1	2	3	4
23. 나는 지금 이 순간 손에 축축하게 땀이 난다	1	2	3	4
24. 나는 지금 이 순간 머릿속에 내 목표에 도달할 계획이 있기 자신이 있다	1	2	3	4
25. 나는 지금 이 순간 집중할 수 없을 것 같아 걱정된다	1	2	3	4
26. 나는 지금 이 순간 몸이 뻣뻣해짐을 느낀다	1	2	3	4
27. 나는 지금 이 순간 스트레스를 극복할 자신이 있다	1	2	3	4

참고문헌

은희관(2003). 스포츠운동심리학, 서울, 도서출판 금광.

이강평,은희관(1993). 운동생리심리학과 운동학습. 서울, 도서출판 금광.

한국스포츠심리학회 편(1998). 스포츠심리학, 서울, 태근문화사.

한국스포츠심리학회 편(2005), 스포츠심리학 핸드북, 서울, 도서출판 무지개사.

Duffy, E. Activation. In H.S.(1972). Greenfield and R.A. Sterrnbach, eds. Handbook of Psychophysiology. New York: Holt, Rinehart and Winston.

Klavora, P.(1979).Customary Arousal for Peak Athletic Performance. In P. Klavora and J.V. Daniel, eds. Coach, Athlete, and the Sport Psychologist. Champaign, Ⅲ.:Human Kinetics Publishers.

Landers, D.M.(1980). The Arousal- Performance Relationship Revisited. Research Quarterly for Exercise and Sport(51). pp.77-90.

Martens, R.(1977). Sport-Competitive Anxiety Test. Champaigh,Ⅲ.:Human Kinetics Publishers.

Martens, R.;Burwitz, L,;and Newell, K.M.(1972). Money and Praise:Do They Improve Motor Learning and Performance? Research Quarterly(43). pp.429-442.

Martens, R.;Burwitz, L.;and Zuckerman, J.(1976). Modeling Effects of Motor Performance. Research Quarterly(47). pp.277-291.

Nideffer, R.M.(1976). The Inner Athlete. New York: Thomas Y.Crowell. Resistance upon Physical Performance. Research Quarterly(36). pp.337-341.

Vandell, R. A.; Davis, R. A.; and Clugston, H. A.(1943). The Function of Mental Practice in the Acquisition of General Psychology(29). pp.234-250.

Weinberg, R. S., and Ragan, J.(1978). Motor Performance under Three Levels of Trait Anxiety nd Stress. Journal of Motor Behavior(10). pp.169-176.

Weinberg, R. S.; Yukelson, D.;and Jackson, A. Effect of Public and Private Efficacy Expectations on Competitive Performance. Journal of Sport Psychology(2). pp.340-349.

Weingarted, G., and Alexander, J. P.(1970). Effects of Physical Exertion on Mental performance of College Males of Different Physical Fitness Level. Perceptual and Motor Skills(31). pp.371-378.

Weinberg, R. S. & Gould, D.(1995). Foundations of sport and exercise psychology. IL: Human Kinetics.

Yerkes, R. M. and Dodson, J. D.(1908). The Relation of Strength of Stimulus to Rapidity of Habit Formation. Journal of Comparative Neur. Psychology(18). pp.459-482.

단원 11

운동의 과훈련 증후와 탈진

주요 용어

과훈련, 노화, 면역 반응,
소진, 탈진,

1 과훈련

오래된 이야기지만 배구 국가 대표선수인 김○○와 함께 연습장 가는 길을 동행한 적이 있어 연습하러 가는 기분이 어떤가? 하고 물어봤더니 의외로 "죽으러 가는 소를 생각하면 될 것입니다"라고 답하는 것이었다. 국내 최고의 배구 스타이고 충분히 그런 대우를 받을 만큼 세계 수준의 경기력뿐만 아니라 모든 것을 갖춘 선수가 훈련을 이렇게 표현하는 것은 시합시즌이 아닌 훈련 시즌의 연습이 얼마나 힘들고 과도한 훈련인지를 알 수 있게 한 대화 내용이었다. 또한 미국 배구 대표단이 서울에 와서 한국 대학선수들과 같이 하계 훈련을 한 적이 있다. 그들은 한국선수들의 훈련량에 대해 놀라며 자기들도 그렇게 하면 한 사람도 남아날 선수가 없을 것이라 했다. 그 당시 그들의 경기력은 세계 최고 수준이었다. 그렇다면 어느 정도가 과훈련의 기준이고 과훈련은 어떠한 영향을 미치는가?

대부분의 일반인들은 "운동은 곧 건강이다"라는 생각과 함께 운동선수들을 건강인의 상징처럼 인식하여 왔다. 그러나 건강한 운동선수들의 갑작스런 사망 소식이나 일반인에 비해 운동선수의 평균 수명이 짧다는 각종 보고들은 많은 사람들에게 의아함을 주고 있다. 이런 이유에는 복잡한 요인들이 있지만, 최고의 경기력을 위한 지나친 훈련과 스트레스가 그 주된 원인일 것이다. 일반적으로 적절한 운동은 건강 증진과 각종 질병의 예방과 치료에 효과적이지만, 부적절하거나 과도한 운동은 오히려 질병을 유발할 수 있으며, 심지어는 생명을 단축시킬 수도 있다(임인수, 은희관, 이강평, 1997).

그러나 경기력 향상을 위해 훈련과정에서 신체능력의 한계를 초월해야 하는 운동선수들에게는 예외일 것이다. 실제로 대부분의 지도자와 운동선수들은 최상의 경기력을 위해서는 과훈련(overtraining)을 필연적인 것으로 인식하며 과훈련의 중요성을 강조한다. 이러한 인식은 훈련의 양이 많으면 많을수록 경기력은 증가된다고 굳게 믿고 있기 때문이다. 그러나 대부분의 운동선수가 경험하는 과훈련은 경기력 향상에 필수조건인 동시에 반대로 운동수행력을 저하시킬 수 있다(Kreider, Fry, & O`Tool, 1998). 역설적이지만, 과훈련은 어떤 운동선수들에게는 경기력을 저하시키며, 다른 일부 선수들에게는 오히려 우수한 경기력을 나타내는 경우가 있다. 예를 들면 1972년 올림픽 수영에서 7개의 금메달과 7번의 세계신기록을 수립한 미국의 영웅 Mark Spitz 선수는 하루에 10,000m 이상의 수영훈련을 결코 하지 않았다고 한다. 반면, 소련의 올림픽 수영 금메달리스트 Salnikov는 일류선수들도 힘든 거리인 20,000m 이상을 매일 훈련하였다(Raglin, 1993). 또한 선수가 동일한 훈련프로그램에 참여할지라도 어떤 선수에게는 적절한 과부하 훈련(overload training)으로 적용되기도 하지만, 다른 선수에게는 과훈련으로 적용되기도 한다. 과부하란 트레이닝의 가장 기초적인 원칙으로 운동량을 개인의 생리학적, 정신적 능력에 따라 점차로 증가되는 것을 말한다(대한체육회 스포츠과학연구소, 1985).

이런 예들은 과훈련의 본질을 명확히 설명하는 것이 얼마나 어려운가를 잘 보여주고 있다. 따라서 과훈련은 양면성과 상대성이 공존하기 때문에 과훈련의 본질과 한계 범위, 그리고 과훈련의 위험성과 경기력과의 관계 등을 명확하게 설명하기에는 어려움과 논란의 여지가 많다.

지난 40년간 수많은 기록경기들이 달성하기 어렵다는 세계 신기록들을 작성했다. 그러한 기록들에 대해 대부분의 전문가들은 “기록의 향상이 점진적으로 둔화되다가 결국엔 고원 상태에 이를 것이다”라고 예측했다. 심지어 세계 기록의 증가율이 감소될 것이라 예측하는 이도 있다(Peronnet & Tribault, 1989). 지금까지의 수많은 육상 경기에서 세워진 세계 기록을 보면 이러한 예측은 이미 초과 달성되었다. 예를 들어, 남자 1,000m 경기에서 세계 기록은 1993년부터 6명의 다른 선수들에 의해 7번이나 경신되었다. 최근의 기록 증가율은 2.5%로 지난 28년 동안의 증가율이 1.9%밖에 되지 않았던 것에 비해 놀라울만한 증가인 것이다. 다른 종목에서도 이와 비슷한 결과를 보이고 있다.

Bompa(1983)는 지난 1975년에서 1980년에 이르기까지 많은 스포츠 종목에서 훈련량이 약 10~22% 정도 증가했다고 보고했다. 일부 종목에서는 이보다 훨씬 증가한 경우도 있으며, 20년 이내에는 대학 수영선수들의 훈련량은 이를 초과할 것이며(Counsilman & Counsilman, 1990), 일부 올림픽 선수들은 이보다

두 배의 연습을 할 것이다. 최근에는 일일 36,000m를 초과한 수영 훈련량이 보고되기도 한다(DeHart, 1995). 비록 이러한 강도 높은 훈련이 일부 유익한 부분이 있지만, 한편으론 수행에 부정적 영향을 미치는 경우도 많다(Griffith, 1926; Pamenter, 1923). 강도 높은 훈련을 수행한 자 중 약 10%는 과훈련 증후군이나 소진상태를 경험하는 것으로 나타났다.

일반적으로 과훈련이란 지나친 운동량이 지속적으로 부과되어 생리·심리적인 비적응 현상에 의해 운동수행력 저하의 가능성이 있는 훈련을 의미하며, 장기간 과훈련에 의한 생리·심리적 증상들을 과훈련 증후군(overtraining syndrome)이라고 한다(Kreider, Fry & O`Tool, 1998). 과훈련 증후군은 지나친 훈련과 운동수행력의 저하에 따른 누적된 피로상태로서 체중감소, 안정시 HR와 혈압의 증가, 신경내분비와 면역 장애 및 수면의 장애, 정서적 혼란 등의 다양한 증상을 포함한다(Foster, 1998; Hooper, Mackinnon, & Hanarahan 1995). 실제 스포츠 현장에서 과훈련에 대한 인지는 매우 어렵다. 예를 들면 과훈련과 과부하 훈련의 구분이 모호하며, 선수에게 과훈련이 되었다고 하더라도 이를 어떻게 확인하며, 또한 과훈련 증후군이 있더라도 운동수행력의 변화가 없거나 증가된 경우에는 그 의미를 어떻게 해석하는가? 등이다. 그러나 운동수행력 향상을 위해 선수들에게 중요한 것은 과훈련 증후군을 초기단계에 진단하여 훈련계획과 훈련 양을 조절하는 것일 것이다.

여기에서는 먼저 과훈련 증후와 소진(staleness)에 대해 소개하고 후반에 탈진(burnout)에 대해 언급하였다. 또한 과훈련에 의한 소진의 조건과 이에 대한 주요 생리적·심리적 지표, 그리고 운동선수들의 과훈련에 대한 인지의 매개적 방법으로서 기분상태를 분석할 수 있는 심리측정방법에 대해 언급하였다.

2 과훈련 증후(Overtraining syndrome)

과훈련에 관련된 현상학적 정의는 상당히 혼란스러운데 특히 훈련의 강도에 따른 반응으로 선수들의 수행 능력이 다양한 요인에 의하여 이뤄지기 때문에 더욱 설명하기 어렵다. 그럼에도 불구하고 본 장에서는 주제에 대한 이해를 돕기 위해 먼저 용어적 해설을 제시하였다. 또한 본 주제가 심리적인가, 생리적인가?에 대해서도 의문을 갖는 경우도 있을 것이다. 그러기 위해서는 최근의 생리심리적, 또는 심리생리적 연구분야를 별도로 학습하는 것이 본 단원을 이해하는 데 더욱 도움이 될 것이다.

- **과훈련**(overtraining): Harre(1982)는 과도한 훈련에 의한 부정적 심리적 결과라 강조하였으며, Murphy , Fleck,, Dudley와 Callister(1990)은 훈련이 너무 강하고 길어서 선수들이 제대로 적응할 수 없어 그 결과 경기력의 저하를 초래하는 훈련 부하로 정의하였다. 다른 연구자들 역시 일반적으로 '긍정적인 높은 운동 강도의 장기간 훈련으로 묘사하면서 때로는 운동수행력의 감소를 보이는 훈련'이라 했다(Morgan, Brown, Raglin, O'connor, & Ellickson, 1987). 또한 Kuipers와 Keizer(1988), Morgan 등(1987)은 '매우 많은 운동량을 비정상적으로 수행하는 훈련과정'으로 정의하였다. 어쨌든, 과훈련이란 대부분 시합시즌이 아닌 훈련시즌의 목적을 위한 한 국면으로, 특히 가장 강도 높은 단계의 가장 높은 훈련 부하이다. 이러한 훈련 목적은 선수들이 최대한의 훈련 적응을 위하여 최고의 훈련 스트레스를 부여하는 것이라 정의할 수 있다.
- **소진**(staleness): 우리는 종종 과훈련에 의한 부정적 결과로서 소진이라는 용어를 사용한다. 소진상태란 선수들이 제시된 훈련에 적응할 수 없는 능력에서 비롯되기 때문에 과훈련은 하나의 자극이며 소진은 하나의 반응이다(Morgan et al, 1987). 따라서 소진은 '선수들이 일상적인 훈련을 소화하기 어렵고 이전의 경기력에 도달할 수 없는 상태'(Weinberg & Gould, 1995)로, 즉 '강도 높은 훈련에 따른 생리적인 부정적 반응과 감정이 합쳐진 이상상태(disorder)'로 정의될 수 있다.
- **탈진**(Burnout): 비록 많은 관점이 탈진이나 소진상태를 같은 의미로 사용하고 있으나(Henschen, 1990; Mahoney, 1989; Rowland, 1986), Raglin(1993)은 구별된 의학적 개입이 요구되는 다른 조건임을 제시하였다. 여기에서는

탈진이란 '스포츠 참가를 위한 부정적 감정 반응'으로, Maslach와 Jackson (1981)은 '감성, 태도, 동기와 기대 등을 포함한 개인적 증상'으로 정의하였다. Maslach에 의하면 탈진 개념의 중요 핵심은 감정적 고갈, 비인격화(사회적 관심 상실), 감소된 개인 성취감, 성가심 등이다.

1) 운동선수들의 과훈련

지구력이 요구되는 스포츠는 체력이 유지될 수 있는 한계를 넘어선 훈련이라도 점진적으로 증가되는 정도(과부하 원리)가 수행성과에 크게 작용한다고 대부분 인식한다(Bompa, 1983; Harre, 1982). 효과적인 훈련이란 훈련의 적응을 위하여 평소보다 더욱 높은 강도의 근육이나 심폐계의 활동을 포함한다(Getchell, 1992). 일반적으로, 과훈련은 훈련기간 동안 완전히 회복될 수 없는 지경에까지 선수들에게 스트레스를 부여하는 방법으로 이해되어 왔다(Harre, 1982). 즉, 이러한 훈련은 선수들이 생리심리적 적응을 최대화하고 이에 따른 보상적 효과를 유발할 수 있어 매우 중요한 것이다. 따라서, 시합이 없는 시즌에는 짧은 기간이라도 선수가 최대 유산소 능력에 도달할 수 있는 과훈련이나 강도가 높은 훈련을 실시하는 것이다(O'Connor, 1997). 웨이트 훈련을 더욱 강조한다던지(Eksten, 1995), 폴리메트릭 훈련(Radcliffe & Farentinos, 1985) 등의 더욱 증가된 훈련 통제 프로그램은 유산소 및 무산소적 에너지 요구에 의존하는 모든 스포츠를 위해 훈련의 양을 늘릴 수 있는 훈련법들이다.

2) 운동선수들의 과훈련 증후군

과훈련 증후군은 지나친 훈련과 운동수행력의 저하에 따른 누적된 피로 상태로서 체중 감소, 안정 시 HR과 혈압의 증가, 신경내분비와 면역 장애, 소화 및 수면의 장애, 정서적 혼란 등의 다양한 증상을 포함한다(Foster, 1998; Hooper, Macknnon, & Hanarahan, 1995). 과훈련 연구방법은 단기간 또는 장기간의 과훈련 처치를 통해 나타나는 다양한 증상들을 생리·심리적 측면에서 관찰 분석하는 것이다. 이러한 측정 변인에는 운동수행력(체력, 운동시간, 기술, 회복능력),

혈액분석(호르몬, 면역물질, 신경전달물질, 에너지대사물질), 심폐능력(심박수, 혈압, 심박출량, 산소섭취량), 심리적 조건(신경질, 우울, 불안, 무기력, 스트레스), 기타(체중, 수면, 식욕) 등이 있어 과훈련의 증상을 직·간접적으로 진단하는데 활용된다(Hooper et al, 1995). 그러나 과훈련 연구에서 가장 큰 문제는 대상자들에게 어떻게 과도한 훈련을 적용하고, 과훈련의 결과를 인정할 수 있는 평가기준은 무엇인가? 하는 점이다. 이런 문제를 해결하기 위해 일부 연구자들은 실제로 시합을 준비하는 훈련과정(Callister, Callister, Fleck, & Dudley, 1990; Foster, 1998)이나 단기간 동안 인위적으로 운동량을 증가시키는 연구방법(Costill, King, Thomas, & Harreaves, 1985; Fry, Mortom, Garcia-Webb, Crawford, & Keast, 1992; Kraemer & Bradlyey, 1997)들을 이용하여 왔다.

과훈련은 생리·심리적 변인과 산화적 스트레스, 내분비 및 면역물질 등에 부정적 영향과 반응을 수반하며, 특히 체중, 정서변화, 수면, 수행력, 혈당, 젖산, 암모니아, MDA, SOD, 노아드레날린, 테스토스테론과 코티졸 및 이들 간의 비율, 백혈구, CD4, CD4/CD8 비율, 자연살해세포(NK-cell), 면역글로블린 A(IgA) 등이 과훈련 증후군의 지표로 자주 이용된다(임인수, 2001). 그러나 연구자들은 과훈련이 생리·심리적 요인은 물론 경기력에 반드시 부작용을 미친다는 것을 확인하는 것은 아니다. 왜냐하면 실제 경기 현장에서 일부 과훈련된 선수들이 경기 전에 심리적으로도 높은 자신감을 갖기도 하며, 더욱이 우수한 경기 결과를 나타내는 경우가 간혹 있기 때문이다. 과훈련이 선수에게 경기력 향상을 제공해줄 수 있더라도 이는 일시적인 결과나 효과로 제공될 가능성이 있으며, 더욱 분명한 것은 인체의 잠재적 부작용은 계속 누적될 것이다. 즉, 과훈련에 의한 부작용이 여러 증상으로 나타나지 않는다 할지라도 누적되는 과훈련 증후군들은 경기력 저하는 물론 선수들의 건강을 끊임없이 위협할 것이다. 여기에서는 여러 가지의 과훈련 영향 중 경기력을 제외한 스포츠 생리심리적 관점으로만 논의를 한정시켰다.

(1) 과훈련과 신경 반응

운동에 의한 자율신경계의 활성은 교감신경의 경우 주로 단거리 육상선수에게 관찰되는 반면, 부교감신경의 활성은 주로 지구성 운동선수들에게 관찰된다. 또한 과훈련 초기에는 교감신경계가 지속적으로 변화되는 반면, 그 이후 단계에서는 교감신경계의 활성이 억제되고 부교감신경계의 활성이 우세해 진다. 과훈련은 정상적인 교감신경계와 부교감신경계의 활성을 감소시킬 수 있는데, 안정 상태에서도 교감신경계의 활성을 항진시키며, 부교감신경계의 활성은 안정 시뿐만 아니라 운동 중에도 항진된다(Israel, 1958). 과훈련이 아닌 정상적 훈련의 조건에서의 교감신경계는 주로 운동자극에 의해 활성화되며, 안정상태는 부교감신경계가 주로 작용한다. 즉, 교감신경은 운동자극에 대한 반응을 준비하며, 운동 후에 회복은 부교감신경이 관여하는 것이다. 결국 과훈련은 이러한 역할을 와해시키거나 과도한 반응을 초래하게 하는 것이다. 또한 훈련에 의해 뇌화학적 특성이 변화된다는 가설이 제시되면서 신경전달물질에 대한 관심이 고조되어 왔다. 최근 Sothmann과 Kastello(1997)는 훈련과 중추 피로의 관점에서 신경전달물질이 근 피로와 각성, 불안, 우울증, 무기력, 수면 장애와 연관성을 가지며, 운동에 의한 말초 및 중추 피로나 심리적 상태를 간접적으로 확인할 수 있다는 가능성을 제시하였다.

Barron, Nokeses, Levy, Smith와 Millar(1985)은 시상하부-뇌하수체 기능의 이상은 운동이나 체중감소의 결과로서 무월경의 선수나 발레리나에 의해 나타난다고 하였으며, 여자 달리기선수의 경우 월경 이상은 뛰는 거리와 뇌하수체 호르몬 감소에 의한 난소기능의 손상과 관련이 있다고 하였다. 시상하부 조절 이상은 운동에 의한 체중감소가 없는 무월경의 여자선수에게 나타나며, 이는 심한 운동에 의해 시상하부-뇌하수체 기능의 이상이 유발되기 때문으로 설명하였다.

(2) 과훈련에 따른 호르몬 변화

과훈련은 근 글리코겐의 과다사용으로 글리코겐이 결핍되어 근피로와 글루코스 산화를 위한 특정 아미노산 수준의 감소, 중추피로 등을 유발하여 결국 운동수행력을 감소시킨다(Snyder, 1998). 일반적으로 남성호르몬은 체내에서 코티졸 수용체에 작용하여 항이화(anticatabolic) 효과와 단백질 합성을 증진하는 역할을 한다. 이는 남성호르몬이 글리코겐 합성효소를 자극하여 운동 회복기에서 글리코겐 재합성을 촉진한다(Kraemer & Bradley, 1997)는 것을 의미한다. 따라서 훈련이나 운동에 대한 남성호르몬 농도는 에너지 생성 및 수행력 증진과 관련하여 중요한 지표가 될 수 있다. 반면 남성호르몬 작용의 길항적 역할을 하는 코티졸은 면역 억제와 탄수화물, 지방, 단백질의 이화작용을 담당하기 때문에 특히 남성호르몬과 코티졸 비율은 내분비와 에너지 대사의 측면에서 중요한 의미를 시사한다. 과훈련은 훈련기간이 경과될수록 안정 시 남성호르몬 농도를 감소시키며, 코티졸 농도는 증가하는 경향을 보인다. 즉, 과훈련은 혈중 남성호르몬 농도의 감소와 코티졸의 증가를 초래하며, 특히 남성호르몬/코티졸 비율은 정규훈련에 비해 과훈련에서 훈련기간이 경과될수록 유의하게 감소된다. 이는 비율의 감소는 내분비와 에너지 대사의 불균형을 의미하고 결국 운동 수행력을 감소시키는 원인이 될 수 있다.

운동에서 혈중 카테콜라민 변화는 운동 강도와 시간이 증가할수록 증가하는 것으로 보고되고 있지만, 훈련 효과에 따른 카테콜라민 변화에 대해서는 다소의 이견이 있다. 그러나 대부분 연구(임인수, 2001)에서 훈련의 효과에 의한 노에피네피린의 민감성 증가는 결국 노에피네피린 농도의 감소를 초래하는 것으로 보고되고 있다. 임인수(2001)는 과훈련에 의한 혈중 노에피네피린의 유의한 증가를 보고하면서 그러한 원인을 과훈련에 의한 생리 심리적 스트레스가 노에피네피린을 유리시키는 교감신경의 신경절후 섬유의 자극 전달능력 저하를 야기하여 노에피네피린에 대한 민감성이 감소된 결과임을 제시하였다.

(3) 과훈련에 의한 면역반응

과훈련의 증상은 내분비 및 면역물질의 변화와 직접적인 관련이 있으며, 일부 선행 연구자들에 의해 몇 가지 가설과 이론이 제시된 바 있다. 그 예로 과한 운동은 감염이나 면역저하의 위험성이 증가한다는 Open Window 이론과 J커브 모형이론(Nieman, 1992)이 있으며, 또한 과도한 스트레스와 정서, 신경내분비, 면역과의 상호 관련성을 제기한 LaPerriere 등(1994)의 심신경면역학(psycho-neuroimmunology) 가설 등이 있다. 이러한 가설의 공통점은 적절한 운동이 건강을 증진시킬 수 있지만, 과도한 운동은 오히려 질병을 야기할 수 있다는 것이다.

임인수(2001)는 유도선수의 과훈련과 정규훈련 집단의 운동수행력과 안정시 내분비 및 면역물질의 변화를 훈련기간(준비기, 훈련기, 조절기, 회복기)에 따라 비교 분석한 후 46일간 과훈련에 따른 체중과 운동수행력은 과훈련에 의해 유의하게 감소되었고, 안정 시 내분비 및 면역물질 변화에서 코티졸과 베타-엔돌핀, 그리고 백혈구, CD4, CD8 수준은 집단간 차이가 없었다고 하였다. 반면, 남성호르몬과 남성호르몬/코티졸 비율, NK-cell, CD4/CD8 비율은 과훈련에 의해 유의하게 감소되었으며, 노에피네피린 수준은 유의하게 증가되었음을 보고하며 과훈련은 운동수행력과 내분비 및 면역물질의 변화에 부정적으로 작용하며, 안정시 남성호르몬, 남성호르몬/코티졸 비율, NK-cell, CD4/CD8 비율은 과훈련 증후군으로 평가할 수 있는 지표가 될 수 있음을 제시하였다.

정규훈련에 비해 과훈련과 조절기에서 CD4/CD8 비율은 더욱 감소되는 경향을 보이며, 이러한 수준은 CD4/CD8 비율의 정상범위치를 초과하는 것으로 면역 저하의 원인이 된다(나재철과 이광무, 2000). 또한 감염이나 종양세포를 파괴하거나 억제하는 NK-cell 수준은 준비기에 비해 훈련기에서 감소되다가 회복기에 다시 증가되는 경향을 보이는데, 특히 과훈련시 크게 감소되는 경향을 보이다가 회복기에 증가된다. 따라서 지속적인 고강도 운동은 안정시 NK-cell 감소의 누적을 초래한다. 특히 과훈련 증후군을 지닌 선수일수록 NK-cell의 급격한 감소를 보이며, 이런 경향은 훈련기뿐만 아니라 회복기까지 지속된다는 보고가 많다. 이와 같이 과훈련에 의한 NK-cell의 감소는 근육통이나 손상된 골격근 부위로 혈중의 NK-cell이 이동하기 때문이며, 이런 순환은 빠르게 반응하지 않기 때문에 과훈련 후 회복기까지 감소가 유지되는 것으로 설명된다.

(4) 과훈련과 노화

최근에는 과도한 운동이 노화를 촉진하고 암 등의 질병을 초래할 수 있다는 산소 라디칼 이론(oxygen free radical theory)이 제시(Jekins & Goldfarb, 1993)되면서 과도한 운동의 위험성이 강조되고 있다. 즉, 과도한 운동에 의해 증가된

산소라디칼의 활성은 체내 항산화 효소의 방어작용을 초월하여 세포막과 유전자의 손상 및 변성이 초래된다는 것이다. 이 이론은 과훈련의 위험성을 제시하는 중요한 단서이다. 왜냐하면 과도한 운동일수록 산소라디칼 생성이 증가하여 항산화 효소의 억제와 산화적 부산물의 생성을 증가시킬 수 있으며, 이런 과정이 지속되면 만성피로, 근통증, 집중력 저하 등을 유발하여 결국 운동수행력 저하를 초래될 수 있기 때문이다.

임인수 등(1997)은 과훈련이 지닌 잠재적 위험성을 분석하기 위하여 4주간의 과훈련 프로그램을 구성하였다. 과훈련 적용의 타당성 여부는 훈련기간에 따른 운동수행력(최대운동 시간)과 생리적 변인(체중, 안정시 심박수, 혈압)들을 통해 확인하였으며, 과다훈련에 의한 체내의 산화적 스트레스(oxidative stress) 정도는 세포 손상 및 변성의 지표인 과산화 지질(MDA, malonedialdehyde)과 항산화 효소로서 SOD(superoxide dismutase)와 과산화수소를 파괴하는 카탈라아제(catalase) 분석을 통해 제시되었다. 대상들은 480~540분/1일의 과다한 훈련에 일률적으로 참여하였으며, 이들에 대한 면접조사 결과, 훈련 과정에서 급격한 체중 저하, 탈진, 근육통증, 피로, 감기, 호흡기 질환, 수면장애, 무기력, 탈락에 대한 스트레스 등의 증상을 4가지 이상 경험했다는 것을 알 수 있었다. 특히 과훈련 과정에서 평균 체중은 약 2.3㎏ 감소되었으며, 이러한 감소는 훈련 후 회복기까지 지속되었다. 또한 운동수행력 평가를 위한 최대운동 시간 역시 과훈련에 의해 약 4분의 유의한 감소를 보였으며, 이러한 감소는 과훈련을 중지한 회복기에 더욱 감소되었다. 이러한 결과는 '과훈련 전에 비해 훈련 후 회복기에서 운동수행력의 감소가 과다훈련 적용 여부의 중요한 지표'라고 제시한 Kreider, Fry와 O`Tool(1998)의 제안과 부합되는 것이었다.

산화적 스트레스(oxidative stress)는 세포에 대한 산소라디칼의 유해작용이 항산화 효소의 방어능력을 초월한 상태로서 노화, 흡연, 음주, 자외선, 스트레스, 과다한 운동, 질병 등에 의해 더욱 증가된다. 특히 일부 연구자들에 의해 산소라디칼에 의한 운동의 양면성이 강조되면서 다양한 연구들이 시도되고 있다. 이들 연구에 의하면 산소라디칼이나 항산화 효소의 변화는 주로 운동강도에 의해 영향을 받으며, 지구성 훈련이나 항산화제 투여는 산화적 변성물의 감소와 항산화 효소의 활성을 증가시킨다는 결과들이 대부분이다. 또한 과훈련에 따른 안정시 SOD와 카탈라아제 농도 변화는 준비기와 과다훈련기에 비해 회복기에서 증가하였다. 이런 결과는 무리한 운동량에 의한 과훈련에도 불구하고 지구성 훈련은 항산화 효소들을 증가시키기 때문이다.

(5) 과훈련과 수면

과다 운동에 따른 수면의 질은 수면 중 뇌파를 분석하는 것을 통해 평가할 수 있다. 수면 잠재시간(sleep onset latency)은 준비기에 비해 과훈련기에서 증가되며 얕은 수면을 의미하는 stage-1 수면 시간의 비율(%) 역시 증가된다. 그러나 깊은 수면을 의미하는 서파수면 시간은 과훈련기에서 감소된다. 또한 정상 수면은 REM 수면의 비율이 약 25% 정도인데 과훈련기 시 그 이하로 감소를 보인다. 수면 중 각성 상태, 무호흡증, 심한 코골이와 움직임, 경련, 악몽 등의 상태를 제외한 순수한 수면시간을 의미하는 수면 효율성(sleep efficiency)에서도 과훈련기에서는 감소된다. 수면 중 성장호르몬과 테스토스테론 분비량은 과도한 운동 후 감소한다. 결국 과도한 운동은 수면 중 GH 분비량을 억제하여 수면의 효율성에 영향을 미치는 것으로 이해할 수 있다. 수면 중 테스토스테론은 과도한 운동 스트레스가 수면 중 동화작용을 위한 테스토스테론 생성을 억제하거나 성선을 자극하는 황체형성 호르몬(LH)과 시상하부-뇌하수체-부신축(HPA axis)에서 CRH(corticotrophin-releasing hormone) 조절 작용의 와해와 관련이 있어 분비가 억제된다(임인수, 조근종, 김진항, 2000). 또한 수면 중 코티졸 분비는 시간 경과에 따라 증가하는 경향을 보인다.

3 운동선수의 소진(Staleness)

소진상태 역시 과훈련과 관련되는 것으로, 과훈련에 따른 부정적 정신반응이라 칭한다. 이러한 상태는 감소된 훈련이나 간단한 휴식을 취해도 수행력이 증가되지 않으며 장기적으로 감소되는 특징이 있다. 운동선수들은 과한 목표가 달성되면 어중간한 상태를 경험하는데(Hooper & MacKinnon, 1995; Kuipers, 1998), 일반적으로 하루, 이틀 간단히 휴식을 취하기를 원하거나 훈련의 일시적 감소를 요구한다. 반면에 소진된 선수들은 몇 주에서 몇 달 동안 완전한 휴식을 요구할 수도 있다.

소진상태란 다양한 증상이 나타나기 때문에 증후로 정의하는 것이 바람직하다. 이러한 증상들은 심리적 우울증, 기타의 정서적 혼란, 수면부족, 체중감소에 의한 식탐, 자아의 감소, 근통증, 피로 등이 포함된다. 특히 상기도 감염 같은 질병은 매우 일반적 증상이다(Fry, Morton, & Keast, 1991; Kuipers & Keizer, 1998). 심리적 결과 중 일반적으로 우울증이라 할 수 있는 임상적 우울증상이 포함된다(Morgan, Brown, Raglin, O'connor, & Ellickson, 1987). 때문에 심리학적 변화들은 신경내분비 호르몬 수준(Barron, Nokeses, Levy, Smith, & Millar, 1985; O'Connor, Morgan, Raglin, Barksdale, & Kalin, 1989)과 신경근의 측정(Raglin, Koceja, Stager, & Harms, 1996)을 포함하여 다양한 생리적 변인들과 밀접하게 관계되는 것으로, 심리적 현상으로서 소진상태를 개념화하는 것이 가장 정확한 표현일 것이다.

운동선수들은 고강도 훈련에 대한 적응과 인내력이 개인적으로 다르다. 비교적 기술화된 선수들은 일반적인 훈련 부하에도 매우 다르게 반응할 수 있다(Costill et al, 1988). 따라서 생리학적 증상들은 매우 특이할 수 있는데, 한 선수의 수행력을 향상시키는 훈련계획은 다른 선수에게는 맞지 않거나 오히려 부정적 영향을 줄 수 있는 것이다. 이러한 다양성이 비록 명확하지는 않지만 유전적 용량, 현재의 체력상태, 동기, 일반적 건강 등이 중요한 요인이 된다(Fox, Bowers, & Foss, 1989).

연구자들은 소진상태를 대사 작용에 의해 나타나는 현상을 기초로 하여 교감적인 것과 부교감적 유형으로 구분한다(Kereszty, 1971; Kuipers & Keizer, 1998). Foster(1998)는 교감적 과훈련은 무산소성 운동선수에게 유리하며, 부교감적 과훈련은 지구력 선수에게 유리하다고 하였다. 그러나 이러한 분류는 실제적으로 훈련 반응에 대한 개인차, 소진 정도, 훈련 유형 등과 같은 외적 요인을 대신하거나 하위 유형으로 분리하기에는 어려움이 있다(Raglin, 1993).

1) 소진증상

소진상태에 대한 유일한 증상은 운동 중 빠른 피로가 동반되는 과도한 코티졸 분비와 면역 기능의 저하이며(Fry, Mortom, Garcia-Webb, Crawford, & Keast, 1992), 수행력과 근력이 감소되는 반면 신체적 노력이 더욱 증가되고(Stone, Keith, Kearney, Fleck, Wilson, & Triplett, 1991; Callister, Callister, Fleck, & Dudley, 1990), 근력의 감소를 보인다. Fry, Morton과 Keast(1991)은 소진상태에 대한 일반적 증상을 [그림 11-1]과 같이 제시하였다.

2) 소진의 징후

어렵겠지만 소진상태를 예방할 수 있는 연습이 있다면, 연구자들은 초기의 경고 상태를 발견하는 것을 통해 소진을 예방할 수 있는 생리학적 지표들을 확실하게 구분하기 위해 노력할 것이다. 이러한 변인들은 기본적으로 심혈관, 대사 및 호르몬 변화를 포함한 생리적 요인들이다. 그러나 이러한 생리적 증상을 예측하기 위해 연구에 이용된 변인들은 거의 결론이 내리기 어려운 변인들을 이용하였다(Fry et al, 1992; Hanne-Paparo, 1983).

많은 연구자들이 활용하고 있는 지표인 혈중 젖산은 과훈련이 글리코겐 저장 정도를 감축시키기 때문에 감소된다(Jeukendrup & Hesselinnk, 1994). 이러한 연구들은 대부분 낮은 강도의 훈련에서는 구분이 될 만한 생리학적 변인들의 일관된 변화를 관찰하지 못한 것으로 보고하고 있다(Fry et al, 1991; Hanne-Paparo, 1983; Hooper, Mackinnon, & Hanarahan, 1995; Kuipers & Keizer, 1998). 생리적 요인들은 예상하고 평가하기는 힘들다. 더욱이 호르몬의 측정은 표준적 조건하에서 개인 측정치를 구하는 어려움으로 인해 문제가 많을 수 있다(Urhausen, Gabriel, & Kindermann, 1998).

심리학적 영향	면역학적 영향
정서적 영향 생동감의 감소 피로 증가 화의 증가 긴장의 증가 우울증의 증가 자긍심 감소	질병/감기 가능성 증가 내분비 열 증가 감염성 질병 하루 감기 소외과적 상처와 소상 치료 지연 림프샘 증가 호중구 기능성 활동 감소 박테리아 감염 유전입자분열 반응 감소

인지적 영향	수행력
혼란의 증가 집중력 저하 운동 행위 영향 협응력 상실 근력 감소	운동수행력 감소 사전 수행력의 도달에 어려움 쇄진 상태에서 장기간 회복 훈련 부하를 감당하기 어려움 최대 운동능력 감소

생리학적 / 생물학적 영향	
근 글리코겐 축적 부담 골의 미네랄 감소 초경의 지연 헤모글로빈 감소 혈청 철분 감소 혈청 제이철(페리틴) 감소 시상하부의 이상기능 미네랄 고갈 코티졸 증가 뇨의 케톤스테로이드 증가 유리 테스토스테론 감소 뇨산 증가	심전도의 T파의 이상 혈압의 변화 안정시심박수 증가 체지방 감소 만성적 피로 섭식 불규칙 가능 두통 신경증 근통증/긴장 식욕 감소

[그림 11-1] 소진상태의 일반적 증상(Frv et al, 1991)

근글리코겐의 고갈(Costill, Flynn, Kirwan, Houmard, Mitchell, Thomas, & Park, 1988)과 테스토스테론/코티졸 비율 등을 포함한 신경내분비적 변인(Aldercreutz, Harkonen, Kuoppasalmi, Naveri, Huntaniemi, Tikkanen, Remes, Dessypris,

& Karvonen, 1986), 시상하부 기능의 저하(Barrron et al, 1985), 코티졸 증가(O'Connor et al, 1989) 등은 운동선수들에게 나타나는 소진의 증후로 보고되고 있다. 그럼에도 불구하고 이러한 현상이 어떻게 나타나고 무슨 요인에 의해서 체계가 무너지는가에 대한 설명은 아직 미흡하다(Raglin, 1993).

3) 소진의 심리적 분석

생리적 요인과 비교하여 과훈련에 대한 심리적 반응들은 운동선수들에게 더욱 지속되는 것이다. 소진에 대한 지표들을 재분석한 Davis와 Colbert(1997)는 자기평가보고가 가장 정확하다고 결론지었다. 이러한 지속성, 생리적 지표들의 제한 등은 심리적 평가치가 과훈련에 직면한 선수들에게 유용하게 활용될 수 있음을 제시하였다. Verde, Thomas, & Shepard(1992)는 POMS에 의해 측정된 기분상태 점수(McNair, Lorr, & Droppleman, 1992)는 생리적 측정치보다 선수들의 소진 예측에 더욱 유용하게 쓰여 질 수 있음을 제시하였다.

수영선수들이나 다른 지구력이 요구되는 선수들에 대한 소진에 관련된 초창기 연구들은 훈련량의 변화에 따른 기분 상태에 관한 연구였다(Morgan et al, 1987; Morgan, Costill, et al., 1988; Wittig, Houmard, & Costill, 1989; O'Connor et al, 1989; Raglin et al, 1996). 운동선수들의 소진상태에 따른 기분의 변화는 매우 오래가며, 원래 상태로 회복하는데 어려움이 따르고 부정적 기분이 증가되는 것이 일반적이다. 따라서, 일반적으로 지구력 운동선수들은 비선수들보다 기분 상태가 더욱 건강하며(Morgan et al, 1988), 정상적인 신체훈련의 스트레스는 평소와 같은 수준으로 부정적 기분상태를 줄일 수 있다.

훈련과 무드 상태 간의 반응은 장거리선수, 요트, 카누 경주선수 등을 대상으로 이뤄졌다. POMS의 변화는 긴장을 제외하고 자극-반응 간의 관계가 가능한 것으로 나타났다. Raglin 등(1994)은 POMS의 긴장 값은 대학 수영선수들의 훈련을 줄여감에 따라서도 감소되지 않았음을 보고하며, 이러한 이유는 곧 있을 중요한 시합을 준비하는 스트레스에 의한 것으로 예측하였다. 반면에 다른 POMS 요인들은 훈련양의 감소에 따라 긍정적으로 반응하였다(그림 11-2 참조). 코치나 선수들은 훈련이 줄어드는 긴장도의 감소를 원하지 않을 것이며,

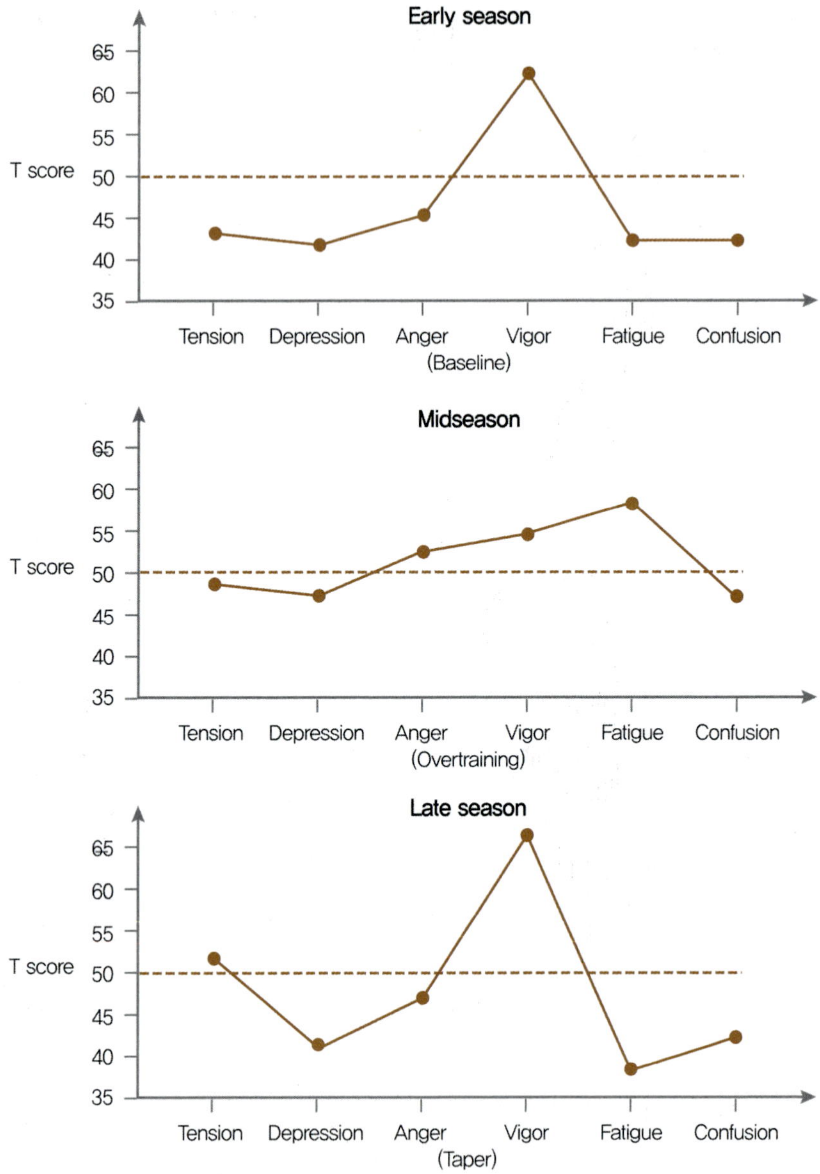

[그림 11-2] 과훈련 관련 상황별 POMS 결과(Hanin, 2000)

다른 연구자들도 운동선수가 30~45%의 불안을 유지하는 것이 유리함을 보고한 바 있다. 중요한 것은 기분 혼란 정도가 소진된 선수에게 높다는 것이다. 대학 수영선수들을 대상으로 한 연구에 의하면 POMS의 생기와 피로 점수는 대부분의 선수들에게 높게 존재하지만 우울증은 상당히 낮았는데, 소진 정도가 강해질수록 어떤 다른 요인보다 우울증이 증가되는 정도가 높았다. Fry, Grove, Morton, Zeroni, Gaudieri와 Keast(1994)은 5명의 성인 남성을 대상으로 10일 간의 고강도 훈련과 그 후의 5일 간의 활동적 휴식에 따른 기분 상태, 자긍심과 몇 개의 선택된 생리적 변인에 대한 효과를 평가하였다. 독립 변인은 5일간의 휴식기간이었다. 몇 개의 생리적 변인으로는 면역체에 관한 지표를 선택하였는데 모두가 유의한 변화를 하였다.

Morgan 등(1988)은 훈련의 양과 강도를 통제할 수 있기 때문에 남자 대학 수영선수들을 대상으로 10일 간의 고강도 훈련에 따른 반응을 다양하게 검사하였다. 대상자들은 최대산소섭취량의 94% 정도와 비슷한 페이스로 평균 8,900m를 매일 실시하였다. 무드상태, 근통증, 수행 인지 등을 매일 평가하였으며 생리적 변수도 선택하여 평가하였다.

일부 수영선수들은 훈련을 소화하기에는 어려움이 있을 거라 예측되었는데 연구는 심리적 변인과 생리적 변인에 대한 결과치를 이용하여 수행에 대한 어려움의 지표로 이해하였다. 3명의 선수는 훈련을 완전히 소화하지 못해 매일 조금씩 훈련을 감소시켰다. 모든 대상에서 전체 POMS 점수는 처음 5일 동안 급격히 증가하였다가 같은 수준을 유지하였으며, 수행 인지와 근통증 역시 비슷하였다. POMS 결과는 그림 11-3에 있다. 그러나 반응이 모든 수영선수에게

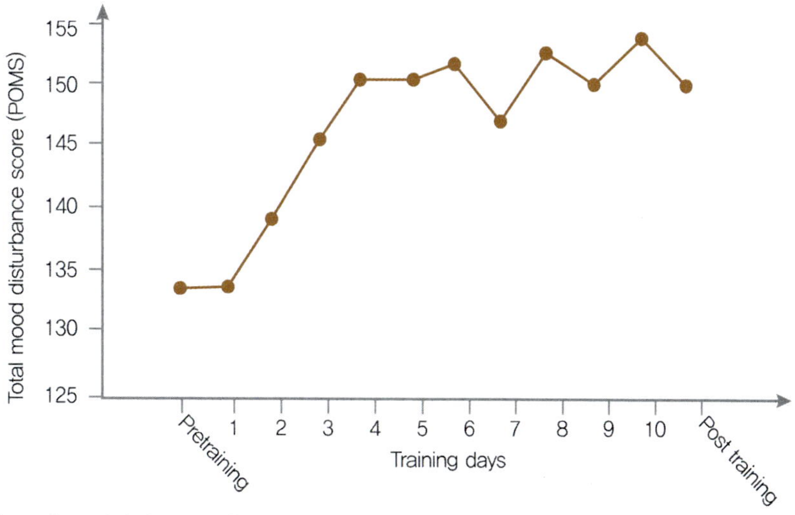

[그림 11-3] 10일간의 고강도 훈련에 따른 대학 수영 선수들의 무드 상태 반영(Morgan 등, 1988)

서 일관되게 나타나지 않았으며, 4명의 선수는 모든 기분 상태가 증가하는 것으로 나타났다. 이러한 결과는 소진상태가 다양한 복합적 요인에 의해서 나타난다는 것으로 고강도 훈련을 인내하는 것에 대한 개인적 차이에 따른 것이다.

4) 소진상태의 예방

소진된 운동선수를 치료하는 유일한 실현방법 중 으뜸은 장기간의 휴식이다 (Griffith, 1926; Karpovich, 1941). 대부분의 연구들은 최소 2주의 휴식을 제시하고 있지만, 더욱 심한 경우는 몇 달이 요구되는 경우도 있다. 일부 선수들은 6개월의 휴식이 처치되었음에도 불구하고 신경내분비 기능에 문제가 남아 있는 경우도 있다(Barron et al, 1985). 이는 소진상태가 개인적 문제로 남아 있기 때문이다. 소진상태와 관련되는 기분의 혼란스러움은 소진된 선수에게 회복시키는 훈련을 처치해도 완전히 줄어드는 것이 아니며(O'Connor et al, 1989; Raglin 등, 1990) 단지 완전한 휴식을 위한 욕구를 강화시키는 것이다. 처치에 도움이 되는 것은 스테로이드, 진정제, 비타민 등이 사용될 수 있지만(Kereszty, 1971), 그러한 약물요법에 대한 제한된 규정 등을 보고된 것이 없다. Kuipers와 Keizer (1988)는 고탄수화물 식이요법이 회복에 도움이 될 것임을 제시하였다. 처치에 있어서 어려움은 선수와 코치들이 일반적으로 훈련이 증가되면 소진된 선수들이 빈약한 수행력을 나타내는 것처럼 선수들도 가끔 휴식을 필요로 한다는 것을 확인하는 것이다.

일부 연구자들은 소진상태를 치료하기 위해 정신 훈련이나 이완과 같은 인지적 방법을 제시하였다(Henschen, 1998). 그러나 그러한 방법은 소진된 선수에게 의학적 병발이나 임상적 우울증과 같은 사항에 미치는 영향과는 다르다. 일반적인 스포츠심리학 연구들은 만약 기본적인 심리적 치료나 의학적 치료가 지연되면 해로울 수 있다고 보고한다. 스포츠심리학 시술가들은 처치를 하기 전에 신체 및 정신에 관한 부정적 스트레스에 대한 병리적 측면을 강조하기 위한 잠재원을 이해하는 것이 꼭 필요하다. 따라서 소진상태의 선수들은 상담이나 심리적 치료와 같은 더욱 신뢰할 수 있는 심리적 처치를 받아야 될 것이다.

기분상태의 변화와 훈련량 간의 관계에 대한 많은 사실적 증거들에 의하여 연구자들은 소진을 미연에 방지할 수 있기 위하여 기분을 분석하는 가능성을 시험하였다. Morgan과 그의 동료들은 대학의 수영선수 남녀의 기분상태를 과훈련 동안 매일 평가하였다. 각 선수들의 전체 기분 혼란 점수는 팀 전체의 평균과는 다르게 산출되었는데, 훈련량이 감소하면 기분 관련 항목이 유의하게 증가되는 것으로 나타났다. 가정하건대 팀 내의 다른 선수들보다 기분 상태 점수가 낮은 수영선수들은 스트레스하에 있다고 볼 수 있으며, 이러한 선수들에 대해서는 별도로 훈련이 증가 처치되었다. 시즌이 끝날 무렵 코치들에 의해 수영선수들은 평가되었는데 소진된 사례가 보고되지 않았다.

Berglund와 Safstrom(1994)은 올림픽을 앞둔 카누 남녀선수와 함께 비슷한 조절법을 적용하였다. POMS는 훈련 시즌 내내 주마다 평가되었으며, 훈련의 양은 전체 기분 점수에 따라 처치되었다. 기분 관련 점수가 기본에서 최소 50%를 초과한 선수에게는 훈련량을 감소시켰다. 그러나 기분 점수가 기본의 10% 이내로 떨어진 선수에게는 훈련을 증가시켰다. 전체 대상의 64%가 일부 상황에서 훈련이 감소되었으며, 57%는 훈련을 증가시켰는데, 일부 선수들은 양 중재법을 모두 적용하기도 하였다. 반면에 선수의 50%는 일정 수준에서 초과할 정도로 높은 기분 혼란을 보였으며, 소진상태가 증가된 선수는 없었다. 이러한 중재 전략은 성공적이라고 결론지었다.

4 선수와 코치의 탈진

이제는 생리심리학적 관점에서 선수와 코치들의 탈진을 언급할까 한다. 이는 탈진과 기분, 소진, 과훈련, 스트레스, 대처, 회복과 증후 간 복잡한 관계를 설명하기 위한 것이다. 이러한 접근은 Hanin가 주장한 운동선수의 스트레스는 선수의 개인적 특성과 함께 정서적인 것과 생리적인 것, 사회적인 모든 것을 포함한다는 생리심리학적 모형과 매우 공통적인 부분이 있다. 여기서는 적절한 회복 없이 가중된 스트레스에 의한 탈진과 관계되는 스트레스 모형에 대해 언급할까 한다(Janke & Wolffgramm, 1995; Smith, 1986).

Hanin의 모형에서 보면, 스트레스는 '조직의 심리생물학적 항상성 상태를 와해시키는 것으로 특징지어지는 비특이성 반응 증상'이다. 스트레스는 자율 및 중추 신경계의 활동 증가, 호르몬 반응, 면역계의 변화, 행동의 변화와 같은 불안과 화와 같은 감성적 증상이 수반된다. 스트레스는 적응과 대처의 과정도 행동으로 유발되게 하는 특성을 갖는다. 회복(recovery)에 대하여는 잘 정의된 것이 거의 없으나 목표-지향적 재생, 생리적 그리고 행위적 과정, 사회적 활동, 대처 반응의 기본을 포함한다(Kellmann & Kallus, 1999). 따라서 생리학적인 것 외에도 인지적인 것도 포함한다(Kallus, 1995)는 의미다.

1) 탈진이란?

탈진의 정의는 간단하지가 않다. Maslach와 Leiter(1997)는 탈진을 감성, 태도, 동기와 기대 등을 포함한 개인적 증상으로 정의하였다. Maslach에 의하면 개념의 중요 핵심은 감정적 고갈, 탈인격화(사회적 관심 상실), 개인 성취감 부족, 성가심 등이다. Maslach의 탈진 조사(MBI)는 이러한 영역들이 포함되어 있다(Maslach & Jackson, 1981a, 1981b, 1986; Maslach & Leiter, 1997). 비록 Maslach의 이론이 일반적으로 수용되어 왔다 할지라도 인지적으로는 잘 설명되고 있지만 특별한 생리적, 감정적, 행위적 요소들에 대해서는 설명이 부족한 아쉬움이 있다.

Freudenberger(1974)는 이 분야의 또 다른 선구자로 용어의 문헌적 의미를 고려한 정의를 제안하였는데, 에너지, 근력, 자원에 대한 초과적 요구에 의해 나타나는 소진되거나 지치는 것, 실패하는 것이 포함된다. Freudenberger는 심리분석적 관점으로 다음의 증상을 제시하였다. 즉, ① 생물학적 생리적 증상(소진, 피로, 감기 증상, 소화 불량 등), ② 행위적, 감정적 증상(울화증, 우울증, 울거나 소리 지르고 싶은 경향, 과대망상증, 위험행동 증가, 냉소증), ③ 인지적, 사회적, 수행력 결함(사고의 유연성 부족, 일에 대한 비효과적인 시간 소모, 고립) 등이다. 이러한 포괄적인 정의의 문제는 그 자체적으로 이론적이고 실제적인 가치에 문제가 있다. 따라서 그러한 정의에 의한 증상은 우울증, 만성적 피로 증상,

만성적 스트레스 증상, 외상성 후 스트레스 장애 등과 거의 구별하기 힘들다. Pines(1993) 등과 같은 일부 연구자들은 탈진의 특별한 증상을 강조하는데 "강한 개인적 가치를 위한 장기적 노력이 탈진에 필요한 과정적 구성요인이다"라는 것이다.

2) 탈진과 스포츠

탈진이란 스트레스와 밀접하게 관련되며, 탈진을 적절한 회복법이 없는 피로와 어려움의 한 모형으로 증상이 어떻게 심해지는가를 설명하는 것이 가장 좋은 탈진의 설명이 될 것이다. 더욱이 스트레스 모형은 탈진을 예방하는 데 도움이 되는 개념이며, 일반적인 스트레스모형(Janke & Wolffgramm, 1995)은 Cherniss (1980)에 의해 제안된 탈진에 대한 조작적 스트레스모형을 강조한다. 또 다른 모형은 스트레스모형과 모두 일치하는 탈진이 어떻게 변화되는가를 설명하는 모형이다(Burisch, 1988; Maslach & Leiter, 1997).

(1) 탈진, 스트레스, 회복과 적정기능모형의 개인 영역

스포츠심리학적 측면에서 가장 폭넓게 수용되고 있는 탈진모형을 발달시킨 Smith (1986)는 스트레스-회복의 접근을 같은 선상에 있는 것으로 간주하였다. Smith는 회복 과정을 강조하지 않으며 탈진이 낮은 사회적 지지가 수반되는 자원과 요구 간의 반복적인 불균형에 의한 것임을 주장하였다. 사회적 지지란 사회적 여가와 회복 활동을 포함한다. 따라서 이용되는 자원과 사회적 지지의 개념을 Smith 모형은 스트레스-회복 접근법을 잘 접목시키고 있으며, 두 영역 모두 스트레스 개념으로 나누었다. Lazarus(1966)의 인지적 처리 스트레스모형과 Janke와 Wolffgramm(1995)의 생물심리적 접근모형들 모두 Smith의 모형에 기초한 것들이다.

Kellmann(1991, 1997)은 스트레스, 긴장과 회복 요구 간의 상호작용을 묘사하는 모형을 제시하였다. 이 모형의 기본적 가설은 스트레스가 커지면 회복도 증가되어야 한다는 것이다. 제한된 자원(예: 시간)은 좋지 않은 주기, 즉 증가된

에 대한 가설을 제시하였다. Morgan과 동료(1988) 등은 과훈련과 소진상태를 측정할 수 있는 POMS를 통해 기분 상태를 평가하여 제시하였다. 과훈련 동안 우울증, 화, 피로 유발 등에서 높은 점수를 기록하였는데 생동감은 현저하게 감소되었다. 따라서 과훈련된 선수들의 기분 파일은 탈진된 선수들과 비슷한 것이다. 이는 과훈련이 운동선수들의 가능한 탈진원이다는 것이다. 그러나 훈련이 없거나 시합이 없는 상황에서도 높아진 스트레스는 과훈련 증상을 악화시키는 위험요인이 된다는 사실에 주목해야 할 것이다.

3) 운동선수의 탈진

Smith(1986)와 Gould(1983)에 의해 제기된 스포츠에서의 탈진은 많은 연구자들을 자극하였다. 탈진의 개념은 스포츠의 포기, 스포츠 상해, 스포츠 사회를 이해하는데 많은 도움을 주었다(Schmidt & Stein, 1991). 특히 Smith(1986)는 탈진 등을 야기하는 운동탈진 모형을 통해 환경, 상황의 평가, 생리적인 반응, 그리고 행동적인 반응의 요인들이 어떤 관계가 있는지를 제시하였다.

행위적 수준에서의 탈진된 선수들은 적은 훈련 참여, 적은 연습일, 동기의 어려움, 빈약한 대처행위, 오랜 선수생활 등의 특성을 갖고 있다(Gould, Tuffey, Udry, & Loehr, 1996). Gould와 동료들은 Smith(1986)의 모형이 탈진의 결과와 선행된 사항이 잘 묘사되었음을 테니스선수들에 대한 연구를 통해서 보여줬다. 그 중 하나가 운동선수들의 탈진을 설명하기 위한 좋은 근거로서 장기적 스트레스의 모형을 볼 수 있다는 것이다. Cohn(1990)은 탈진의 주요 원인으로서 너무 많은 연습, 즐거움의 부족, 자신이나 타인으로부터의 과도한 부담 등을 주원인으로 제시하였다. 더욱이 부상과 훈련의 재개와 관련된 스트레스는 포기나 탈진의 위험성을 급격히 증가시켰다.

이러한 모형과 경험적 증거들은 추정되는 개인적 회복-스트레스 상태가 훈련 상태를 평가하거나 탈진을 예방하는데 도움을 준다는 것이다. 고도의 수행력을 위해 선수들과 코치들은 훈련이나 비훈련적 스트레스 원으로부터 야기되는 수행력 감소 정도를 빠르게 재인식하여야 할 것이다. 그래서 부정적 결과가 야기되기 전에 선수들의 회복-스트레스 상태에 대한 정보가 필요한 것이다.

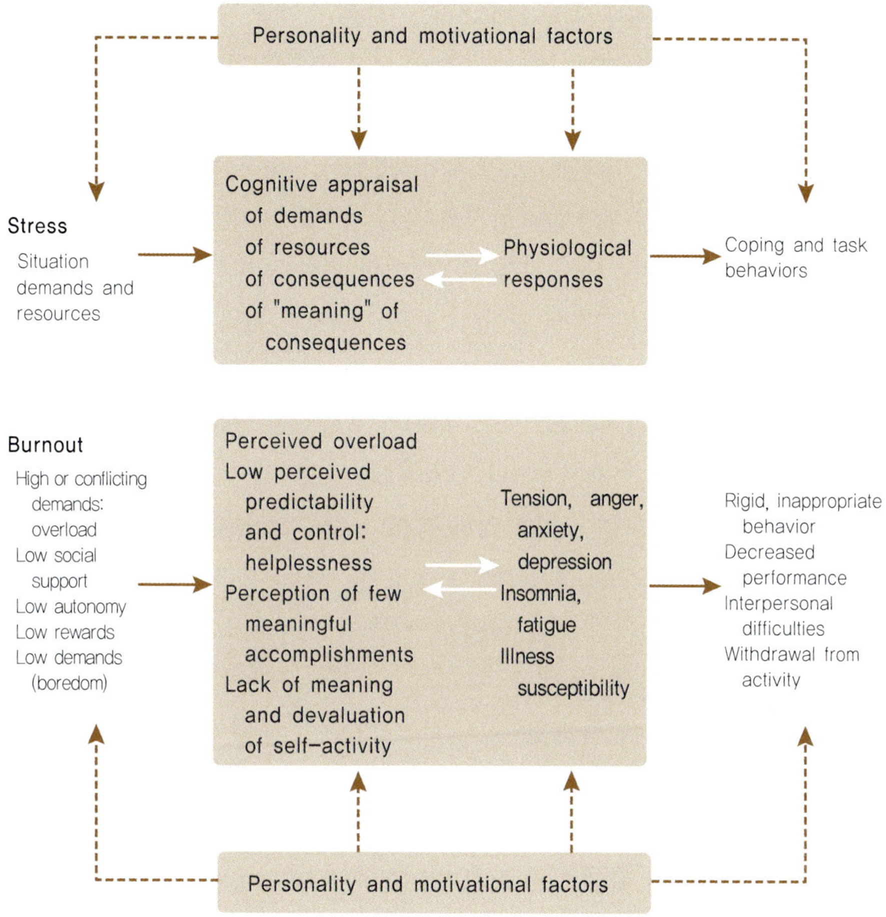

[그림 11-5] Smith의 운동선수 탈진 모형(Smith, 1986)

4) 코치들의 탈진

연구자들은 초창기에 선수들보다 코치들의 탈진을 자주 언급하였지만 문제를 해결하기 위한 노력은 거의 없었다. 코치의 근무 환경은 매우 긴 업무 시간, 많은 정신적 요구, 감정적 에너지 등이 필요하며, 코치 자신이나 팬, 선수들로부터 상당히 주관적인 억압에 시달리는 것이다. Vealey, Udry, Zimmerman과 Soliday (1992)는 탈진의 악화에 대한 한 요인으로서 코치들의 개인적 특성을 중요하게 언급하였다. 이러한 결론은 부분적으로는 조사방법에 의한 것으로 탈진과 매우 관계가 있다고 보는 다른 요인과 함께 특성 불안에 대한 질문지 조사 자료의 결과이다. 가능한 방법적 변인(질문지에 의해 추정된 특성 불안만큼의 탈진)은 왜 특성 불안이 가르치는 시간, 여가 시간, 코치 경험 같은 변인보다 불안이 탈진과 더 관계되는지를 설명하는 것이다. 흥미롭게도 과운동의 지각은 특성 불안보다 탈진에 작은 영향을 미치는 것으로 나타났다. 결과들은 탈진의 조절 기능으로서 보상요인의 기능을 제시하였는데 이것은 Smith의 모형(1986)에서 비롯된 것이다. 인지된 보상과 사회적 역할 가치, 같은 동질성 등은 탈진을 조절하는 가장 중요한 요인임이 최근 연구들에 의해 보고되었다(Maslach와 Leiter, 1997). Dale과 Weinberg(1990)는 심사숙고형의 지도자가 권위적이고 목표지향적인 코치들보다 높은 탈진을 경험하며, 선수들과 인간관계를 중시하는 코치 역시 탈진 정도가 높다고 하였다. 또한 Weinberg와 Gould(1995)는 이겨야 한다는 압력, 부모들의 지나친 간섭과 압력, 원칙적인 문제, 여러 가지 역할, 빈번한 여행, 개인적으로 어려운 일 등을 코치들의 탈진 원인으로 제시하였다.

Wilson과 Bird(1984)는 캐나다의 대학 전임 코치들의 성공적이지 못한 시즌과 선수들을 접촉하는 높은 시간은 탈진의 위험을 증가시켰다고 하였다. Capel(1986)이 332명을 대상으로 시도한 MBI(Maslach Burnout Inventory) 연구에서 코치들의 역할 갈등 역시 탈진의 중요한 요인으로 나타났다. 그러나 이러한 연구들은 역할 긴장, 일반적 스트레스 요인, 스포츠의 특정 스트레스, 탈진 간 중요한 매개 변인이 될 수 있는 전임, 파트타임, 아마추어 코치 신분 등에 따른 차이를 제시하지 못했다.

5) 탈진의 평가

탈진을 위한 몇 가지 질문지가 1980년 초 개발되었지만 코치들과 선수들의 탈진에 관한 평가는 대부분 MBI에 의해 이뤄졌다(Maslach와 Jackson, 1986). Maslach의 탈진 조사지의 구성은 3영역으로 되어 있는데 먼저 감정적 고갈(emotional exhaustion)은 감정적으로 약해지는 느낌을 평가하며, 다음으로 비인격성(Depersonalization)은 타인에 대한 무관심 정도를 반영한다. 마지막으로 개인적 성취(Personal accomplishment) 감소는 추구하는 목표에 대한 가치를 잃은 느낌 정도를 평가하는 것으로 구성된다(그림 11-6).

Please read each statement carefully and decide if you ever feel this way about officiating. Indicate how often by writing in the blank a number from 1 to 7.
Then describe how strong the feeling is when you experience it by again writing in a number from 1 to 7.

How Often	1 Not often at all	2	3	4	5	6	7 Extremely often
How Often	1 Not often at all	2	3	4	5	6	7 Extremely often

	How Often 1-7	How Often 1-7	
1.	______	______	I feel used up at the end of officiating an event.
2.	______	______	I feel fatigued when I get up in the morning and have to face another officiating assignment.
3.	______	______	I feel I treat players and coaches as if they were impersonal objects.
4.	______	______	Working with players and coaches is really a strain for me.
5.	______	______	I feel I'm positively influencing other people's lives through my officiating
6.	______	______	I worry that officiating is hardening me emotionally.
7.	______	______	I feel very energetic.
8.	______	______	I feel frustrated by officiating.
9.	______	______	I feel I'm working too hard at officiating.
10.	______	______	I feel like I'm at the end of my rope.
11.	______	______	I feel coaches and athletes blame me for some of their problems.

[그림 11-6] 탈진 질문지(Weinberg & Richardson, 1990).

6) 탈진의 예방과 처치

Weinberg와 Gould(1995)는 과도한 트레이닝, 피로, 그리고 탈진의 연구목표는 스포츠인들이 이러한 조건들을 예방하거나 적어도 그것들을 효과적으로 처치할 수 있도록 도울 수 있는 전략과 프로그램을 어떻게 개발하는가에 있다고 하였다. 그들은 탈진을 예방하기 위하여 ① 연습과 경기를 위해 단기간의 목표를 설정하라. ② 서로 간의 의견을 나누어라. ③ 이완을 위한 휴식을 가져라. ④ 자기-통제 기술을 배워라. ⑤ 긍정적인 생각을 유지하라. ⑥ 경기 후 감정을 관리하라. ⑦ 좋은 신체적 컨디션을 유지시켜라 등을 요약 제안하였다.

요 약

대부분 고강도 훈련, 과훈련 기간은 최적의 운동수행을 위해서 필요한 것으로 믿고 있다. 오랫 동안 지구력 스포츠에서도 적용되고 있으며, 이러한 훈련 형태는 비 지구성 운동에서도 적용하는 정도가 커지고 있다. 과훈련은 필요하지만 불행히도 위험이 있다. 과훈련을 받은 약 10%의 선수는 소진상태를 경험하며, 만성적으로 불량한 수행력을 보인다던지 기타 원하지 않은 반응을 나타난다. 과훈련은 중요한 기분 혼란을 야기하는, 다른 건강한 선수들에게도 기분 상태에 영향을 미치는 현상이 예측된다. 소진상태의 선수들은 신경내분비의 혼란이나 기타 생리적 변화가 나타난다.

소진 증상은 완전한 휴식이나 훈련의 감소에 따라 효과적으로 회복할 수 있지만, 어느 것도 경쟁을 위한 선수들에게는 바람직한 방법이 아니다. 결론적으로 소진을 예측할 수 있는 심리학적 또는 생리적 변인들을 판별하는데 관심을 갖고 있는 것이다. 심리학적 반응은 잠재적이며, 제한적이지만 연구들은 기분 상태 분석이 과훈련이 필수적인 선수들의 소진상태 악화를 방지하는 데 효과적이라는 것이다. 부가적으로, Hanin(1986)의 개인적 적정 기능 영역 모형은 훈련에 대한 특별한 개인적 반응을 나타낼 수 있을 것이며 조사도구의 신뢰도를 향상시킬 수 있을 것이다. 그러나 차후 연구들은 이러한 전략이 일정하게 이용될 필요가 있다. 소진상태가 심리학적 증상이기 때문에 관련된 생리학적 증상들의 첨부는 소진에 대한 접근의 효율성을 고양시킬 것이다.

탈진이란 부적합한 회복과 함께하는 장기적이고 간헐적 스트레스의 결과이다. 여기에서의 회복-스트레스 상태모형은 인체 기관의 비특이적 상태로서 스트레스, 회복과 탈진의 관계를 강조하였다. 탈진에 대한 다면적 접근은 자아-조절과 관계되는 감정적, 사회적, 동기적, 수행-관련, 스트레스의 생리적 측면, 스포츠-특수한 상태에 의한 회복 제공 등이 포함된다. 또한 탈진은 최적 기능 영역을 상당히 초과한 상태를 의미한다. 탈진과 스트레스 관계는 하나의 공식으로 장기간의 스트레스 + 충분치 못한 회복 + 부족한 대처 ➡ 탈진으로 요약할 수 있다.

토론 과제

1. 운동선수에게 과훈련에 대한 느낌을 물어보자.
2. 과부하 운동의 부정적 영향을 논해보자.
3. 운동 후 탈진과 소진에 대한 대처방법을 논해보자.

참고문헌

나재철, 이광무(2000). 트라이애슬론 경기가 면역계와 내분비계에 미치는 영향, 한국체육학회지, 39(1). pp.373-385.

임인수(2001). 과다훈련 증후군 지표 설정을 위한 다면적 접근. 한국체육학회지, 40(1).pp.286-300.

이강평,은희관(1993). 운동생리심리학과 운동학습. 서울, 도서출판 금광.

임인수, 조근종, 김진항(2000). 과도한 운동과 수면박탈이 둔동수행력과 수면 중 뇌파 및 스트레스 호르몬 변화에 미치는 영향. 한국체육학회, 39(2), pp.434-444.

임인수, 은희관, 이강평(1997). 최대운동시 활성 산소에 의한 잠재적 악영향 및 항산화제 투여 효과. 한국체육학회, 36(1).pp. 243-255.

한국스포츠심리학회 편(2005), 스포츠심리학 핸드북, 서울, 도서출판 무지개사.

Aldercreutz H., Harkonen,M, Kuoppasalmi, K., Naveri .H., Huntaniemi, I., Tikkanen, H.,Remes,K., Dessypris,A., & Karvonen,J.(1986). Effect of training plasma anabolic and catabolic steroid hormones and their response during exercise. International Journal of Sports Medicine(7), pp.27-28.

Barron, J.L., Nokeses, T.d, Levy, W., Smith, C., & Millar, R.P.(1985). Hypothalamic dysfunction in overtrained athletes. Journal of Clinical Endocrinology and Metabolism(60), pp.803-806.

Barron, J.L., Nokeses, T.d, Levy, W., Smith, C., & Millar, R.P.(1985). Hypothalamic dysfunction in overtrained athletes. Journal of Clinical Endocrinology and Metabolism(60), pp.803-806.

Berglund ,B., & Safstrom, H. (1994). Psychological monitoring and modulation of training load of world-class canoeists. Medicine and Sicence in Sports and Exercise(26), pp.1036-1040.

Bompa,T.O.(1983). Theory and methodology of training: The key to athletics performance. Dubuque, LA: Kendall/Hunt.

Harre, D.(1982) Principles of sports training. Berlin: Sportverlag.

Burisch,M(1988).Das Burnout-Syndrom[The burnout syndrome].Heidelberg:Springer.

Maslach,C.,& Leiter,M.P.(1997). The truth about burnout. San Francisco: Jossey Bass.

Callister, R., Callister., R.J., Fleck, S.J., & Dudley, G.A.(1990). Physiological & performance responses to overtraining in elite judo athletes. Medicine & Science in Sports & Exercise, (22/6), pp.816-824.

Foster,C.(1998). Monitoring training in athletes with reference to overtraining syndrome. Medicine & Science in Sports & Exercise(30/7), pp.1164-1168.

Fry, R.W., Mortom, A.W., Garcia-Webb, P., Crawford, G.P.M., & Keast, D.(1992) Biological responeses to overload training in endurance sports. European Journal of Applied Physiology(64), pp.335-344.

Gould, D.,Tuffey,S.,Udry,E., & Loehr, J.(1996). Burnout in competitive junior tennis Players: Ⅱ.Qualitative analysis. The Sport Psychologist(10), pp.341-366.

Kuipers. H., & Keizer, H.A.(1998) Overtraining in elite athletes: Review and directions for the future. Sports Medicine(5), pp.79-92.

Lehmann,M..,Foster,C.,& Keul,J.(1993). Overtraining in endurance athletes: A brief review. Medicine and Science in Sports and Exercise(25), pp.854-862.

Maslach, C. & Jackson, S. E. (1981a). Maslach Burnout Inventory. Palo Alto, CA: Consulting Psychologists Press.

Maslach,C.,& Jackson,S.E.(1981b).The measurement of experienced burnout. Journal of Occupational Behavior(2), pp.99-113.

Maslach,C.,& Leiter,M.P.(1997). The truth about burnout. San Francisco: Jossey Bass.

Morgan, W. P., Brown, D. R., Raglin, J. S., O'connor, P. J., & Ellickson, K. A.(1987). Psychological monitoring of overtraining and staleness. British Journal of Sports Medicine(21), pp.107-114.

Nelson, R.C., and Fahrney, R.A.(1965). Effect of Overload on Speed of Elbow Flexion and the Associated Side-Effects. Research Quarterly(36). pp.455-463

Neufer, P.D.(1989). The effect of detraining and reduced training volume on the physiological adaptations to aerobic exercise training. Sports Medicine(8), pp.302-321.

O'Connor, P.J., Morgan, W.P., Raglin,J.S., Barksdale,C.N., & Kalin, N.H.(1989). Mood state and salivary cortisol levels following overtraining in female swimmers. Psychoneuroendocrinology(14), pp.303-310.

Pamenter,D.C.(1923). Some medical aspects of the training of college athletes. The Boston Medical and Surgical Journal(189), pp.45-50.

Pineda, A., and Adkisson, M. (1961). Electroencephalographic Studies in Physical Fatigue. Taxas Reports in Biology and Medicine(19). pp.332-342.

Ryan, A.J.(1983). Overtraining of athletes: Around table. Physician and Sports medicine(11), pp.93- 110.

Snyder, A.C.(1998). Overtraining & glycogen depletion hypothesis. Medicine & Science in Sports & Exercise, (30/7), pp.1146-1150.

Stone, M.H., Keith, R.E., Kearney, J.T., Fleck, S.J., Wilson, G.d., & Triplett, N.T.(1991). Overtraining

:Areview of the signs, symptoms and possible causes. Journal of Applied Sport Science Research(5), pp.35-50.

Straub, W. F.(1968). Effect of Overload Training Procedures upon Velocity and Accuracy of the Overarm Throw. Research Quarterly(39). pp.370-379.

Urhausen, A., Gabriel, H.H.W., & Kindermann,W.(1998). Impaired pituitary normal response to exhaustive exercise in Over traininged endurance athletes. Medicine and Science in Sports and Exercise(30), pp.407-414.

Vander, A. J.;Sherman, J. H. :and: Luciano, D. S. Human Physiology: The Mechanic of Body Function. New York: McGraw-Hill.

Vealey, R.S. Udry, E.M., Zimmerman, V., & Soliday, J. (1992). Intrapersonal and situational predictors of coaching burnout. Journal of Sports and Exercise Psychology(14), pp.40-58.

Weinberg, R. S. & Gould, D.(1995). Foundations of sport and exercise psychology. IL: Human Kinetics.

단원 12

운동과 심신경면역학 (PNI: Psychoneuroimmunology)

주요 용어

면역 체계, 사이토카인, 스트레스, 신경펩타이드, 심신경면역

1 심신경면역학이란?

심신경면역학(PNI)은 글자그대로 심, 즉 정신(psycho-), 신경(neuro-), 면역(immunology)의 상호연계성을 연구하는 학문분야이며, 이러한 연관성을 과학적으로 밝혀 질병의 치료와 예방에 이용하려는 시도이다. PNI 분야가 우리에게 말하는 것은 우리의 면역체계가 어떤 방식으로든 우리의 뇌와 연결되어 있다는 것이다. 그것이 직접적인 신경조직에 의한 연결 혹은, 신경펩타이드(neuropeptide)나 호르몬과 같은 일반적인 화학적 신호에 의한 것일 수 있다. 이것이 의미하는 것은 우리의 몸을 외부 침입물질로부터 지키고 또한 우리 몸 내부의 항상성을 유지해주는 면역체계가 독립적으로 작동하지 않는다는 것이다.

신경계, 내분비계 및 면역계는 그림에서와 같이 호르몬, 신경펩타이드(neuropeptides), 사이토카인(cytokines) 등을 분비하여 상호 조절된다. 또한, 신경계에서 인지된 스트레스는 [그림 12-1]처럼 삼각관계를 통해 내분비계 및 면역계로 전해진다.

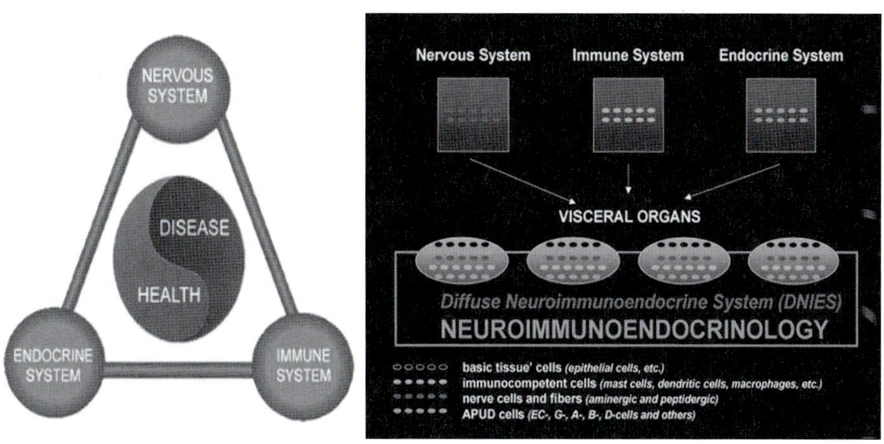

Istran Berczi(2002) Igor(2002)

[그림 12-1] 신경계, 내분비계, 면역계의 삼각관계

면역체계는 자기조절, 자체방어, 외부 이물질 침입에 대항하는 유기체 방어에 중요한 역할을 하는 것으로 알려져 있다. 실제로, 면역 체계가 신경계의 독립적인 방어 기관으로 정의된 적이 있었다. 그러나 지난 25년간의 대부분의 연구에서, 면역조절 과정은 뇌에 의해 영향을 받으며, 신경 및 내분비 기능과 작용은 면역 시스템에 의해 영향을 받는 다는 것이 밝혀졌다. 정신신경 면역학은 행동, 신경 및 내분비 기능 그리고 면역체계 과정 사이의 관련성에 관한 학문으로 1980년대 미국 정신학회에 처음 사용되면서 세부적이고 새로운 이론들을 제공하기 위해 노력하여 왔다.

신경계, 내분비계 및 면역계는 그림에서와 같이 호르몬, 신경펩타이드(neuro-peptides), 사이토카인(cytokines) 등을 분비하여 상호 조절된다. 또한, 신경계에서 인지된 스트레스는 [그림 12-1]처럼 삼각의 상호 보완적 관계를 통해 내분비계 및 면역계로 전해진다. 1977년 Yale대학에서 열린 컨퍼런스에서 '행동의학(behavioral medicine)'이라는 학문 분야가 처음 등장하였는데, 과학적 연구로부터 얻어진 실험적 증거 및 결과들을 임상적으로 응용하기 위하여 새로운 학문분야의 탄생이 요구된다는 중요한 의미를 갖고 PNI가 대표적으로 제안된 것이다. PNI는 정신/심리, 신경내분비, 면역체계의 상호연결을 지속적으로 연구하며, 이와 관련된 행동의학 및 정신/신체 의학(mind/body medicine) 분야는 이러한 정보를 임상치료를 위해 응용하려는 노력을 계속하고 있다. PNI 연구는 인간의 정신적 및 감정적 상태와 면역체계의 기능 그리고 궁극적으로 몸 전체의 유기적 기능간의 상호작용을 이해하게 해줄 것이며, 오늘날의 의료체계에서 외과적 수술의 혁명으로부터 화학적 혁명을 넘어 이제 행동학적 혁명의 시대로 들어오게 했다는 평가를 받고 있다.

PNI분야가 실제 우리 체내에서 일어나는 일에 대해 의미하는 것은 우리의 마음이 인지하고 또한 이러한 인지에 대한 우리의 감정적인 반응이 우리 몸의 생리적 반응, 즉 면역체계에 영향을 미친다는 것이다. 이러한 개념은 완전히 새로운 것은 아니며, 예로부터 건강한 신체를 유지하기 위해 건전한 정신을 가지라고 한 것처럼 늘 우리 주변에 존재해왔던 개념이다. 중요한 것은, 이러한 몸과 마음의 연결을 지금 우리가 PNI 연구를 통해 과학적으로 증명하고 총체적으로 이해하려고 시도하고 있다는 것이다.

1970년대 초, 실험쥐에 대한 맛 혐오감 학습 검사를 실시하였다. 실험용 쥐가 혐오감을 감식하는 것을 배우기 위해 고전적 실험인 파블로프의 조건반사실험을 이용하였다. 이것은 강력하면서도 단일 시행의 수동적 회피 학습 상황으로 실험쥐들은 단일의 조건자극과 조건화되지 않은 자극을 동시에 배울 수 있다. 이 실험에서, 쥐에게 다른 양의 사카린 용액을 마시게 하고 맛 혐오감 학습을 위해서는 면역 억제 약물로서 위장에 탈을 유발시킬 수 있는 시클로포스파미드(항암제로 사용되어지며 면역억제제로도 사용됨)를 계속해서 주입시켰다. 예상한 대로, 조건화된 혐오반응의 정도는 단일 조건화 실험에 소비된 사카린 양과 직접적으로 관련이 있었다. 또한 실험동물들은 실험과정 중 죽기 시작하였는데 이것은 매우 흥미로운 관찰이었다. 즉, 조건반응의 정도와 함께 사망률은 단일 조건화 실험에서 소비된 사카린 양과 비례하여 달라졌다는 결과가 뚜렷하게 나타났기 때문이다.

또한 정신/신경계와 면역계의 상호작용에 있어서 중요한 것은, 우리가 감정적으로 얼마나 좋은 혹은 나쁜 상태인가가 아니라, 감정적인 결단을 내리지 못하고 머뭇거리거나 혹은 어려운 상황에 처했을 때 유연하게 대처하지 못하는 것이 만성적인 스트레스의 원인이 된다는 것이다. 이러한 스트레스는 면역체계의 정상적 기능 수행을 저해할 수 있다. 하지만 스트레스가 꼭 질병을 일으킨다고 보기는 어렵다. 다만, 지속적인 스트레스가 있으면서 신체적 조건이 약화되고, 다른 위험인자가 있는 경우에는 마치 시한폭탄 위에 앉아있는 것과 마찬가지일 수 있다.

즉, 스트레스는 종종 많은 질병의 요인으로 고려되나, PNI 분야 연구는 이를 뒷받침하고 있지 않다. 사실 많은 사람들은 스트레스 상황을 적절히 잘 극복하고 건강한 삶을 유지하고 있다. 많은 PNI 연구자들은 질병과의 상관관계에 있어서 스트레스라는 용어를 사용하기보다는 사회심리학적 요인이 더 중요하다고 말하고 있다. 스트레스는 좋지도 나쁘지도 않은 것이며, 중요한 것은 스트레스 자체가 아니라, 우리가 일상생활 속에서 마주치는 여러 가지 상황들과 연계된 사회심리학적 요인에 대해 우리가 얼마나 통제권을 가지고 반응하는가 하는 것이다. 질병에 취약한 성격이 따로 있을 것이라는 많은 언급이 예전부터 있었으나, PNI 연구는 이 역시 부정하고 있다. 그 대신 상황에 대처하는 행동양식으로서 면역억제 혹은 면역기능약화와 연관된 성격을 제시하는데, 이것이 우리 몸의 질병에 대한 저항력에 영향을 미친다는 것이다. 또한 이것이 의미하는 것은, 우리가 우리 자신의 성격이나 주어진 상황에 수동적으로 영향 받는 희생자가 아니라, 우리 스스로가 건강을 증진시키는 새로운 생각 및 행동양식을 능동적으로 창조할 수 있음을 시사한다.

〈표 12-1〉 스트레스의 정의 설명

스트레스 구분	정의 설명
사회 환경적 개념 스트레스	항상성을 파괴하여 긴장과 불안감을 일으키는 자극을 스트레스 원(stressor)이라고 하는데 이 스트레스 원 자체를 스트레스라고 정의하는 경우가 많다. 스트레스 원은 주로 외부환경에 있으나 내부 환경, 즉 생각이나 느낌도 스트레스 제공자가 될 수 있다.
심리적 개념 스트레스	유전적 소인과 경험에 의해서 형성된 인지 및 정서반응에 의해서 스트레스가 생긴다는 개념으로 스트레스 원에 의하여 생기는 괴로움, 긴장 또는 불안감 등의 느낌을 스트레스라고 정의하는 것이다.
생리적 개념 스트레스	주로 과학자들이나 의사들이 사용하는 스트레스 정의로 객관적인 의미를 내포하고 있다. 즉, 스트레스 원에 의하여 유발되어 측정 가능하고 예측 가능한 생리적인 반응으로 스트레스를 정의하는 것이다. 예를 들어 스트레스에 의한 심장박동수의 증가, 혈압의 상승, 스트레스 호르몬의 증가, 면역기능의 변화 등을 측정하여 스트레스를 정의하는 것이다.

스트레스의 정의는 <표 12-1>과 같이 사회환경적, 심리적 및 생리적 개념들이 복합적으로 연계되어 있다. 이것들을 따로 생각할 수는 없고 하나의 종합 개념으로 이해하고 접근해야 한다. 인간은 매일 생활하면서 물리적 또는 심리적 자극을 받고 산다. 이 자극 중에서 우리 몸에 괴로움을 주고 두려움, 불안감, 긴장 등을 유발할 정도가 될 때 이 원인 제공 자극을 스트레스 원이라고 부른다. 스트레스 원에 의해 중추신경계에서 생리적인 반응이 유발되어 카테콜아민과 코티졸 등과

같은 스트레스 호르몬들이 분비되어 여러 말초기관에 생리반응 효과를 유발하는 일련의 정신생리현상을 스트레스라고 정의한다. 스트레스, 정신신경이 내분비계와 면역체계에 어떠한 영향을 미치는가에 대한 최근 연구동향을 살펴보자.

1) 스트레스와 면역계

뇌와 면역체계간의 관계성에 대한 연구들은 주로 스트레스에 초점을 맞추어 왔다. 1920년대에 생리학자인 월터 케넌(Walter Kennon) 박사는 어떤 유기체가 소스라치게 놀라거나 스트레스를 받으면 뇌가 교감신경계를 신속히 활성화시켜 반응하는 것을 관찰하였다. 따라서 스트레스 상황에서는 심장박동이 빨라지고, 호흡도 가빠지고, 피부에 있는 혈액이 피부 아래의 근육으로 몰린다. 이렇게 혈을 근육으로 몰리게 함으로써 산소공급이 증진되어 유기체가 '도전'하거나 물러서서 안전한 곳으로 '회피'할 수 있게 해주는 것이다(fight or flight response).

인간에 있어서 스트레스가 면역기능의 변화를 초래하는 결정적인 요소는 개인의 적응능력이다. 적응능력은 지각, 과거의 경험, 습관화된 행동유형, 외적 자극에 대처하는 유형, 사회적 지지, 성격, 자아방어기전, 그리고 질병 행동 등에 의해서 영향받는다. 심리적 스트레스가 면역기능을 변화시키는 몇 가지 가능한 기전을 요약하면 다음과 같다. 먼저 신경내분비적 기전에 따른 것으로 외부자극에 의해 대뇌피질이 스트레스를 지각하게 되면 부신피질에서 코티코스테로이드(corticosteroids), 부신피질에서는 카테콜라민 등을 방출하게 되고 이러한 호르몬들이 면역기능을 변화시킨다는 것이다. 즉, 코티코스테로이드의 분비가 증가하면 면역능이 감소하고 카테콜라민 역시 분비가 증가되면 면역능이 억제되는 것이다.

스트레스와 면역능에 관한 인간을 대상으로 한 연구에서 Bartrop(1977), Irwin (1987) 등은 사별이 면역능을 감소시켰음을 보고하였으며, 이혼이나 별거(Kiecolt, 1987), 시험(Glaser, 1985), 갑작스러운 스트레스 상황(은희관, 1997) 역시 면역능이 감소되는 것으로 나타났다. 만성스트레스 역시 면역능에 영향을 미치는데 스트레스를 계속해서 받을 때는 면역능이 감소하였다가 몇 개월 후에는 증가되는 것으로 나타났다(Dorian, 1985).

스트레스 반응기전을 살펴보면 스트레스는 크게 물리적 스트레스와 심리적 스트레스로 나눌 수 있다. 물리적 스트레스는 객관적으로 존재하는 환경 또는 물리적인 자극이고 심리적 스트레스는 주관적인 인식과 해석에 의하여 일어나는 것으로 과거의 경험에 의한 기대, 믿음, 상상 등과 아주 다르게 인식될 때 일어난다. 이들 스트레스유발 자극은 제일 먼저 상위 뇌조직인 대뇌피질 변연(corticolimbic)계에서 접수하여 과거 경험 등 기억력을 동원하여 해석한다(그림 12-2).

대뇌피질 변연계는 인지기능과 예측현상을 관장하는 대뇌전두엽피질, 기억를 관장하는 해마(hippocampus), 정서를 관장하는 편도(amygdala) 및 행동반응

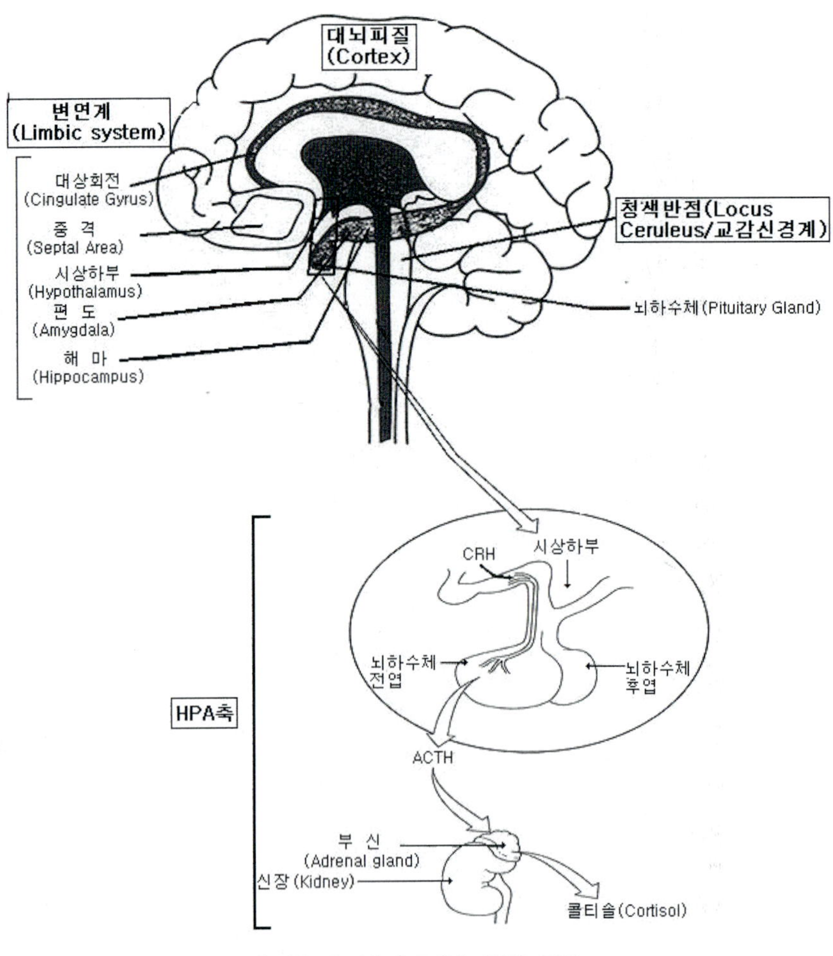

[그림 12-2] 스트레스 반응 경로

을 조절하는 중격(septum) 등으로 구성되어 있다. 인지된 자극이 스트레스로 인식되면 바로 신경내분비 적응계인 시상하부의 CRH(corticotropin-releasing hormone) 세포, 뇌간에서 LC(locus ceruleus)의 노에피네프린, 즉 교감신경계와 이외 세레토닌, 도파민, 베타 엔돌핀 등 신경전달물질 또는 신경호르몬들과 사이토카인 분비세포들이 활성화된다. 시상하부에서 분비된 CRH는 뇌하수체전

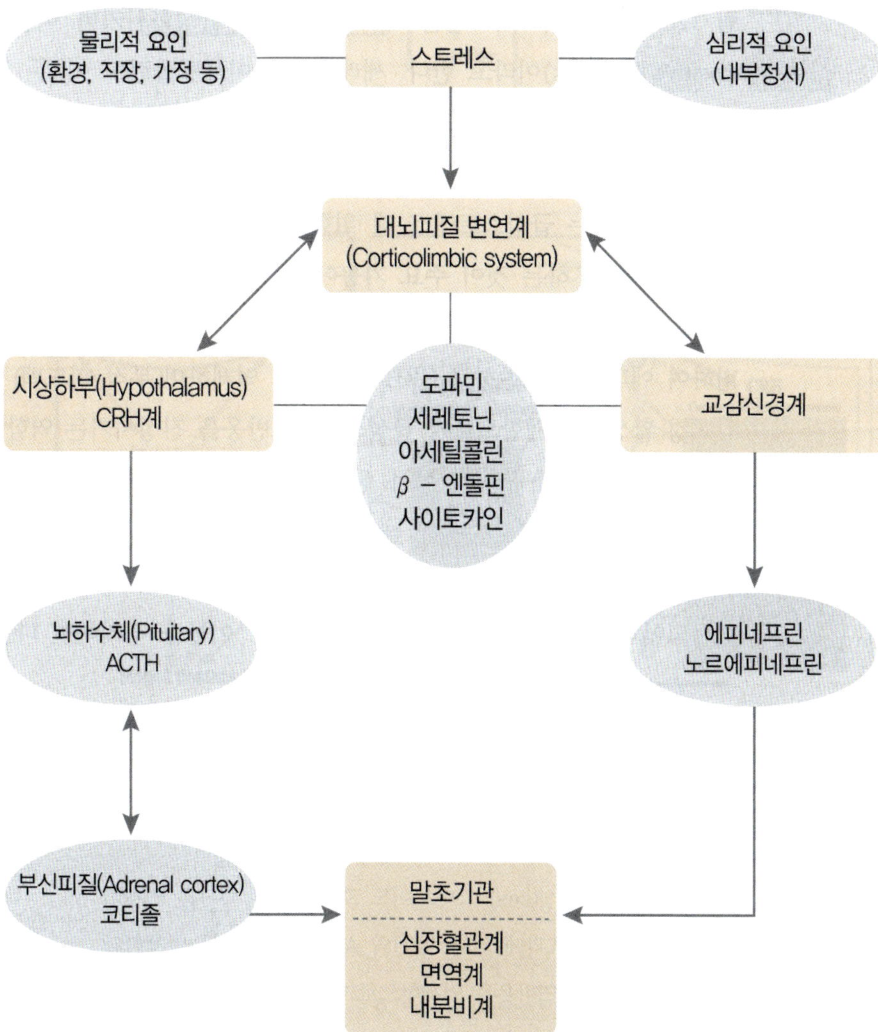

[그림 12-3] 스트레스 반응 경로 모형

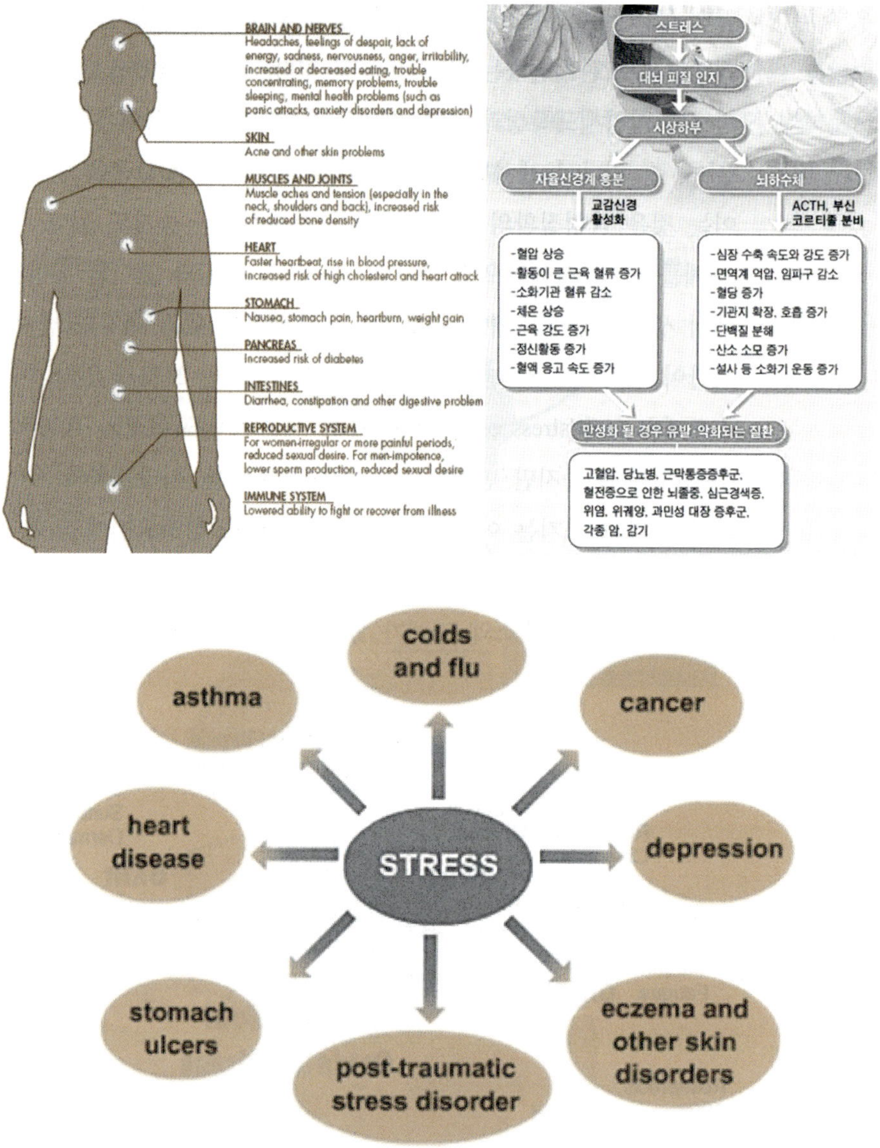

[그림 12-7] 스트레스와 질병

출처 김철중(2005) 등

연관이 있다는 주장들은 아직까지 다소 의문이지만 현재 이에 대한 연구나 보고가 활발히 진행되고 있어 이러한 사실이 확인된다면 스트레스 감소조절법을 통해 면역을 증가시켜 암의 진행을 억제시킬 수 있다는 가설을 제기할 수 있을 것이다.

이와 같이 스트레스와 면역체계의 상관관계가 점차 밝혀지면서, 호르몬의 농도나 이외의 다양한 생체신호들을 변화시킴으로써 면역체계를 강화시키는 것이 가능하게 될 것으로 기대된다. 뿐만 아니라 좋은 인간관계나 적절한 음식, 운동, 휴식 등을 통해 스트레스를 피하는 것이 질병에 대한 저항력을 향상시킨다고 사회적으로 권고되고 있다. 그러나 실제 일상생활에서 불가피하게 마주치는 다양한 정신적, 육체적 스트레스로부터 완전히 자유로울 수 없는 것이 현실임을 고려할 때, 스트레스와 관련된 여러 질환에서 스트레스와 면역계간의 연관성 및 상호조절 기전을 정확히 이해하려는 연구 및 시도가 필요하고, 이를 바탕으로 관련 질환의 예방 및 치료법을 모색하는 것이 사회적 의료비 절감을 위해 보다 현실적인 방법이 될 것이다.

3) 정신신경과 면역계

(1) 우울장애와 면역

우울증과 우울장애에서 암의 유병률과 사망률이 높다는 보고(Persky 등, 1987 ; Whitlock와 Siskind, 1979)와 배우자 사망군은 면역기능의 저하가 있고 높은 유병률과 사망률을 보이는데(Bartrop 등, 1977 ; Ir win 등, 1987 ; Schleifer 등, 1983) 이들에게서 흔히 우울증이 발생한다는 보고로부터 우울증이 면역기능의 저하와 상관관계가 있는가? 하는 의문이 제기되어 왔다.

Cappel 등(1978)이 처음으로 우울증에서 면역기능을 보고한 이래 많은 연구가 있는데, 우울증 환자에서 총임파구 수(오세중 등, 1990 ; Kronfol과 House, 1989 ; Schleifer 등, 1984), T cell 수(Schlekfer 등, 1984, 1985), B cell 수(Schleifer 등, 1984)가 감소되어 있고, 임파구증식 반응과(Calabress 등, 1986 ; Kronfol 등, 1983) 자연살해세포 활동성이 감소되어 있다는 보고가 있다(Kronfol

있다. ④ 음식에 대한 알레르기나 과민성 가설 등이다.

정신분열병의 바이러스-자가면역 가설을 규명하는 직접적인 연구 방법에는 특이적 연구와 비특이적 연구 방법이 있다. 비특이적 연구는 정신분열병 환자에서 현재나 과거의 비특정 감염원이나 항체에 의한 면역이상을 확인하고, 감염이나 자가면역성 질환에 이환될 수 있는 위험도를 알아보는데 유용하다. 특이적 연구는 정신분열병의 원인이 되는 특정 감염원이나 항체를 규명하는 데 이용된다.

우선, 비특이적 연구에는 중추신경계 감염을 의심할 수 있는 뇌척수액에서 단백질의 증가(Bruetsch 등, 1942)와 면역글로블린 증가, 특히 IgG의 증가(Kirch 등, 1985)가 보고되고 있다. 또 면역글로블린의 증가를 의미하는 Oligoclonal protein band(Ahokas 등, 1985 ; Kirch 등, 1985)가 있다는 주장도 있지만 상반된 보고가 많다. 체액성 면역에 대한 지금까지의 결론은 뇌척수액의 면역글로블린의 증가가 일부 정신분열병 환자에서 발견되고 있지만, 다른 정신질환에서도 증가되어 있어서 정신분열병의 특이 소견이 아니라는 주장과 설사 증가되어 있다 하더라도 급성감염 상태만큼의 증가가 관찰되지 않았다는 것이다.

정신분열병 환자에서 면역기능 이상이 생기는 원인은 첫째, 정신분열병 발병 후 생긴 혹은 동반된 부현상(epiphenomena)으로 HPA 축과 자율신경계를 통한 중추신경계와 면역계의 상호작용에 의해 야기된 비특이적 변화. 둘째, 정신분열병의 원인으로 바이러스와 자가면역 가설과 연관된 기전으로는 ①바이러스가 직접적으로 정신분열병과 면역이상을 유발하는 경우, ② 바이러스가 뇌조직에 대한 자가면역 반응을 유발하는 경우, ③ 원발성 자기면역성 질환에 의한 경우 등을 가정해 볼 수 있겠으나 정확한 원인은 아직 확실하게 말할 수 없다.

정신분열병 환자에서 인터페론(interferon)의 변화에 대해서는 다양한 보고가 있지만(Prelie과 Torrey 1985 ; schindler 등, 1986), IL-2 감소와(Ganguli 등, 1989) IL-2 수용체 증가(Rapaport 등, 1989)에 대해서는 비교적 일치된 의견을 보이고 있는데, IL-2의 감소는 완해기보다 급성기에서 더 현저하므로, 임상증상의 심각도와 세포성면역과의 상관관계가 제시되고 있다(Ganguli 등, 1989).

이상에서 보았듯이 정신분열병에서의 면역이상은 일부 환자에서만 발견되는 소견이고, 그 이상의 정도는 면역결핍증에서 보이는 만큼 심하지 않아서 그 임상적 의의에 대해서는 확실히 말할 수 있는 단계는 아니다. 면역이상이 일부 정신분열병 환자에서만 발견된다고 해서 정신분열병이나 다른 주요정신질환의 원인으로 바이러스나 자가면역 기전이 관여하였다거나 혹은 관계가 없다고 간단히 결론을 내려서는 안 된다. 왜냐하면 정신분열병은 이질적 원인의 현상학적 진단임으로 같은 정신분열병 환자에서 상반된 보고가 있다고 그것이 원인이 아니라고 해서도 안 되고, 단순하게 직접적인 원인이라고 결론지어서도 안 된다. 또 연구대상에서 감염이나 자가면역성 질환이 의심되는 환자는 제외되었는데 오히려 이런 면역성 질환은 태아와 출생 초기에 있었던 바이러스 감염과 자가면역 반응의 결과와 연관성이 있을 수 있기 때문에 보다 다각적인 검토가 필요하다. 최근 분자생물학과 바이러스학의 발전은 바이러스가 숙주의 유전인자를 변형시키고(예, 암 발생), 바이러스나 항체가 신경 세포막에 존재하는 수용체와 상호작용하여(예, retrovirus type 3는 beta-adrenergic 수용체에 친화력이 있다 ; Co 등, 1986) 뇌의 발달과 기능에 영향을 미칠 수 있다는 주장이 제시되고 있다. 이런 분야의 발전은 적어도 일부의 정신분열병 환자는 바이러스나 자가면역 기전에 의해서 발병되었다는 사실을 밝혀줄 수 있을 것으로 기대된다. 그리고 태아나 출생초기에 있었던 바이러스 감염이나 자가면역 반응의 결과가 신경계의 완전한 성숙이 이루어진 청소년기 이후에 감염의 징후나 면역학적으로 뚜렷한 이상 소견 없이 그 증상을 나타날 수 있으므로 수태기부터 성인기에 걸친 보다 장기간의 종단적 추적 연구도 있어야 할 것으로 생각한다.

정신신경 내분비 면역학의 연구결과 최근까지 밝혀진 정신신경 내분비 면역학 분야의 중요한 연구결과들을 다음과 같이 정리하여 볼 수 있다.

- 신경계와 면역계와의 연계로서 이는 임프절이나 비장 등 면역기관에 분포되어 있는 신경을 통한 직접적인 연결과 사이토카인, 신경전달물질, 호르몬들을 통한 분자 수준의 관련성이 있다.
- 우리 몸에 감염이나 염증이 생기면 IL-1, IL-6, TNF-α등과 같은 염증성 사이토카인들이 분비되는데 이 사이토카인들은 Vagus N., Blood Brain Barrier

(BBB) 등을 통하여 뇌에 전달되고 이것이 발열, 피로감, 통증에 대한 예민도 증가, 식욕감퇴 등의 행동변화를 초래한다.

- 스트레스도 상기와 동일한 반응 경로를 활성화시킨다. 예를 들어 실험쥐의 환경을 갑자기 바꾸거나 전기 쇼크 등 스트레스를 주면 혈청 내에 IL-6가 올라가고 이로 인하여 체온이 올라가고 식욕감퇴나 의기소침 등 질병행위(Sickness behavior)가 나타난다.
- 면역계의 세포들이 20개 이상의 신경내분비 펩타이드들과 그들의 mRNA를 발현한다.
- 뇌, 내분비계 및 면역계 자체에 사이토카인, 펩타이드호르몬, 신경전달물질들과 이들의 수용체들이 있다.
- 신경계의 세포들이 분비하는 사이토카인들이 신경전달물질의 기능을 한다. 실험 동물에 전기 쇼크를 가하면 뇌에서 IL-1이 분비되고 이 IL-1은 뇌의 시상하부(hypothalamus)에서 CRF를 분비시킨다는 사실로서 증명할 수 있다.

결론적으로 정신심리계, 면역계와 신경내분비계는 서로 상호 의존적이고 이는 항상성 유지에 필수불가결함을 알 수 있다. 특히 염증성 사이토카인들이 HPA(Hypothalamus-Pituitary-Adrenal) 축에서 중요한 역할을 한다는 사실이 최근에 밝혀지고 있다.

2 운동과 정서 및 면역계의 관계

운동이 인간정서와 깊은 관련이 있는 호르몬의 분비 정도 및 활성화에 영향을 미치며, 정서가 질병 예방을 위한 면역기능에 크게 작용한다는 이론은 이미 밝혀진 사실이다.

면역(immunity)이란 이미 설명한 바와 같이 역병을 면한다는 의미이며, 똑같은 감염증에 재차 걸리지 않는다고 하는 경험적 사실을 나타내는 개념이었다. 그러나 오늘날 면역이란 용어는 더욱 광범위하게 사용되어 병원 실험실에서 미생물의 감염을 방어하여 종양을 배제하는 생체방어의 작용으로도 정의되고 있다. 이를 연구하는 학문을 면역학(Immunology)이라 한다.

운동과 면역체계에 대한 대부분의 연구들은 운동 강도와 훈련효과의 관점에서 신체활동에 의한 면역물질의 변화에만 관심이 집중되어 왔다(Pederson, 1989; Nehlsen, 1993; 은희관, 1997). 그러나 최근 심리학과 신경내분비학에서 면역학적 변수간의 상호관련성을 연구하는 본 단원에서 설명되고 있는 심신경면역학(PNI: psychoneuroimmuno-logy)이라는 새로운 학문 분야가 등장하면서 인간의 정서와 면역계간의 관계를 규명하려는 시도가 이뤄지고 있다. 정서와 면역능의 관계를 살펴보면, 스트레스에 의한 불안과 우울은 면역기능의 약화를 야기하며, 특히 급작스러운 정서 변화는 심장계의 부정적인 영향뿐만 아니라 면역능의 와해를 초래한다는 것이다.

1) 운동과 감염

인간이 질병, 특히 전염병 등에 방어능력이 있다는 것은 오래 전부터 인정하고 있었던 것처럼 인간의 감성적 상태나 생활태도가 그러한 저항력에 영향을 미친다는 사실 역시 일반적인 것이다. 예를 들어, 고대 인도의 의사였던 Ayuveda는 정신과 신체가 나뉜다는 분리설을 비판하며, 후천적 면역은 경험에 의해서 영향을 받기 때문에 일상생활에서 건강하게 균형잡힌 생활과 환경과의 적절한 상호작용을 통해서 면역능을 강화시킬 수 있다고 하였다. 심리치료사들도 낮은 면역능이나 폐에 관련된 질병들은 불행과 관련된 부정적 감정요인에 의해 유발될 가능성이 크다는 사실을 제시하기 시작하였다(Day, 1951).

심리면역학(psychommunology)이라는 분야가 Moos와 Solomon(1964)등에 의해서 시작된 뒤 최근에는 심신경면역학(PNI:psychoneuroimmunoligy)으로 발전되었다. Moos는 면역계의 와해와 류마티스 환자들에게 있어서 성격과 감정적 요인이 깊은 관계가 있음을 보고하였다. 최근에는 성격이 질병에 영향을 미치는 요인임이 보고되면서 심리적 방어체제의 실패가 질병을 더욱 악화시킨다는 사실이 확인되었다. 비교적 양호한 류마티스 환자의 혈청을 검사한 결과 심한 류마티스 환자들보다 정서적으로 건강하며, 류마티스가 정서적 곤란이나 면역능과 깊은 관련이 있음을 알 수 있게 하였다. Engel(1953)은 자율면역체의 와해에 따른 질병에 대한 비슷한 결과를 제시 하였다. 자율면역성의 정도는 대부분 면역의 불완정성을 규명함으로써 탐지되는 것으로 불완정성이란 억제성 T세포의 와해와 크게 관련되는 것이다(Allison 과 Denman, 1976). 스트레스, 정서적 불만족, 우울증 등은 아드레날 코티코호르몬의 분석으로 그 진단이 가능하지만 코티졸은 면역억제 작용을 하는 것으로도 알려지고 있다(Hirschhorn 등, 1963).

암세포는 자연적으로, 바이러스, 방사선, 화학적 암유발 물질 등 무엇에 의해서 발생했는가에 관계없이 돌연변이 세포 내에 새로운 피항체인 T세포에 의해서 감지되는 탐지작용에 의해 외부물질로 판명되고 이러한 정보를 기초로 인체의 면역작용이 일어나는 것이라 추측할 수 있다. 이러한 탐지 기전이 약화되면 종양세포의 은밀한 전이가 유발되는 것이다. 심리면역학적 관심의 또 다른 측면은 면역글로빈 수준의 선택, 림프구의 형태학적 변형, 정신적 질병, 특히 정신분열증에서 안티브레인 항체를 포함하는 면역계의 변형과 관계되는 것이다(Amkraut, Solomon, Allansmith, 1973).

운동과 질병에 대한 연구는 1950년도를 전후하여 발표되기 시작하여 현재까지 많은 연구보고가 있지만 그 기전에 대한 이해는 아직 부족하다. 특이한 사항은 운동에 의하여 영향받는 감염질환은 주로 바이러스에 의해 매개되는 질환(소아마비, 감기, 간염)으로서 과도한 신체적 운동이 바이러스성 질환을 더욱 악화시킬 수 있음이 보고된 바 있다(Horstman, 1976; Cabinian, 1990). 이러한 연구결과들을 종합할 때 운동의 형태, 강도 및 지속기간은 분명 면역체계에 어떤 영향을 주고 있음을 암시한다고 할 수 있는데, 면역체계의 바이러스 작용은 B세포 산물인 항체, 면역세포(세포성 면역) 및 보체(complement)에 의해서 매개된다는 사실로 미루어 운동과 연관된 바이러스의 감염 현상은 위의 세 가지 면역체계 중 그 어느 면역작용체계에 장애를 초래하여 유발되는 현상이라 할 수 있다.

인간의 면역계는 골수, 림프조직과 림프관, 미세혈관에 존재하는 용액성 면역조절원(immunomoduoators), 호르몬 등 세포의 배역을 매우 정교하게 조절하는 매우 복잡한 조직이다. 그러한 복잡성과 다른 기관과의 상호작용 등에 대한 정보가 제한되어 있음에도 불구하고 상당히 광범위한 연구결과가 제시되어 왔다. 면역계의 전체적인 기능은 신경성 질환이나, 전염병 등의 회복에서 악화되는 것까지 모두를 통제하는 가능성을 갖고 있다는 것이다. 이러한 기능은 일반적으로 미생물의 체계적 혼란과 조직의 중성화(neutralization)에 의한 종양의 감지, 그리고 피부 및 점막에 의한 보호 등에 의해서 나타난다. 금세기 초반의 연구들은 면역계 기능 중 일부에 대한 일시적 운동의 효과에 대해 긍정적인 측면과 부정적인 측면 모두를 명확하게 제시하였다.

Larrbee(1902)는 1902년 보스톤 마라톤 직후 마라토너들이 심각한 백혈구증다증(leukocytosis)을 보였다고 보고하였다. 또한 일시적 운동이나 장기적 신체훈련 중 어느 것이 더욱 효과가 있는 것인지에 대해 명확한 이해가 없음에도 불구하고 그 가능성이 인정되어 왔다. 1980년대의 연구들은 운동이 말초 단세포 신경의 분산과 이동에 영향을 미치며(McCarthy, 1988), 자연성 면역체계가 순간적으로 또 다른 체계의 활성화를 자극하는 것(Keast, 1988) 등에 대해서 언급하였다. 이러한 결과들은 건강상태, 체력의 수준, 성과 연령차 등 다양한 변인을 고려한 연구들이다. 결론적으로 다양한 운동 강도에 따라 동일한 면역체계에 대한 반응이 조금씩 다르다 할지라도 운동은 주요 면역계의 일시적 활동을 촉진시킨다고 할 수 있다. 또한 몇 가지 장기적인 지구력 훈련에 관한 연구와 훈련자간의 면역계 반응의 차이에 대한 횡단적 연구들은 안정시 면역 기능에 대한 운동의 긍정적 효과를 지지하였다(Nehlsen, 1991).

운동에 의한 훈련은 불안과 우울증과 같은 심리적 및 비심리적 스트레스에 대한 완충제 역할을 할 수 있다. 따라서 운동은 인간의 정서적 측면에 영향을 미쳐 정서와 밀접한 관계가 있는 면역계 능력에 긍정적인 영향을 미칠 것이다(LaPerriere 등, 1990). 그러나 과다한 운동은 면역계의 와해를 촉진시키며 질병의 가능성을 증가시킬 수 있다는 사실을 잊어서는 안될 것이다(Berglund 등, 1990). 면역계 기능에 대한 신체활동의 영향은 많은 어려움에도 불구하고 질환의 예방 차원뿐만 아니라 개인의 건강에도 중요하게 적용되고 있다. 차기에는 건강과 질환의 관계에 있어서 면역학의 역할이 매우 크게 부각될 것이다. 따라서 연구자들은 면역계 기능과 질병 예측에 대한 운동의 긍정적인 영향에 대한 정보를 제공하기 위해 노력할 것이다. 이러한 정보들은 면역계 세포와 면역계에 관련된 신경 및 면역조절원에 대한 단·장기적 운동의 직접적인 효과에 관심을 집중할 것이다.

운동과 질병의 가능성, 정서와 면역계 기능의 관계는 운동이 자연살해 세포의 활성화를 약화시키고 이로 인해 질병과 질환을 통제하는 것과 같은 주제에 대해서도 관심을 갖게 될 것이다. 또한 면역계 기능과 질병의 악화는 신체적 허약에 따른 이상세포분열, 자율적 기능의 와해, 고령화에 따른 면역계의 변화 등에 의해서 나타나며 이에 대한 운동의 효과에도 관심을 가질 것이다.

2) 운동과 세포성 면역

Espersen(1990) 등은 운동에 의하여 백혈구증가증이 초래됨을 확인하였고, Wells(1982)등도 마라톤 후의 백혈구 증가증을 관찰한 바 있다. 림프구의 변화에 대한 연구에서는 변화가 없다는 연구(Davidson, 1987; Oshida, 1988)와 B 림프구의 증가(Moorthy, 1978), 혹은 T림프구의 증가(Landman, 1984)를 인정할 수 있다는 보고가 있다. 그러나 이들 운동과 관련된 백혈구 수 및 비율의 변동은 대부분 운동 후 24시간 이내에 정상치로 돌아옴을 대부분의 연구에서 밝힌 바 있어 백혈구 수의 절대수 및 비율의 변동이 개체의 면역능에 영향을 줄 수 있을까? 하는 의문이 제기되며, 먼저 운동에 따른 백혈구의 혈류량 변화, 호흡계와 림프기관의 순환 활성화, 운동에 의한 호르몬 분비의 변화에 따른 비장과 림프구 저장기관으로부터의 동원현상에 의한 현상인지를 명확히 규명해야 할 필요성이 있으며 이러한 단시간 내의 수적 변화가 면역체계의 면역 기능과 직접적인 관련이 있는지도 규명해야 한다.

요 약

심신경면역학이라고 하는 새로운 학문 분야는 인체의 면역계와 뇌가 어떻게 상호 작용하여 건강에 영향을 끼치는지를 연구하는 학문이다. 서양철학이 지난 수세기 동안 신체와 마음을 분리했던 것처럼, 서양 의학도 지난 수십 년 동안 면역계가 신체의 여타 부분과 독립적으로 작용한다고 믿어 왔다. 그러나 최근 들어, 과학자들은 외부의 바이러스 침입 시 신체를 보호하는 면역계와 호르몬을 분비하는 내분비계, 그리고 뇌를 포함하는 신경계가 모두 상호 연계되어 있다는 사실을 제시하기 시작했다. 면역계가 대표적인 방어체계임에는 틀림없지만, 그것은 어디까지나 방어팀의 한 부분에 지나지 않는다는 것이다.

심신경면역학은 신경행동, 신경 및 내분비와 면역 과정 사이의 상호작용에 관한 학문이다. 몇몇 초기 연구에서는 두뇌와 면역체계 사이의 신경구조 적용, 신경화학, 신경 내분비적인 경로와 기능적 관계를 정립하는 것에 비판적이었지만 면역 조정 과정이 더 이상 면역체계의 독립적인 활동으로만 이뤄지지 않는다는 것을 제시하였다.

운동은 면역체계를 향상시킬 수 있다는 연구결과들이 보고되고 있지만 운동에 따른 백혈구의 혈류량의 변화, 호흡계와 림프기관의 순환 활성화, 운동에 의한 호르몬 분비의 변화에 따른 비장 등 림프구 저장기관으로부터의 일시적 반응에 의한 현상인지를 명확히 해야 할 필요성이 있어 이후에는 운동과 면역계, 정서 간의 연구가 다면적이며 종단적으로 이뤄져야 할 것이다.

토론 과제

1. 정신과 신경과 면역과의 관계에 대해서 논해보자.
2. 인체 면역 활성화 물질을 알아보자.
3. 운동이 심신경면역에 미치는 관계를 알아보자.
4. 운동에 의한 면역계 효과를 설명할 수 있는 연구가설을 세워보자.

참고문헌

민헌기(1990). 임상내분비학, 서울, 고려의학.

오찬호 역(1995). 면역학 입문, 서울, 지구문화사.

은희관(1992). 인지적 통제불능 스트레스 후 대처방식이 호르몬 회복 및 운동수행력 변화에 미치는 영향. 한양대박사학위 논문.

은희관(1996). 운동 참여 정도가 최대 운동 전후 Cytokines 변화에 미치는 영향. 한국체육학회지, 35(2). pp.117-124.

이강평,은희관(1993). 운동생리심리학과 운동학습. 서울, 도서출판 금광.

Ahokas, A., Koskiniemi, M., Vaheri, A., Rimon, R. (1985): Altered white cell count, protein concentration and oligoclonal IgG bands in the cerebrospinal fluid of many patients with acute psychiatric disorders. neuropsychobiology(14), pp.1-4.

Ader, R.(1980). Presidential address: psychosomatic and psychoimmunologic research. Psychosom. Med.(42), pp.307-322.

Ader, R.(1981a). Psychoneuroimmunology. Academic Press, New York.

Ader, R.(2000). On the development of psychoneuroimmunology. European Journal of Pharmacology(405), pp.167-176.

Ahokas, A., Koskiniemi, M., Vaheri, A., Rimon, R. (1985): Altered white cell count, protein concentration and oligoclonal IgG bands in the cerebrospinal fluid of many patients with acute psychiatric disorders. neuropsychobiology(14), pp.1-4.

Aldercreutz H., Harkonen,M, Kuoppasalmi, K., Naveri .H., Huntaniemi, I., Tikkanen, H.,Remes,K., Dessypris,A., & Karvonen,J.(1986). Effect of training plasma anabolic and catabolic steroid hormones and their response during exercise. International Journal of Sports Medicine(7), pp.27-28.

Amaducci, L.A., Lippi, A., Fratiglioni, L. (1988): What risk factors are known? in Etiology of dementia of The Alzheimer's Type. Edited by Henderson AS, Henderson JH. Chichester, England, John Wiley, pp.29-39.

Amsterdam, J.D., Winokur, A., Dyson, W., Herzog, S., Gonzalez, F., Rott, Koprowski, H. (1985): Borna disease virus: a possible etiologic factor in human affective disorders? Arch Gen Paychiatry(42), pp.1093-1096.

Darko, D.F., Wilson, N.W., Gillin, J.C. (1991): A critical appraisal of mitogen-induced lymphocyte proliferation in depression(26), pp.145-155.

Freier, S. (1990). The Neuroendocrine-Immune Network. CRC Press, Boca Raton, FL.

Friedman, H., Klein, T.W., Friedman, A.L. Eds. (1995). Psychoneuroimmunology, Stress and Infection. CRC Press, Boca Raton, FL. Friedman, S.B., Ader, R., Glasgow, L.A., 1965. Effects of psychological stress in adult mice inoculated with Coxsackie B viruses. Psychosom. Med.,(27), pp.361-368.

Fry ,R.W., Grove, J.R., Morton, A.R., Zeroni, P.M., Gaudieri, S., Keast, D.(1994). Psychological and immunological correlates of overtraining. British Journal of Sports Medicine(28), pp.241-246.

Ganguli, R., Rabin, B.S., Belli, S.H. (1989): Decreased interleukin-2 production in schizophrenic patients. Biol Psychiatry(26), pp.427-430.

Glaser, R., Kiecolt-Glaser, J.K., Speicher, C.E., Holliday, J.E. (1985): Stress, loneliness, and changes in herpesvirus latency. J Behav Med.(8), pp.249-260.

Glaser, R., Rice, J., Speicher, C.E., Speicher, C.E., Stout, J.C., Kiecolt-Glser, J.K. (1986): Stress depresses interferon production by leukocyte concomitant with a decrease in natural killer cell activity. Behav Neurosci(100), pp.675-678.

Glaser, R., Rice, J., Sheridan, J., Fertel, R., Stout, J., Speicher, C. (1987): Stress related immune suppression :health implications. Brain Behav Immun(1), pp.7-20.

Glaser, R., Kiecolt-Glaser, J.K. Eds.., Handbook of Human Stress and Immunity. Academic Press, San Diego.

Gorman, J.R., Locke, S.E. (1989). Neural, endocrine, and immune interactions, in Comprehensive Textbook of Psychiatry, 5th, edited by Kaplan, HI, Sadock, BJ, Baltimore, Williams & Williams, pp.111-124.

LaPerriere, A., Ironson, G., & Antoni, M. H. (1994). Exercise and phychoneuro immunology. Medicine & Science in Sports & Exercise(26/2), pp.182-190.

Leonard, B.E., Miller, K. Eds.., Stress, The Immune System and Psychiatry. Wiley, Chichester.

Lewis, C.E., O'Sullivan, C., Barraclough, J. Eds.., The Psychoimmunology of Cancer. Oxford Univ. Press, Oxford.

Stevens, C. F.(1966). Neurophysiology: A Primer. New York: John Wiley.

Syvalahti, E., Eskola, J., Ruuskanen, O. (1985): Nonsuppression of cortisol in depression and immune function. Prog Neuropsychopharmacol biol Psychiatry(9), pp.413-422.

Whitlock, F.A., Siskind, M. (1979). Depression and Cancer: as follow-up study. Psychol Med.(9), pp. 747-752

Zonderman, A.B., Costa, P.T.Jr., McCrae, R.R. (1989). Depression as a risk for cancer morbidity and mortality in a nationally representative sample. JAMA.(262), pp.1191-1195.

집필진

은희관
한양대학교 대학원 이학박사
현) 남서울대학교 스포츠경영학과 교수
남서울대학교 대학원장

오상덕
한양대학교 대학원 이학박사
현) 한양대학교 체육대학 교수
한양대학교 체육대학 학장

김성민
한양대학교 대학원 체육학 박사
현) 한양대학교 체육대학 교수

추종호
충남대학교 대학원 이학박사
현) 남서울대학교, 상명대학교 외래교수

스포츠·운동심리학 -개정판-

집필진 은희관 · 오상덕 · 김성민 · 추종호
발행자 한 헌 주
발행처 도서출판 **경문사**
서울특별시 종로구 평동 19번지
전화 738-7035 FAX. 722-4678
E-mail : kmsp@korea.com
홈페이지 : http://www.kmsp.co.kr
등 록 1995년 11월 9일 제300-1995-138호
2012년 3월 1일 인쇄
2012년 3월 5일 발행

■ 정가 28,000원

ISBN 978-89-420-0750-9 93690